文系のための
フィンテック大全

可児　滋 [著]
SHIGERU KANI

FinTech

一般社団法人 金融財政事情研究会

はじめに

「FinTech は、文字どおり金融（finance）と IT（technology）の融合であるが、金融業はもうずっと前から IT を駆使している業界なのに、なぜいま FinTech と騒がれるのか」

「ビットコインは仮想通貨といわれるが、以前から日常生活で使われている電子マネーと何が、どう違うのか」

「ビットコインに使われている技術基盤のブロックチェーンとは、いったい何なのか」

「人工知能（AI）は、人間の能力を超えることができるのか」

「FinTech と、われわれが使っているスマートフォン（スマホ）やタブレットとどのような関係があるのか」

「FinTech は、金融業界にとって脅威であり、金融ビジネスのゲームチェンジャーといわれるのは、どのような理由か」

「金融機関は、今後 Google や Facebook が競争相手になる、とはどういうことか」

「銀行 API とは何か」

本書は、こうした FinTech に対する率直な疑問に答えることを目的に、最新の具体的なケースを取り上げながら記述したものです。

本書では、FinTech が手掛ける分野や、FinTech に使われているテクノロジーを述べるだけではなく、

「スマホ等のモバイル端末の普及がどのような形で FinTech の台頭にインパクトを及ぼしているか」

「内外の FinTech ベンチャーには、どのような企業が存在するのか」

「FinTech に対するサイバー攻撃の手口と防御は」、そして、

「金融機関は FinTech にどのように向かい合うべきか、各国当局の対応はどうか」

「オープンイノベーションとは何か」
等、FinTechに関わるすべてのアイテムを体系的にカバーする形で記述してあります。

本書の構成は、次のようになっています。
第1章　FinTechのイントロとして、FinTechとFinTechベンチャー
第2章　FinTechが関わる金融ビジネスの分野別の動向
第3章　FinTechで活用されているブロックチェーンをはじめとする各種テクノロジー
第4章　FinTechに対するサイバー攻撃の手口とサイバーセキュリティ
第5章　FinTechに対する金融機関や当局の対応と今後の展開

FinTechは、決して一過性の流行というのではなく、2つの面からのニーズを満たすものとして、金融ビジネスを構造的に変化させる強力なパワーを持つと考えられます。

その1つは、いわゆるデジタル世代からのニーズです。デジタル世代は、物心がついた時からインターネットを使い、FacebookやLINE、twitterといったSNSを駆使してコミュニケーションを行う世代を指します。したがって、新たに登場する金融サービスへの順応度が高く、それだけに常に革新的な金融サービスを貪欲に求めています。

また、もう1つのニーズは、伝統的な金融機関からのもので、顧客に魅力的な新商品、サービスの開発・提供のためにFinTechを活用するニーズがあるほか、金融機関内の業務ラインやシステムにFinTechを活用することにより業務の効率化、コスト削減を図るといったニーズがあります。

本書は、基本的には入門編としての記述を目指していますが、すべてを読み通すと、かなりの専門知識を習得できるように工夫してあります。

読者の皆様は、本書を読み進んでいくに従って、だんだんFinTechが持つ「威力」「凄さ」を実感として把握することができると思います。

本書の出版にあたっては、一般社団法人金融財政事情研究会の谷川治生理事から執筆のきっかけを与えていただき、また出版部の堀内駿氏から数々の

貴重なサジェッションをいただく等、大変お世話になりました。紙上をお借りして厚くお礼を申し上げます。

　本書が、読者の皆様にとってFinTechを理解する一助となり、先行きのFinTechの発展にお役に立つことができれば幸甚です。

　　2017年5月28日

可 児　滋

【著者紹介】

可児　滋（かに　しげる）

　元横浜商科大学教授
　CFA認定証券アナリスト（CFA）
　日本証券アナリスト協会検定会員（CMA）
　国際公認投資アナリスト（CIIA）
　Certified Financial Planner（CFP）
　1級FP技能士

目　次

第1章　FinTechとは？

I　FinTechとは？ ……………………………………………………… 2

1　FinTech、X-Techとは？ ……………………………………………… 2
2　FinTechの具体例は？ ………………………………………………… 3
3　FinTech成長の要因は？ ……………………………………………… 4
4　FinTechの背後にある情勢変化は？ ………………………………… 5
　(1)　ITの進化 ……………………………………………………………… 5
　(2)　消費者行動の変化 …………………………………………………… 6
　(3)　FinTechベンチャーのビジネスモデル …………………………… 6
5　FinTechの強みは？ …………………………………………………… 6
　(1)　ユビキタスの実現 …………………………………………………… 7
　(2)　低コストの実現 ……………………………………………………… 7
　(3)　事業価値創造の実現 ………………………………………………… 7
6　FinTechの種類は？ …………………………………………………… 7
　(1)　決　　済 ……………………………………………………………… 8
　(2)　送　　金 ……………………………………………………………… 8
　(3)　融資・出資 …………………………………………………………… 8
　(4)　営業支援・財務管理 ………………………………………………… 9
　(5)　投資アドバイス・資産管理 ………………………………………… 9
　(6)　保　　険 ……………………………………………………………… 10

〈II〉 FinTech ベンチャーとは？ …………………………………… 11

1 FinTech ベンチャーとは？ ……………………………………… 11
2 FinTech ベンチャーに対する投資動向は？ ………………… 11
3 FinTech ベンチャーの特徴は？ ……………………………… 13
　(1) ブティック型ビジネスモデル ……………………………… 13
　(2) 消費者ニーズに対する機動的、弾力的な対応 …………… 13
　(3) コスト低減による新金融商品・サービスの開発、提供 ……… 14
4 FinTech ベンチャーのランキングは？ ……………………… 14
　(1) IDC ファイナンシャル・インサイト社による FinTech Rankings … 14
　(2) KPMG 等による FinTech100 ……………………………… 15
　(3) CNBC のサーベイ ………………………………………… 19

第2章　FinTech が手掛ける主要な分野は？

〈I〉 決　済 …………………………………………………………… 24

1 決済サービスの改革とは？ …………………………………… 24
　(1) FinTech が目指す決済改革 ………………………………… 24
　(2) 金融審議会の検討状況 …………………………………… 25
2 FinTech による決済サービス改革の背景と具体的な内容は？ ……… 26
3 電子マネーとは？ ……………………………………………… 27
　(1) 電子マネーの定義 ………………………………………… 27
　(2) 電子マネーの基本パターンは？ …………………………… 27
　(3) 電子マネーの種類は？ …………………………………… 28
　(4) 電子マネーの特徴は？ …………………………………… 32
　(5) 電子マネーの発行動向は？ ……………………………… 32

- 4 モバイル決済とは？ ……………………………………………… 34
  - (1) モバイル決済の定義 ………………………………………… 34
  - (2) モバイル決済の種類は？ …………………………………… 34
- 5 クラウド型決済とは？ …………………………………………… 38
  - (1) クラウド型決済の定義 ……………………………………… 38
  - (2) クラウド型決済の特徴は？ ………………………………… 38
- 6 FinTech による決済情報の活用は？ ………………………… 39
  - (1) マーケティング ……………………………………………… 39
  - (2) 小売業と金融業の融合 ……………………………………… 40
  - (3) 貸　　付 ……………………………………………………… 40
- 7 決済サービス業への参入業者は？ …………………………… 41
  - (1) 決済サービス業への参入業者の顔ぶれ …………………… 41
  - (2) eコマース運営業者の決済サービスの具体例は？ ……… 41
- 8 モバイル決済のセキュリティは？ …………………………… 42
- 9 仮想通貨とは？ …………………………………………………… 43
  - (1) 仮想通貨の定義 ……………………………………………… 43
  - (2) 仮想通貨の特徴は？ ………………………………………… 43
  - (3) 仮想通貨に関する法規制は？ ……………………………… 45
  - (4) 仮想通貨と消費税 …………………………………………… 49
  - (5) 仮想通貨と中央銀行 ………………………………………… 50
- 10 金融 EDI とは？ ………………………………………………… 53
  - (1) 金融 EDI の定義 ……………………………………………… 53
  - (2) 金融 EDI のメリットは？ …………………………………… 53
  - (3) 金融 EDI と XML …………………………………………… 56

Ⅱ　送　　金 …………………………………………………………… 66

- 1 FinTech と送金の関係は？ …………………………………… 66
- 2 FinTech が関わる送金の種類は？ …………………………… 66

(1)　ロー・バリュー送金、ハイ・バリュー送金とは？ ……………… 67
　(2)　ワイアトランスファ、ACH トランスファとは？ ……………… 67
　(3)　国際ロー・バリュー送金への取組みは？ ……………………… 69
　(4)　SWIFT の GPII ……………………………………………………… 70
　(5)　金融審議会の提言と全銀協の対応 ……………………………… 72
　(6)　24時間365日送金プロジェクトとは？ …………………………… 73
　(7)　FinTech による送金イノベーションの具体例は？ …………… 73
　(8)　送金と規制の関係は？ …………………………………………… 75
　(9)　送金とブロックチェーンの関係は？ …………………………… 77

Ⅲ　融資・出資 …………………………………………………………… 79

1　クラウドファンディングとは？ …………………………………… 79
　(1)　クラウドファンディングの定義 ………………………………… 79
　(2)　クラウドファンディングの役割は？ …………………………… 79
　(3)　クラウドファンディングの種類は？ …………………………… 80
　(4)　クラウドファンディングのプレイヤーは？ …………………… 83
　(5)　クラウドファンディングの手順は？ …………………………… 83
　(6)　クラウドファンディングのプロジェクトの選別は？ ………… 85
　(7)　クラウドファンディングのメリットは？ ……………………… 86
　(8)　投資型クラウドファンディングに対する規制は？ …………… 88
　(9)　クラウドファンディングの仲介業者は？ ……………………… 94
　(10)　日本におけるクラウドファンディングの具体例は？ ………… 94
　(11)　ふるさと投資とは？ ……………………………………………… 96

2　P2P レンディングとは？ …………………………………………… 99
　(1)　P2P レンディングの定義 ………………………………………… 99
　(2)　P2P レンディング成長の背景は？ ……………………………… 100
　(3)　P2P レンディングの借り手、貸し手、仲介業者は？ ………… 100
　(4)　P2P レンディングによる資金貸借のプロセスは？ …………… 100

(5)　P2P レンディングの特徴は？ ……………………………………… 101
　(6)　P2P レンディングの借り手と貸し手のメリットは？ ……………… 101
　(7)　P2P レンディングの具体例は？ …………………………………… 102

Ⅳ　営業支援・財務管理 …………………………………………………… 105

1　営業支援と EBM、オムニチャネル、O2O、ソーシャルメディアの関係は？ ……………………………………………………………………… 105
　(1)　EBM とは？ …………………………………………………………… 105
　(2)　EBM の実現のために必要な IT は？ ……………………………… 105
　(3)　金融機関の EBM 活用には、どのようなメリットがあるのか？ … 106
　(4)　金融機関が EBM を活用する場合にどのような情報が使われるのか？ …………………………………………………………………… 107
　(5)　金融機関が EBM を活用するケースにはどのようなものがあるか？ …………………………………………………………………… 108
　(6)　金融機関の EBM 活用の具体例は？ ……………………………… 109
　(7)　オムニチャネルとは？ ……………………………………………… 111
　(8)　O2O とは？ …………………………………………………………… 115
　(9)　ソーシャルメディアとは？ ………………………………………… 117
2　財務管理と FinTech、法人番号、LEI の関係は？ ……………………… 121
　(1)　FinTech による経営・業務支援システムとは？ ………………… 121
　(2)　FinTech による経営・業務支援システムの内容は？ …………… 122
　(3)　FinTech による経営・業務支援の具体例は？ …………………… 122
　(4)　法人番号、LEI とは？ ……………………………………………… 124
　(5)　FinTech と法人番号、LEI の関係は？ …………………………… 125

Ⅴ　投資アドバイス・資産管理 …………………………………………… 129

1　投資アドバイス——ロボ・アドバイザーとは？ ………………………… 129
　(1)　ロボ・アドバイザーとは？ ………………………………………… 129

(2) 資産運用におけるロボ・アドバイザーの位置づけは？ ……… 129
　(3) ロボ・アドバイザーのサービスの具体的な内容は？ ………… 130
　(4) ロボ・アドバイザーの特徴は？ ……………………………… 130
　(5) 個人投資家に対する資産運用アドバイスのタイプは？ ……… 132
　(6) ロボ・アドバイザーの種類は？ ……………………………… 132
　(7) 米国、日本のロボ・アドバイザーの状況は？ ……………… 134
　(8) ロボ・アドバイザーサービスの先行き展開は？ …………… 139
2　資産管理──PFMとは？ ………………………………………… 141
　(1) PFMとは？ …………………………………………………… 141
　(2) FinTechベンチャーによるPFMのサービス内容は？ ……… 141
　(3) PFMのサービスを提供するFinTechベンチャーは？ ……… 142
　(4) PFMへのAPI活用とは？ …………………………………… 145
3　ネオバンクとは？ ………………………………………………… 146
　(1) ネオバンクの定義 ……………………………………………… 146
　(2) 顧客によるネオバンクの活用は？ …………………………… 146
　(3) ネオバンクによる金融サービスは？ ………………………… 147
　(4) FinTechベンチャーによる銀行免許の取得 ………………… 147

Ⅵ 保　　険 ………………………………………………………… 149

1　保険とFinTechの関係は？ ……………………………………… 149
2　保険契約等におけるFinTechの活用は？ ……………………… 149
　(1) 保険契約 ………………………………………………………… 149
　(2) ヘルスケア ……………………………………………………… 150
3　インターネット保険の特徴は？ ………………………………… 151
4　ネット保険の提供会社は？ ……………………………………… 151
5　テレマティクス保険とは？ ……………………………………… 152
　(1) テレマティクス保険の定義 …………………………………… 152
　(2) テレマティクス保険の種類と特徴は？ ……………………… 152

(3)　海外におけるテレマティクス保険の普及度は？………………153
　(4)　欧米におけるテレマティクス保険の一般的なモデルは？…………153
　(5)　日本におけるテレマティクス保険の導入事例は？……………154
　(6)　テレマティクス保険の普及促進に向けた当局の方針は？…………156
6　P2P保険とは？……………………………………………………157
7　オンデマンド保険とは？…………………………………………158
8　グループ保険とは？………………………………………………160

第3章　FinTechのテクノロジー

Ⅰ　ブロックチェーン……………………………………………164

1　ブロックチェーンとは？…………………………………………164
　(1)　分散型とは？……………………………………………………164
　(2)　P2Pとは？………………………………………………………165
2　ビットコインとブロックチェーンの関係は？…………………166
　(1)　ビットコインとは？……………………………………………166
　(2)　ビットコインの技術基盤のブロックチェーンとは？……………170
3　ブロックチェーンと既存システムの違いは？…………………170
　(1)　中央管理機関……………………………………………………170
　(2)　分散型台帳………………………………………………………171
　(3)　ブロックチェーン＝台帳………………………………………172
4　ブロックチェーンの基本的な仕組みは？………………………173
　(1)　ブロックチェーンを使った取引例……………………………173
　(2)　公開鍵暗号方式…………………………………………………175
　(3)　電子署名…………………………………………………………176
5　二重取引の阻止とは？……………………………………………177

6　ブロックチェーンの特徴は？ ………………………………………… 181
　　(1)　オープンソースによる不正取引の阻止 ……………………………… 181
　　(2)　スピーディーな取引執行 ……………………………………………… 182
　　(3)　低コストでインフラ構築が可能 ……………………………………… 182
　　(4)　堅牢性に優れている …………………………………………………… 183
　7　パブリック・ブロックチェーン、完全プライベート・ブロック
　　チェーン、コンソーシアム・ブロックチェーンとは？ …………… 184
　8　金融・証券業界がブロックチェーンを活用するタイプは？ ………… 186
　9　金融・証券業界によるブロックチェーンの活用とセキュリティ
　　は？ …………………………………………………………………………… 187
　　(1)　スマートコントラクトとブロックチェーン ………………………… 187
　　(2)　金融機関の決済・送金ビジネス ……………………………………… 190
　　(3)　証券業界の取引・決済ビジネス等 …………………………………… 194
　10　金融機関によるブロックチェーン活用に向けてのプロジェクト
　　は？ …………………………………………………………………………… 196
　　(1)　R3コンソーシアム …………………………………………………… 196
　　(2)　Hyperledger プロジェクト …………………………………………… 196
　　(3)　内外為替一元化検討に関するコンソーシアム ……………………… 197
　　(4)　貿易金融にブロックチェーンを適用する実証実験 ………………… 198
　　(5)　保険証券へのブロックチェーン技術適用に向けた実証実験 ……… 199
　　(6)　基幹システムや業務システムにブロックチェーンを適用する実証
　　　　実験 ……………………………………………………………………… 199
　　(7)　グループ会社間で情報を共有するプラットフォームとしての活
　　　　用 ………………………………………………………………………… 200
　　(8)　シンガポールにおける小切手の電子化 ……………………………… 200
　　(9)　クレジット・デフォルト・スワップにブロックチェーンを適用す
　　　　る実証実験 ……………………………………………………………… 201
　11　ブロックチェーンと金融・経済産業当局 ……………………………… 201

- (1) ブロックチェーンと海外中央銀行 …………………… 201
- (2) ブロックチェーンと日本銀行 ………………………… 202
- (3) ブロックチェーンと金融庁 …………………………… 203
- (4) ブロックチェーンと経済産業省 ……………………… 204

12 P2Pとは？ ………………………………………………… 205
- (1) P2Pの定義 ……………………………………………… 205
- (2) クライアントサーバ方式とP2P ……………………… 205
- (3) P2Pアプリの2つのモデル …………………………… 205

13 P2Pの特徴は？ …………………………………………… 206
- (1) 通信負荷の軽減 ………………………………………… 206
- (2) 匿 名 性 ………………………………………………… 206

14 P2Pが持つ問題点は？ …………………………………… 207
- (1) 匿名性の悪用 …………………………………………… 207
- (2) ウイルスの伝染 ………………………………………… 207
- (3) ネットワークの帯域の圧迫 …………………………… 207

〈Ⅱ〉 暗号化、ハッシュ関数、メッセージ認証、SSL ……… 210

1 暗号化とは？ ……………………………………………… 210
- (1) 暗号化の定義 …………………………………………… 210
- (2) 暗号化の基本的な仕組みは？ ………………………… 211
- (3) 暗号化の種類は？ ……………………………………… 211
- (4) 暗号の強度とは？ ……………………………………… 215
- (5) 認証局とは？ …………………………………………… 215

2 ハッシュ関数とは？ ……………………………………… 215
- (1) ハッシュ関数の定義 …………………………………… 215
- (2) ハッシュ値の特徴は？ ………………………………… 216
- (3) ハッシュ関数の機能は？ ……………………………… 216
- (4) 代表的なハッシュ関数は？ …………………………… 217

3　メッセージ認証コードとは？ ……………………………………… 219
　　(1)　メッセージ認証コードの定義 ………………………………… 219
　　(2)　メッセージ認証コードによる認証の仕組みは？ …………… 219
　　(3)　メッセージ認証コード活用による効果は？ ………………… 220
　　(4)　ハッシュ関数とメッセージ認証コードとの違いは？ ……… 220
　4　SSLとは？ ………………………………………………………… 221
　　(1)　SSLの定義 ……………………………………………………… 221
　　(2)　SSLの主要な活用使途は？ …………………………………… 221
　　(3)　SSLはどのような機能を持っているか？ …………………… 222
　　(4)　SSLサーバ証明書とは？ ……………………………………… 222

Ⅲ　人工知能とディープラーニング ……………………………… 225

　1　人工知能とは？ …………………………………………………… 225
　2　ディープラーニングとは？ ……………………………………… 225
　3　従来の人工知能とディープラーニングの違いは？ …………… 226
　　(1)　従来の人工知能 ………………………………………………… 226
　　(2)　ディープラーニング …………………………………………… 226
　4　技術的特異点（シンギュラリティ）とは？ …………………… 228
　5　人工知能ロボットとは？ ………………………………………… 229
　6　ディープラーニングを備えた人工知能の具体例は？ ………… 230
　7　AIネットワーク ………………………………………………… 232
　　(1)　「智連社会」における人間像 ………………………………… 232
　　(2)　AIネットワーク化に関する評価指標 ……………………… 232
　　(3)　リスク・シナリオ分析（ロボットを題材にして） ………… 232
　　(4)　今後の課題 ……………………………………………………… 233
　8　金融機関による人工知能の活用は？ …………………………… 233
　　(1)　顧客対応等の向上と効率化 …………………………………… 233
　　(2)　テキストや音声の認識、分析 ………………………………… 233

- (3) 異常の検知 …………………………………………… 235
- (4) マーケット分析 ………………………………………… 235
- (5) ビジネスプロセスの自動化 …………………………… 235
- 9 金融・保険業界における人工知能関連の市場規模は？ ……… 235
- 10 日本の金融機関による人工知能の具体的な活用は？ ……… 236
  - (1) 顧客対応等 …………………………………………… 236
  - (2) 顧客からの問合せに対する回答の精度の高度化 …… 238
  - (3) 融資審査の精度向上、融資可能見込額の算出 ……… 238
  - (4) 顧客行動・購買予測に基づいたマーケティング …… 239
  - (5) 投資信託の運用 ……………………………………… 240
  - (6) 証券会社の貸株料予測 ……………………………… 240
  - (7) 保険金支払業務の高度化 …………………………… 241
  - (8) 取引所の市場監視の精度向上 ……………………… 241

Ⅳ クラウドコンピューティング ……………………………… 244

- 1 クラウドコンピューティングとは？ ……………………… 244
  - (1) 従来方式 ……………………………………………… 244
  - (2) クラウドコンピューティング ……………………… 244
- 2 クラウドで提供されるサービスは？ ……………………… 246
  - (1) SaaS …………………………………………………… 246
  - (2) PaaS …………………………………………………… 246
  - (3) IaaS …………………………………………………… 246
- 3 パブリッククラウドとプライベートクラウドとは？ …… 246
  - (1) パブリッククラウド ………………………………… 247
  - (2) プライベートクラウド ……………………………… 247
- 4 クラウドのプレイヤーは？ ………………………………… 247
  - (1) データセンター ……………………………………… 247
  - (2) サービス提供者 ……………………………………… 247

(3)　エンドユーザ ································· 247
5　サーバの機能は？ ································· 248
6　クラウド発達の背景は？ ····························· 249
7　クラウドの仕組みは？ ······························· 249
8　データセンターとは？ ······························· 250
　(1)　データセンターの機能 ··························· 250
　(2)　インターネットデータセンターとは？ ·············· 251
　(3)　データセンターの運営主体は？ ···················· 251
　(4)　データセンターの主要な利用者は？ ················ 251
　(5)　データセンターの設置場所は？ ···················· 252
　(6)　データセンターのスケールメリットとは？ ·········· 252
9　クラウドのメリットは？ ····························· 253
　(1)　持たざる経営 ·································· 253
　(2)　スケーラビリティ ······························ 253
　(3)　事務手数の軽減とシステム運営の円滑化 ············ 254
　(4)　ユビキタス ··································· 254
　(5)　幅広いユーザ層 ································ 254
10　クラウドを利用する留意点は？ ······················· 255
　(1)　セキュリティ ·································· 255
　(2)　サービスの弾力性 ······························ 257
　(3)　IT リテラシーの蓄積 ···························· 257
　(4)　データセンターの拠点 ··························· 257

Ⅴ　ASP、SaaS、PaaS、IaaS、グリッドコンピューティング ································· 259

1　ASP とは？ ······································· 259
　(1)　ASP の定義 ···································· 259
　(2)　ASP のメリットは？ ····························· 260

2　SaaS とは？　260
- (1)　SaaS の定義　260
- (2)　SaaS の具体的な活用分野は？　261
- (3)　SaaS 型会計ソフトと融資の連携とは？　262
- (4)　ASP、SaaS における情報セキュリティ　263

3　PaaS とは？　264
4　IaaS とは？　264
5　XaaS とは？　265
6　グリッドコンピューティングとは？　265
- (1)　グリッドコンピューティングの定義　265
- (2)　グリッドコンピューティングのニーズはどこから来たのか？　267
- (3)　クラスタコンピューティングとは？　267
- (4)　プロビジョニングとは？　268

7　ユーティリティコンピューティングとは？　268
- (1)　ユーティリティコンピューティングの定義　268
- (2)　ユーティリティコンピューティングの特徴は？　269
- (3)　ユーティリティコンピューティング実現の具体的な方法は？　269
- (4)　ユーティリティコンピューティングとグリッドコンピューティングの関係は？　270

Ⅵ　ビッグデータ　272

1　ビッグデータとは？　272
2　ビッグデータの収集力・分析力は？　273
3　ビッグデータを活用するメリットは？　274
4　ビッグデータと ICT との関係は？　274
5　ビッグデータの種類は？　275
6　構造化データと非構造化データとは？　276
- (1)　構造化データ　276

(2)　非構造化データ …………………………………………………… 276
7　金融機関が活用できるビッグデータにはどのようなものがあるか？ ……………………………………………………………………… 276
　　(1)　既活用データ ……………………………………………………… 277
　　(2)　即利用可能なデータ ……………………………………………… 277
　　(3)　新規データ ………………………………………………………… 277
8　保険会社のビッグデータ活用は？ ………………………………… 277
9　金融機関によるビッグデータ活用のメリットと留意点は？ ………… 278
　　(1)　メリット …………………………………………………………… 278
　　(2)　留　意　点 ………………………………………………………… 278
10　ビッグデータの利活用促進に向けての法規制は？ ……………… 279
　　(1)　旧個人情報保護法の問題点 ……………………………………… 279
　　(2)　改正個人情報保護法の成立 ……………………………………… 280

Ⅶ　IoT …………………………………………………………………… 288

1　IoTとは？ …………………………………………………………… 288
　　(1)　IoTの定義 ………………………………………………………… 288
　　(2)　IoTとIoE ………………………………………………………… 288
　　(3)　IoTとM2M ……………………………………………………… 288
2　伝統的なインターネット活用とIoTによるインターネット活用の相違点は？ ……………………………………………………………… 289
3　IoTの枠組みは？ …………………………………………………… 289
　　(1)　自動車、家電製品、住宅、機械設備等の「モノ」とそれが具備しているセンサーや通信モジュール ………………………………… 289
　　(2)　ネットワーク ……………………………………………………… 290
　　(3)　コンピュータシステム …………………………………………… 290
4　IoT進展の背景は？ ………………………………………………… 290
　　(1)　センサー技術の高度化 …………………………………………… 290

(2) ネットワーク通信の高速化、低コスト化 ……………………… 291
  (3) コンピュータの処理能力の向上、低コスト化 ………………… 291
5 伝統的なインターネット活用と IoT によるインターネット活用では、通信技術がどのように異なるのか？ ……………………………… 291
  (1) 伝統的なインターネット活用 ……………………………………… 291
  (2) IoT によるインターネット活用 …………………………………… 292
6 IoT の活用事例は？ ……………………………………………………… 293
  (1) 環境の把握 …………………………………………………………… 293
  (2) 動きの把握 …………………………………………………………… 293
  (3) 位置の把握 …………………………………………………………… 293
7 テレメータ、テレマティクスとは？ …………………………………… 293
  (1) テレメータ …………………………………………………………… 294
  (2) テレマティクス ……………………………………………………… 294
8 AoT とは？ ……………………………………………………………… 294
  (1) IoT と AoT …………………………………………………………… 294
  (2) データ処理技術：ストック型とストリーム型 …………………… 295
9 IoT は、どのような形で企業に価値をもたらすか？ ………………… 295
  (1) 業務の効率化 ………………………………………………………… 296
  (2) リスク管理の向上 …………………………………………………… 297
  (3) マーケティング効果の向上 ………………………………………… 297
10 金融機関は IoT をどのような形で活用できるか？ ………………… 297
  (1) IoT 決済 ……………………………………………………………… 297
  (2) 現金処理機と IoT …………………………………………………… 298
  (3) IoT 活用型ファイナンスサービス ………………………………… 298
11 IoT のセキュリティは？ ……………………………………………… 298
  (1) IoT に対するサイバー攻撃の事例 ………………………………… 299
  (2) プライバシーの保護 ………………………………………………… 300
  (3) IoT のサイバー攻撃への対応 ……………………………………… 301

12　IoT推進の国際連携 ……………………………………………… 302

Ⅷ　ウェアラブルデバイス ……………………………………… 305

1　ウェアラブル端末とは？ ………………………………………… 305
2　ウェアラブル端末にはどのような種類があるか？ …………… 305
　(1)　リストバンド型 ………………………………………………… 305
　(2)　腕時計型 ………………………………………………………… 306
　(3)　メガネ型 ………………………………………………………… 306
3　金融機関によるウェアラブル端末の活用は？ ………………… 306

第4章　サイバー攻撃とサイバーセキュリティ

Ⅰ　FinTechと金融セキュリティ ……………………………… 310

1　FinTechは金融セキュリティへの脅威を高めるか？ ………… 310
2　FinTechは金融セキュリティへの脅威を抑制することができるか？ ……………………………………………………………… 311

Ⅱ　サイバー攻撃のターゲットと手口 ………………………… 314

1　無差別型攻撃と標的型攻撃とは？ ……………………………… 314
　(1)　無差別型攻撃 …………………………………………………… 314
　(2)　標的型攻撃 ……………………………………………………… 314
2　サイバー攻撃の手口は？ ………………………………………… 317
　(1)　webサイト閲覧によるウイルス感染（情報窃取） ………… 317
　(2)　標的型メール攻撃（情報窃取） ……………………………… 317
　(3)　web改ざんによる誘導 ………………………………………… 317
　(4)　媒体介在ウイルス感染（情報窃取）、制御系システム攻撃 ………… 318

(5)　DoS 攻撃、DDoS 攻撃 ……………………………………… 318
3　サイバー攻撃技術のレンタルとは？ ………………………… 319
4　マルウェアとは？ ……………………………………………… 319
　(1)　マルウェアの定義 ………………………………………… 319
　(2)　マルウェアの感染パターンは？ ………………………… 320
　(3)　マルウェアによる被害は？ ……………………………… 320
　(4)　マルウェアへの対策は？ ………………………………… 321
5　コンピュータウイルスとは？ ………………………………… 321
　(1)　広義のウイルス …………………………………………… 321
　(2)　狭義のウイルス …………………………………………… 322
　(3)　ウイルスの種類は？ ……………………………………… 322
　(4)　コンセプトウイルスとは？ ……………………………… 323
　(5)　ロジックボムとは？ ……………………………………… 323
　(6)　トロイの木馬とは？ ……………………………………… 324
　(7)　バックドアとは？ ………………………………………… 325
　(8)　ワームとは？ ……………………………………………… 325
　(9)　ランサムウェアとは？ …………………………………… 326
　(10)　スケアウェアとは？ ……………………………………… 328
　(11)　キーロガーとは？ ………………………………………… 328
　(12)　ボットとは？ ……………………………………………… 329
　(13)　スパイウェアとは？ ……………………………………… 330
6　中間者攻撃とは？ ……………………………………………… 331
　(1)　中間者攻撃の定義 ………………………………………… 331
　(2)　中間者攻撃による被害は？ ……………………………… 331
　(3)　中間者攻撃に対する防衛策は？ ………………………… 331

Ⅲ　サイバーセキュリティ ……………………………………… 333

1　オンライン本人認証とは？ …………………………………… 333

- (1) オンライン本人認証の定義 ……………………………………… 333
- (2) 認証にはどのような方式があるか？ …………………………… 334
- (3) パスワード認証の種類は？ ……………………………………… 334
- (4) パスワードクラッキングとは？ ………………………………… 335
- (5) パスワードリスト攻撃とは？ …………………………………… 336
- (6) ブルートフォース攻撃とは？ …………………………………… 336
- (7) リバースブルートフォース攻撃とは？ ………………………… 337
- (8) 辞書攻撃とは？ …………………………………………………… 338
- (9) 事前計算攻撃とは？ ……………………………………………… 338
- (10) 類推攻撃とは？ …………………………………………………… 339
- (11) パスワード攻撃に対する防衛手段にはどのようなものがあるか？ ……………………………………………………………… 340

2 電子署名、デジタル署名とは？ ……………………………………… 342
- (1) 電子署名、デジタル署名の定義 ………………………………… 342
- (2) 電子署名の仕組みは？ …………………………………………… 342
- (3) 電子証明書とは？ ………………………………………………… 343

3 バイオメトリクス認証とは？ ………………………………………… 345
- (1) バイオメトリクス認証の定義 …………………………………… 345
- (2) バイオメトリクス認証の枠組みは？ …………………………… 346
- (3) パスワード認証に比べてバイオメトリクス認証はどのような特徴があるか？ ……………………………………………………… 346
- (4) モバイル・バイオメトリクス認証とは？ ……………………… 347
- (5) バイオメトリクス認証を手掛けるFinTechベンチャーは？ …… 347
- (6) 金融機関によるバイオメトリクス認証の活用例は？ ………… 348
- (7) バイオメトリクス認証に対する攻撃のセキュリティは？ …… 349
- (8) FIDOとは？ ……………………………………………………… 350
- (9) 人工物メトリクスとは？ ………………………………………… 352

4 標的型攻撃への対策は？ ……………………………………………… 355

- (1) 入口対策 ……………………………………………………… 355
- (2) 出口対策 ……………………………………………………… 356
- (3) 内部対策 ……………………………………………………… 356
5 インターネット・バンキングのセキュリティは？ ……………… 356
- (1) インターネット・バンキングとは？ ………………………… 356
- (2) ネットバンキングのメリットは？ …………………………… 357
- (3) ネットバンキングによる不正払出しの実態は？ …………… 357
- (4) ネットバンキングによる不正払出し、送金の手口は？ …… 359
- (5) ネットバンキングによる不正払出し、送金対策は？ ……… 361
- (6) 2要素認証（多要素認証）とは？ …………………………… 363
- (7) 2要素認証の種類は？ ………………………………………… 364
6 キャッシュカードのセキュリティは？ …………………………… 369
- (1) キャッシュカード、デビットカード、クレジットカードの違いは？ ………………………………………………………………… 369
- (2) キャッシュカードの種類は？ ………………………………… 370
- (3) 偽造キャッシュカード、盗難キャッシュカードによる被害は？ … 371
- (4) キャッシュカードのセキュリティは？ ……………………… 372
- (5) クレジットカードのセキュリティは？ ……………………… 373
- (6) 金融機関のICカードと生体認証機能付きICカードの導入状況は？ ………………………………………………………………… 375
7 モバイルセキュリティとは？ ……………………………………… 375
- (1) モバイルセキュリティの重要性 ……………………………… 375
- (2) EMM、MDM、MAM、MCMとは？ ………………………… 377
- (3) モバイルデバイスに対する主な脅威と対策 ………………… 378
- (4) モバイルセキュリティポリシーとは？ ……………………… 380
- (5) モバイルセキュリティポリシーのポイントは？ …………… 380
- (6) モバイルデバイスのユーザが留意すべきポイントは？ …… 381
8 BYODとは？ ………………………………………………………… 381

(1)　BYODの定義 …………………………………………………… 381
　(2)　BYODのメリットは？ ………………………………………… 382
　(3)　BYODのリスクは？ …………………………………………… 382
　(4)　BYODのリスク対応策は？ …………………………………… 383
　(5)　企業がBYODを導入するにあたって必要な事項は？ ……… 384

Ⅳ 金融機関のサイバーセキュリティ・マネジメント ………… 387

1　金融機関のサイバーセキュリティのポイントは？ …………… 387
　(1)　リスクの内容と重要度の認識 ………………………………… 387
　(2)　職員の教育、訓練 ……………………………………………… 387
　(3)　サイバー攻撃対策 ……………………………………………… 387
2　インシデントレスポンスとは？ ………………………………… 389
　(1)　インシデントレスポンスの定義 ……………………………… 389
　(2)　CSIRTとは？ …………………………………………………… 389
　(3)　インシデントレスポンスの手順は？ ………………………… 390
3　金融機関の情報セキュリティの目標と情報セキュリティ技術は？ … 392
　(1)　情報セキュリティの目標 ……………………………………… 392
　(2)　情報セキュリティ技術 ………………………………………… 392
4　金融庁のサイバーセキュリティ強化の取組方針は？ ………… 393
　(1)　サイバーセキュリティ強化の必要性 ………………………… 393
　(2)　金融庁のサイバーセキュリティ強化に向けた取組方針 …… 394
5　サイバーセキュリティ基本法とは？ …………………………… 397

第5章　金融機関はいかにFinTechに向き合うべきか？

Ⅰ　FinTechは破壊者か？ ………………………………………… 400

1 伝統的な金融機関と FinTech の関係は？ ……………………… 400
　(1) 金融機関と IT ……………………………………………………… 400
　(2) JP モルガン・チェース、ダイモン社長のメッセージ ……………… 400
2 金融機関のとるべきスタンスは？ ……………………………… 402
3 FinTech ベンチャーとの「競争と協調」とは？ ……………………… 403
4 金融機関の IT 投資の特徴は？ ………………………………… 403
5 金融機関と FinTech ベンチャーの特性は？ …………………… 404
　(1) 金融機関の特性 …………………………………………………… 404
　(2) FinTech ベンチャーの特性 ………………………………………… 405
6 FinTech は金融機関が抱える課題のソリューションとなるか？ …… 405
7 FinTech に対して、金融機関はどのように対応すべきか？ ……… 406
　(1) 自前主義とインバウンド型 ………………………………………… 406
　(2) インバウンド型アプローチ＝オープンイノベーション ……………… 407
8 金融機関と FinTech ベンチャーとの協調関係の構築の例は？ …… 408
　(1) FinTech ベンチャー等との資本提携 ……………………………… 408
　(2) FinTech ベンチャーとの合併会社設立 …………………………… 408
　(3) FinTech ベンチャーとの業務提携 ………………………………… 409
　(4) ファンドによる FinTech ベンチャーへの出資 …………………… 409
9 金融機関が FinTech ベンチャーと協業する際に留意すべき点は？ … 410
　(1) ビジネスモデル面 ………………………………………………… 410
　(2) セキュリティ面 …………………………………………………… 410
　(3) スピード面 ………………………………………………………… 411

Ⅱ FinTech と規制 …………………………………………………… 414

1 FinTech ベンチャーに対する規制は？ ………………………… 414
2 FinTech に対する規制の基本的な考え方は？ ………………… 415
　(1) 金融規制の目的 …………………………………………………… 415
　(2) IT の本質 ………………………………………………………… 415

3　FinTech に対する規制は、現行の金融規制を前提とすべきか？ …… 416
　(1)　金融規制の見直し …………………………………………………… 416
　(2)　イノベーションと金融システムの安定の両立 …………………… 417
4　銀行法等の改正内容は？ …………………………………………………… 417
　(1)　銀行持株会社や銀行の金融関連 IT 企業等への出資の容易化 …… 417
　(2)　決済関連のシステム事務などの業務受託の容易化 ……………… 418

⟨Ⅲ⟩「競争と協調」の実現に向けて ……………………………………… 420

1　オープンイノベーションとは？ ………………………………………… 420
　(1)　オープンイノベーションの定義 …………………………………… 420
　(2)　オープンイノベーションが注目されている背景は？ …………… 421
　(3)　オープンイノベーションのメリットは？ ………………………… 421
　(4)　オープンイノベーションと FinTech の関係は？ ………………… 422
　(5)　オープンソース、オープンソース・ソフトウェアとは？ ……… 423
　(6)　国内のオープンイノベーションと FinTech の取組みは？ ……… 424
　(7)　オープンイノベーションの推進のためには何が必要か？ ……… 426
2　API とは？ ………………………………………………………………… 427
　(1)　API の定義 …………………………………………………………… 427
　(2)　API の目的は？ ……………………………………………………… 427
　(3)　API エコノミーとは？ ……………………………………………… 427
　(4)　API のメリットと API 導入の留意点は？ ………………………… 428
　(5)　プライベート API とオープン API とは？ ………………………… 429
　(6)　銀行 API ……………………………………………………………… 432
3　エコシステムとは？ ……………………………………………………… 452
　(1)　エコシステムの定義 ………………………………………………… 452
　(2)　エコシステム発展の条件は？ ……………………………………… 452
　(3)　エコシステム発展に向けての試みは？ …………………………… 453
4　ハッカソンとアクセラレータープログラムとは？ …………………… 454

- (1) ハッカソンとは？ ……………………………………………………… 454
- (2) ハッカソンの意義は？ ………………………………………………… 455
- (3) ハッカソンの参加者の顔ぶれは？ …………………………………… 455
- (4) ハッカソンの手順は？ ………………………………………………… 456
- (5) FinTech ハッカソンの開催は？ ……………………………………… 457
- (6) FinTech ハッカソン開催の金融機関に対するベンダーのサポートは？ ……………………………………………………………………… 460
- (7) イングランド銀行によるイベントは？ ……………………………… 460
- (8) アクセラレータプログラムとは？ …………………………………… 461
- (9) シードアクセラレータとは？ ………………………………………… 461
- (10) メンターの役割と顔ぶれは？ ………………………………………… 462
- (11) アクセラレータプログラムの手順は？ ……………………………… 463
- (12) FinTech アクセラレータプログラムの具体例は？ ………………… 463

Ⅳ FinTech に対する各国当局の対応 ……………………………… 468

- 1 FinTech に対する英国当局の対応は？ ………………………………… 468
  - (1) Global FinTech Capital ……………………………………………… 468
  - (2) Project Innovate ……………………………………………………… 470
  - (3) FinTech Futures ……………………………………………………… 471
  - (4) Regulatory sandbox ………………………………………………… 471
  - (5) イングランド銀行のスタンス ……………………………………… 472
- 2 FinTech に対するシンガポール当局の対応は？ ……………………… 473
  - (1) FSTI …………………………………………………………………… 473
  - (2) FTIG …………………………………………………………………… 473
  - (3) FinTech オフィス …………………………………………………… 474
  - (4) sandbox ……………………………………………………………… 474
  - (5) FinTech フェスティバル …………………………………………… 474
- 3 FinTech に対する日本当局の対応は？ ………………………………… 475

⑴　政府、自民党 ……………………………………………… 475
　⑵　金 融 庁 …………………………………………………… 476
　⑶　日本銀行 …………………………………………………… 481
　⑷　経済産業省 ………………………………………………… 482

参考文献 ……………………………………………………… 486
主要事項索引（FinTech をより深く理解するために）……………………… 490

第1章

FinTech とは？

FinTechとは？

1 FinTech、X-Techとは？

　FinTech（フィンテック）は、FinanceとTechnologyをあわせた造語で、ITによる金融分野の新しいソリューションや価値創造を意味します。また、FinTechは、ITによる金融分野の新しいサービスを開発、提供するFinTechに関わるベンチャー企業（以下、FinTechベンチャー）を指すこともあります。

　FinTechは、X-Techの1分野です。ここで、X-Techの"X"は、さまざまな業界がXに当てはまることを意味します。

　ITの目覚ましい進展があり、多くの業界で、これまでその業界のメンバーではなかったITベンチャーによって、従来のビジネスモデルを打ち破るようなイノベーションが出現しています。このように、X-Techに共通してみられる特徴は、ITベンチャーがさまざまな業界へ進出して、新しい価値を創造するドライバーとなっている点にあります。

　X-Techの代表例としては、図表1－1のようなものがあります。

　これから明らかなように、さまざまな「産業等とITとの融合」が進展していますが、先行きは、ITの力により各業界の壁が一段と低くなり、ITを軸とする横展開によって「業界と業界との間の融合」といった形に発展することも予想されます。

図表1-1 X-Tech の種類

造　語	組合せ	IT と融合する業界
FinTech	Finance × Technology	金融、証券
InsTech, InsurTech	Insurance × Technology	保険（FinTech に含めることが多い）
RegTech	Regulation × Technology	規制、コンプライアンス
EdTech	Education × Technology	教育
HRTech	Human Resources × Technology	人事
AdTech	Advertisement × Technology	広告
MarTech	Marketing × Technology	マーケティング
RetailTech	Retail × Technology	小売
LegalTech	Legal × Technology	法務
MediTech	Medical × Technology	医事
HealthTech	Healthcare × Technology	ヘルスケア
SportTech	Sport × Technology	スポーツ
AgriTech	Agriculture × Technology	農業
FoodTech	Food Industry × Technology	食品
RETech	Real Estate × Technology	不動産
FashTech	Fashion Industry × Technology	ファッション
GovTech	Government × Technology	公的部門

（出所）　筆者作成

2　FinTech の具体例は？

　FinTech は、インターネットやスマートフォン（以下、スマホ）等の情報通信テクノロジーを使って、既存の金融サービスのコスト削減等による効率化、既存の金融サービスの拡充、新たな金融サービスの創出、などを実現す

るソリューションをいいます。

こうしたサービスの代表的なケースをあげると、次のようなものがあります[1]。

・eコマース（electronic commerce、EC）等に結びついた小口決済
・低コストの海外送金
・資金の提供者と調達者とをインターネットでマッチングさせるクラウドファンディング
・人工知能（AI）、ビッグデータを活用した投資判断サポート、リスク管理

このように、FinTechは、ITの活用により利便性の向上やコストの大幅削減を実現するなかで、新たな付加価値を持つ金融サービスを提供する金融革新として注目を集めています。

なお、ITの類似語としてICT（Information and Communication Technology）という用語も使われています。この2語をあえて区別すれば、ITは技術開発のサイドからみた言葉で、ICTはITを活用するサイドからみた言葉である、ということもできますが、基本的に両者は同義であると考えてよいと思います。本書では、ITを基本に使用して、文脈によってICTも使いながら話を進めることにします。

3 FinTech成長の要因は？

FinTechが急速な成長をみせている基本的な要因は、インターネットの普及、活用です。これは、金融サービスを提供するサイドにとっても、そのサービスを利用するユーザサイドにとっても共通する要因です。

すなわち、ITの活用によりビジネスを展開する企業にとっては、インターネットが提供するインフラを廉価で使用することにより、自らが多額のコストをかけてシステムを構築する必要性が削減されます。

また、ITインフラ面では、その構築費用はもとより、維持費用も企業にとって大きな負担となりますが、これもインターネットの活用により、大幅

な負担軽減が可能となります。

　こうしたことから、FinTechベンチャーは、さしたる資本を要することなく、FinTechの分野に乗り出し、さまざまな金融サービスを廉価で提供するビジネスを展開しています。

　従来から金融機関のIT活用は、セキュア（安全）で効率的な金融サービスを提供するという顧客へのサービス向上が大きな目的でした。これは、ATMの導入でもみられたところです。そして、FinTechは従来以上に顧客中心のコンセプトをベースとしています。

　すなわち、インターネットの普及、活用によりパソコン、スマホ、タブレット端末等が顧客の間に浸透するのに歩調をあわせて、顧客の金融機関に対するニーズも、早く、安く、そしてセキュアで正確な金融サービスを求める傾向を一段と強めています。

　また、小口資金のファイナンスが必要となる中小企業を中心として、伝統的な金融機関からの融資以外に、FinTechを活用した新たな資金調達手段が注目されています。

　このように、金融サービス提供サイドも、ユーザサイドも、ITを駆使した新たな金融ツールやチャネルの活用を展開しています。

4　FinTechの背後にある情勢変化は？

　ここで、FinTechを躍進させている背景を整理しておきましょう。

(1)　ITの進化

　第1は、ITの飛躍的な進化です。コンピュータの情報処理能力の向上には目を見張るものがあります。これにより、大量のデータをスピーディーかつ正確に処理することが可能となり、そのコストは劇的に低下しています。また、オープンソース（プログラムのソースが公開されている）のソフトウェアとクラウド技術（コンピュータの一部を多くのユーザで共用する技術）が、

FinTechベンチャーが金融分野を手掛けるにあたっての起爆剤となっています。

(2) 消費者行動の変化

第2は、金融サービスに対する消費者行動の変化です。インターネットとスマホ等のモバイル端末の普及により、ユーザは、ITを身近なものとしてさまざまな場面で活用しています。たとえば、モバイル決済により、ユーザは、いつでも、どこでも、決済ができるユビキタスのメリットを享受することができます。

(3) FinTechベンチャーのビジネスモデル

前述の2つの特徴によって、FinTechベンチャーは、ある機能や業務に特化した金融商品・サービスの提供により、利益を生むビジネスモデルを構築することが可能となりました。FinTechベンチャーは、あらゆる金融商品・サービスを提供する百貨店型ではなく、自身が得意とするITを活用して一定の業務分野に特化するブティック型のビジネスモデルを展開することを大きな特徴とします。そして、これがビジネスとして成立する背景には、ITの性能向上、コスト低減の双方に亘る飛躍的な進歩と、消費者ニーズの多種多様化が一段と進展していることのマッチングがあります。

以上の3つの要素が相乗的に働いて、消費者ニーズの多様化が、FinTechベンチャーによるさらなるイノベーティブな金融商品・サービスの開発、提供を誘発する、といった形で好循環を形成しています。

5 FinTechの強みは？

FinTechが持つ特徴は、次の3点に要約することができます[2]。

(1) ユビキタスの実現

ユーザは、モバイルデバイスを使ってさまざまなアプリを活用することにより、いつでも、どこでも、リアルタイムで金融サービスを受けることができる、というユビキタス環境が生むメリットを享受することができます。

(2) 低コストの実現

伝統的な金融機関は、すべての顧客のニーズにマッチするよう、さまざまなサービスを提供する百貨店型の経営が主流となっています。

これに対して、FinTechベンチャーは、ITのさまざまな機能を駆使して特定のニーズにマッチする単機能のサービスを提供するパターンが主流となっています。この結果、単一のサービスで比較すると、FinTechベンチャーが提供するサービスのほうが、低コストでスピーディー、効率的であるという特徴を持っています。

FinTechベンチャーによるサービスの提供の多くはこうした要素を売り物とすることから、ユーザは、従来に比べると低価格で各種の金融サービスを効率的に享受することができます。

(3) 事業価値創造の実現

FinTechにより、新たな金融商品・サービスの供給が期待できます。こうした金融商品・サービスは、ビッグデータ等の活用によりユーザのニーズをきめ細かく汲み取り、設計されることになります。

6　FinTechの種類は？

FinTechの種類をFinTechが活用されている金融サービスの分野別にみると、たとえば次のようなケースをあげることができます。なお、各項目については「第2章　FinTechが手掛ける主要な分野は？」で詳しく述べる

ことにします。

(1) 決　　済

① web決済、モバイル決済

　web決済は、インターネットの利用によって、クレジットカード決済等をリアルタイムで、24時間365日、低コストで行うサービスです。

　また、モバイル決済は、たとえばモバイル端末をカードリーダーとして使うことにより、中小・個人企業でもクレジットカード決済の取扱いが低コストで導入することができるサービスです。

② ビットコイン等の仮想通貨とブロックチェーン

　ビットコインをはじめとする仮想通貨（デジタル通貨）の技術基盤であるブロックチェーンを活用して、安全で低コストの決済インフラを提供するサービスです。

(2) 送　　金

　スマホ等のモバイル端末の機能を使って、金融機関の口座番号を使わずソーシャルネットワークID等により、送金をいつでも、どこからでも低コストで実施することができるサービスです。

(3) 融資・出資

① クラウドファンディング

　融資、資本調達等を多くの資金提供者から募るプラットフォームを提供するサービスです。クラウドファンディングにより、小口資金の投融資が円滑に行われることが期待できます。

② P2Pレンディング、ソーシャルレンディング

　web上で貸し手と借り手を募り、信用格付等を実施したうえで融資を実行する仲介サービスです。融資対象は個人のことも法人のこともあります。

(4) 営業支援・財務管理

① 営業支援

　FinTechは、インターネット(オンライン)で顧客に情報やサービスを提供することにより、顧客を実店舗(オフライン)に誘導して購買に結びつけるビジネスや、ネット店舗と実店舗が連携して双方の販売チャネルが融合するビジネスに活用されています。こうしたFinTechの活用は、O2O(Online to Offline & Offline to Online)と呼ばれています。

② 財務管理

　中小企業が手作業で行っている売掛金と入金との照合と消込、経費精算、給与計算、保険手続等の会計処理を、ソフトウェアやクラウドコンピューティング(クラウド)の活用で自動処理することにより、低コストで効率的に事務処理を行うサービスです。

(5) 投資アドバイス・資産管理

① ロボ・アドバイザー

　ビッグデータ等の技術を活用してweb上で個人投資家へのアドバイスを無料で行ったり、実際の運用を低コストで行ったりするサービスです。ロボ・アドバイザーは、質問に応じた投資家のリスク・リターンプロファイル等を分析して、投資家にマッチしたポートフォリオの組成を行います。このように、投資家はロボ・アドバイザーの活用により高度な資産運用を低コストで行うことが可能となります。また、個人のファイナンシャルプラン(FP)の作成を支援するオンラインFPといったサービスもあります。

② PFM

　顧客の許諾のもとで多くの金融機関の口座情報を集約するアカウント・アグリゲーション(口座統合)等によって、顧客の資産管理を行うサービスです。このように、個人が複数金融機関に保有する資金を一元的に管理するサービスをPFM(Personal Financial Management)サービスと呼んでいます。

(6) 保　　険

① **生命保険**

　web 上で、各保険会社が提供している保険内容を比較したり、保険のダイレクト販売を行う等のサービスです。

　また、ウェアラブル端末（身体に装着（wear）する端末）で個人の健康状態の情報を収集して、生命保険契約の内容に反映させるサービスもあります。

② **損害保険**

　FinTech の損害保険への適用としては、車に搭載したセンサーによりドライバーの運転情報を収集して、それをベースに保険料を決定するテレマティクス保険（スマートカー保険）等があります。

［注］
(1)　日本銀行「決済システムレポート」2016.3、p29
(2)　日本銀行金融機構局「IT の進歩がもたらす金融サービスの新たな可能性とサイバーセキュリティ」金融システムレポート別冊シリーズ、2016.3、pp5-6

FinTech ベンチャーとは？

1　FinTech ベンチャーとは？

　FinTech ベンチャーは、IT と金融を結びつける形で、革新的な金融サービスの提供や金融業務の効率化をビジネスとするベンチャー企業です。すなわち、FinTech ベンチャーは、伝統的な金融機関ではない金融ビジネスの担い手として、IT の活用により新たな付加価値を持つ金融サービスを、高い利便性と低コストで提供することを特徴としています。そして、この FinTech ベンチャーこそが、金融サービスの IT 化にとどまらず、既存の金融の枠組みを変革する金融イノベーションのリーダーとして FinTech の流れを形成しています。

　FinTech ベンチャーは、「FinTech ベンチャー企業」とか「FinTech 企業」ということもあれば、「FinTech スタートアップ」とか、単に「FinTech」「スタートアップ」とも呼ばれます。なお、スタートアップは、一般にベンチャー企業が立ち上がった初期のステージをいいます。本書では、FinTech ベンチャーとして話を進めることとします。

2　FinTech ベンチャーに対する投資動向は？

　世界の FinTech ベンチャーに対する投資額の推移をアクセンチュアの調査でみると、2008年の10億ドルから2015年には223億ドルへと大幅増加をみています[1]。特に、2013年には46億ドルでしたが、2014年は127億ドル、2015年には223億ドルへと加速度的に増加して、この結果、2年間で5倍近

くの急増を示しています。また、2016年中の世界のFinTechベンチャーに対する投資額実績は、240億ドルになると見込まれています[2]。全業種でみたベンチャーへの投資額の2015年の増加率が前年比29％であることからみても、FinTechベンチャーに対する投資の増加の勢いが際立っていることがわかります。

なお、2014年に世界の金融機関が実施したIT投資は、2,150億ドルとなっています[3]。

このように、FinTechの急速な台頭には、飛躍的な進展をみせるITを金融分野に応用することを目指すFinTechベンチャーと、そうした企業に資金を供給する投資家の増加、それにFinTechに対する金融機関の関心の高まりが相乗的に働いている、ということができます。

地域別にみると、米国のFinTechベンチャーに対する投資額は、全世界の5割強と突出したシェアを占めています。また、2015年のアジア・パシ

図表1－2　FinTech投資額等の各国比較

		米国	英国	独	フィンランド	シンガポール	日本
FinTech投資額（百万ドル）（2015）		12,212	974	770	65	69	65
前年比（％）		+21	+53	+843	+1,891	+663	+20
金融IT支出（億ドル）（2014）		1,010	240	110	10	20	270
分野別	銀行	496	111	55	5	14	160
	証券	258	62	25	2	2	49
	保険	263	70	30	3	5	61

（出所）　Julian Skan, James Dickerson, Luca Gagliardi, 村上隆文「フィンテック、発展する市場環境：日本市場への示唆」Accenture 2016、p15をもとに筆者作成
（原典）　Gartner "Forecast: Enterprise IT Spending by Vertical Industry Market, Worldwide, 2014-2020, 1Q16 Update" 2016.4.27

フィックのFinTech投資額は、43億ドルと前年比4倍強の急増となり、全世界のFinTech投資額の19％を占めるまでとなっています[4]。アジア・パシフィックのなかでは、中国が最大のシェアの45％（19億ドル）で、インドも38％（16億ドル）を占めています。一方、2015年の日本のFinTech投資額は、6,500万ドル、前年比20％増となっています（図表1－2）。

3　FinTechベンチャーの特徴は？

FinTechベンチャーが持つ主な特徴をいくつかピックアップすると、次のようになります。

(1)　ブティック型ビジネスモデル

伝統的な金融機関は、さまざまな金融商品、金融サービスを扱うのに対して、FinTechベンチャーは、得意とする1つの金融分野に特化してビジネスを展開することが大きな特徴となっています。

また、FinTechベンチャーは、多岐に亘る金融業務のなかからまずはニッチの分野から手掛けて、それを踏み台として機をみて金融のコアビジネスに進出する、といったプロセスをたどることが少なくありません。

(2)　消費者ニーズに対する機動的、弾力的な対応

伝統的な金融機関が、たとえ革新的な金融商品、金融サービスの提供を企図しても、既存のシステムを前提とすることから、機動的に、低コストでこれを実現することは容易なことではありません。

これに対して、FinTechベンチャーは、文字どおり白紙からスタートすることで、大胆なビジネスモデルのもとに、顧客に対して革新的な金融商品、金融サービスをスピーディーに、また弾力的に提供することができます。

特に、こうした特徴は、消費者のニーズが多様化しながら急速に変化する

なかで、大きな威力を発揮しています。

(3) コスト低減による新金融商品・サービスの開発、提供

　消費者は、新たな金融商品・サービスの提供とコスト安の双方を貪欲に求めてきます。従来、新たな金融商品・サービスの開発には、多くの時間、コストを要しましたが、FinTech ベンチャーは飛躍的に進化した IT の活用により、こうした消費者のニーズに低コストで応えることを可能としています。

4 FinTech ベンチャーのランキングは？

　世界の FinTech ベンチャーに対して毎年ランキング付けを行っているケースがいくつかみられますが、ここではそのなかの3つの例をみましょう。

(1) IDC ファイナンシャル・インサイト社による FinTech Rankings

　金融情報・コンサルタントビジネスをグローバルに展開する米国 IDC ファイナンシャル・インサイト社は、2004年から FinTech Rankings と称して世界の FinTech 企業100社と25社の2つのランキングを公表しています。

　同社のランキング付けの対象となる企業は、ハードウェア、ソフトウェア、IT サービスを提供する金融 IT 企業で、その収益のかなりの割合が金融関連ビジネスからの収益で構成されている企業です。具体的には、全体収益の3分の1以上が金融関連ビジネスからの収益で構成されている企業がランキング100社の母集団となり、収益の3分の1未満が金融関連ビジネスからの収益で構成されている企業がランキング25社の母集団となります。

　そして、こうした金融 IT サービス企業を対象として、IDC ファイナンシャル・インサイト社が企業自体の内容の調査だけではなく、企業が提供す

るサービスのニーズ等を総合的に調査、分析してランキングを決定します。

　同社が発表した2016年のランキング100社のうち、上位10社は次のとおりです[5]。

① Tata Consultancy Services Ltd（インド）、② FIS（米）、③ Cognizant Technology Solutions（米）、④ Fiserv, Inc.（米）、⑤ NTTデータ（日）、⑥ Infosys Limited（米）、⑦ NCR Corporation（米）、⑧ Total System Services, Inc.（米）、⑨野村総合研究所（日）、⑩ Diebold, Inc.（米）

　第1位は、インド・ムンバイに本社がある Tata Consultancy Services Ltd です。

　そして、NTTデータが5位に、野村総研が9位に入っています。これで、野村総研は7年連続で上位10社以内にランキングされたことになります。

　なお、100社の国別構成をみると、米国53社、インド8社、仏7社、スイス6社、英国5社、日本4社、中・独・伊各3社と、米国が突出しています。

　日本の4社は、NTTデータ、野村総研、グローリー（24位）、シンプレクス（72位）です。

　次に、ランキング25社のうち上位5社をみると、次のとおりです。
① IBM、② Hewlett-Packard、③ Microsoft、④ Accenture、⑤ Cisco Systems, Inc.

(2)　KPMG 等による FinTech100

　KPMG と H2 Ventures は、2014年から毎年 FinTech100 と称するサーベイを行っています[6]。

①　FinTech100の選出基準

　KPMG 等による FinTech100 は、世界中の FinTech ベンチャーのなかから一定の基準で100社を選出するというものです。その基準は、次の5点です。

a　投資家からの資金調達額
　　b　aの増加率
　　c　FinTech活用の地理的広がり
　　d　FinTech活用の分野の広がり
　　e　製品・サービス・ビジネスモデルのイノベーションの度合い
　なお、eの基準は、上位50社以外のFinTechベンチャーに適用されます。サーベイでは、イノベーションの度合いは、FinTechベンチャーに対する投資家の投資額に大きな影響を及ぼし、その結果、当該企業の競争力が強化される、とみています。
　このサーベイでは、世界中のFinTechベンチャーが投資家から調達した資金額は、過去3年間で7倍に達しており、2015年の前年比では66％増加した、としています。

② 特　徴　点
　この選出結果の特徴点は次のとおりです。
　　a　国　　　別
　中国勢の躍進が目立ちます。中国のFinTechベンチャーは調査開始の2014年では上位50社のなかに1社のみ入っていましたが、2016年は上位5社中4社を占め、また、上位50社中8社が入っています。
　　b　地理的分散
　上位50社の地理的分散をみると、2015年は13カ国でしたが、2016年はフランス、メキシコ、南アフリカ、シンガポールが新たに加わって17カ国に増加しています。
　　c　業務分野
　FinTechベンチャーが手掛ける分野は、融資が多く、上位50社中23社が、100社中32社が融資関係となっています（図表1－3）。
　一方、保険分野を手掛けるFinTechベンチャーは100社中12社と、前年に比べると2倍近くに増加しています。
　また、規制ソリューションを手掛けるFinTechベンチャーが100社中8社

と、この分野も急速に増加をみています。

図表1－3　FinTechベンチャー100社が手掛ける業務分野と各分野のFinTechベンチャー数

融資	32社
決済	18社
保険	12社
規制	8社
データ分析	8社
資産運用	6社
仮想通貨	5社
ブロックチェーン	5社
証券市場	3社
クラウドファンディング	2社
会計	1社
合　計	100社

（出所）　H2 Ventures、KPMG "2016FINTECH100" 2016.10.27

d　FinTechベンチャーに対する出資額

FinTechベンチャー1社で10億ドルを超えるケースが増加しています。

また、FinTechベンチャーへの出資総額は、この1年間で146億ドルに達しています。

③　FinTech100の上位5社

100社のうち上位5社をみると、次のとおりです。

順位と社名（カッコ内は前年の順位）	拠点所在国	FinTech分野	具体的内容
1．Ant Financial（新）	中国	決済	中小企業、個人営業、消費者に決済サービスを提供

第1章　FinTechとは？　17

2．Qudian （4）	中国	融資	若者や中高年の消費者に対する消費者金融
3．Oscar （2）	米国	保険	保険加入者と医療機関をインターネットでつないで、各種保険サービスを提供
4．Lufax （11）	中国	融資、資産運用	融資や資産運用のほか、リスク管理等のコンサルティングも実施
5．ZhongAn （1）	中国	保険	オンラインにより各種保険を提供

（出所）　H2 Ventures、KPMG "2016FINTECH100" 2016.10.27をもとに筆者作成

第1位：Ant Financial

　2004年に中国で設立された中小企業、個人営業、消費者にAlipayと呼ばれる決済プラットフォームを提供するFinTechベンチャーです。また、資産運用、第三者としての信用判定、クラウドコンピューティング等も手掛けています。

第2位：Qudian

　2014年に中国の学生の手で設立された消費者金融のプラットフォームを提供するFinTechベンチャーです。対象は、クレジットカードを持っていないような若者や中高年の消費者です。

第3位：Oscar

　2013年に米国で設立された医療保険のFinTechベンチャーです。ニューヨーク州の医療機関との提携により、保険加入者と医療機関をスマホでつないで、各種保険サービスを提供しています。特に、保険加入者に対して医者の受診、ジェネリック薬品の処方、インフルエンザ等の予防注射、妊娠検査等が無料で受けられるサービスや、出産、手術、病気の再発等、医療費が嵩むケースでは医療費が割引になるサービスを売り物にしています。

第4位：Lufax

　2011年に中国で設立された融資と資産運用のプラットフォームを提供する

FinTechベンチャーです。また、企業や金融機関、適格投資家等に対して、ビッグデータ等を活用してリスク管理モデルや金融資産取引に関わる情報の提供、コンサルティングを行っています。

第 5 位：ZhongAn

　ZhongAn は、インターネット関連会社のテンセントと e コマースの大手 Alibaba の金融子会社が中心となって設立された中国のオンライン専門の保険会社です。

　2013年設立の会社で、同年だけで 6 億3,000万件にのぼる保険契約を交わしています。同社では、ビッグデータを活用して、妥当な保険料の設定とリスク管理を行っています。

(3)　CNBC のサーベイ

　ビジネスニュースを扱う放送局の CNBC では、2013年から毎年、世界で既存業界の枠組みに大変革をもたらした破壊的イノベーター50社を「CNBC Disruptor 50」として、世界中のベンチャー企業から選んでいます[7]。

　開始から 4 年目となる2016年の選考は、34名の大学教官や起業家リサーチ会社役員で構成される CNBC Disruptor 50諮問委員会により実施されました。

　また、従来は、全米ベンチャーキャピタル協会から入手したベンチャー企業のリストをもとに選考してきましたが、2015年からはこれに加えてベンチャー企業からの自己推薦も選考対象に加えることにしています。2016年に自己推薦したベンチャー企業は、750社と前年比倍増以上となり、この結果、最終選考の対象となる母集団は、400社近くにのぼりました。

　そして、何カ月もかけて資金調達額や売上高、顧客数の増加率といった定量分析や、独自性、拡張性、新市場の創造、エコシステムといった定性分析を実施した結果、50社が選出されました。

　50社は、航空宇宙、金融サービス、サイバーセキュリティ、小売業等の15業種と多岐に亘り、いずれも産業界の構図を改革したイノベーションを生み

出した企業です。50社のうち28社がシリコンバレーに拠点を置くベンチャー企業で、17社がそれ以外の米国の都市を拠点とし、5社が外国のベンチャー企業です[8]。

そして、諮問委員会ではいずれの企業も先行き10億ドル台の規模にまで成長するポテンシャルを持っている、としています。実際のところ、50社のなかには、前例をみないスピードで10億ドルを突破した企業もみられます。これまでこの50社は、410億ドルの出資を募り、企業価値の合計は、実に2,420億ドルとなっています。

50社のうち上位5社のベンチャー企業は、次のとおりです。

第1位：Uber

米国で設立されたベンチャー企業で、自動車の配車のプラットフォームを提供します。一般人が自家用車で空き時間を使ってタクシーのように顧客を目的地に運ぶシステムで、多くの国に展開しています。

第2位：Airbnb

米国で設立されたベンチャー企業で、宿泊施設を探す旅行者と宿泊に適した物件を持つホストとをマッチングさせるプラットフォームを提供します。

第3位：Ezetap

インドで設立されたFinTechベンチャーで、小売業者向けにスマホに接続できるカードリーダーを利用したPOSや決済機能を提供するプラットフォームを提供します。

第4位：Palantir Technologies

米国で設立されたベンチャー企業で、CIAをはじめとする政府機関や企業向けにビッグデータ分析等のソフトウェアの開発を行っています。

第5位：23andMe

米国で設立されたベンチャー企業で、唾液から個人のDNAを解析して、将来子どもが持つ可能性のある遺伝性疾患を妊娠前に調べるとか、祖先についての遺伝子情報を提供します。

[注]
(1) Julian Skan, James Dickerson, and Luca Gagliardi "Fintech and the evolving landscape:landing points for the industry" Accenture 2016, p3
(2) 日本経済新聞2016.9.8朝刊
(3) IDC Financial Insights Forecasts Worldwide Financial Services "IT Spending to Top $430 Billion in 2014" International Data Group
(4) Julian Skan, James Dickerson, and Luca Gagliardi, op.cit., p4
(5) IDC Financial Insights "2016 IDC Financial Insights FinTech Rankings Top 100 and Enterprise Top 25 Announced" 2016.9.7
(6) H2 Ventures、KPMG "2016FINTECH100" 2016.10.27
(7) CNBC "Meet the 2016 CNBC Disruptor 50 companies" 2016.6.7
(8) Lori Ioannou "What the Disruptor 50 list tells us about the tech bubble" 2016.6.7

第 2 章

FinTech が手掛ける主要な分野は？

FinTechが手掛ける主要な分野は、決済、送金、融資・出資、営業支援・財務管理、投資アドバイス・資産管理、保険、と幅広い金融ビジネスに亘っています。そのなかでも、決済関係は、FinTechが最大のターゲットとする分野です。

I　決　済

1　決済サービスの改革とは？

(1)　FinTechが目指す決済改革

　決済サービスとその基盤となる決済インフラは、企業や個人の経済活動を支えるきわめて重要な役割を担っています。ICTが経済の隅々まで浸透するのに歩調をあわせる形で、企業や個人の経済活動の態様には顕著な変化がみられ、それにつれて決済ビジネスをめぐる環境も大きな変革期を迎えています。

　このような状況にあって、決済ビジネスに求められる正確性、安全性を維持、強化しながら決済の効率化を図って、スピーディー、低コスト、そして、いつでもどこからでも決済サービスを受けることが可能である、といったユーザニーズにいかに応えていくかが大きなポイントとなっています。

　こうしたことから、FinTechが提供する各種のサービスのなかでも、決済に関わるサービスが際立っています。すなわち、従来、決済サービスは金融機関中心のビジネスであるとされてきましたが、FinTechによる金融ビジネスとITとの融合の進展につれて、決済ビジネスの担い手も決済サービ

スの態様も、ドラスティックな変化がみられる形で、金融ビジネスのアンバンドリング化（機能分化）が進行しています。

また、決済ビジネスの内容についても、決済を正確、迅速に行うといった決済処理自体のほかに、決済プロセスで入手されるさまざまなデータをビジネスに活用する、といった動きもみられます。

(2) 金融審議会の検討状況

金融審議会は、2014年10月に「決済業務等の高度化に関するスタディ・グループ」（以下、決済スタディ・グループ）を立ち上げて、さまざまな角度から検討を重ね、2015年4月に「中間整理」が公表されました[1]。

この中間整理では、主として、
① リテール分野を中心としたイノベーションの進展
② 企業の成長を支える決済サービスの高度化
③ 決済インフラの改革

の3つの分野を中心に、横断的事項である決済システムの安定性と情報セキュリティ、イノベーションの促進と利用者保護の確保の観点も含め、さらに検討を進めていく必要のある課題について整理が行われました。

この中間整理の公表後、決済スタディ・グループは、「決済業務等の高度化に関するワーキング・グループ」に発展的に改組されて、中間整理で指摘された課題等について審議が行われました。このなかでは仮想通貨に関しても国際的な動向等を踏まえて審議されています。そして、決済業務等の高度化に関するワーキング・グループは、2015年12月に「決済高度化に向けた戦略的取組み」とのタイトルで報告書を公表しました[2]。

この報告書では、まず環境変化として、
① 金融・IT融合（FinTechの登場）によるイノベーションと、
② 先進的な決済サービスに対するニーズの高まり

の2点をあげています。

そして、決済高度化に向けた戦略的取組みとして、主として次の諸点の高

度化の必要性と目指すべき方向について報告しています。
① リテール分野
　金融・IT融合に対応した決済サービスのイノベーション
② ホールセール分野
　企業の成長を支える決済サービスの戦略的な高度化
③ 決済インフラ
　利用者利便の向上と国際競争力強化のための改革事項
④ 仮想通貨に関する制度のあり方
　G7首脳会議の合意等も踏まえ、マネロン・テロ資金供与対策および利用者保護のルールを整備
　なお、以上の諸点の各々については、本書のなかの該当箇所でみることにします。

2　FinTechによる決済サービス改革の背景と具体的な内容は？

　FinTechが決済サービスを主要な対象分野とする基本的背景には、インターネットを通じた取引が活発化するなかで、パソコンのほか、スマホ、タブレット端末等のモバイル端末を決済に活用するニーズが強まった、との事実があります。
　また、FinTechにより、こうした決済ビジネスのプロセスで得られるデータをマーケティング等に活用するサービスも提供されています。
　決済サービス改革の内容をみると、ICTの活用によってこれまでみられなかったまったく新しい決済サービスが提供されています。また、決済ビジネスに関わるプレイヤーも、FinTechベンチャーや通販事業者、既存のIT関連企業等、多彩な顔ぶれの参入がみられます。
　以下では、まず電子マネーを概観し、次いで決済サービスの改革の代表例として、モバイル決済を中心にみることにしましょう。

3　電子マネーとは？

(1) 電子マネーの定義

「電子マネー」（electronic money、e-money）の定義には定説がありませんが、一般的には現預金と交換に発行される金銭価値を持つ電子的リテール決済手段ということができます。具体的には、ユーザが現預金と交換に電子マネーの発行者からデータを取得して、そのデータを電子的方法によって相手方に移転することにより決済できる支払手段です。

このように、電子マネーは、現預金をデジタルデータへ変換した決済手段であり、電子マネーがマネーとして機能するためには、発行者の信用度が盤石なものである必要があります。

(2) 電子マネーの基本パターンは？

電子マネーは、次のステップにより決済に活用されています[3]。

① 電子マネー利用者の現預金提供

電子マネー利用者は、電子マネー発行者に対し現預金を提供して、電子マネーの発行を請求します。このように、電子マネーは基本的に「プリペイド（前払い）方式」であり、クレジット機能（与信機能）を利用する「ポストペイ（後払い）方式」は一般的に電子マネーのカテゴリーに属さないとされています。

② 電子マネーの発行

電子マネー発行者は、利用者に対して電子マネーを発行します。電子マネーの発行は、電子データをカードに記録すること等により行われます。

③ 電子マネーの利用

電子マネーを受け取った利用者は、物品決済等のために電子マネーを相手方に渡します。

決済手段としての電子マネーの利用は、データの送信等により行われます。

④　**電子マネーの決済請求**

電子マネー利用者から電子マネーを受け取った物品販売等の業者は、電子マネー発行者に対して電子マネーを現金に交換することを請求します。

⑤　**電子マネーの決済**

電子マネー発行者は、物品販売等の業者の請求に応じて電子マネーと引き換えに現預金を支払います。これにより、電子マネーは消滅します。

(3)　電子マネーの種類は？

プリペイド方式の電子マネーは、IC型電子マネーとサーバ型電子マネーの2種類に分類することができます。

なお、現在発行されているプリペイドサービスには、このほかに、紙自体や磁気に金銭価値が記録されるQUOカード、全国百貨店共通商品券、ビール券、図書券等がありますが、こうした紙・磁気型のプリペイドサービスは、一般的に電子マネーのカテゴリーには属さない、とされています。

① **IC型電子マネーとは？**

情報の記録、演算をする集積回路を組み込んだICカード（integrated circuit card）を発行して利用者に交付する方式で、「ICカード型」電子マネーとも呼ばれます。磁気カードと異なり、ICカードには、内部のデータの不正読出しを困難にするセキュリティが組み込まれています。

IC型電子マネーは、接触型と非接触型、さらにその双方を組み合わせたハイブリッドカードとデュアルインターフェイスカードに分類されます[4]。

a　接　触　型

カードの表面にICチップが露出しており、リーダー/ライターにカードを差し入れて、リーダー/ライター端子とカードが直接接触して情報を読み取る仕組みです。

接触型は、確実に通信ができることから、主として堅牢なセキュリティが

要求される決済や認証の分野で活用されています。

b 非接触型

カードのなかにICチップとアンテナが埋め込まれていて、カードをリーダー/ライターにかざすことにより、アンテナを通して情報を読み取る仕組みです。

主として、利便性が求められる交通機関のカードや、入退室管理のカードで活用されています。

c ハイブリッドカード、デュアルインターフェイスカード

接触型が持つ堅牢なセキュリティの特徴と非接触型が持つ利便性の特徴を兼ね備えたタイプです。このうち、ハイブリッドカードは1枚のカードに接触型と非接触型の2つのICチップが搭載されたタイプです。また、デュアルインターフェイスカードは、1つのICチップに接触、非接触両方のインターフェイス機能が備わっているタイプです。

主として、クレジットカード機能やキャッシュカード機能を持つ交通機関のカード等で活用されています。

② 代表的なIC型電子マネーは？

代表的なIC型電子マネーには、Edy、Suica、ICOCA、PASMO、nanacoがあります。

a Edy（エディ）

ビットワレット社が運営するプリペイド型電子マネーで、カードはソニーが開発した非接触ICカード技術であるFeliCaを使用しています。なお、EdyはEuro、Dollar、Yenに次ぐマネーに成長することを期待して命名されたものです。カードへの入金は、現金、登録したクレジットカード、金融機関の口座から可能です。

b Suica（スイカ）

JR東日本が開発したプリペイド型電子マネーで、FeliCaを使用しています。なお、Suicaは、スイスイ行けるICカードというイメージを表現するとともに、Super Urban Intelligent Cardの頭文字をとって命名されたもの

です。入金方法は、自動券売機や自動精算機、カード発売機等で現金による入金が可能です。

 c ICOCA（イコカ）

JR 西日本が開発したプリペイド型電子マネーで、FeliCa を使用しています。なお、ICOCA は、IC Operating Card の頭文字をとって命名されたものです。

 d PASMO（パスモ）

公共交通機関の共通乗車カードで、関東と関東周辺の鉄道、バスを中心に導入されています。なお、PASMO は、passnet の pas と more の mo を合成して命名されたものです。

 e nanaco（ナナコ）

セブン＆アイ・ホールディングスが開発した電子マネーです。なお、nanaco はセブンから命名されたものです。入金は、セブン-イレブン等の店舗のレジや、セブン銀行の ATM で可能です。

③ サーバ型電子マネーとは？

電子マネーのなかでも、FinTech の視点から特に注目されるプリペイドサービスが、サーバ型電子マネーです。

IC 型電子マネーは、カードの IC チップに価値（残高）が記録されるのに対して、サーバ型電子マネーは、運営会社のセンターサーバ上に金銭価値（残高）を記録する方式で、「ネットワーク型電子マネー」とか、略して「ネットマネー」とも呼ばれます。

サーバ型電子マネーには、インターネット上で使用されるインターネット決済型と、実店舗で使用されるレジ決済型があります。

 a インターネット決済型

「インターネット決済型」は、金銭価値をデジタルデータに変換して、インターネット上でのやりとりにより決済を行う仕組みです。したがって、現実にプリペイドカードが発行されるわけではないことから「サーバ型プリペイドサービス」ということもあります。現状、オンラインゲーム、音楽・映

像のコンテンツや電子書籍の購入での活用が中心となっています。

インターネット決済型では、まず、ユーザは、希望金額分のIDが記載されたシートをコンビニ等で購入します。購入したシートには、プリペイド番号となる十数桁の数字と文字列が記載されていて、ユーザはオンラインによる決済時にこのプリペイド番号を入力します。

クレジットカードには年齢等の制限がありますが、サーバ型プリペイドカードは未成年者等、だれでも利用可能である、といった特徴があります。

代表的なサーバ型電子マネーにWebMoneyや、BitCash、Amazonギフト券等があります。

・WebMoney：ウェブマネーが運営するインターネット専用のプリペイド型電子マネーで、コンビニ等の店舗やWebMoneyのホームページから購入することが可能です。オンラインゲームや、SNS・ブログ動画・放送、音楽配信、情報サービス、電子書籍、ショッピング、ツール・ソフト、寄付・募金等に使用できます。

　b　店舗におけるレジ決済型

店舗における「レジ決済型」では、ユーザは、店舗でプリペイドカードを購入します。プリペイドカードの発行自体は無料ですが、その際に最低額（たとえば1,000円）のチャージをする必要があります。そして、店舗で商品を購入するごとにプリペイドカードにより決済します。プリペイドカードへのチャージは、店頭での現金によるほか、オンラインでの入金も可能としているケースがあります。

実店舗で使用される代表的なサーバ型電子マネーに、スターバックスカードや、トイザらスギフトカードがあります。

・スターバックスカード：日本全国のスターバックスで現金と引き換えに発行されます。入金はレジで現金入金するか、会員登録した場合にはオンライン入金やクレジットカードでのオートチャージが可能です。

④　**サーバ型プリペイドサービスに対する規制は？**

プリペイドサービスに対する規制は、2010年施行の資金決済法により行わ

れます。資金決済法施行前は、プリカ法と略称されていた前払式証票の規制等に関する法律が施行されていましたが、資金決済法の施行により、サーバ型プリペイドサービスも同法の規制対象に追加されました。

　これにより、プリペイドサービス提供者は、未使用残高が1,000万円を超えるときには未使用分の2分の1を供託する義務が課せられ、サービスが停止した場合にもユーザが保護されることになります。

(4)　電子マネーの特徴は？

　電子マネーの特徴を、枠組みの面と技術面に分けてみると、次のようになります。

①　フレームワーク面
・プリペイド（前払い）：電子マネーが発行される前に、利用者は発行者に対し現預金を提供（チャージ）します。
・資金回収：電子マネーを受け取った物品販売等の業者は、電子マネー発行者に対して電子マネーを現金に交換することを請求することができます。

②　技　術　面
・データの送受信：電子マネーの発行、流通、回収のプロセスのすべてがデータの送受信により行われます。
・暗号等の活用：電子マネーの偽造等を防止するために、暗号技術や耐タンパー技術によるセキュリティ対策を採用しています。なお、耐タンパー技術（tamperは改ざんするとの意味）は、外部からの不正手続により秘密の情報の改ざんや窃取を困難にするための物理的・論理的技術です。耐タンパー技術を使ったCPUを内蔵したICカードは「スマートカード」と呼ばれています。

(5)　電子マネーの発行動向は？

　日本銀行が調査・公表している電子マネーに関するデータは、図表2－1のとおりです[5]。この調査は、プリペイド方式のうちIC型の電子マネーを

図表 2 − 1　IC 型電子マネーの発行・決済等の状況

① 発行枚数と端末台数

	発行枚数（万枚）	前年比（％）	うち携帯電話（注1）	前年比（％）	端末台数（万台）（注1）	前年比（％）
2010末	14,647	+18	1,672	+20	84	+42
2011末	16,975	+16	1,997	+19	105	+26
2012末	19,469	+15	2,283	+14	119	+13
2013末	22,181	+14	2,494	+9	135	+13
2014末	25,534	+15	2,722	+9	153	+13
2015末	29,453	+15	2,887	+6	177	+16
2016末	32,862	+12	3,091	+7	199	+12

② 決済件数・金額、残高

	決済件数（百万件）	前年比（％）	決済金額（億円）	前年比（％）	1件当り決済金額（円）	前年比（％）	残高（億円）（注2）	前年比（％）
2010	1,915	+37	16,363	+46	854	+6	1,196	+20
2011	2,237	+17	19,463	+20	878	+3	1,372	+15
2012	2,720	+22	24,671	+26	907	+3	1,540	+12
2013	3,294	+21	31,355	+27	952	+5	1,770	+15
2014	4,040	+23	40,140	+28	994	+4	2,034	+15
2015	4,678	+16	46,443	+16	993	−0	2,311	+14
2016	5,192	+11	51,436	+11	991	−0	2,541	+10

（注1）　各年の年末時点。
（注2）　各年の9月末時点。
（出所）　日本銀行決済機構局「決済動向（2017年1月）」2017.2.28をもとに筆者作成

対象にしています。具体的には、専業系（楽天 Edy）、鉄道会社などが発行する交通系（ICOCA、Kitaca、PASMO、SUGOCA、Suica）、小売流通企業が発行する流通系（nanaco、WAON）の3種8つの電子マネーです。なお、交通系では乗車、乗車券購入に充てられるものは含んでいません。

　これによると、2016年の電子マネーの決済金額は、約5兆1,000億円（前年比＋10.8%）と5兆円を超え、決済件数も51億9,000万件（同＋11.0%）と50億件を超えています。また、2016年末における電子マネーの発行枚数は約3億2,000万枚（同＋11.6%）で、このうち携帯電話が9.4%を占めています。

4　モバイル決済とは？

(1)　モバイル決済の定義

　モバイル決済は、顧客の端末、または店舗の端末の少なくとも一方でスマホ等のモバイル端末を使用して決済を行うサービスです。
　モバイル決済には、決済を店舗内で行う方法と、遠隔決済を行う方法があります。また、顧客が所有するモバイル端末を使う方法と、店舗が所有するモバイル端末を使う方法があります。

(2)　モバイル決済の種類は？

　モバイル決済は、インストアペイメント（店舗内決済）とリモートペイメント（遠隔決済）に大別することができます。

①　インストアペイメント（店舗内決済）

　店舗内で店員と顧客が対面して、スマホ等のモバイル端末を使用して取引の決済を行うサービスです。「近接型ペイメント」とも呼ばれます。これには、顧客が所有するモバイル端末を使う方法と、店舗が所有するモバイル端末を使う方法があります。

a　顧客が所有するモバイル端末を使う方法

　顧客がスマホ等のモバイル端末を使って決済できるサービスは、スマホ等が財布がわりとなるとの意味を込めて、一般的に「ウォレット（wallet）決済」とか、「モバイルウォレット（mobile wallet）決済」と呼ばれていますが、「スマホ支払」とか、「スマホ決済」ということもあります。なお、後述のように、「スマホ決済」は、一般的に店舗所有のスマホを使用する決済方法を指します。

　具体的には、顧客がカード情報等の決済情報をスマホに格納しておき、決済時にスマホからその情報を加盟店の決済端末に提示します。

　こうしたウォレット決済には、NTTドコモの「おサイフケータイ」によるiD（アイディ）があります。なお、Appleが「Apple Pay」、Googleが「Android Pay」の名前でこうしたサービスを日本でも提供しています。このうち、Appleは、店舗設置等の読取機にスマホのiPhoneをかざすことにより決済ができたり、iPhoneにSuicaを入れて改札機にiPhoneをかざすことにより改札を通ることができる等のサービスを提供しています[6]。

　また、Android Payは、ポイントプログラムや電子マネーをAndroid Payに追加するだけで、ポイントも支払も1つのアプリにまとめることができるサービスを提供しています。

　一方、LINE Payでは、友人等の間で割り勘決済ができるサービスも提供しています。具体的には、飲食代の合計金額と人数を入力すると均等額が算出されて、LINE Payに登録している支払者に請求される、という仕組みです。

　また、三井住友フィナンシャルグループ、三井住友銀行は、共同出資会社を通じてスマホによるコンビニ収納の新サービスを2017年春から展開します。これにより、利用者は公共料金や通信販売の代金をペーパーベースの払込票に持込み現金で支払うことにかえて、払込票の44桁のバーコードをスマホの画面上で電子バーコードとして表示、レジのスキャナに読み取らせることにより決済することが可能となります[7]。

b　店舗が所有するモバイル端末を使う方法

　店舗側がスマホやタブレット端末をレジがわりに使って、顧客が提示するクレジットカードにより決済する方式です。これは、店舗が所有するスマホ等に低廉なカードリーダーを接続して、クレジットカード等の決済端末として利用する方式で、一般的に「スマホ決済」と呼ばれていますが、「モバイル決済」とか「カード決済」という場合もあります。

　具体的には、次のようなステップで決済されます。

i 　店舗側が、このサービスを提供する会社から専用アプリを、店舗が所有するスマホ等にダウンロードする。

ii 　顧客との間でクレジットカードで決済する際には、店舗側はドングル（dongle）と呼ばれる小型の装置を店舗所有のスマホ等のヘッドフォンジャックに差し込む。なお、ドングルは、コンピュータのポートに接続する機器の総称であるが、この場合は、カードリーダーの機能を持つ小型機器を指す。また、ポートとは、コンピュータと周辺機器を接続するインターフェース（端末）部分をいう。

iii 　店舗側は、顧客が提示したクレジットカードをドングルのリーダーを通してスキャン（データの読取り）する。また、スキャンするのではなく、スマホ内蔵のカメラでクレジットカードを撮影したうえでセキュリティコードを入力する方法や、クレジットカード番号を手入力する方法も選択することが可能なサービスを提供する会社もある。

　なお、セキュリティコードは、クレジットカードの所有者の本人認証をする仕組みで、代表的なものにVISAが開発したCVV2（CVVはCard Verification Valueの略）、Master Cardが開発したCVC2（CVCはCard Verification Codeの略）がある。具体的には、クレジットカードの裏面のサインパネル数字によって、クレジットカードの正規の持ち主であることを確認する役割を果たす。

iv 　顧客は、スマホ等の画面で決済金額が正しいことを確認したうえで、タッチ画面を使ってサインする。

ⅴ 領収書は、メールによる送信となるが、店舗側がプリンターを備えている場合にはその場で受け取ることができる。

この方式は、次のように、中小企業や個人営業者にとってもユーザにとっても大きな利便性があります。

ⓐ クレジットカード利用が少ない中小規模の店舗を持つ業者や屋台等の移動店舗、イベントの事業者でも、高額の専用カードリーダーを導入する必要がなく、レジなしにスマホ等によるクレジットカード決済が可能となり、また運用コストを低く抑えることができます。

ⓑ 店舗が支払う手数料も総じて低廉であり、また、店舗への入金が短期間で行われ、店舗の資金繰りの効率化に資するメリットがあります。

ⓒ 顧客にとっては、従来、現金でなければ決済できなかったような小規模店舗等でも、クレジットカードを使うことが可能となります。

●事例：Square

Squareは、米国のFinTechベンチャーで、日本でも店舗所有のモバイル端末を使うクレジットカード決済サービスを提供しています。ユーザである企業は、ICカード対応のSquareリーダーを店舗が所有しているスマホやタブレット端末に差し込み、決済端末として使用することができます。取引情報は暗号化され、カードリーダーやモバイル端末に保存されることなく、送信されます。そして、入金は最短で翌営業日となります。レシートの発行は、カードを使用した顧客の携帯電話番号やeメールアドレス宛てにデジタルレシートで送信され、Square対応のプリンターで紙のレシートの発行も可能となっています。

また、Squareインベントリの機能があり、店舗の商品在庫に関する情報を印刷可能なファイル形式でダウンロードできるほか、在庫アラート機能により在庫の少ない商品や売り切れ商品の情報をメールで通知する等、在庫管理が効率的にできるPOSのサービスが無料で提供されています。

② **リモートペイメント（遠隔決済）**

店員と顧客が対面することなく、インターネット上で取引の決済を行う

サービスで、Mコマースとも呼ばれます。ここで、「Mコマース」（mobile commerce）とは、eコマース（electronic commerce）の一種で、スマホ等のモバイル端末を使用した電子商取引です。

　Mコマースで購入できる商品・サービスのメニューが豊富になったこともあり、パソコンではなく、スマホやタブレット端末といったモバイル端末を使用するMコマースが急速な伸びを示しています。

　また、Mコマースで、商品・サービス等の販売が行われた料金を、スマホ等の利用料金と合計したうえで決済できるサービスを提供するケースもみられます。

5　クラウド型決済とは？

(1)　クラウド型決済の定義

　「クラウド型決済」は、店舗に設置した端末ではクレジットカード、電子マネー等の入出力、読取りだけを行って、それ以外の決済処理を、すべてクラウド（インターネット）を通じて決済代行会社にアウトソースする方式です。

　具体的には、店舗に設置した端末から決済情報がインターネットを通じて決済代行会社のサーバに送信され、決済代行会社で決済処理が行われます。そして、決済代行会社のサーバからクレジットカード会社や電子マネー会社等へ決済情報が送信されます。

(2)　クラウド型決済の特徴は？

　クラウド型決済の特徴は、次の諸点です。
① 　従来の方式では、企業が店舗においてクレジットカード、デビットカード、電子マネー等の各種決済手段を扱う場合には、その決済手段を提供する会社と各々契約をし、また各々システム接続をする、といった手間がか

かります。

　しかし、クラウド型決済では、企業は決済代行会社1社と契約を交わすだけで、顧客に対して幅広い決済手段を提供することができます。また、顧客ニーズの多様化に対応するために新たな決済手段を追加する際にも、従来の方式に比べてコストを抑制することができます。

② 　従来の方式では、店舗の決済情報はアナログ、ISDN回線等で送信されていますが、クラウド型決済では、インターネットのブロードバンド回線を利用することから、決済スピードの短縮化を図ることができます。

③ 　従来の方式では、店舗の端末にクレジットカードの情報等が保有されることになりますが、クラウド型決済では、そうした顧客情報は決済代行会社の集中管理のもとでセキュア（安全）な環境に置かれることから、セキュリティの強化を図ることができます。

6　FinTechによる決済情報の活用は？

　決済サービス改革においては、決済ビジネスの効率化、多様化だけではなく、電子商取引（eコマース）の運営業者を中心に、決済ビジネスのプロセスで得られる情報をマーケティング等に活用するケースが増加しています。

(1)　マーケティング

　CLO（Card Linked Offer）サービスは、消費者の購買履歴を把握して、クレジットカードを利用したタイミングをとらえて、一人ひとりのニーズにフィットすると思われるお得情報（クーポンなど）を消費者に提供するサービスです。

　こうしたCLOサービスは、クレディセゾン、三井住友カード、セディナ等が展開中です[8]。

　なお、消費者の購買履歴等の個人データからコンピュータで個人の性向（プロファイル）を推測する手法を「プロファイリング」と呼んでいます。プ

ロファイリングは、もともと米国の犯罪捜査において犯罪の性質、特徴から犯人の特徴を推測する手法として発達したもので、現在ではそれがマーケティングにも応用されています。こうしたことから、犯人の特徴を推測する手法を criminal profiling、購買者の特徴を推測する手法を customer profiling と区別して呼ぶこともあります。

(2) 小売業と金融業の融合

イオンは、小売業と金融業を融合させて、単なる決済事業ではなく顧客の行動に根ざす決済、金融事業を展開する方針です。

具体的には、消費者の買い物に関わる行動をトータルにカバーして、決済手段の複数提供、貯蓄・借入れ、資金管理までワンストップで提供することにしたい、としています。

(3) 貸　　付

eコマースの拡大に伴い、eコマース運営業者によるネット決済サービスや、販売、決済情報を活用した融資サービスが提供されています。

Amazonジャパンは2014年より、Amazonレンディングの名称でAmazonジャパンの仮想モールの出店者向け融資制度を開始しました。具体的には、3カ月か6カ月の短期運転資金の融資で、融資額は10万～5,000万円、金利は8.9～13.9％（年率）に設定されています。融資の申込みはオンライン手続で、初回は、ローン入金まで最短で5営業日で完了、さらに、2回目以降は、最短3営業日でローンが入金されます。そして、返済は販売事業者の売上げが決済される Amazon のアカウントより、毎月自動引落しされます。

また、楽天は出店者向けに楽天スーパービジネスローンを提供、Yahoo! Japanも出店者向けの融資を取り扱っています。

7 決済サービス業への参入業者は？

(1) 決済サービス業への参入業者の顔ぶれ

インターネットやスマホ、タブレット端末等のモバイル端末の普及により、IT業者からeコマース運営業者まで、数多くの業者が決済サービスに参入しています。

特に、eコマースとネット決済ビジネスは、ITを活用するという点で共通項があり、決済ビジネスはeコマース運営業者にとって手掛けやすい分野である、ということができます[9]。

(2) eコマース運営業者の決済サービスの具体例は？

以下では、eコマース運営業者による決済等のサービスの具体例をみましょう。

●事例：PayPal

PayPalは、オークションサイトeBayの子会社です。PayPalのビジネスは、以下の3分野から構成されており、このうち日本ではPayPalが提供されています。

なお、PayPalは、2013年に日本で顔パス支払の体験イベントを実施、2014年4月からテストマーケティングを実施しています。

・PayPal：クレジットカード番号にかえてPayPalアカウントを利用して決済を行うサービスです。すなわち、ユーザはあらかじめクレジットカード情報を登録しておくことにより、オンラインショッピングの際にIDとパスワードの入力だけでオンライン決済を完了させることができるサービスです。
・Payflow Gateway：利用者とeBayとの間で活用される情報交換のゲートウェイです。

・Bill Me Later：クレジットカード番号にかえて社会保障番号を利用して決済を行うサービスで、米国で提供されています。

●事例：楽天スマートペイ

　楽天スマートペイは、楽天が提供する店舗所有のモバイル端末を使うクレジットカード決済サービスです。ユーザである企業が楽天スマートペイを申し込むと、実質的に無料でカードリーダーが支給されます。

　楽天スマートペイでは、セキュリティについて、ICチップのデータ読取りに対応しており、偽造カードによる被害を防止することができ、また、スマホは決済の通信のみを行ってクレジットカード番号をスマホやカードリーダーに保持、蓄積しないことから、スマホ等が紛失・盗難の被害にあってもカード番号が流出することはない、としています。そして、入金は最短で翌日となります。

8　モバイル決済のセキュリティは？

　モバイル決済は、店舗側にも顧客にも大きな利便性を与える一方、手軽であるがゆえに、セキュリティ面で特に厳格な管理が必要となります。この点、サービス運用会社は、通信の暗号化や、PCI DSSの取得等により対応しています。

　ここで、PCI DSS（Payment Card Industry Data Security Standard）は、クレジットカードの会員情報や取引情報を安全に取り扱うことを目的に策定されたクレジットカード業界におけるグローバルセキュリティ基準です。

　また、パスワード、バイオメトリクスによる本人認証、暗号化処理技術等が活用されていますが、この各々については該当箇所でみることにします。

9　仮想通貨とは？

(1)　仮想通貨の定義

「仮想通貨」は、電子的データの形で発行されて決済に使われる媒体で、特定の主体の債務という形態ではなく、また特定の第三者機関の介在なしに移転、支払決済を行うものをいいます。仮想通貨は「デジタル通貨」とか「デジタルマネー」と呼ばれることもあります。

現在、世界では数多くの仮想通貨が取引されています。そのなかでもビットコインは、群を抜いた存在となっていますが、ビットコインについては、「第3章Ⅰ　ブロックチェーン」で述べることにします。

(2)　仮想通貨の特徴は？

紙や金属といった物理的な形態の銀行券、硬貨ではない決済手段には、電子マネー（電子マネーは本章3参照）がありますが、伝統的な電子マネーとの対比でみた仮想通貨の特徴は、次の3点に要約することができます[10]。

①　負債ではなく、本源的価値を持たない資産である

仮想通貨は、貴金属等のコモディティと同様、需給により価値が決まる資産です。しかし、コモディティはそれ自体価値を持っていますが、仮想通貨に本源的価値（intrinsic value）はなく、また、電子マネーのように特定の個人や組織の負債ではなく、法定通貨（legal currency）として発行されるわけではありません。

ここで、法定通貨（法貨）とは、金銭債務等の決済手段として強制通用力を持つ通貨をいいます。そして、仮想通貨は、たとえばビットコインではBTC（ビーティーシー）というように、円、ドルのような法定通貨建てではなく、また仮想通貨の価値と法定通貨の価値は結びついていません。

それでは、仮想通貨の価値はどこから来ているのでしょうか。それは、仮

想通貨が他の財、サービス、ソブリン通貨（法定通貨）に交換できるという信頼のみに由来しているのです。

そして、仮想通貨の供給量は、中央銀行とか民間銀行等、特定の主体により行われるのではなく、コンピュータによる一定のルールのもとで管理されます。

② 分散型元帳により価値の移転が行われる

仮想通貨は、分散型元帳（distributed ledger）を経由して移転されます。ここで分散型元帳とは、すべての取引がネットワークにつながっているすべてのノード（コンピュータ）に分散、保存される形の取引台帳をいいます。そして、これこそが仮想通貨が持つ革新的な要素である、ということができます。

電子マネーの移転・決済は、銀行等の仲介機関を通して行われます。また、そうした仲介機関を通さずに決済当事者（債権者と債務者等）間での移転となると、物理的な紙幣等の送付によることになります。

しかし、仮想通貨では仲介機関を要さず、分散型元帳を利用してP2P（peer-to-peer）の価値移転をすることが可能です。ここで、P2Pとは当事者間を意味し、具体的にはパソコン等のデジタル端末間のやりとりとなります。

こうした特徴により、仮想通貨は、低コストでスピーディーな送金、決済手段として活用され、また、資産の記録、登記等、幅広い分野へ応用されることが期待できます。

③ 仮想通貨を運営するサービスプロバイダは存在しない

伝統的な電子マネーのスキームでは、電子マネーのイシュアー（発行者）、ネットワークのオペレーター、ハード・ソフトのベンダー、電子マネーのアクワイアラ（加盟店管理業者）、電子マネーの決済会社、というようにいくつかの種類のビジネスを行うサービスプロバイダーが存在します。そして、電子マネーのイシュアーのバランスシートでは、電子マネーの発行が負債として計上されることとなります。

しかし、仮想通貨では、電子マネーにみられるようなサービスプロバイダーは存在しません。一方、仮想通貨では、ユーザが価値を移転するウォレットサービスとか、仮想通貨を法定通貨や別の種類の仮想通貨に交換するインフラを提供する仮想通貨の交換所等の仮想通貨交換業者が存在します。

(3) 仮想通貨に関する法規制は？

① 資金決済法改正の目的

仮想通貨に関する法規制をどのようにするかは、金融審議会の決済業務等の高度化に関するワーキング・グループを中心に検討されてきました。そして、2016年5月に改正資金決済法が公布され、2017年4月から施行されました。

この資金決済法の改正は、情報通信技術の進展等の環境変化に対応するための法整備の一環として行われたものです。そのなかで、仮想通貨に関する法整備は、次の2つの目的を持っています[11]。

a マネロン・テロ資金供与対策

2015年のG7エルマウ・サミット首脳宣言では、「我々は、仮想通貨及びその他の新たな支払手段の適切な規制を含め、全ての金融の流れの透明性拡大を確保するために更なる行動をとる」とされ、また、それを受けて、同年策定されたFATF（Financial Action Task Force、金融活動作業部会）ガイダンスでは、「各国は、仮想通貨と法定通貨を交換する交換所に対し、登録・免許制を課すとともに、顧客の本人確認義務等のマネロン・テロ資金供与規制を課すべきである」とされています。なお、テロ資金対策は、2016年のG7伊勢志摩サミットでも、主要議題の1つとなりました。

こうした国際的な協調のなかで、日本は仮想通貨交換業者を犯罪収益移転防止法の義務を負う「特定事業者」に追加して、同法に規定される義務等を課す、という形で対応することになりました。

b 利用者の信頼の確保

後述のとおり、東京を拠点とするビットコインの交換所MT GOXは、

2014年に破産しました。この時点におけるMT GOXの資産は約39億円である一方、負債は約87億円で、約48億円の債務超過であった、と伝えられています[12]。そして、同社の代表者は、翌2015年に、ビットコイン売買のために顧客が預けた資金の着服等、業務上横領等の容疑で逮捕されました。

こうした事件等を背景として、資金決済法の改正により仮想通貨に対する利用者の信頼確保を目的として、各種整備が図られました。

② 改正資金決済法における仮想通貨の扱い

以下では、改正資金決済法のなかの仮想通貨に関する主要内容をみましょう。

　a　仮想通貨の定義は？

ⅰ　仮想通貨は、どのような要件を具備していることが必要か？

改正資金決済法では、仮想通貨の定義を明確化しています。

すなわち、仮想通貨は、

・代価弁済のために不特定の者に対して使用でき、かつ
・不特定の者を相手として購入、売却を行うことができる財産的価値（電子的方法により記録されているものに限り、通貨や通貨建資産を除く）であり、
・不特定の者を相手方として相互に交換することが可能で、
・電子情報処理組織を用いて移転可能である、

といった要件を具備したものです。

ⅱ　仮想通貨は、通貨のカテゴリーに属するか？

前述の定義の2つ目のカッコ書で「通貨や通貨建資産を除く」と明記されていることから明らかなように、仮想通貨は銀行券や貨幣（硬貨）といった通貨のカテゴリーには属しません。これは、仮想通貨が電子的方法により記録されているものに限定され、銀行券や貨幣は物理的に存在する、という違いだけの理由からくる結論ではありません。

銀行券は、日本銀行法により法貨として「強制通用力」を持つと規定されており、また、貨幣は、通貨法（通貨の単位及び貨幣の発行等に関する法律）により、額面価格の20倍まで法貨として通用する、と規定されています。こ

れに対して、仮想通貨は相手が決済手段として認めない限り通用力はないことから、日本の法律上の通貨に該当しないことになります[13]。

しかし、今回の定義で、仮想通貨は限定的ですが、決済機能を持つということは明らかとなったわけで、その意味でいえば銀行券や硬貨が持つ価値と共通する要素を持つ面がある、ということができます。

iii 仮想通貨は、電子マネーのカテゴリーに属するか？

仮想通貨は、電子的方法により記録されているものであり、また電子情報処理組織を用いて移転可能であるということから、従来から存在している電子マネーのカテゴリーに属するようにみえます。しかし、仮想通貨は、次の理由から電子マネーの一種ではありません。

電子マネーは、資金決済法により「前払式支払手段」と定義されています。そして、前払式支払手段は、

・金額が証票、電子機器等に記載され、または電磁的な方法で記録されていること、
・記録された金額に応ずる対価を得て発行されていること、
・発行する者または当該発行する者が指定する者から物品を購入、借り受け、役務提供を受ける場合に、代価の弁済のために使用可能であること、

といった要件を具備したものです。

すなわち、電子マネーは、特定の発行者、管理者がいて、その発行者、管理者が管理する範囲内で利用することができるというものであり、したがって、前払式支払手段は、仮想通貨のように不特定の者の間を流通することはありません。

b 仮想通貨取引所等に対する規制は？

改正資金決済法では、仮想通貨の売買または他の仮想通貨との交換等を業として行うことを「仮想通貨交換業」としています。仮想通貨交換業は、次のいずれかを行うことをいいます。

i 仮想通貨の売買または他の仮想通貨との交換：したがって、仮想通貨と法定通貨の交換だけでなく、仮想通貨と他の仮想通貨との交換も、仮想通

貨交換業の概念に入ります。
ⅱ　ⅰに掲げる行為の媒介、取次または代理：したがって、仮想通貨の交換所でなくても、ブローカーとして利用者に対して仮想通貨の購入の勧誘等を行うことも仮想通貨交換業の概念に入ります。
ⅲ　その行うⅰ、ⅱに掲げる行為に関して、利用者の金銭または仮想通貨の管理をすること

　c　仮想通貨交換業に対する規制の内容は？
ⅰ　仮想通貨交換業に係る登録制の導入
　仮想通貨交換業は、登録を受けた法人でなければ行ってはならない、とされています。登録申請には、財務書類や適切な業務管理が整備されていることを証明する書類等が必要となります。
ⅱ　仮想通貨交換業者の業務に関する規制
　仮想通貨交換業者が業務を行うにあたっては、主として次の義務が課せられます。

　　・マネロン・テロ資金供与対策
　　　　口座開設時、200万円超の仮想通貨の交換・現金取引、10万円超の仮想通貨の移転（送金）における本人確認
　　　　本人確認記録、取引記録の作成・保存
　　　　疑わしい取引に係る当局への届出
　　　　社内体制の整備
　　・利用者の信頼の確保
　　　　最低資本金（1,000万円）・純資産に係るルール
　　　　システムの安全管理
　　　　利用者に対する情報提供（取引内容や手数料等、法定通貨ではないこと、価格変動があること等）
　　　　利用者に対する取引データ提供（最低3カ月に1度、取引の記録や残高を提供）
　　　　利用者が預託した金銭や仮想通貨と業者の財産との分別管理

分別管理および財務諸表についての公認会計士または監査法人の定期監査（管理状況について年1回以上の外部監査を受ける）

金融分野における裁判外紛争解決制度（いわゆる金融 ADR 制度）を設け、紛争解決機関との間で契約を締結する措置等を講じる。なお、ADR は Alternative Dispute Resolution の頭文字をとったもの。

d 仮想通貨交換業者に対する監督は？

仮想通貨交換業者に対する金融庁の監督としては、帳簿書類および報告書の作成、公認会計士または監査法人の監査報告書等を添付した当該報告書の提出、立入検査、業務改善命令等の規定が設けられています。

e 認定資金決済事業者協会とは？

改正資金決済法では、仮想通貨交換業者の設立する自主規制機関に関する規定も設定されています。

すなわち、仮想通貨交換業者が設立した一般社団法人で、仮想通貨交換業の適切な実施の確保を目的とすること等の要件に該当すると認められるものを、法令遵守のための会員に対する指導等を行う者として認定することができる、としています。

(4) 仮想通貨と消費税

仮想通貨については、これまでの消費税法上、課税対象とされてきました。こうした状況下、金融庁では、平成29年度税制改正要望事項として、仮想通貨に係る消費税に関する整理を行い、消費税の課税関係の明確化を図る必要がある、と要望しています[14]。この要望の理由は、概略、次のように記述されています。

「単に取引の対価の決済手段として利用されている銀行券や小切手等の外為法上の支払手段や、プリペイドカード等の資金決済法上の前払式支払手段等の譲渡は、非課税対象とされており、また欧州（EU）や米国（ニューヨーク州）でも、仮想通貨の譲渡に係る消費税は非課税とされている。

今般、仮想通貨が支払・決済手段としての機能を事実として有することに

鑑み、資金決済法等を改正し、仮想通貨交換業者に対するマネロン・テロ資金供与規制及び利用者保護の観点からの規制を整備した。

このような外為法上の支払い手段等との比較や国際的な課税上の取り扱いの状況等を踏まえ、仮想通貨に係る消費税の取り扱いについて整理・明確化される必要がある」

これを受けて、平成29年度税制改正大綱では、「経済活動の国際化・ICT化への対応と租税回避の効果的な抑制」の項目のなかで仮想通貨の消費税非課税化が明記されています[15]。すなわち、資金決済に関する法律の改正により仮想通貨が支払の手段として位置づけられることや、諸外国における課税関係等を踏まえ、仮想通貨の取引について、消費税を非課税とする、とされています。

(5) 仮想通貨と中央銀行

中央銀行からみて、仮想通貨に関わる主要な議論は、中央銀行自身が仮想通貨を発行することとした場合のインプリケーションと、仮想通貨に使われているブロックチェーンの技術を中央銀行当座預金等に活用するとした場合のインプリケーションの2点に集約されます[16]。ここでは、中央銀行自身が仮想通貨を発行することとした場合のインプリケーションを中心にみることにします。なお、仮に中央銀行が仮想通貨を発行するとした場合には、法定デジタル通貨やCBDC（Central Bank Digital Currency）と呼ばれています。

① 中央銀行による仮想通貨発行のメリットと留意点

中央銀行が仮想通貨を発行するとした場合のメリットとして主張されている点は、次のように整理することができます。

・メリット

a　ユーザの利便性の向上

紙ベースの決済から、電子的な決済手段への移行によるハンドリングコストや保管コストの削減効果がある、とする主張です。

b　金融政策の有効性の確保

ビットコイン等の仮想通貨がその利便性から銀行券の使用を凌駕するとなると、金融政策の有効性を脅かすこととなるが、中央銀行自身が仮想通貨を発行することによってこうした恐れを回避することができる、とする主張です。
　c　通貨発行益の確保
　ビットコイン等の仮想通貨が銀行券の使用のシェアを大きく奪うこととなると、中央銀行の通貨発行益が減少する事態が発生するが、中央銀行が仮想通貨を発行することによってこれを食い止めることができる、とする主張です。

・留意点
　しかし、こうした主張に対しては、次のようにいくつかの留意点が指摘されています。
a　中央銀行が仮想通貨を発行した場合には、民間銀行預金から中央銀行発行の仮想通貨に資金シフトが発生して、民間経由の資金仲介機能の弱化、さらにはストレス時における民間銀行の流動性不足を招来する恐れがある。
b　ビットコイン等の仮想通貨がその利便性だけの理由で、信認のある銀行券の使用を凌駕することは考えがたい。
c　中央銀行が仮想通貨を発行した場合には、中央銀行がすべての取引に関する情報を把握することになるが、中央銀行としてそうした情報の扱いをいかにすべきか、という問題がある。

② 　**海外中央銀行の動向**
　スウェーデン国立銀行のリクスバンクは、長期間に亘る流通銀行券、硬貨の趨勢的な減少から、現金通貨を補完する目的で法定デジタル通貨「e-krona」発行の是非を検討するためのプロジェクトを発足させています[17]。リクスバンクは、現金通貨の使用がさらに大幅な減少をみる事態となった場合に、リクスバンクや金融セクター、一般社会にどのような影響を及ぼすか等が、e-krona 発行の是非を決めるにあたって検討しなければなら

ない重要な課題である、としています。そして、2017年中にe-kronaとそのシステムに関わる具体的な提案を行い、2018年に規制、運用、技術面について検討した後、同年末にはe-krona発行の是非を決定する予定です。

③　中央銀行による仮想通貨発行に対する日本銀行の見解

中央銀行による仮想通貨発行のアイディアに関して、日本銀行の中曽副総裁は、概略、次のように述べています[18]。

「銀行券はすべての人々が夜間や週末も利用できる、ファイナリティある決済手段ですが、これをデジタル媒体で代替してはどうかといった主張の背景には、「紙の処理や保管のコストがますます意識されるようになっているなか、中央銀行も新しい情報技術を活用し、経済社会のニーズに応えていくべきではないか」といった問題意識があるように思います。……日本銀行が現時点で、銀行券に代わりうるデジタル通貨を発行するといった具体的な計画を持っているわけではありません。しかしながら、同時に日本銀行としても、ブロックチェーンや分散型元帳など新しい技術の理解に努めるとともに、そうした技術を中央銀行の業務のなかで活用し、自らのインフラを向上させていく余地がないかも含め、調査研究を続けていく必要があると考えています。

また、中央銀行によるデジタル通貨発行といった議論は、金融構造や金融サービスの提供主体が変化していくなか、中央銀行はいかなる主体に口座を提供すべきか、どこまで踏み込んで決済のファイナリティを提供していくべきか、さらには取引や決済に伴う情報はどのように取り扱われるべきか、といった広範な論点とも関わるものです。日本銀行としても、学界とも協力しながら、これらの問題に関する理解や考察を深めていきたいと考えています」

なお、日本銀行では、決済機構局のスタッフが、分散型元帳技術を実際に扱ってみることによりその理解の深化に努めています。しかし、この取組みの趣旨は、民間において分散型元帳技術に関する各種の実証実験が進められ

るなか、中央銀行として支払・決済システムの安定といった責務を果たしていくうえで、こうした新技術への理解を深めることにあり、銀行券や日本銀行が運営する決済システムへの応用という趣旨ではない、としています[19]。

10 金融 EDI とは？

(1) 金融 EDI の定義

「金融 EDI」（Electronic Data Interchange、電子データ交換）は、決済情報を物流情報に連動させ、企業間決済に関わる取引関連データを電子的に交換する仕組みをいいます[20]。

すなわち、金融 EDI は、振込データに、受発注や請求といった商流情報を付帯させる EDI で、商品の発注から資金決済までの一連のプロセスを、すべて電子的に行う STP（Straight Through Processing）のコンセプトをベースとする仕組みです。

なお、商業と金融に関わる EDI は、次のように分類することができます[21]。

① **商流 EDI**

受発注や請求などといった商流情報を、企業間で電子データにより通信ネットワークを通じて交換・共有するための EDI。

② **金融 EDI**

振込データに受発注や請求といった商流情報などを付帯するための EDI。

(2) 金融 EDI のメリットは？

① **請求データと入金データの照合事務の合理化**

金融 EDI の活用によって、企業は手作業で行ってきた請求データと入金データの照合事務負担を自動処理で行うことができます。

すなわち、請求企業は入金案内が来たところで、それがどの取引に関わる

支払であるかの確認のために、売掛金の「消し込み」を行う作業が必要となります。しかし、入金案内の内容には次のようなケースが混在していて、これを手作業で行う場合には、どの売掛金に該当する入金案内なのかの特定が困難となることが少なくありません。

a　振込人の略称によって特定が困難であるケース
b　振込手数料を差し引いた金額で入金案内がされているケース
c　多くの取引に関わる代金を合計して振り込まれるケース

しかし、手作業にかえて金融 EDI がこれを行うことにより、事務の正確性の確保と効率化を実現することができます。

② **貸出業務と信用リスク評価への活用可能性**

金融 EDI は、ＰＯファイナンスの実行や、融資先の信用リスク評価・モニタリングにおいて活用することができるポテンシャルを持っています[22]。

　a　ＰＯファイナンス

まず、ＰＯファイナンス（Purchase Order）における金融 EDI の活用可能性をみると、ＰＯファイナンスは、企業が注文を受けた段階で銀行から借入れを行い、発注元から回収した売上金をその返済原資とする融資手法です。

ＰＯファイナンスは、特に受注から売上金回収までの期間が長い場合の運転資金の調達手段として有用であり、建設業等への融資で活用されています。

受注企業の納品の確実性が高いことを前提とすると、こうしたＰＯファイナンスは、発注元の信用リスクにかかっている、ということができます。したがって、たとえば下請けの中小企業や建設業は、発注元が信用力の高い大企業であることが多く、そこから受注した中小企業は、自己の信用力ではなく、発注元の信用力でもってＰＯファイナンスを受けることができます。

こうしたことから、金融機関は、金融 EDI により発注元の信用力情報を把握したうえでＰＯファイナンスの実行の可否や条件を判断することができます。

b　融資先の信用リスク評価・モニタリング

　次に、融資先の信用リスク評価・モニタリングにおける受注情報の活用可能性をみると、融資先の企業が、発注が安定して決済も確実である信用力の高い企業を取引先として持つのであれば融資先の信用力は高い、ということができます。金融機関はそうした取引先の状況を融資先企業からのヒアリング等をもとにして判断していますが、金融EDIによって取得した受注情報等を信用リスク評価モデルと組み合わせることで、融資先企業のモニタリングを効率的、かつ正確に行うことができます。

　このように、金融EDIをＰＯファイナンスや、融資先の信用リスク評価・モニタリングに活用することにより、金融機関にとっても中小・零細企業にとっても、融資やモニタリングの面で大きなメリットを期待することができます。

③　企業の財務・経理の自動化・効率化・リアルタイム管理と資金調達・決済手法の多様化

　金融EDIにより、財務・経理の自動化・効率化・リアルタイム管理が実現し、企業の資金調達・決済手法も多様化することが期待できます。すなわち、金融EDI対応で、相手企業からの照会対応などの業務負担の軽減や、会計業務の自動化・効率化によりバックオフィス業務の圧縮（経理面）効果が期待でき、また、財務状況の見える化・リアルタイム管理の実現と決済手法の多様化や、資金調達手法の多様化と「貸せる理由」の拡大（担保・保証→取引実績、在庫量等）により資金繰り改善（財務面）効果も期待することができます。

　こうした効果は、特に中小企業で大きく顕現化することが見込まれ、経理面と財務面の効果が相まって、経営高度化、成長投資へのリソースシフトが可能となり、中小企業の生産性革命により収益力の劇的向上につながることが予想されます[23]。

　実際のところ、中小企業に対するアンケート調査では、付随的なサービスの提供を目的とした商流情報の活用について、「付随的なサービスの内容に

より商流情報を参照させても構わない」等、前向きな回答が全体の41％を占めており、多くの中小企業が金融EDIによる融資・企業評価による企業の資金調達円滑化等を期待している、との結果が出ています[24]。

(3) 金融EDIとXML

① XMLとは？

金融EDIでは、XML電文の活用促進が重要なポイントとなります。ここで、XML（eXtensible Markup Language）とは、インターネットで利用される情報技術の標準化団体であるW3C（World Wide Web Consortium）が1998年に策定・公開したデータ記述用の言語です[25]。

XMLの主要な特徴は、データ項目の内容・長さやデータ間の関係を自由に設定・変更できる等、柔軟性と拡張性がある点や、情報システム間やアプリケーション間の相互運用性に優れている点です。XMLは、金融業務の通信メッセージに関する国際標準ISO20022でも採用されている方式です。

② 全国銀行資金決済ネットワークのXML電文採用

全国銀行資金決済ネットワーク（全銀ネット）は、全国銀行協会（全銀協）が運営する全国規模の銀行間資金決済ネットワークです。全銀ネットによって、全国各地の銀行等で受け付けた振込依頼を振込先の銀行等まで送信する手続がきわめて短時間で処理され、世界的にも高度な資金決済システムである、ということができます。

全銀協では、1996年にマッチングキー方式を全銀協金融EDI標準として導入しました。これは、企業が銀行振込みを通じて決済を行う場合に、その決済の元となった取引を特定する手掛かりとなる情報として、20桁の番号を振込データに付加できるとする「固定長電文方式」です。そして、この20桁の番号をマッチングキーと呼んでいます。

しかし、産業界における取引が高度化、多様化するなかで、そのニーズにフィットするためには、20桁では十分な情報が送信できない、との固定長電文方式が持つ制約が表面化しました。

図表2-2　固定長電文とXML電文の比較

┌─「固定長電文」のイメージ─────────────────────────┐
│   │
│ ○情報量が少なく、自由記載欄が20文字しかない。   │
│   │
│ | エ | ー | ビ | ー | シ | ー | シ | ャ | | 0 | 0 | 0 | 5 | 0 | 0 | 1 | | 1 | 2 | 3 | │
│ | 4 | 5 | 6 | 7 | 0 | 0 | 0 | 1 | 1 | 0 | 0 | 0 | 0 | 0 | | | デ | ィ | ー | | │
│ | シ | ャ | | 0 | 0 | 0 | 1 | 0 | 0 | 1 | | 7 | 6 | 5 | 4 | 3 | 2 | 1 | | | │
│ | 自由記載欄（20文字） | │
│   │
│ 企業の要望   │
│ 「商流情報（納品日、製品名、数量等）を記載して、買掛金・ │
│   売掛金の管理に利用したいが、20文字では全然足りない」   │
└──────────────────────────────────────┘

┌─「XML電文」のイメージ─────────────────────────┐
│   │
│ ○情報量が多く、自由記載欄は無制限。   │
│   │
│   〈送金人〉　エービーシーシャ　　　〈受取人〉　ディーイーシャ   │
│   〈銀行・支店番号〉　0005001　　　〈銀行・支店番号〉　0001001 │
│   〈口座番号〉　1234567　　　　　　〈口座番号〉　7654321   │
│   〈送金金額〉　0001100000   │
│   │
│   〈自由記載欄〉（無制限、複数の伝票を付記可能）   │
│   〈納品日〉　20151101　　　　〈納品日〉　20151120   │
│   〈製品名〉　ボルト200001　　 〈製品名〉　バルブ11   │
│   〈納品数量〉　1000コ　　　　 〈納品数量〉　10コ   │
│   〈単価〉　100エン　　　　　　〈単価〉　100000エン   │
│   │
└──────────────────────────────────────┘

大量の情報を付記可能となれば、企業の決済事務（買掛金・売掛金の自動消込）の効率化に資するとの声。

（出所）　金融庁「金融庁におけるフィンテックに関する取組み」2016.11、p10

そこで、全銀協では、2011年に稼働の第6次システムで、それまでの固定長の電文に加え、XML電文も選択可能とする仕組みを導入しました。このXML電文によって、外部システムとの接続設計の柔軟性が向上するほか、取引に関連する情報を従来の20桁から140桁まで送ることが可能となります。具体的には、企業にとって資金決済インフラを通じて多様な情報を交換することが可能となり、従来の金融EDIが対象としてきた売掛金の消込事務の効率化だけではなく、財務管理事務全体の効率化に活用することができます。

なお、2015年度に稼働を開始した新日銀ネットでも、XML電文が採用されています。

③ 産業界の動き

この間、産業界では、銀行界の金融EDIとは別に、XML電文を用いたデータ交換の標準化が受発注から決済前までの段階で進みました。また、売掛金の消込事務の効率化に向けた取組みも、小売、卸売業界を中心とした企業努力や個別金融機関によるサービス提供という形で行われました。

しかしながら、依然として売掛金の消込事務が負担であるとする企業が少なくないほか、資金管理の効率化等、財務管理事務の高度化を求める声がますます高まっています。

④ 金融界と産業界の連携

以上のように、金融界と産業界が別々にXML電文を用いたデータ交換を進める状況にありましたが、この間、業務効率化の要請が高まるなかで産業界の取引データと金融界の決済データの連携により、受発注から決済までのプロセスを通じたデータの有効活用を進めていくニーズが一段と強くなっています。

⑤ 全銀協と全銀ネットによるシステム実験

全銀協と全銀ネットは、金融EDIを活用して商流情報と決済情報を紐付けることによる流通業界における売掛金消込業務等の決済業務の効率化を検証するため、流通業界と金融機関との共同システム実験を実施しています[26]。

図表2-3　金融EDIによる企業の生産性向上

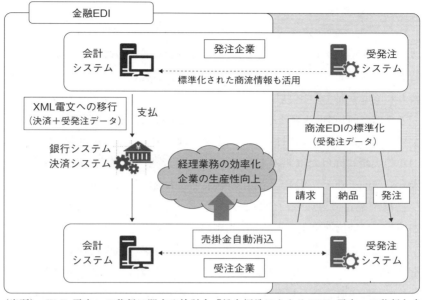

（出所）　XML電文への移行に関する検討会「総合振込にかかるXML電文への移行と金融EDIの活用に向けて」全国銀行協会2016.12、p9

　そして、この実験により、振込元を特定するための名寄せ作業や振込金額が請求金額と異なるケースでの照合作業などを自動化することができ、メーカーや卸売業者では売掛金の消込作業、小売業者では売上割戻しの消込作業にかかる作業時間を現状よりも5～7割削減できるとの結果を得る等、業務効率化につながることが確認できた、としています。

⑥　XML電文移行の促進策

　金融EDIの特徴は「商流情報」と「金流情報」を連動させることにあり、したがって金融EDIを推進するためには、上述のとおり、XML電文を活用して産業界と金融界との間で資金決済サービスの連携強化を図る必要があります。

　2015年、金融審議会は、企業間の国内送金指図で使用する電文方式につい

て2020年までに固定長電文を廃止して、情報量や情報の互換性等に優れたXML電文に移行することを提言しました[27]。

また、「日本再興戦略改訂2014」では、国内送金における商流情報（EDI情報）の添付拡張についても、流通業界と金融機関との共同システム実験の結果等も踏まえつつ、産業界と金融機関の連携強化によるすみやかな対応が図られるよう促す、とされました[28]。

さらに、「日本再興戦略2016」では、企業間の銀行送金電文を2020年までを目途にXML電文に移行して送金電文に商流情報の添付を可能とする金融EDIの実現に向けた取組みを進めるとともに、中小企業等の生産性向上や資金効率向上など、XML電文化の効果を最大化する観点から、産業界および経済産業省において、金融EDIに記載する商流情報の標準化について2016年中に結論を出す、と具体的な戦略が示されました[29]。

そして、この対応として、金融界、産業界、システム関連企業、金融庁等をメンバーとする「XML電文への移行に関する検討会」が全銀協を事務局として設置され、総合振込みに係るXML電文への移行について検討が進められ、また、全銀協に「金融・ITネットワークシステム」をプラットフォームとして構築することが決定されました[30]。

金融・ITネットワークシステムのプラットフォームの概要は、次のとおりです。

　a　XML電文に対応したプラットフォームの提供

企業間送金に係る電文をより早くXML電文に移行し、金融EDIの実現に向けた取組みを進めていくためのプラットフォームとして「金融・ITネットワークシステム」を新たに構築する。

　b　金融・ITネットワークシステム構築の目的

金融・ITネットワークシステムは、企業からのXML電文による国内送金指図を受け付けるとともに、企業間送金電文に商流情報の添付を可能にし、売掛金等の自動消込等による企業の決済事務の効率化、生産性の向上を目指し、金融機関にとっては新たな決済サービスの提供、イノベーションの

図表2－4　金融・ITネットワークシステム（新システム）のイメージ図

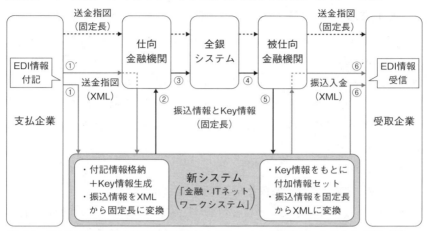

（注1）　①'⑥'は、個別金融機関が任意で自行システムを改修し、企業から直接（新システムを介さずに）XML電文を受け付ける場合。
（注2）　新システムはプラットフォームであるため、EBサービスの申込対応等は、各金融機関で実施。
（出所）　全国銀行協会、全国銀行資金決済ネットワーク「決済インフラの抜本的機能強化への取組みについて」2016.12.15、p1

推進を図ることを目的とする。

c　サービス提供開始時期

2018年中の提供開始を目指す。ただし、銀行界が提供するインフラとして求められる安全性・信頼性にも十分配慮していく。

金融・ITネットワークシステムの稼働段階では各金融機関の参加は任意であるが、利用者にとっては広範な金融機関においてXML電文により拡張された金融EDIが利用できることにより利便性が高まるため、各金融機関の早期参加が促されるよう取組みを進めていく。

d　金融・ITネットワークシステムの運営主体とプロジェクトの推進

金融・ITネットワークシステムの運営主体は全銀ネットとし、事務局内にプロジェクトを立ち上げ、具体的な検討を進める。また、全銀ネットに設置している「XML新システム検討部会」において、プロジェクトの進捗管

理を行う。

⑦ XML電文への移行に関する検討状況

銀行界としての金融EDI利用促進に向けた取組みは、全銀協が事務局となる「XML電文への移行に関する検討会」において関係省庁や産業界と協働して進めることとしており、2016年12月、同検討会からXML電文への移行によって拡張が可能となる金融EDIのイメージ、金融EDIを活用した決済関連事務の合理化等の活用方法についての情報提供を目的とする資料が公表されました[31]。

その主要点は、次のとおりです。

a XML電文への移行対象となる取引（案）

基本的には、XML電文への移行効果が見込まれる大量のEDI情報の付記が可能な電子ファイルを用いた企業送金を対象とする。対象チャネルは、一括ファイル伝送、MT等媒体（後順位）、インターネット・バンキングで、対象サービスは、支払企業側は総合振込み（給与振込み、賞与振込み等は対象外）、受取企業側は振込入金通知、入出金明細で、順次拡大していくことを想定する。ただし、移行対象取引を利用していない中小企業、小規模事業者等でも、低事務負担、低費用負担で簡便にXML電文により拡張された金融EDIを利用できる方法も検討する。

b XML電文への移行時に企業で必要となる主な対応事項

i XML電文を利用するための会計システム等のソフトウェアのバージョンアップや入替え等

ii 一括ファイル伝送を利用する場合は、XML電文を送受信するための回線準備、通信ソフトウェアの設定変更、入替え等

c 金融EDIの活用に必要となる主な対応事項

i 決済の上流工程で実施する企業間取引の電子化、IT化

ii 会計システム等への金融EDI情報の搭載機能や同EDI情報を活用した売掛金自動消込機能の実装

iii 業界をまたがる商流EDIフォーマットの標準化

d　金融 EDI に記載する商流情報の標準化について

　現状、受発注に用いる商流 EDI 情報は各業界において区々であり、金融 EDI 情報のデータ項目も各業界または受取企業ごとに区々となった場合、支払企業側の入力事務負担が大きくなる恐れがある。

　このため、産業界・経済産業省が中心となって銀行界と連携しつつ、業界横断的に決済関連事務の合理化に必要な金融 EDI に記載する商流情報の標準化に係る検討や取決めが行われている。

　なお、経済産業省・中小企業庁では、2016年8月に設置した「金融 EDI における商流情報等のあり方検討会議」で、金融 EDI 標準化を契機とした商流 EDI の業界間連動を通じた中小企業等の経営力の強化や生産性向上・資金効率向上の実現を目指して検討を重ねています。そのなかで、金融 EDI 情報として格納すべき商流情報の整理として、これまで EDI 情報を活用したことのない事業者でも利用することで比較的少ない手間で業務の効率化を図ることができる項目を「最低限必要な項目」として、支払通知番号、支払通知発行日、請求書番号、支払人企業法人コードをあげています。

[注]
(1)　金融審議会「決済業務等の高度化に関するスタディ・グループ」中間整理の公表について、金融庁、2015.4.28
(2)　金融審議会「決済業務等の高度化に関するワーキング・グループ報告」金融庁、2015.12.22
(3)　電子マネーに関する勉強会「電子マネーの私法的側面に関する一考察」日本銀行金融研究所金融研究、1997.6
(4)　長谷川晴彦「IC カードの基礎知識」2005.8.12
(5)　日本銀行決済機構局「決済動向（2017年1月）」2017.2.28
(6)　Apple「この便利さを、その駅で、あのお店で」
(7)　日本電気株式会社、三井住友フィナンシャルグループ、三井住友銀行「NEC・三井住友銀行、共同出資会社を通じた FinTech サービスの提供開始について」プレスリリース、2016.8.31
(8)　小出俊行「決済の構造変化と銀行への影響」NTT データ経営研究所、2014.10.9、p8

⑼　翁百合「銀行の決済ビジネスを取り巻く環境変化と業務範囲規制」金融審議会決済業務等の高度化に関するSG資料、2015.2.5
⑽　Committee on Payments and Market Infrastructures "Digital currencies" Bank for International Settlements、2015.11、決済・市場インフラ委員会報告書「デジタル通貨」国際決済銀行、日本銀行抄訳、2015.11
⑾　金融庁「情報通信技術の進展等の環境変化に対応するための銀行法等の一部を改正する法律案に係る説明資料」2016.3、pp8-10
⑿　同上、p9、出所：債権者集会の資料および各社報道
⒀　遠藤元一「ビットコインをめぐる法規制について」ITUジャーナル Vol. 44 No.12、2014.12、pp7-9
⒁　財務省「平成29年度税制改正要望　要望事項一覧表」2016.9.5
⒂　自由民主党、公明党「平成29年度税制改正大綱」2016.12.8
⒃　小林亜紀子、河田雄次、渡邉明彦、小早川周司「中央銀行発行デジタル通貨について―海外における議論と実証実験」日銀レビュー2016-J-19、2016.11
⒄　Sveriges Riksbank "Riksbankens e-krona Project plan" 2017.3.14
⒅　中曽宏「フィンテックと金融・経済・中央銀行」東京大学金融教育研究センター・日本銀行決済機構局共催コンファランス「フィンテックと貨幣の将来像」における日本銀行副総裁講演2016.11.18
⒆　黒田東彦「フィンテックと金融イノベーション（パリ・ユーロプラス主催フィナンシャル・フォーラムにおける挨拶の邦訳）」日本銀行、2016.12.5
⒇　日本銀行決済機構局「企業間決済の高度化に向けた銀行界の取組み」日銀レビュー2011.8
㉑　全国銀行協会、全国銀行資金決済ネットワーク「全銀システムのあり方に関する検討結果について」2014.12.18、p6
㉒　山中卓「企業の受注情報の貸出業務への活用可能性の検討」日本銀行ワーキングペーパーシリーズ2016.9、「受注情報を利用した信用リスク評価とその活用について～ITの進展による金融の高度化の視点から～」日本銀行金融機構局、金融高度化センター「ITを活用した金融の高度化の推進に向けたワークショップ第3回商流情報を活用した金融の高度化におけるプレゼンテーション要旨」2016.4.8
㉓　経済産業省「第2回決済高度化官民推進会議　経済産業省説明資料」金融庁2017.1
㉔　経済産業省「第2回決済高度化官民推進会議　経済産業省説明資料」金融庁2017.1、［原典］中小企業庁「決済事務の事務量等に関する実態調査」㈱帝国データバンク、2016.10
㉕　日本銀行決済機構局、前掲⒆
㉖　全国銀行協会、全国銀行資金決済ネットワーク「全銀システムのあり方に関

する検討結果について」2014.12.18、p8
⑵7　金融審議会、前掲⑵
⑵8　首相官邸「「日本再興戦略」改訂2014—未来への挑戦」
⑵9　首相官邸「日本再興戦略2016」
⑶0　全国銀行協会、全国銀行資金決済ネットワーク「決済インフラの抜本的機能強化への取組みについて」2016.12.15、p1
⑶1　XML 電文への移行に関する検討会「総合振込にかかる XML 電文への移行と金融 EDI の活用に向けて」2016.12

II 送　金

1　FinTech と送金の関係は？

　FinTech は、ユーザ目線に立ってユーザのニーズをアグレッシブに汲み取るサービスの提供を目指すことを大きな特徴としています。

　その代表例が国際送金です。ユーザの間には金融機関で国際送金をする場合、コスト高となるという根強い不満があります。そこで、FinTech がこの分野に乗り出して、FinTech の技術を駆使することにより低コストでの国際送金を可能にするというものです。

　FinTech は、さまざまな金融分野で胎動していますが、特に送金ビジネスにおいてはアジアを中心としたグローバルな展開が行われることが予想されます。

2　FinTech が関わる送金の種類は？

　送金は、国際送金と国内送金に分けられますが、FinTech が主として対象とする送金は、国際送金です。

　人、モノ、サービスの各面に亘って経済のグローバル化が進展するなかで、国際送金が件数、金額ともに増加しています。現状、国際送金は本邦銀行や外国銀行との間や、本邦銀行とその海外支店との間等のパターンで行われていますが、送金コストが高いとか、決済に時間がかかるという問題があります。

　そこで、IT を活用することにより送金の効率化を図り、決済コストの低

廉化、決済時間の短縮を図る動きが活発化しています。

(1) ロー・バリュー送金、ハイ・バリュー送金とは？

国際送金で特に求められる要素は、①着金までの時間が早いことと、②送金手数料が安いことですが、この2つの要素は基本的にトレードオフの関係にあります。そして、手数料が安く急がない送金を「ロー・バリュー送金」、逆に手数料が高くても急ぐ送金を「ハイ・バリュー送金」と呼んでいます[1]。

米国のFRB（連邦準備制度理事会、Fed）が欧州のACH（Automated Clearing House）運営会社と連携して米国と欧州諸国間で実現した国際送金スキームは、着金まで1～2日を要しますが、手数料は相対的に安いロー・バリュー送金となっています。

一方、日本の銀行が現在提供している銀行間のコルレス契約による国際送金スキームは、当日に着金しますが、手数料は相対的に高いハイ・バリュー送金となっています。

(2) ワイアトランスファ、ACHトランスファとは？

送金の方法には、ワイアトランスファとACHトランスファがあります。

① ワイアトランスファ

ワイアトランスファ（wire transfer、電信送金）は、世界各国で行われている国際送金の一般的な方法で、各国の銀行が外国の銀行とあらかじめコルレス契約を締結して相互に相手方の預金口座を開設します。そして、顧客から送金依頼があると送金依頼を受けた銀行（仕向銀行）が送金先の銀行（非仕向銀行）に支払指図を発出、コルレス契約に基づいて非仕向銀行に開設してある仕向銀行の預金口座を通じて決済する、とのプロセスをとります。

ワイアトランスファは、銀行間で1件ごとに直接送金を行うことから、早く着金するという特徴がありますが、一方、仕向銀行も非仕向銀行も人手を介した手続が必要となることから、手数料は高くなります。

② **ACH トランスファ**

　ワイアトランスファが銀行と銀行との間で直接送金する形をとるのに対して、ACH トランスファは、送金から出金までのハブとしての機能を担いその作業を自動で行う ACH（Automated Clearing House、自動クリアリングハウス）という決済ネットワークを通じて送金する仕組みで、一般的に小口決済システムを指します。日本では全国銀行資金決済ネットワーク（全銀ネット）による国内送金が ACH トランスファに該当します。

　ワイアトランスファが1件ごとの送金であるのに対して、ACH トランスファは、決済を国ごとにまとめて一時点で決済を行います。これをバルク（bulk＝束）決済と呼んでいますが、これにより送金コストが削減され、ユーザが支払う手数料が安いという特徴があります。しかし、リアルタイムでの処理ではなく、1日1回というように一定の時間を区切って処理するシステムとなっていることから、ワイアトランスファに比べると時間がかかるという難点があります。

図表2-5　ACH の相互接続のスキーム

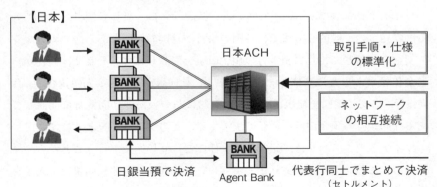

（出所）　金融庁総務企画局「事務局説明資料：決済に係るアジアを中心としたグローバルな連携・協力」2014.12.16、p2

(3) 国際ロー・バリュー送金への取組みは？

① ACH接続

2010年、米連邦準備制度理事会とオランダ、ドイツでACHを運営するEquensのリーダーシップのもとに、IPFA（The International Payments Framework Association）が設立されました(2)。

IPFAは、アジアを含む諸外国とクロスボーダーでのACHの相互接続、送金手順の標準化により、シームレスな決済インフラを構築することにより国際送金の効率化、円滑化を目指す団体で、ACH運営者や銀行、ベンダー等29先（会員19、オブザーバー10）が加盟、日本からは富士通とNTTデータが会員となっています。

IPFAが対象とする送金は、小口で3日以内に入金するロー・バリュー送金です。このスキームは、各国のACHが個別に相互接続するというもので、2010年に米国と欧州間でドル、ユーロ等の送金が実現しており、今後対象通貨を漸次拡大させる予定です。

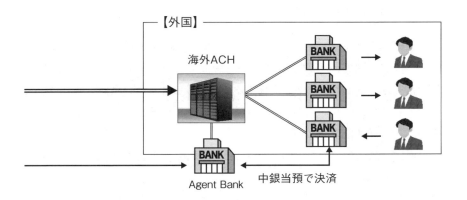

② **APN プロジェクト**

アジアでは、APN（Asian Payment Network）構想が推進されています。APN は2006年に ASEAN 主要国の ATM ネットワークの運営者によって設立された団体で、その後、中国、韓国、豪州、ニュージーランドの事業者が参加し、また2014年に日本の民間ベンダーの NTT データが参加し、参加国は11カ国となっています。

この APN 構想は、クロスボーダーで各国の小口決済ネットワークを接続することによって、地域レベルの共通決済インフラの構築を目指すプロジェクトです。具体的には、ATM、POS に関わる取引手順や仕様を標準化することによりクロスボーダーで ATM ネットワーク等を接続することを指向しています（図表2－6）[3]。

これまでの検討、実施状況をみると、すでに一部の国の間で双方が合意した取引手順と仕様に基づいて個別の接続が実現しているケースがみられます。また、各国間のネットワークの中心にハブを構築して、その運営組織を設置することも予定されています。今後の予定は、ハブの運営方法や取引手順、仕様、それに送金等の提供サービスの追加について議論することとしています。

(4) **SWIFT の GPII**

SWIFT（The Society for Worldwide Interbank Financial Telecommunication）は、金融取引の情報を、世界の金融機関の間で安全に標準化した形で送受信できるネットワークを提供する機構で、参加した金融機関の会員組織の形をとっています。なお、2015年中、SWIFT を通じた国際送金は、1日平均2,400万件に達しています。

SWIFT は、2015年に国際送金サービスの利便性を高めるプロジェクトである GPII（Global Payments Innovation Initiative）を立ち上げました[4]。SWIFT では、FinTech の技術も取り入れながら GPII を推進させたいとしています。

図表2-6 APNのスキーム

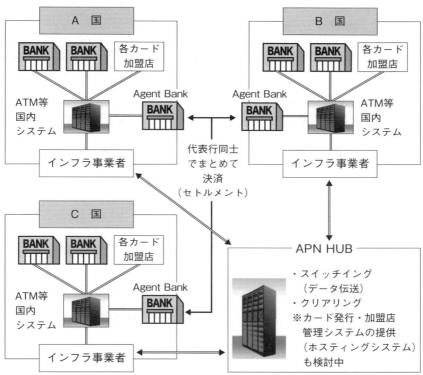

(出所) 金融庁総務企画局「事務局説明資料：決済に係るアジアを中心としたグローバルな連携・協力」2014.12.16、p1

SWIFTがGPIIで指向する具体的な内容は、次のとおりです。
① 同日日付での送金
② 手数料について事前に金額が明らかになる等、送金に関わる透明性の確保
③ 送金から着金までの追跡を可能とする
④ 送金に際して種々の決済情報を付加することを可能とする

SWIFTは、このGPIIのプロジェクトに参加した銀行は92行（2017年3月現在）に達した、としています。日本からは、みずほ銀行、三菱東京UFJ

銀行、三井住友銀行、りそな銀行の4行が参加しています[5]。

(5) 金融審議会の提言と全銀協の対応

　金融審議会の「決済業務等の高度化に関するワーキング・グループ報告」では、決済インフラの改革の1つとして、2018年を目途に新たに「ロー・バリュー国際送金」の提供を目指す、としています[6]。

　この報告書では、企業、個人の国際的な活動が拡大するなかで、利便性向上の観点から日本でも銀行によるロー・バリュー送金の提供が実現されるべきであり、以下の行動プランの着実な実行が期待される、としています。

① 　銀行を通じた安価な国際送金サービスを提供するため、APNへ参加しているネットワーク事業者との接続などによる「ロー・バリュー送金」を、相手国接続先との合意等を前提に2018年を目途に提供する。

② 　そのサービスの取扱いは、各金融機関の判断によるが、接続のための仕組みの予備的検討等は銀行界として取り組むことが想定される。

③ 　その際、具体的な接続方法、取引手順、決済方法等について検討を行い、銀行界が他業態を含めた預金取扱金融機関に提示することを想定する。

　そして、同報告書では、新たな国際送金手段を提供する動きとして、APN等の決済システムの相互接続のほか、銀行等の個別のサービスとして、たとえばFinTechベンチャーとの連携・協働によることなども想定され、こうした取組みについても利用者利便の観点から積極的に取組みが進められるべきである、としています。

　一方、全国銀行協会では、ロー・バリュー送金スキーム案の具体的な検討を進め、2016年10月に他業態を含めた預金取扱金融機関を対象に説明会を開催、また、同年12月に参加意向を持つ金融機関等で構成される「ロー・バリュー送金検討会」を設置して、事務面を含めた詳細検討を開始しています[7]。

⑹ 24時間365日送金プロジェクトとは？

英国やスウェーデン、シンガポール等では、ACH（Automated Clearing House）の稼働時間の延長によって、週末や深夜、早朝を含めた銀行送金の即時着金を可能とする24時間365日のリアルタイム送金サービスを実現する「24／7サービス化」の取組みが進展しています[8]。

また、日本では、全国銀行協会が24時間365日のリアルタイム送金を実現することを目的にプロジェクトを立ち上げて、2018年中のサービス開始を予定しています[9]。

具体的には、全銀システムの現行の稼働時間帯（平日8：30～15：30、月末7：30～16：30）に加えて、平日夕方～夜、土日祝日など、これまで未対応の時間帯をカバーするための新プラットフォームを本体システムとは別に構築することにより、全銀システムの24時間365日稼働の実現を指向しています。

こうした対応によって、既存の本体システムと新プラットフォームが対応する時間帯がトータルで24時間365日、他行宛振込みのリアルタイム着金が可能なシステム環境が整備されることとなります。

そして、現行の稼働時間帯は、全加盟銀行が接続を義務づけられているのに対して、新たに拡大する稼働時間帯は、全加盟銀行が一律に対応するのではなく、各加盟銀行が顧客のニーズ等を踏まえて個別に接続する時間帯を決めるスキームとする、とされています。

⑺ FinTechによる送金イノベーションの具体例は？

① SMS送金

通常、個人の間で送金を行う場合には、まず受取人が自分の口座番号を支払人に通知をします。そして、支払人は、自分の取引金融機関の口座から、または現金を金融機関に渡して、その口座に送金をします。その際に支払人は送金を依頼した金融機関に手数料を支払います。こうした手続で送金が行

第2章　FinTechが手掛ける主要な分野は？　73

われますが、資金が届く（着金）のは即時ではなく、多かれ少なかれ時間がかかります。

　これに対して、SMS送金では金融機関を通すことなく送金することができます。すなわち、SMS送金は携帯電話を使用して送金するサービスです。ここで、SMS（short message service）とは、アドレスに電話番号を使用することにより少ない容量のメールを送受信するサービスをいい、SMS送金はSMSを活用した送金となります。そして、SMS送金サービスを提供するのは、金融機関ではなく携帯電話事業者です。

　このように、SMS送金は金融機関に口座を開設することなく携帯電話を持っていれば低コストで送金できることから、新興国等から海外に出稼ぎに出た人が家族等に仕送りするケース等に活用されています。

　なお、金融審議会では、複数の金融機関が参加する携帯電話番号を利用した送金サービスの提供の検討を提言しています。これは、金融機関を通さないSMS送金ではありませんが、携帯電話番号の使用による送金という意味では、金融・ITイノベーションに向けた新たな取組みです。全銀協では、各銀行に対してこうしたサービスへの関心等に関するアンケート調査を実施するとともに、ニーズの規模や採算等を検証するための市場調査（消費者アンケート調査）を実施しています。

② **TransferWiseによる国際送金**

　国際送金では、A国からB国への送金とB国からA国への送金をできるだけマッチングさせることにより、国をまたぐ送金を極力節約することにより為替手数料等を削減して、低コストの国際送金を実現するFinTechベンチャーによるP2P方式の送金サービスがみられます。

　2010年にロンドンに設立されたFinTechベンチャーであるTransferWiseの共同創業者の2人はエストニア出身で、ロンドンで得た収入の一部を母国エストニアに繰り返し国際送金する必要がありましたが、その都度、大手銀行から高い手数料をとられることに嫌気がさしました。そこで、新会社をつくって独自のアルゴリズムを使ったP2Pモデルを開発して、銀行を通すこ

となくオンライン上でA国からB国に送金したい人とB国からA国に送金したい人のマッチングを、利用者が意識することなく自動的に実施することで、低コストの海外送金を提供しています。これにより、為替取引には仲値を使用することにより銀行が課する為替手数料は事実上課することなく、また送金手数料は銀行が課する手数料に比べて大幅に抑えることを可能としています。

TransferWise では、創業以来、同社のシステムを使って45億ドルの国際送金が行われた、としています。同社では2015年に米国での送金サービスを開始しており、これにより米国人が安い手数料で外国送金をすることが可能となりました。

また、2016年9月、トランスファーワイズ・ジャパン株式会社は、日本においてもP2Pの仕組みを利用した海外送金サービスの提供を本格的に開始する、と発表しました[10]。同社では、この送金の仕組みは、P2Pのプラットフォームを使用しているため、資金が国境を越えることはなく、手数料は送金額の原則1％と一般的な銀行と比べ平均で3分の1の手数料で海外送金が可能となり、また、送金完了までに要する日数も原則1～2日（例：英国）と迅速な振込みが実現できる、としています。

なお、こうした送金サービスを行う FinTech ベンチャーは、このほかに Azimo、CurrencyFair、peerTransfer 等があります。

(8) 送金と規制の関係は？

① 資金決済法

2010年、資金決済法が施行されました。

この資金決済法の施行前には、送金業務等の為替取引は、銀行だけに認められていました。しかし、リテールの送金業務等については、
a　ICT の革新やインターネットの普及等により、銀行が提供する従来のサービスと異なる新たなサービスが普及・発達してきていることや、
b　これまで銀行のみに認められてきた為替取引を他の事業者が容易に行い

うる状況になっていること、
といった環境変化に対応するため、イノベーションの促進と利用者保護を図ること等を指向して資金決済法が制定されたものです[11]。

資金決済法では、銀行以外の会社が「資金移動業者」として1回当り100万円以下の送金業務を行うことが認められました。現在、資金移動業者として登録している業者は全国で49社です（2017.4末現在）。

銀行以外の会社が資金移動業を行うためには、金融庁に登録する必要があり、また、利用者保護のために送金途上にある滞留資金以上に相当する額を資産保全等する義務があります。

② 資金移動サービスのタイプ

資金移動業は、3つのタイプに大別することができます[12]。

a　営業店型

店舗で送金、受取りを行うタイプ。

b　インターネット・モバイル型

インターネットを使って送金、受取りを行うタイプ。

c　カード・証書型

カード、または証書（マネーオーダー）を使って送金、受取りを行うタイプ。

FinTechベンチャーが手掛ける送金サービスは、このうち、インターネット・モバイル型や、カード型になります。

●事例：LINE Pay

LINE㈱の傘下にあるLINE Payは、LINEを通じてユーザ間での送金等を行うことができるモバイル送金・決済サービスを提供しています[13]。

ユーザはLINE Payにより、LINEプラットフォームを活用して、LINE上からP2P（個人間）で送金できることになります。具体的には、LINE Pay上から、送金する相手を選択して支払金額、およびメッセージを入力するだけで、相手のLINE Pay口座に支払金額が入金されます（手数料無料）。LINE Payでは、これにより、相手の銀行口座を知らなくても、遠くに住む

家族への仕送りやお祝いなどの送金等に手軽に活用することができる、としています。

●事例：楽天銀行

　楽天銀行は、2014年、日本で初めてFacebookを利用した送金サービスを開始しました。このサービスは、振込先の銀行の支店番号や口座番号を知らなくても、Facebookの友だちであれば、簡単に振込みができることを特徴としています[14]。

　このサービスを利用する条件は、次のとおりです。
・Facebookアカウントを持っている。
・楽天銀行口座を保有していて、楽天銀行アプリを利用している。
・受取人とFacebook上で友だちである。
・受取人が日本国内の銀行口座を保有している。

　そして、振込先が楽天銀行の場合には、手数料無料、他行の場合には、一律165円（税込み）で、振込みは即時に実行されます。

(9) 送金とブロックチェーンの関係は？

　銀行間の送金・決済システムは、ブロックチェーンの技術を活用することにより、劇的に変革する可能性を持っています（ブロックチェーンの詳細は第3章Ⅰ参照）。この点は、コンソーシアムに内外の大手金融機関が参画して、実証実験が始まっているところです。

　ブロックチェーンの技術を活用した電子データの移転に関わる革新的アプローチは、従来の送金と比較すると次の特徴を持っています[15]。

　すなわち、銀行の口座を経由して送金する場合には、データが中央集中管理されます。したがって、元帳の正確性を担保する信頼できる第三者の管理が必要になるとともに、高度の処理能力とセキュリティを確保するインフラが必要となります。

　これに対して、ブロックチェーンの技術を活用して送金する場合には、データは、分散型台帳により管理されます。したがって、元帳を管理する第

三者は必要ありません。また、膨大なデータの処理能力とセキュリティを確保する多額のIT投資や人件費を削減することが期待できます。

[注]
⑴　金融審議会「決済業務等の高度化に関するスタディ・グループ中間整理」2015.4.28、pp10-11
⑵　金融庁総務企画局「事務局説明資料：決済に係るアジアを中心としたグローバルな連携・協力」2014.12.16
⑶　同上
⑷　SWIFT "Global Payments Innovation Initiative Delivering a new standard in cross-border payments" 2015.12.10
⑸　SWIFT "SWIFT's global payments innovation initiative" 2017.3.6
⑹　金融審議会「決済業務等の高度化に関するワーキング・グループ報告」2015.12.22、pp23-24
⑺　田村直樹「決済高度化に向けた全銀協の取組状況について」第2回決済高度化官民推進会議資料、全国銀行協会2017.1.11
⑻　金融審議会、前掲⑴、p15
⑼　全国銀行協会、全国銀行資金決済ネットワーク「全銀システムのあり方に関する検討結果について」2014.12.18
⑽　トランスファーワイズ・ジャパン株式会社「トランスファーワイズ、国内での本格サービス提供を本日2016年9月7日より開始」2016.9.7
⑾　金融審議会金融分科会第二部会「資金決済に関する制度整備について」2009.1.14
⑿　日本資金決済業協会「資金移動業の概要」
⒀　LINE「モバイル送金・決済サービス「LINE Pay」を公開」2014.12.16
⒁　小出俊行「決済の構造変化と銀行への影響」NTTデータ経営研究所、2014.10.9、p20
⒂　保木健次「デジタル通貨およびその基盤技術（分散型台帳）がリテール決済に与える影響と課題」2016.3.17、あずさ監査法人ファイナンシャルサービス本部

融資・出資

1 クラウドファンディングとは？

(1) クラウドファンディングの定義

クラウドファンディング（crowd-funding）の文字どおりの意味は、多くの人々（crowd）から資金調達を行うこと（funding）ですが、クラウドファンディングの大きな特徴は、資金提供者の応募と資金提供者から資金需要者への資金提供等が、仲介事業者が設置したオンラインプラットフォームを活用して行われる点にあります。そして、FinTech ベンチャー等がこのプラットフォームを提供する仲介事業者となります。

クラウドファンディングは、特定のプロジェクトや新規事業の資金調達に活用されています。その資金使途は、ベンチャー企業の研究・開発、ソフトウェアの開発、映画の制作からアーティストのサポート、さらには災害救援、防災事業とさまざまな分野に亘っています。

日本におけるクラウドファンディングは、東日本大震災後の募金運動に活用されたことから多くの人々の知るところとなり、その後、社会貢献や数々のプロジェクトの資金調達に活用されています。

(2) クラウドファンディングの役割は？

クラウドファンディングは、主として中小企業の資金調達の円滑化に資するポテンシャルを持っています。

すなわち、クラウドファンディングには、優れたアイディアや技術を持っ

ているものの金融機関から十分な資金が借りられないといった企業と、資金の提供対象企業の先行きの成長からリターンを得たいとする投資家とをマッチングさせる機能があります。また、クラウドファンディングは、リスクマネーを引き出す働きをする、ということもできます。

(3) クラウドファンディングの種類は？

クラウドファンディングは、資金提供者に対するリターンの有無やリターンの種類によって金融型、購入型、寄付型、選択型の4つに大別することができます。

① 金融型

金銭的なリターンを得るタイプです。

金融型はリターンの種類によって、さらに次のように分類されます。

a 投資型

利益が出た場合に配当を支払うタイプ。投資型には、以下のようにファンド型と株式型があります。いずれのタイプも金融商品取引法の規制対象であり、仲介事業者は第二種金融商品取引業者として内閣総理大臣の登録を受ける必要があります。

ⅰ ファンド型

資金提供者が資金調達者と匿名組合出資契約等を締結して資金を提供、分配を受けるパターンです。匿名組合契約のケースでは、資金調達者が営業者、資金提供者が匿名組合員となります。そして、営業者は出資金を活用して事業を行い、契約時に決められた計算式に従って一定期間、匿名組合員に分配金を支払います。また、匿名組合員に営業者の製品等を提供するといった特典が付与されていることが少なくありません。

ⅱ 株式型

資金提供者が資金調達者に資金拠出するのと交換に株式を受け取る形で資金を提供し、配当を受けるパターンです。この株式型は、2015年の金融商品取引法の改正に伴い、日本証券業協会の自主規制の見直しがあって新たに可

能となったもので、証券会社は発行総額や投資者1人当り投資額が少額である場合に限り、非上場株式の取扱いが認められることとなっています。

b 融資型

貸金業法上の契約に基づき、資金提供者が融資し、元利金を受け取るタイプで、なかには、金利はなく元金だけ返済を受けるパターンもあります。

日本のサイト運営会社としては、CrowdBank、セキュリテ、AQUSH、maneo等があります。

FinTechによる融資カテゴリーとして、P2Pレンディング、マーケットプレイス貸出、バランスシート貸出があります。このうち、P2Pレンディングやマーケットプレイス貸出は、主として欧米で行われているタイプです。

ⅰ　P2Pレンディング（Peer-to-Peerレンディング）

FinTechベンチャーがオンライン上でプラットフォームを提供して、それを介して借り手と貸し手が融資を行うパターンです（P2Pレンディングについては2参照）。

ⅱ　マーケットプレイス貸出

FinTechベンチャーが提供するプラットフォームをマーケットプレイスと呼ぶことから、こうした名称となっています。基本的に、P2Pレンディングと同義ですが、マーケットプレイス貸出では機関投資家が貸し手になるケースが少なくありません[1]。

ⅲ　バランスシート貸出

FinTechベンチャーが単にプラットフォームを提供するだけではなく、自らが借り手となって投資家から資金を集めて、その資金を借り手に貸し出すという融資カテゴリーです。この場合には、FinTechベンチャーのバランスシートの貸借に計上されることから、こうした名称となっています。

ⅳ　ソーシャルレンディング

FinTechによる融資のカテゴリーを総称した用語です。

② 購 入 型

民法上の売買契約に基づき、資金提供者が資金拠出の対価として商品や

サービス（チケット等）、制作に参加する権利等を取得するパターンです。購入型は、eコマースに属するタイプで、報酬型とも呼ばれます。

　このタイプによるプロジェクトの具体例としては、新製品開発、地元産品振興、映画作品、アート作品、音楽、書籍、ゲームソフト等があります。こうしたなかには、実質的に寄付の性格を持つものとか、新製品のテスト販売の性格を持つものがあります。

　サイト運営会社としては、Kickstarter（米）、IndieGoGO（米）、CAMPFIRE（日）、READYFOR（日）、GREEN FUNDING（日）等があります。

③　寄付型

　リターンがない寄付行為のパターンです。支援者は、プロジェクトへの貢献を資金提供の形で行い、資金調達者から支援者に資金の活用状況等を知らせるニュースレターが送付されます。

　このタイプによるプロジェクトの具体例としては、被災地支援や、難病患者支援、芸術、スポーツ活動、新興国支援等があります。

　日本のサイト運営会社としては、JustGiving、Kiva Japan等があります。

④　選択型

　クラウドファンディングを提供するプラットフォームのなかには、投資家に対して、融資をするか株式投資をするかの選択肢を提供するタイプも出現しています。

　ベンチャー企業に対する投資といっても、さまざまなリスク選好を持つ投資家が存在します。そこで、BnkToTheFuture（旧名BankToTheFuture、英）は、多くの投資家から資金を集めるために、投資家のリスク選好により融資をするか株式投資をするか選択ができるプラットフォームを提供しています[2]。なお、このBnkToTheFutureには、ヴァージングループのCEOであるリチャード・ブランソンが運営するベンチャーキャピタルが出資しています。

(4) クラウドファンディングのプレイヤーは？

クラウドファンディングのスキームにおける主要なプレイヤーは、資金調達者、資金提供者、それにプラットフォームを提供する仲介事業者です。そして、FinTech ベンチャーが仲介事業者となります。

① 資金調達者

プロジェクトの起案者です。起案者、クリエーター、プロジェクト実行者、プロジェクトオーナー、キャンペーンオーナー等と呼ばれています。

② 資金提供者

プロジェクトに対する資金の供給主体です。

投資型の場合には、投資家、出資者と呼ばれ、ファンド型では匿名組合の契約当事者として営業者と呼ばれることもあります。

また、購入型は、購入者と呼ばれます。

一方、寄付型は、支援者、寄付者、サポーター、パトロン等と呼ばれています。

③ 仲介事業者

資金調達者と（潜在的）資金提供者に対して web サイトを提供する仲介事業者です。サイト運営者とかプラットフォーム事業者、プラットフォームと呼ばれることもあります。

(5) クラウドファンディングの手順は？

以下では、クラウドファンディングによりプロジェクトの資金調達が成立するまでのプロセスを、ステップバイステップでみることにします。

① 資金調達者による web サイトへの掲示申込み

まず、プロジェクトの起案者である資金調達者が、web サイトを運営する仲介事業者に対して、資金調達の掲載の申込みをします。その際、主として次の項目の内容を明らかにする必要があります。

起案者のプロフィール、プロジェクトの内容や規模、完成時期、資金所要

額と調達構成（自己資金、借入れ、出資等）、調達コスト、資金募集期間と目標額、申込金額単位、資金提供者のリスクと予想リターン等。

② **仲介事業者による案件審査**

仲介事業者は、起案者からの申請に基づいて案件の審査を行います。審査は、主として起案者から提供された①の情報をもとに実施しますが、必要に応じて起案者にインターネットを介してコンタクトして追加情報を入手することもあります。

③ **仲介事業者によるwebサイトへの掲載**

仲介事業者は、審査をクリアした案件をwebサイトに掲示します。掲載項目は、主として①の内容ですが、その他、仲介事業者が起案者から得た情報も必要に応じて適宜掲載することがあります。

④ **資金提供者による申込みと資金提供**

資金提供者は、webサイトに掲載された情報をもとにして融資、または出資を申し出ます。そして、仲介事業者から資金提供の受付の連絡があったら、振込みやクレジットカードにより資金提供を実施します。なお、仲介事業者は目標額に対してどこまで資金が集まっているかを、リアルタイムでwebサイトに掲載することが一般的です。

また、金融型や購入型では、資金募集期間終了までに資金提供の総額を当初設定し、公表した目標額に未達の場合には、プロジェクトが魅力を持つものではなかったとして、仲介事業者から資金提供者にすべて返金する「All or Nothing方式」をあらかじめ条件として設定しているケースが少なくありません。

⑤ **起案者によるプロジェクトの実行**

起案者は、資金提供者等の資金を元手にして、プロジェクトを実行に移します。

⑥ **分配金、元利金の支払**

資金提供が寄付型以外の投資、融資、購入型の場合には、資金提供者に分配金、元利金の支払や、商品・サービスの提供が行われます。

このうち、分配金、元利金の支払については、仲介事業者が計算、支払の手続を代行することが一般的であり、また、商品・サービスの提供については、起案者から資金提供者に確実に実行されているかを仲介事業者が監視します。

⑦ **起案者から仲介事業者への手数料等の支払**

プロジェクトの起案者は、仲介事業者に対してシステム開発費、サーバコスト等のインフラコストと決済手数料を支払います。

また、こうした手数料のほかに、起案者から仲介事業者に対して、資金調達額に応じた成功報酬を支払うことが一般的です。

(6) クラウドファンディングのプロジェクトの選別は？

クラウドファンディングにより資金の募集を要望するプロジェクトには、質の悪い案件も混在する可能性があります。そうしたプロジェクトの選別は、まずプラットフォームの運営者である仲介事業者により行われます。

① **FinTechによるリスクの把握**

中小企業向けの投融資では、特にリスクの把握が重要となります。FinTechのテクノロジーは、企業の会計データやそれまでの金融機関の融資に関わるデータ等、各種のデータを統合して的確にリスクを把握する、といった大きな強みを持っています。

② **資金提供者によるプロジェクトの選定**

そして、プロジェクトの内容がwebサイトに掲示されると、不特定多数の人がこれを閲覧して、そのプロジェクトに資金提供するかどうかを判断します。その過程において、閲覧者が疑問に思ったこと等をwebサイトを通じて質問し、これに資金調達者が答えるといったことも行われています。また、プロジェクトの資金調達額の動向は、ほぼリアルタイムでwebサイトに掲示されることが一般的であり、資金提供者は当該プロジェクトの人気度をみながら実際に資金提供するかどうかを判断することができます。

③ 留 意 点

このように、クラウドファンディングのプロジェクトの選別は、プラットフォームの運営者と不特定多数の潜在的資金提供者の双方から行われることになりますが、その双方で留意しなければならない点があります[3]。

a　プラットフォームの運営者によるプロジェクトの審査

仲介事業者が実質的にプロジェクトの内容を審査しているのか、または、外部の信用評価モデル等を使ってその結果をそのまま鵜呑みにして審査結果としているのかにより、おのずから審査の深度が異なるものとなります。

b　潜在的資金提供者によるプロジェクトの選別

米国の実証研究によると、あるプロジェクトの資金調達総額が一定の水準に到達すると、それ以降は加速度的に資金提供者の応募が増加する、との結果となっています[4]。これは一種の群集行動といえる現象であり、資金提供者が他の資金提供者の動向に気をとられてプロジェクトの内容等について十分の検討を行っていないままに資金提供に走っている可能性があります。

そこで、資金の募集が始まった初期の段階での資金調達額の状況がどうかといったことが重要なポイントとなりますが、初期の段階には起業者と個人的な関係にありプロジェクトに対する応援団となっている家族、友人（family and friends）による投資が集中している可能性があることに留意する必要があります。

(7)　クラウドファンディングのメリットは？

クラウドファンディングは、インターネットの発達、普及といった環境変化を最大限活用することにより、きわめて効率的に資金の調達、運用を可能にする途を切り拓いた、ということができます。

これを、プロジェクトの起案者のサイドと資金提供者のサイドに分けてみると、主要なメリットは次のように整理することができます。

① プロジェクトの起案者にとってのメリット

a　魅力あるプロジェクトを持ちながら知名度がないこと等から、金融機関

や一般の投資家からの資金調達が困難な起業家であっても、インターネットを活用することで幅広い資金提供者から資金を集めることが期待できます。
b　web、メールに限定した効率的な募集活動により、資金調達に要するコストを低減させることができます。
c　サイトを通じて、資金提供者のニーズや開発予定の商品、サービスがマーケットで受け入れられるか否かの感触を汲み取って、それをプロジェクトに反映させることができます。
d　プロジェクトが完成して商品化された場合に、クラウドファンディングによりプロジェクトに投融資した資金提供者が、当該商品等の継続的なクライアントになることが期待できます。

② **資金提供者にとってのメリット**
a　少額の資金で、融資や出資をすることができます。少額資金での投資手段には投資信託がありますが、投資信託は具体的な運用をファンドマネジャーに委ねることになるのに対して、クラウドファンディングでは資金提供者が自らの判断で個別のプロジェクトを選択することができます。
b　資金提供者は、仲介事業者が提供する web サイトを通じて、資金需要があるプロジェクトの内容を容易に把握することができます。特に、創業間もないベンチャー企業への投資は、実際にプロジェクトの内容や起業者のプロファイル等を資金提供者自身の目でみることが重要なポイントとなります。

　この点、サイトを通して情報を入手できることが大きなメリットとなるクラウドファンディングでは、資金提供者にとって地理的に離れているという障害が排除されることになります。実際のところ、米国ではクラウドファンディングを活用した創業間もない小企業に対する投資の最も大きな特徴は、投資家が地理的に広範に亘って分散していることにある、との実証研究があります[5]。
c　個人が、個別の企業、プロジェクトに資金を提供する場合には、当該企

業の信用度合いやプロジェクトの内容等を審査して、資金提供の是非を判断する必要がありますが、実際にはそうした審査機能は融資の場合には金融機関が、また投資の場合には不特定多数の投資家が参加するマーケットが行う形をとっています。

しかし、クラウドファンディングは、インターネットにより個別企業やプロジェクトの情報が文字だけではなく画像、動画等でサイトに掲載され、また資金提供者が必要とする追加情報もFAQやメールの交信により容易に得ることが可能となっています。こうしたことから、従来に比べると資金提供者にとって個別の企業の信用度合い、プロジェクトの成長性等を独自に判断する材料を数多く取得できる点が大きなメリットである、ということができます。

そして、こうした材料をもとにして、資金提供者である個人が直接、リスクを把握して投資判断をすることから、自己責任により企業やプロジェクトのリスクを的確に把握することがきわめて重要となります。

d 寄付型では、資金提供により被災地支援、社会貢献等を行ったという満足感が得られ、また、投融資型であっても、たとえば資金調達難に悩むベンチャー企業の創業者の志を達成させるために支援するというように、金銭面だけではないやりがいを得ることが期待できます。

(8) 投資型クラウドファンディングに対する規制は？

① 米　国

a　1933年証券法

1933年証券法は、証券の募集または売付けを行う発行者は、原則としてSEC（証券取引委員会）に登録届出書を提出しなければならない、とされています。そして、SECに登録を行う際には、情報開示に関わる書類を作成しSECの審査が必要であることから、コストも時間も要することになります。また、証券取引業務を行う者は、ブローカー・ディーラーとして登録しなければならない、とされています。

しかし、こうした1933年証券法が定める規制はクラウドファンディングに必ずしもマッチしたものではない、との批判が高まりました。

b JOBS法

米国では、2012年にJOBS法（Jumpstart Our Business Startups Act）が成立し、2013年に施行されました。この法律は、成長ポテンシャルを持つ中小企業の円滑な資金調達を促進することにより、雇用と経済成長に資することを主な目的としています。そして、その内容の1つとして、それまで困難であったクラウドファンディングによる資金調達を可能にした点があげられます。

具体的には、JOBS法では1933年証券法の規定の適用除外を設定して、この結果、投資型クラウドファンディングによる資金調達が可能となりました。すなわち、以下の要件が満たされる場合には、発行者は、SECへ登録届出書を提出することなく証券を発行できます[6]。

ⅰ 募集総額要件

1年間でクラウドファンディングにより調達する資金総額が100万ドル以下である。

・投資者の投資額等の要件

（投資額）1人の投資家がクラウドファンディングにより1年間に投資できる限度額は、以下のとおり。

年収または純資産が10万ドル未満の投資家：2,000ドル、または年収または純資産の5％のいずれか大きい金額

年収または純資産が10万ドル以上の投資家：年収または純資産の10％のいずれか大きい金額。ただし、10万ドルを上限とする。

（譲渡）クラウドファンディングで発行された証券は、原則として購入日から1年間譲渡することはできない。

ⅱ 発行者の要件

クラウドファンディングを目的とする証券の発行者に課される主な要件は次のとおりです。

・情報の提供

　　（情報の提供先）SEC、投資家、仲介者、潜在的投資家

　　（提供する情報の主要項目）発行者の名称、webサイトのアドレス、役員と主要株主の名前、事業内容・計画、財務状況、証券の発行目的、資金使途、募集金額の目標、募集期限、価格、その決定方法

・実績報告

　　少なくとも年1回、実績報告書と財務書類をSECと投資家に提供する必要がある。

iii　仲介者要件

クラウドファンディングの仲介者に課される主な要件は以下のとおり。

・ブローカーまたはファンディング・ポータルとしてSECに登録する。

　　ここで、ファンディング・ポータルは、ブローカーの一種ですが、クラウドファンディング専門の仲介業務を行うものの、投資のアドバイスや勧奨、投資家の資金、証券の保有、管理、運用等を行わないブローカーです。

　　このように、ファンディング・ポータルは、JOBS法により新設されたクラウドファンディングのためのブローカーで、証券取引所法に基づくブローカー・ディーラーの登録義務は免除されますが、SECの監督対象として引き続き検査要請等に従うことや登録証券業協会の会員であること、最低10万ドルの補償準備金を保有することが求められます。

・投資家の資金提供は、発行者が設定の目標募集額に達してはじめて実施されることとする。

　　上述のように、ファンディング・ポータルは、投資家の資金を扱うことはできないことから、投資家がコミットした提供資金を直接銀行に送金するよう指示します。しかし、その後、提供資金の総額が目標募集額に未達となった場合には、銀行に対して投資家へ資金を返還するよう指示を出し、また投資家が投資のコミットメントを撤回する場合にはこれを認めなければなりません。

このように、提供資金の総額が目標募集額に未達の場合には、当該クラウドファンディング自体を取りやめにする理由は、目標未達は当該プロジェクトに対して多くの投資家が関心を持たなかったことを証明するもので、これを中途半端な形で推し進めることは投資リスクの表面化を招来する可能性が大きいことによります。
・投資家がリスクを理解しているか、質問等を行う。
・SECや投資家が、発行者からの提供情報を利用できるようにする。

② 日　　本

　日本では、持続的な経済成長の実現のためには、新規・成長企業に対する投資資金等の促進を図ることが重要であるとして、2013年の金融審議会で投資型クラウドファンド導入の方向性が示され、その翌年の2014年に金融商品取引法が改正されました（図表2－7）。

図表2－7　改正金融商品取引法の内容

項　目	内　容
参入要件の緩和等	・少額（発行総額1億円未満、1人当り投資額50万円以下）の者のみを扱う業者について、兼業規制等を課さないこととする。 ・同上業者につき、登録に必要な最低資本金基準を次のように引き下げる。<table><tr><td rowspan="2">対象業者</td><td colspan="2">最低資本金</td></tr><tr><td>改正前</td><td>改正後</td></tr><tr><td>第一種金融商品取引業者</td><td>5,000万円</td><td>1,000万円</td></tr><tr><td>第二種金融商品取引業者</td><td>1,000万円</td><td>500万円</td></tr></table>
投資者保護のためのルールの整備	詐欺的行為に悪用されることがないよう、クラウドファンディング業者に対して、次の内容を義務づける。 1．ネットを通じた適切な情報提供 2．ベンチャー企業の事業内容のチェック

（出所）　金融庁「金融商品取引法等の一部を改正する法律（平成26年法律第44号）に係る説明資料」2014.5、p2をもとに筆者作成

改正前の金融商品取引法では、有価証券を勧誘するためには、金融商品取引業者としての登録が必要とされていました。また、非上場株式の勧誘は、日本証券業協会の自主規制で原則禁止されていました。

　しかし、改正後の金融商品取引法によれば、参入要件の緩和が図られるとともに、投資家保護のためのルールが整備されています[7]。これは、次のような考え方に基づくものです。

a　投資型クラウドファンディングの対象範囲として、インターネットを通じて起業者や事業計画と多数の投資家とを結びつける小口の投資を念頭に置く。

b　インターネットにより多数の投資家から資金を調達する枠組みであり、詐欺的行為等に悪用されないよう、制度的な手当が必要である。

　このように、金融商品取引法改正に伴う投資型クラウドファンディングの利用促進にあたっては、規制緩和と投資家保護とを両立させることに重点が置かれています。

③　IOSCOの報告書等

　2015年12月、IOSCO（証券監督者国際機構）は、「クラウドファンディングに関する調査結果報告書」および「クラウドファンディングの規制に関するステートメント」を公表しました[8]。

　この調査は、IOSCO加盟23カ国に対して行われたもので、投資型クラウドファンディングに対する規制の実態調査と、投資型クラウドファンディングが提起している課題に焦点を当てることを目的として実施されたものです。調査の結果、各国の投資型クラウドファンディングに対する規制は、一般の証券取引に対する規制をそのまま適用しているケースと、投資型クラウドファンディングに対する特別の規制を設けているケースとがあるが、いずれにしても規制の取組みは初期段階にある、としています。また、今後の規制への取組みにあたっては、クラウドファンディングの促進と投資家保護、マーケットの安定維持のバランスを図ることを指向して、次の諸点を中心に投資型クラウドファンディングに特有なリスクへの対応を図ることが有益で

ある、としています。
・参入・登録・免許要件の制定
・資金調達者とファンディング・ポータルに対する開示要件の設定
・クラウドファンディングプラットフォームにより提供されるサービスの限定
・投資家の資産を保持する第三者のカストディアンの指名を義務づけること
・ローカルビジネスにリソースが向かうことが優先される措置が講じられること
・クロスボーダーの問題への対処

　さらに、報告書は次のとおり、クラウドファンディングには、さまざまなリスクがあることについて投資家の理解が深まることの重要性を訴えています。

a　伝統的な金融に共通するリスク
・利益相反
・データ保護
・詐欺等

b　投資型クラウドファンディングで特に留意すべきリスク
・情報の非対称性：投資家は、スタートアップ事業のデフォルトリスク、インターネットによる詐欺のリスク、第三者のカストディアン利用の確認、等のために開示資料を検討する必要がある。
・プラットフォームの障害リスク：ポータルは、適切なITシステムやバックアップ機能、サービスの継続的提供の確保に係る手続の有無を含む信頼性と健全性に基づき評価されるべきである。
・投資額の上限：投資家は、投資額が自らの純資産に照らし適切か検討すべきである。
・取消し・解除：投資家は、解除や取消しの権利を含む投資条項について熟知する必要がある。
・流動性リスク：クラウドファンディングの証券の転売に制限が課されるこ

とがあるため、投資家は流動性リスクに注意を払うべきである。
・適合性：投資家は、クラウドファンディングの内容が投資家自身の投資目標やリスクプロファイルとマッチしているかを検討すべきである。

(9) クラウドファンディングの仲介業者は？

米国におけるクラウドファンディングは、個人の間でインターネットが急速に普及した1990年代から、ミュージシャン等を支援する形で台頭しました。

そして、その後、2008～2009年に発生したグローバル金融危機で、起業家を中心に伝統的な形による金融機関からの資金調達が困難となったことから、クラウドファンディングによる資金調達が活発化しました。

米国でwebサイトを運営している仲介業者としては、2008年開設のIndieGoGOや2009年開設のKickstarterが有名です。

一方、日本では、2011年開設のREADYFORを皮切りとして、いくつかのサイトが開設されています。

(10) 日本におけるクラウドファンディングの具体例は？

① 今治のタオル業者等へのクラウドファンディング

愛媛県は、資金調達や顧客拡大の手法として、県内中小企業に対してクラウドファンディングの活用支援に取り組んでいます（図表2-8）[9]。

すなわち、投資型クラウドファンディングは、出資者から事業者の顔や資金使途がみえるというメリットがあり、また、中小企業にとっては資金調達の多様化に加えて全国からの固定ファンの獲得による顧客拡大のメリットも期待できるとして、県として積極支援を行っています。

具体的には、県がえひめ産業振興財団に委託し、関係機関と連携しながらクラウドファンディングを周知するとともに案件の掘り起こしを行い、県内の中小企業等の活用促進を図っています。

そして、これまで、

図表2-8　今治のタオル業者等へのクラウドファンディングのスキーム

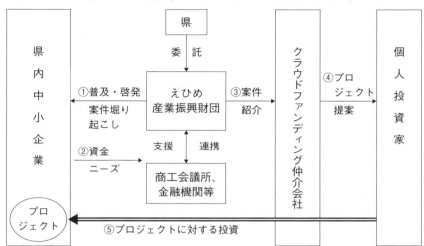

（出所）　総務省四国総合通信局「愛媛県がクラウドファンディングの活用を支援」
　　　 2015.3.23をもとに筆者作成

・今治市のタオルメーカーに対する原材料費、織機への投資、直営店の開設資金の調達
・Ｊ２所属のえひめFCに対する選手補強費用の調達
・今治市、新居浜市の酒造メーカーに対する酒米の調達

をクラウドファンディングにより成立させる、といった実績をあげています。

②　福島銀行が提供するクラウドファンディングのサービス

　福島銀行は、一般社団法人MAKOTOが運営するサイトを通じて、起業家が商品・サービスの開発やアイディアの実現などのために、不特定多数の応援者から資金の出資や協力を募るクラウドファンディング「チャレンジスター」のサービスを行っています[10]。

　このサービスでは、起業したくてもなかなか資金が集まらず起業できないケースや第二創業（他業種への進出）を目指すチャレンジャーがスムーズに

起業できるように、福島銀行がクラウドファンディングを通じてコーディネートおよびサポートするというプロジェクトです。

このプロジェクトでは、まず福島銀行が起業家に対してクラウドファンディング「チャレンジスター」を案内して、これに対して起業家から相談や立候補があると、それをチャレンジスターを運営するMAKOTOに紹介、チャレンジスターを通じて応援者にPRします。そして、応援者からチャレンジスターを通じて起業家に資金提供がなされて、その後、起業家からその見返りとして、商品やサービスが提供される、というフレームワークとなっています。

これまで、国産小麦・天然酵母を使った手づくりパンを製造販売する郡山の起業家が28名からの応援者を得て、目標とする資金調達を達成した、といった成功例がみられます。

③ がん患者の無料相談所建設

特定非営利活動法人のマギーズ東京は、がんになった人とその家族や友人など、がんに影響を受けるすべての人が、気軽に訪れて安心して話したり、また看護師や心理士が話を聞いて一緒に考え、実用的、心理的、社会的なサポートをする施設の建設にあたって、クラウドファンディングを活用しています。これに対して、多くの賛同者が寄付をして、それを元手にして東京都江東区豊洲に２棟の建物を建てて、2016年10月にオープン、運営しています。なお、マギーズ東京は英国のマギーセンターをモデルとしています。

(11) ふるさと投資とは？

① ふるさと投資の概念とふるさと投資推進の背景

ふるさと投資は、地域資源の活用やブランド化など、地方創生等の地域活性化に資する取組みを支えるさまざまな事業に対するクラウドファンディング等の手法を用いた小口投資で、地域の地方公共団体等の活動と調和が図られるものを指します[11]。

日本再興戦略では、民間の力を最大限引き出すための資金調達の多様化の

一環として、クラウドファンディングの活用に言及され、また「まち・ひと・しごと創生総合戦略」においても地域産業の競争力強化や既存ストックのマネジメント強化のための施策として「ふるさと投資」の推進が位置づけられています。こうしたなかで先進的な取組みをしている地方公共団体や地域金融機関、仲介事業者等を構成員として、ふるさと投資連絡会議が設立され、事例研究や情報共有の取組みが行われています。

② ふるさと投資のフレームワーク

一般的なクラウドファンディングでは、資金調達者、資金提供者、それにプラットフォームを提供する仲介事業者という直接当事者が存在しますが、ふるさと投資では、それに加えて地方公共団体や地域金融機関が間接的に関与することが特徴となっています。

こうした地方公共団体や地域金融機関がどのような形で、どのような度合いでクラウドファンディングに関与するかについては多種多様ですが、関わりの度合いの深い順からみると、次のようなパターンが考えられます[12]。

 a プロジェクトの募集や審査に関与する等、主体的に参画する

金融商品取引法の改正により、投資家保護のため投資型クラウドファンディング業者に対して、webサイト上での適切な情報提供やファンド等の事業内容の審査等が義務づけられていますが、地方公共団体や地域金融機関でも、ふるさと投資の管理・監督で一定の役割を担い、投資家の信頼性を高めることが重要となります。

 b ふるさと投資の普及促進のための情報発信、サポートを実施する

ふるさと投資の普及のために、ふるさと投資のプロモーション、企業のプロジェクトの発掘やテーマの設定、仲介事業者とのマッチング等の形で、地方公共団体や地域金融機関が情報発信やサポートを実施することが重要となります。

 c 地域におけるふるさと投資プロジェクトの情報を認知する

さまざまなプロジェクトが単なる事業を超えた地域とのつながりを生み出すふるさと投資となるためには、地方公共団体や地域金融機関が少なくとも

その事例を認知していることが重要な要素となります。

③　ふるさと投資の具体例[13]

　ふるさと投資の具体例としては、次のようなケースをあげることができます。

　　a　しごとや地元発信の拠点づくりを地域の手で

　岐阜県の飛騨高山地方では、Uターンした地元出身者2名が、コワーキングスペースの改装、備品、通信設備費として購入型のクラウドファンディングを行いました。

　　b　集落の熱意を全国発信

　島根県美郷町では、幻の果実ともいわれるポポーという農産物をジェラートの形で消費者に届ける取組みに対して、購入型のクラウドファンディングを行いました。

　　c　地域を知ってもらうきっかけにする

　和歌山県串本町の旧劇場を再生するプロジェクトでは、廃墟となった劇場を再生する取組みの資金調達に購入型のクラウドファンディングを使うとともに、SNSを活用して再生に取り組む人とそれを資金的に支えようとする動きを広く発信しました。

　　d　作家のモチベーションを鼓舞してみせるものづくりにする

　滋賀県長浜市の黒壁ガラス工房では、黒壁スクエアにおける黒壁ガラス工房の維持費を投資型のクラウドファンディングで調達しています。

　　e　地域に根差した産業を知るきっかけにする

　岡山県西粟倉村では、事業に参画する森林組合への機械リースに対して投資型のクラウドファンディングを利用しています。

④　ふるさと投資における地域金融機関の役割[14]

　ふるさと投資における地域金融機関の役割や関与について、典型的なパターンの内容をみると次のとおりです。

　　a　企業やプロジェクトの仲介事業者への紹介

　地域金融機関が、仲介事業者との間で仲介事業者に対するプロジェクト紹

介に関する業務提携契約を締結して、企業やプロジェクトを仲介事業者に紹介する、というものです。

たとえば、地域金融機関が取引先企業に対して借入過多等で融資が困難であるときに仲介事業者へ紹介することにより、企業との取引継続を図ることができるほか、クラウドファンディングを活用することにより当該企業の知名度が上昇するとか販路が拡大する、といった効果も期待できます。

b　投資対象企業の事業計画等作成支援

クラウドファンディングにとり資金調達を求める企業には、事業計画等の作成のノウハウや人材が不足していることが少なくなく、これに対して地域金融機関が金融の専門家の立場からサポートする、というものです。

c　投資対象企業のモニタリングを通じた経営助言等

金融機関が、多くの取引先の審査を行ってきた経験をもとにして、企業をモニタリングしつつ経営についての助言、指導を行う、というものです。

d　融資による支援

地域金融機関がクラウドファンディングと協調融資を行うことにより、企業の成長資金の確保や資金繰りをより円滑にする、というものです。

2　P2P レンディングとは？

(1)　P2P レンディングの定義

P2P レンディング（Peer to Peer Lending）は、主として欧米にみられるクラウドファンディングに属する融資のタイプで、ネットワーク上で資金の貸し手と借り手との間の資金貸借を結びつける融資仲介ビジネスです。ここでP2P（Peer to Peer）とは、ネットワーク上の端末間を相互に接続し、データを送受信する通信方式をいいます。

P2P レンディングは、P2P 融資、P2P 金融とか、マーケットプレイス貸出と呼ばれることもあります。

(2) P2Pレンディング成長の背景は？

P2Pレンディングは、サブプライム危機とそれに続くリーマンショック、グローバル金融危機を契機に、米国で誕生した新たな形の金融サービスです。

すなわち、グローバル金融危機による金融機関のクレジットクランチ（信用収縮）の煽りを受けて、本来であればビジネス活動や生計のための資金を金融機関からの借入れでまかなうことができる企業や個人が、必要なファイナンスを受けることが難しくなる、といったケースが発生しました。そこで、こうした資金需要に応える形でP2Pレンディングが台頭したものです。

(3) P2Pレンディングの借り手、貸し手、仲介業者は？

P2Pレンディングの借り手、貸し手は、個人であることも法人（企業）であることもあります。

また、仲介業者は、借入希望者からの借入希望をもとに融資審査を行い、審査をクリアしたら融資の諸条件を提示して、貸し手を募ることとなります。

(4) P2Pレンディングによる資金貸借のプロセスは？

P2Pレンディングによる資金貸借のプロセスは、次のようなステップを踏むことが一般的です。

① 借り手の借入希望の表明

借り手が、webを使って仲介業者に対して資金使途、金額や期間等、借入れを希望する条件を表明します。

② 仲介業者の融資審査

借り手が表明した情報に基づいて、仲介業者は融資の審査を実施します。

③ 貸し手の募集

仲介業者は、審査をクリアした借入案件をwebを使って公開して、貸し手の募集を行います。

④ 貸し手の融資表明

貸し手は、仲介業者が示した融資条件（資金使途、金額、金利、期間、担保等）をみて融資を判断します。

⑤ 資金貸借の実行

借り手と貸し手との間で資金貸借が実行されます。

⑥ 借り手の元利金支払

借り手は、仲介業者を通じて、貸し手に対して元利金を支払います。

(5) P2Pレンディングの特徴は？

P2Pレンディングの貸し手にとっては、借り手の信用状態が融資判断のポイントとなります。P2Pレンディングでは、仲介業者がSNSやビッグデータ等を活用して、資金使途、借り手の信用度等の情報を分析したうえで、融資の可否や条件を決定します。ここで、SNS（Social Networking Service）とは、登録された利用者同士が交流できるwebサイトの会員制サービスをいいいます。SNSは、利用者間のコミュニケーションを密接にする機能があり、個人間の情報交換や会社の広報等に活用されています。

(6) P2Pレンディングの借り手と貸し手のメリットは？

P2Pレンディングは、特に中小・零細企業のファイナンスにとって大きな威力を発揮します。

中小企業は、一国の経済のダイナミズムの源泉であることは、古今東西を問わない事実ですが、一方、そのビジネスを支えるファイナンスとなると、資金調達コストが高い等から困難に直面することが少なくありません。これには、さまざまな要因がありますが、その1つに中小企業の資金調達額が小口であり、伝統的な金融機関にとってはコストが高くつく、といった事情があります。P2Pレンディングは、このように借り手にとって金融機関からの

調達が困難であるケースでも、借入れがアベイラブルとなるメリットがあります。

一方、貸し手にとっては少額の資金での貸付ができ、また貸付先の多様化でリスクの分散効果を期待することができます。

(7) P2P レンディングの具体例は？

●事例：Lending Club

Lending Club は、P2P レンディングのプラットフォームを提供する世界最大手のオンライン仲介会社で2014年にニューヨーク証券取引所に上場しています。同社は、2016年6月末までに200億ドルを超える融資仲介を行っています。Lending Club では、消費者向けローンとビジネスローンを扱っており、このうち消費者向けローンは3万5,000ドルを上限としています。

Lending Club による P2P レンディングのプロセスは、次のとおりです。

① 借り手は、インターネットから Lending Club に対して融資の申込みをします。その際、借り手は、銀行口座やクレジットカードの利用履歴等の信用情報を登録します。

② Lending Club は、借り手の返済履歴等から財務状態をみて信用度合いを評価します。その過程で必要に応じて借り手から最近のネットショッピングやクレジットカードの支払証、銀行の預貸金の証明書等のドキュメントを徴求します。

③ Lending Club では、借り手をランクづけして融資の上限、金利、返済期間等を決定するプログラムをあらかじめ具備しており、当該借り手の情報をコンピュータに入力して融資条件を自動的に算出します。

④ Lending Club は、審査をクリアした案件についてインターネットで融資案件を紹介して貸し手を募ります。

⑤ Lending Club は、貸し手から融資金額を受け取り、それを借り手の指定した銀行に振り込みます。

⑥ その後、借り手は毎月定額の返済を Lending Club に行い、Lending

Club は返済資金を貸し手に送金します。

　Lending Club では、融資の承認から４営業日以内に資金が借り手の指定した銀行に自動的に振り込まれるとしており、借り手の申込みから審査、そして融資実行までの合計期間は７日間前後になります。また、Lending Club によれば、借り手は既存の金融機関借入れやクレジットローンに比べて平均33％の金利節減ができたということです。

　なお、ビジネスローンは、創業後２年以上を経過した企業で、年間売上高７万5,000ドル以上、借り手が当該企業の資本の20％以上を所有していることが条件となっています。そして、貸付期間は、他の P2P レンディングが提供する期間が一般的に１年未満であるのに対して、Lending Club のビジネスローンは１〜５年と長めに設定されています。

●事例：Zopa

　Zopa は、ロンドンを拠点とする世界で最古かつヨーロッパ最大のマーケットプレイス貸出企業です。同社は、資金ニーズを有する個人や企業と、余裕資金を有する投資家を直接結びつけることで、銀行等による仲介者の手数料を除外し、安価な利率と手数料を実現しています。2015年５月に英国のメトロバンクが Zopa を通じて融資を実施することを発表するなど、既存銀行と提携する動きもみせています。

［注］
(1) 服部直樹「拡大するマーケットプレイス貸出」みずほ総合研究所、2016.1.20
(2) BnkToTheFuture.com
(3) 小野有人「小額投資は創業を活性化させるか」みずほ総合研究所、2014.10.7、［原典］Ajay K. Agrawal, Christian Catalini, Avi Goldfarb "Some Simple Economics of Crowdfunding" NBER Working Paper No.19133, 2013.6
(4) Ajay K. Agrawal, Christian Catalini, Avi Goldfarb "Some Simple Economics of Crowdfunding" NBER Working Paper No.19133, 2013.6
(5) Ajay K. Agrawal, Christian Catalini, Avi Goldfarb "The Geography of Crowdfunding" NBER Working Paper No.16820, 2011.2
(6) 金融庁総務企画局「金融審議会：新規・成長企業へのリスクマネーの供給の

あり方等に関するワーキング・グループ第4回事務局説明資料」2013.9.10
⑺　金融庁総務企画局「金融審議会事務局説明資料」2013.9.10、金融庁総務企画局「金融商品取引法等の一部を改正する法律（平成26年法律第44号）に係る説明資料」2014.5
⑻　THE BOARD OF THE INTERNATIONAL ORGANIZATION OF SECURITIES COMMISSIONS "Crowdfunding 2015 SURVEY RESPONSES REPORT" "Statement on Addressing Regulation of Crowdfunding" 2015.12.21、「IOSCOメディアリリース」金融庁仮訳、2015.12.28
⑼　総務省四国総合通信局「愛媛県がクラウドファンディングの活用を支援」2015.3.23
⑽　福島銀行「クラウドファンディング「チャレンジスター」のサービスを開始します」2015.9.24
⑾　ふるさと投資連絡会議「ふるさと投資の手引き」内閣官房（内閣府地方創生推進室）規約第2条、2015.5
⑿　同上、p 8
⒀　同上、pp24-25
⒁　同上、pp33-34

Ⅳ 営業支援・財務管理

1 営業支援と EBM、オムニチャネル、O2O、ソーシャルメディアの関係は？

(1) EBM とは？

EBM（Event Based Marketing、イベント主導型マーケティング）は、先行き顧客に起きる重要なイベントを予想して、それを起点として顧客に対して最適なタイミングで、最適な商品、サービスの提供を働きかけるマーケティング手法です。

ここで「イベント」とは、顧客にとって人生の節目となる重要な出来事で、典型例としては、就職、結婚、出産、住居購入で、また子女の入学、就職、結婚等も含まれます。そして、こうした顧客に起きるイベントは、企業サイドからみれば商品やサービスを売り込む絶好のチャンスとなります。

(2) EBM の実現のために必要な IT は？

顧客に起きるイベントを推測するための情報は、金融機関では入出金や定期預金の満期等であり、またカード会社では顧客の消費動向です。

したがって、EBM では、膨大な顧客データの蓄積と、そのデータをもとにして分析を行うことによりイベントの予兆となる傾向を把握します。そして、顧客に対してどのようなタイミングで、どのような内容の働きかけ、提案を行うことが最適かを判断する必要があります。

このように、EBM の本質は、顧客にいつ、どのようなイベントが起きる

か、それにより顧客にはどのようなニーズが発生するか、というタイミングの把握と、それによるビジネスチャンスの把握にあり、これにはビッグデータをはじめとする IT を活用することができます（ビッグデータの詳細は第3章Ⅵ参照）。

(3) 金融機関の EBM 活用には、どのようなメリットがあるのか？

　金融機関は、EBM の活用により顧客の金融ニーズをきめ細かく把握して、これにタイムリーに対応してビジネスに結びつけることが可能となります。

　金融機関は、組織内に抱える人的資源をいかに有効活用しても、多数にのぼる顧客が持つさまざまなニーズを常時、きめ細かく把握することは事実上困難です。また、顧客情報や顧客行動をビジネスに結びつけるきっかけとして把握することができるかどうかは、顧客に対応する職員個々人の経験、能力いかんによって、多かれ少なかれ差が出てくるのは避けられません。

　そこで、金融機関が EBM を有効に活用して、顧客対応の担当職員をサポートすれば、顧客自身が気がついていない潜在的ニーズを掘り起こすことが可能となります。そして、顧客のニーズを顕在化させることにより、金融商品やサービスの販売に結びつけることができます。このように、EBM の有効活用の結果、どの職員であっても顧客に対して均質的で高品質のサービスを提供することが期待できます。

　ここで、金融機関が EBM を活用することにより得られるメリットを、顧客対応の担当職員、営業店マネージャー、顧客、本部、それに金融機関全体とに分けて整理すると、次のようになります。

① 担当者

　優秀担当者の能力や知見を共有することによって、セールスの切り口を見出すスキルのレベルアップやサービスの均質化を図ることができます。

② 営業店のマネージャー

担当者とマネージャーが、アプローチが必要な顧客が持つ潜在的なニーズを共有することによって、組織が一枚岩となって営業を推進することができます。

③ 顧　　　客

顧客にとって実際にニーズのない商品・サービスを必要もないタイミングで提案されるといった煩わしさから解放され、適時適切な形で金融機関から提案があることとなり、顧客満足度の向上が期待できます。

④ 本　　　部

顧客対応の職員による顧客に対するアプローチの回数やタイミング等の営業プロセスをきめ細かく把握して、営業パフォーマンスの分析に役立てることができます。

⑤ 金融機関全体

顧客ニーズにマッチしたマーケティングをタイミングよく行うことから、いわば空鉄砲を撃つことが少なくなり、マーケティングの効率化や経費の削減に資することとなります。

(4) 金融機関がEBMを活用する場合にどのような情報が使われるのか？

個人顧客を対象とするEBM情報の主要なカテゴリーには、次のようなものがあります。

① ライフイベント（人生の節目）

就職、結婚、マイホーム購入、退職、相続

② 入　　　金

退職金、相続資金

③ 期　　　日

定期満期、債券満期、保険満期

④ 取　　引

証券、投資信託

⑤ 運用損益

証券、投資信託の時価評価、配当金

このうち、入金を例にとってみましょう。多くの顧客を抱えている金融機関にとって、どのような入金がEBMの的となるイベントに当たるのか、まず基準となる金額を決めておきます。この基準をいかに決定するかが重要なポイントとなりますが、それには過去に蓄積した膨大なデータの分析が重要となり、ここでビッグデータが活用されることとなります（ビッグデータについては第3章Ⅵ参照）。

そして、毎日発生する膨大な入金件数からその基準を上回る入金のケースをピックアップします。次に、入金した顧客の属性からその入金の質を推測し、資金の質からその顧客に適合しそうな運用方法を選択します。これらの作業はすべてITにより行われ、当該顧客を担当するスタッフに対してその結果を伝えて、翌日、顧客にコンタクトする指示が発せられることとなります。

(5) 金融機関がEBMを活用するケースにはどのようなものがあるか？

金融機関がEBMを活用する場合、たとえば次のようなケースを想定することができます。

① 担当者に対して、その担当者の「顧客Aさんの口座に〇千万円の入金がありました。Aさんの年齢から退職金と推測されます。ついては、至急その運用方法のアドバイスをしてください」といったメッセージを伝えます。また、その際にこれまでのAさんの取引履歴や資産状態等をもとに、どのような提案がよいか計画を立てて具体的な提案内容を担当者に示しておきます。

② 担当者に対して、その担当者の「顧客Bさんが当行に預入れの定期預金

が来月末に満期となります。その前に定期預金の継続か、当行が扱っている商品の○○等を提案してください」といったメッセージを伝えます。
③ 担当者に対して、その担当者の「顧客Cさんの普通預金残高が○百万円を超過しました。ついては、普通預金を定期預金に振り替えるか、当行が扱っている商品の○○等を提案してください」といったメッセージを伝えます。
④ 担当者に対して、その担当者の「顧客Dさんの預金口座から大口の引出しと同時に住所変更届がありました。Dさんの年齢からみて結婚資金とみられます。その場合には、生命保険や住宅ローンの提案をしてください」といったメッセージを伝えます。

(6) 金融機関のEBM活用の具体例は？

金融機関では、EBMで採用したデータをビッグデータとしてモデル化して、マーケティングに活用するケースがみられます。

たとえば横浜銀行では、EBMは優秀担当者の行動や経験をビッグデータおよび統計手法でモデル化し、顧客の金融ニーズの変化や顕在化をとらえ、顧客起点で適時対応するマーケティング手法である、と位置づけています。そして、EBMを顧客のニーズをとらえる目的以外に、サービスの均質化、推進対象先の共有、本部での重点推進先探索や営業実績の好不調原因の分析など、営業プロセス管理全般に活用して気づきを支援することで、サービス品質の向上と均質化を図っています[1]。

具体的には、個人EBMでは、情報を複数のカテゴリーに分類します。以下はその一部で、こうした情報を営業店に配信して、品質、制度と多様性を追求します。
① 入金を（原資を推定し）検知するもの
　推定退職金入金・相続資金入金先・投信償還解約入金先
② 期日を検知するもの
　特別金利定期満期・公共債償還2週間前・保険期日（30日前）

③ 運用損益の変化を知らせるもの
　投信運用損フォロー・投信運用益フォロー
④ ライフイベントを検知するもの
　相続発生先・年金新規お礼・年忌到来先
⑤ 金融ニーズの発生や変化を予想するもの
　退職金入金見込み先・投資型商品ニーズ
⑥ 金融取引状況を検知または推定するもの
　証券会社取引・保険契約消滅先・投信初回分配フォロー

　また、法人EBMでは、以下の情報（一部）を配信しています。同行では、法人の金融行動は個人よりも多様、多頻度で、ニーズやソリューションも複雑なケースが多く、個人EBMに比べて営業担当者に対して気づきを与える側面が強いとしています。

① 商流を管理するもの（特許取得ずみ）
　新規販売先からの入金・新規仕入先への出金・決済件数の増加など
② 行動を管理するもの
　訪問数減少など
③ 預貸金の変化を検知するもの
　流動性預金減少など
④ 財務の変化を検知するもの
　売上増加傾向など
⑤ 取引の変化を検知するもの
　資金収益低下など
⑥ さまざまな期日情報
　設立日到来など

　横浜銀行では、EBMの高度化の方向として、定量データだけでなく、アンケート等の定性データから判明した価値観モデルを活用してセグメントを高度化するほか、インターネット・バンキング（以下、ネットバンキング）やwebサイトにおいてログ分析等からOne To Oneバナー（レコメンデーショ

ン）を表示、必要に応じて顧客を窓口へ誘導するO2O（Online to Offline）やオムニチャネル化を推進していきたいとしています。

(7) オムニチャネルとは？

① オムニチャネルの定義

「オムニチャネル」（omni channel）は、あらゆる種類の販売・流通チャネルを統合して、顧客に対して同じ商品を、どのようなチャネルからも同質の利便性で提供できる環境を構築することをいいます。なお、オムニはラテン語で、すべての、という意味を持ち、オムニチャネルの文字どおりの意味は全チャネルとなります。統合対象となる販売・流通チャネルには、店舗、オンラインモールの通販サイト、ダイレクトメール、テレビやカタログ通販等があります。

② オムニチャネルとマルチチャネルの違いは？

シングルチャネルから発展した仕組みに「マルチチャネル」があります。マルチチャネルは、実店舗と通販サイト等の複数のチャネルを顧客に提供する点ではオムニチャネルに似ていますが、マルチチャネルは、顧客がどのチャネルを使うかによりサービスの内容が異なるのに対して、オムニチャネルは、どのチャネルを通じても顧客に同質のサービスを提供する点に大きな違いがあります。

③ オムニチャネル活用の背景は？

オムニチャネルは、顧客にパソコンやスマホ等が普及した結果、小売の実店舗による売上げが通販等の売上げに押される状況にあって、小売店がオムニチャネルにより、販売・流通チャネルを統合して、さまざまなチャネルからアクセスするすべての顧客を取り込む目的で導入され始めたものです。具体的には、米百貨店メーシーズを皮切りにして、ウォルマート等、数多くのリテールビジネスがオムニチャネルを導入、活用しています。また、日本では、セブン＆アイやイオンをはじめとして、現在では多くの小売店がオムニチャネルの導入に取り組んでいます。

④　オムニチャネルのメリットは？
　オムニチャネルにより、顧客はパソコンや携帯電話、スマホ、タブレット端末、ソーシャルメディア等を使用して、いつでもどこからでも、販売先にアクセスして商品を購入することが可能となります。また、商品の販売主体も多くの顧客を誘引できるほかに、店舗の在庫が払底した場合にオンラインを活用して別の販売チャネルからの販売に誘導するとか、在庫をチャネル間で繰り回す等、顧客と在庫を一括管理するサプライチェーンマネジメントに活用することができます。

⑤　金融機関にとってのオムニチャネルの位置づけは？
　顧客に対して金融商品やサービスを提供する接点が支店や営業店といった実店舗を中心とするビジネスモデルは、コスト面で大きな負担となるばかりか、顧客の利便性に欠ける等の問題があります。オムニチャネルは、こうした実店舗を軸としたビジネスモデルから脱してさまざまなチャネルを通して、いつでもどこでも顧客が望むチャネルで金融機関が提供する商品・サービスにアクセスすることができるユビキタスのソリューションを提供するビジネスモデルです。
　金融機関がオムニチャネルのコンセプトを活用するにあたっては、実店舗への物的、人的資源の配分とその他のチャネルへの資源投下政策を、総合的に検討する必要があります。

⑥　金融機関がオムニチャネルを活用するにはどのようなことが重要となるか？
　現在では、多くの金融機関が、実店舗に加えて、ネットバンキング、コールセンター、ATM、さらにはSNSというように顧客との接点を増やしています。この結果、同一の顧客がこうしたいくつかのチャネルを使い分けながら金融機関からさまざまな金融商品、サービスの提供を受けています。
　そして、実店舗やコールセンターには、主として人的、物的コストが、また、ネットバンキングやATM、SNSには、主としてシステムコストがかかってきます。

こうしたことから、金融機関では、どのようなニーズ、属性を持った顧客がネットバンキング等を活用しているのか、また、対面型のオフラインバンキングはどのようなニーズに適しているか等、顧客行動を分析、把握して、デジタルチャネルのシステムの拡充や、実店舗の規模やサービスの提供メニューの再検討、対面する職員の質的向上等を図る必要に迫られています。

　特に、金融機関がオンラインバンキング、オフラインバンキングを総合的にみて、オムニチャネルの有効な活用を考える場合の視点は、一元的に顧客行動を管理することにより、顧客がどのような場合に、どのようなサービスを望んでいるか、という顧客のニーズを的確に汲み取って、それに応じた適切なチャネルによるサービスを提供できることが重要となります。

a　ビッグデータの活用

　それには、以下のような項目について、ビッグデータの活用により各々のチャネルにおける顧客行動を分析し、そのニーズを正確に把握する必要があります。

ⅰ　オンラインバンキングを使っている顧客は、それによりどのようなサービスを求めているか。また、金融機関取引の多くをオンラインバンキングに依存している顧客の属性には、どのような特徴があるか。

ⅱ　オフラインバンキングを使っている顧客は、それによりどのようなサービスを求めているか。そうした顧客は、オンラインバンキングを使った後に来店しているか、またはもともとオンラインバンキングを使用していない顧客か、等。

b　組織横断的な推進

　金融機関がオムニチャネルのコンセプトを有効に活用して、経営戦略上の強力なツールにするためには、従来のビジネスライン、チャネル別に運営していた組織を、マーケティング、アドバイザリービジネス等の顧客サポート等の目的を軸とする横断的な組織体制にする必要があります。

　そして、これまでスタッフに根づいていた縦割りの組織文化（サイロ・メ

ンタリティ）を打ち破って、オムニチャネル文化を醸成することが求められ、それに向けてのトップマネジメントの強力なリーダーシップが重要となります。

⑦ 金融機関によるオムニチャネルの具体例は？

a 金融機関による Pepper の導入

Pepperは、ソフトバンクロボティクスと仏アルデバランロボティクスが共同開発した人型ロボットで、マイクやセンサーを使い、人の感情を認識し会話することができます（Pepperの詳細は第3章Ⅲ参照）。したがって、Pepperを小売店舗等に導入することにより顧客の接客サービスを行い、また、来店した顧客の属性等をデータにしてそれを店舗戦略の参考にすることが可能となります。

Pepperは、その活用方法を本格化させれば、オフラインバンキングによる来店客の高度の質問に対する対応と、オンラインによる顧客の属性、ニーズといったデータ収集等の両面の機能を持つ新たなオムニチャネルの1つに加わるポテンシャルを持っている、ということができます。そして、来店した顧客との会話等により得たビッグデータを分析、検討して、新商品の開発、サービスの改善等に生かすことが期待されます。

b 横浜銀行のオムニチャネル・マーケティング基盤の構築

横浜銀行では、オムニチャネル・マーケティング基盤の構築を日本IBMの支援を得て行っています[2]。このオムニチャネル・マーケティング基盤は、さまざまな顧客チャネルから得られる情報を分析して顧客のニーズを把握し、各チャネルを連携させながら顧客ごとに最適なサービスを提案することを目的としたものです。

オムニチャネル・マーケティングでは、ATM、ネットバンキング、web、メール、スマホと、さまざまなチャネルから得られる情報を分析して、顧客ごとにカスタマイズされた情報に基づくサービスの提案を、店頭窓口や顧客にフィットしたチャネルから行うことができるとしています。また、データ分析の結果をリアルタイムで活用できることから適切なタイミン

グで情報提供ができることや、自動的にキャンペーンを行うことにより、効果的な情報発信や結果を分析しながらさらなるキャンペーンを実施することができる、といったメリットもあげています。

(8) O2Oとは？

① O2Oの定義

オムニチャネルと類似する概念を持つ用語に「O2O」があります。O2O（Online to Offline、On2Off）は、オンラインで顧客に情報やサービスを提供することにより、顧客を実店舗（オフライン）に誘導して購買に結びつけるビジネスをいいます。またO2Oは、こうしたオンラインからオフラインという方向だけではなく、ネット店舗と実店舗が連携して、双方の販売チャネルが融合する仕組み・取組みを意味する用語（Online to Offline & Offline to Online）としても使われています。

O2Oは、以前は「クリック&モルタル」という用語で呼ばれていました。クリック&モルタルは、ブリック&モルタルから派生した言葉です。ブリック&モルタルは、煉瓦（ブリック）とモルタルでできている店舗が象徴する実店舗で商売をするビジネスを指しますが、そのブリックをパソコンのマウス操作を示すクリックに置き換えた言葉が、クリック&モルタルです。

② O2Oの活用の背景は？

O2Oは、ソーシャルメディアの拡大に伴い、2010年前後から企業により活用されるようになりました。特に、スマホの普及により、顧客の実店舗への来客が減少傾向にあり、この対応策としてスマホユーザを実店舗へ送り込むといった新たな購買行動を促進する戦略として、O2Oが活用されています。このように、スマホの普及とO2Oには密接な関係がありますが、その背景には以下のようにスマホがO2Oに活用できる機能を具備している、といった理由があります。

a 近距離無線通信規格（NFC、Near Field Communication）

NFCは、10cm程度の近距離であれば、スマホをかざすだけでデータのや

りとりが可能となる機能です。これにより、たとえばスマホをポスターにかざすと、商品割引などのクーポンがスマホ上でプレゼントされて、ユーザを実店舗へ誘導する施策に活用することができます。

 b GPS（Global Positioning System）機能

GPSは、スマホの所有者が自身の現在位置を知るシステムです。これにより、スマホの所有者の所在する位置近くにあるレストランやコンビニ、金融機関等の店舗を知ることが可能です。

③ O2Oの活用事例は？

早くからO2Oへの取組みに本腰を入れている企業に、ローソン、TSUTAYA、ユニクロ等があります。

たとえば、ローソンでは、唐揚げの販促にO2Oを活用して大きな成果をあげています。具体的には、顧客がスマホのFacebookのページより投稿すると、Facebook登録メールアドレスに唐揚げを半額で購入することができるクーポンコードが提供されます。それをみて顧客はローソンの店舗に行き、店頭に設置してあるマルチメディア端末Loppiにクーポンコードを入力すると、割引券を入手することができ、レジで唐揚げを半額で買うという仕組みです。

また、TSUTAYAでは、TSUTAYA onlineを使ってスマホ等にデジタルクーポンを送付するサービスを提供しています。この結果、O2Oの効果が出て来客数が増加しましたが、人気DVD等にレンタル需要が集中することから、せっかく来店した顧客へのレンタルサービスができないといったケースも出現しました。TSUTAYAでは、これに対応してDVD等の内容によりクーポンの送付先の顧客層を絞るといったターゲティングマーケティングを展開しています。さらに、TSUTAYAでは、スマホが持つGPS機能を活用して顧客の所在地の近くにあるTSUTAYAの店舗を検索できるサービスも提供しています。

④ 金融機関によるO2Oの活用は？

金融機関においても、スマホ時代に対応するために、O2Oビジネスを展

開するケースがみられます。すなわち、NTT データが提供するスマホアプリ「アプリバンキング」が、西日本シティ銀行を皮切りに、横浜銀行、静岡銀行等に導入されています。

このアプリバンキングは、次のような機能を持っています。

a バンキング

金融機関の顧客は、スマホからリアルタイムで入出金明細の確認が可能となります。また、顧客は、入出金等残高変動時の自動通知を受けることも可能です。さらに、顧客が照会、取得した明細データを保管・表示して通帳と同じように活用することができます。

b マーケティング

金融機関は、スマホユーザの位置情報を把握、活用して、位置連動型プッシュ通知を行うことが可能となります。ここで「プッシュ通知」とは、ユーザがスマホのアプリを起動させていなくてもメールの着信を通知する機能をいいます。そして、プッシュ通知を受け取ったユーザがアプリを開くとメールの本文を読むことができます。

金融機関は、位置連動型プッシュ通知によりキャンペーンや商品案内等を、エリアを指定して最適なタイミングで送信することができます。たとえば、スマホユーザが住宅展示場に足を運んだことを把握して、住宅ローンの商品案内のメールを送信するといったことが考えられます。

このように、O2O によってスマホユーザを実店舗に誘導する効率的なマーケティングを展開することができます。

(9) ソーシャルメディアとは？

① ソーシャルメディアの定義

「ソーシャルメディア」（social media）は、だれでも参加できる情報通信技術を活用して、情報の発受信が可能となるメディアです。ソーシャルメディアでは、情報の発信者と受信者がつながり、かつ同一人が情報の受信者であると同時に発信者となることが可能となり、この結果、情報の拡散が発生し

やすい特徴があります。

② ソーシャルメディアの種類は？

ソーシャルメディアにはさまざまな種類がありますが、その具体例は次のとおりです。

a 電子掲示板

・電子掲示板（Bulletin Board System、BBS）開設者がweb上にタイトルやテーマを決めて電子掲示板を開設し、それに参加者がweb上から書き込みを行い、それを他の参加者が読みさらに書き込みを連ねることができる仕組みです。ビジネス関連の連絡や、仲間の間のコミュニケーションに活用されています。

・文字情報のほかに、画像、ファイル等を添付することができる掲示板も多くみられます。

・時として、掲示板でのやりとりが激しくなることがあり、これを「炎上」（flame、flaming）と呼んでいます。また、掲示板の表現が乱暴になったり、自己の主張を繰り返して相手の反論を封じ込める等、掲示板を悪用する炎上がみられます。

b ブログ

・ブログ（blog）は、web（インターネット上で使われる文書の公開、閲覧システム）とlog（データ通信や情報を記録したデータ）とを合成した和製英語で、正式には「ウェブログ」（weblog）といいます。ブログは、投稿された内容を日記のように時系列的に表示するサイトです。

・個人がブログを活用する場合には、自己の行動記録や時事問題等に対するコメント等を投稿するケースが多くみられます。

・企業や公的機関が利用する場合には、不特定多数の人に情報や基本ポリシー、フィロソフィ等を広く伝達することを目的に投稿するケースが多くみられます。

c SNS

・SNS（Social Network Service）は、人と交流したり情報発受信ができる

web上のサービスです。
- ヒューマンネットワークの構築、拡大や、仲間同士のコミュニケーションのツールとして活用されています。したがって、単に利用情報の伝達というよりも、情報の送り手と受け手の関係が強いコミュニケーション目的の媒体である、ということができます。
- SNSでは、メールアドレス等を登録する会員制がとられます。したがって、ブログのようにオープンではなく、クローズドサービスに属します。
- 行政当局等が開設、運営するSNSは、「地域SNS」と呼ばれます。地域SNSは、地域のコミュニティ向上や情報共有等、地域活性化に活用されています。

d 画像・動画共有サイト

- 画像・動画共有サイトは、画像や動画を投稿して、それを多数の参加者で共有するサービスです。
- 画像や動画を投稿する場合には会員登録が必要ですが、投稿された画像や動画は会員登録なしにみることが可能です。また、会員登録により投稿された画像や動画にコメントすることもできるようになっています。

③ 金融機関によるソーシャルメディアの活用は？

ソーシャルメディアは、小売業界を中心にマーケティングやプロモーション、キャンペーン等のツールとして活用されています。一方、金融機関では顧客との間でコミュニケーションの強化を図ること等を目的にして、公式twitterアカウント、公式Facebookページ等を開設してソーシャルメディアの活用に取り組む動きが広がっています。

金融機関がソーシャルメディアを活用する主な目的は、次のとおりです。

a 顧客、ステークホルダーからの情報収集

金融機関は、顧客からの問合せや苦情の受付に、コールセンターを設置しています。

しかし、ソーシャルメディアを活用して、金融機関の役職員が、顧客、ステークホルダーから生の声を聴くことにより、経営の改善に生かすことがで

きます。

　b　ソーシャルメディア・マーケティング

　金融機関は、ソーシャルメディアを活用して、顧客に対して新商品や新サービス提供等の情報を幅広く情宣することができます。また、そうした金融機関の情宣に対する顧客のフィードバックを収集して、先行きの商品開発等に生かすというように、ソーシャルメディアが持つインタラクティブ（双方向的）な特性を活用することができます。

④　ソーシャルメディア活用によるリスクは？

　企業がソーシャルメディアを活用するにあたっては、主として次のようなリスクがあります。

　a　個人の意見と会社の公式見解の混同

　社員が個人の意見を述べたことが、企業の公式見解と受け止められるリスクがあります。

　b　企業の機密情報の漏えい

　社員が知りえた内部情報をソーシャルメディアを通じて幅広く流出する、といった機密漏えいリスクがあります。

　c　社員による競争相手等に対する誹謗中傷

　社員が競争相手等に風評を流し、それに対してカウンターパーティが反論するといった形で炎上に発展して、その結果、顧客からの信頼を損ねる評判リスクがあります。

⑤　ソーシャルメディアが持つリスクへの対応は？

　多くの企業は、ソーシャルメディアが持つリスクに対応するために、ソーシャルメディアポリシーやソーシャルメディア利用規約等によって、ソーシャルメディアの利用にあたっての基本方針と注意事項等を制定して社員に対してその遵守を要請しています。

　たとえば、みずほ銀行のソーシャルメディア利用規約は、次の項目から構成されています[3]。

①本利用規約の適用および変更、②運営時間、③基本情報へのアクセス、④

禁止事項、⑤知的財産権の取扱い、⑥免責事項等、⑦準拠法・管轄ソーシャルメディア利用規約

そして、④の禁止事項には、次のような項目が列挙されています。
- 当行のソーシャルメディア公式アカウントの運営を妨げる行為、または妨げる恐れがある行為
- 当行（当行従業員を含む）または第三者に不利益、損害、迷惑を与える行為、または与える恐れがある行為
- 当行（当行従業員を含む）または第三者、およびその商品・サービスを誹謗中傷する行為
- 当行（当行従業員を含む）または第三者の著作権、商標権、その他知的財産権を侵害する行為、または侵害する恐れがある行為
- 本人の承諾なく個人情報を掲載する等、第三者のプライバシーを侵害する行為
- 政治活動、選挙活動、宗教活動、またはこれらに類似する行為
- 法令や公序良俗に反する行為、または反する恐れがある行為
- 有害、わいせつ、暴力的な表現の掲載、その他利用者が不快と感じる可能性のある行為
- 犯罪に結びつく行為、または結びつく恐れがある行為
- 当行を含む第三者になりすます行為
- 各ソーシャルメディア運営会社が禁止している行為
- その他当行が不適切と判断する行為

2 財務管理とFinTech、法人番号、LEIの関係は？

(1) FinTechによる経営・業務支援システムとは？

FinTechにより、企業の経理部署が手作業で行ってきたさまざまな事務処理を自動化、合理化することが可能となります。FinTechが対象とする

事務処理には、次のようなものがあります。
①売掛金と入金のマッチングによる自動消込、②給与の自動計算、③経費精算、④確定申告の自動計算、⑤自動仕訳による経理事務

(2) FinTech による経営・業務支援システムの内容は？

　従来の企業の会計処理は、専用の会計ソフトを使用するとか、銀行との連携ソフトであるファームバンキングソフトを使用することが一般的でした。ここで「ファームバンキング」(FB) とは、IB（インターネット・バンキング）とは異なりインターネット網は使用せず、一般電話回線でデータ伝送を行う仕組みです。これにより、企業はFBで使うパソコンを他のパソコンと隔離した環境にすることにより、インターネットからのサイバー攻撃を防止することができます。

　これに対して、クラウド型の会計サービスが普及してきており、また、会計サービスにとどまらず、人事管理、顧客管理等を含む企業のバックオフィス業務を統合的に提供するサービスも出現しています。ここで「クラウド型」とは、クラウドコンピューティングを活用するタイプで、ユーザがインターネットを通じてサービス提供者のデータセンターのサーバにアクセスして、そこに保管してあるソフトウェアやデータ等を利用できるシステムです（クラウドコンピューティングの詳細は第3章Ⅳ参照）。

(3) FinTech による経営・業務支援の具体例は？

　FinTech による経営・業務支援サービスを提供する FinTech ベンチャーは数多く存在しますが、以下ではそのうちのいくつかの例をみましょう。
●事例：freee
　freee は、クラウド型の経理業務、給与計算等のサービスを提供する FinTech ベンチャーです。freee が対象とする企業は、主としてベンチャー企業をはじめとする中小企業で、会計処理、給与計算といった日常業務のサポートを中心にその他、従業員管理を実施するソリューションを提供してい

ます。

　freeeのコアプロダクトのクラウド会計ソフトfreeeは、中小企業のバックオフィス業務の自動化、最適化を実現するソフトとして活用されています。具体的には、日々の記帳から請求書・見積書・納品書作成、決算書作成、入金消込、経費精算、レポート作成等を行うことができます。また、データはクラウド上で暗号化して保存されるため、パソコンの紛失、破損等の際でも安全が確保される、としています。

　freeeは、開発者向けのAPI「freee API」を提供していて、これを利用した経営分析ツールSHARES AIがリリースされています。このSHARES AIは、AIナビゲーターで会計データを分析することにより企業の経営課題を提示するほか、クラウド会計ソフトfreeeの会計データを使用して、不良債権が発生したらすばやく通知する機能を具備しています。

●事例：マネーフォワード

　マネーフォワードは、MFクラウドシリーズの名称で、バックオフィスの統合的なサービスをクラウドで提供しています。統合バックオフィスサービスの具体的な内容は、会計ソフト、確定申告ソフト、請求書作成ソフト、給与計算ソフト、入金消込ソフト、マイナンバー管理システム等です。

　また、みずほ銀行は、マネーフォワードと提携して企業向けの会計支援サービスを開始しています。すなわち、同行は、マネーフォワードが提供する法人向けクラウド型給与計算ソフトであるMFクラウド給与と同行の決済サービスを連携する仕組みを構築することにより、給与計算・給与振込データ作成・給与振込データの銀行宛送信、という一連の給与支払事務の自動化を実現しています。そして、これにより企業は、MFクラウド給与からワンクリックするだけで、同行への給与支払依頼が完了する等、事務処理の効率向上を期待することができます。

●事例：Misoca

　Misocaは、主として中小企業やフリーランス向けに、パソコンやスマホ等のモバイル端末で請求書の作成、管理のサービスを提供しています。具体

的には、請求書の作成・管理、郵送、メール送信、見積書の作成・管理、メール・FAX送信、納品書の作成・管理、見積書から注文書の作成、注文書から注文請書の作成、請求書から領収書の作成、請求書から検収書の作成等を行います。また、他の会計サービス会社との連携や、請求書等の郵送代行サービスも行っています。

●事例：BearTail

BearTailは、クラウドにより経費精算サービスを提供しています。具体的には、ユーザがDr.経費精算という名称のアプリを利用することによりスマホ等で領収書を撮って送信すると、それがExcel等で自動的に経費データとして仕訳が行われる等のサービスを提供しています。これによりDr.経費精算が作成した経費データを会計システムに利用することが可能となり、領収書の保管、入力、納税の処理等の事務の効率化を図ることができる、としています。

(4) 法人番号、LEIとは？

① マイナンバー法による法人番号

法人番号は、企業を特定、識別するためのIDです。このような法人番号には、従来、会社法人等番号（法人登記番号）や雇用保険事業者番号等といった行政が管理している法人IDや、帝国データバンクのTDB企業コード、東京商工リサーチのD-U-N-Sナンバーが存在していましたが、マイナンバー法の施行により「マイナンバー法による法人番号」として指定されることになりました。

マイナンバー法による法人番号は、従来からある国税庁の登記番号にチェック・デジットの1桁を追加した13桁の数字から構成されます。ここでチェック・デジット（Check Digit、C/D）とは、コードが不正に変更されていないかをチェックするための数字です。

② LEI

LEI（Legal Entity Identifier）は、金融商品の取引を行う法人やファンド等

を特定するための国際的な識別子です。LEIを取得可能な主体は金融取引を行う主体（自然人を除く）が中心となりますが、これに限定されません。そして、LEIは取引当事者からの申請に応じてLEI指定機関が指定することになっています。

LEIは、LEI指定機関を特定する4桁、予備コード2桁、取引当事者を特定する12桁、およびチェック・ディジット2桁の合計20桁から構成される数字で、このうち取引当事者を特定する12桁は、完全にランダムな数字の文字列です。

LEIとLEIに紐付けて記録される企業名や住所等の付随情報は公表されており、だれでも自由に利用することができます。LEIは、現在では店頭デリバティブ取引に活用されていますが、LEIの特性から、先行きは、たとえば各種リスクの把握や決済の効率化といった目的にも活用される可能性があります。

(5) FinTechと法人番号、LEIの関係は？

① マイナンバー法による法人番号とLEIの活用

マイナンバー法による法人番号とLEIは、上述のように既存の法人IDがあるなかでの追加ですが、この新たな2つの法人IDは、その整備によって金融機関が法人データとして活用できるようになる重要なアイテムと考えられます[4]。

② FinTechとマイナンバー法による法人番号

マイナンバー法による法人番号は、個人番号（マイナンバー）とは異なり、原則として公表され、だれでも自由に利用することができます。そして、マイナンバー法による法人番号は、行政の効率化（法人情報の授受、照合コストの削減等）、国民の利便性向上（各種申請の事務負担軽減等）、公平・公正な社会の実現（社会保障、税制等の給付・負担の適切な関係の維持等）といった目的のほかに、マイナンバー法による法人番号特有の目的として、法人番号の利用範囲に制限がないことから、民間による活用を促進することにより、新た

な価値創出が期待されています。

　具体的には、マイナンバー法による法人番号の導入によって、国税庁のホームページにアクセスすれば、①商号、②本店所在地、③法人番号、という法人の基本3情報を入手することができます。そして、こうした情報を活用すれば、社内の各部署で管理されている多数にのぼる取引先情報の一元管理が可能となり、また金融機関の預金・貸出取引においても、当該金融機関特有の口座番号や与信先コードを設定することなく、預金者、与信者の管理が可能となります。

③　LEI導入の背景は？

　LEIは、金融取引の実態を効率的・効果的に把握する目的から、G20や金融安定理事会により導入の方針が決定されました[5]。すなわち、リーマンショックの際、マクロ的に店頭デリバティブ取引状況を正確に把握できなかったことが危機拡大の主因の1つになったとの反省から、金融取引の透明性向上、金融取引情報の包括的な把握のために、その導入が具体化しました。そして、2012年にグローバルなLEIシステムの枠組みが決定されました。

　グローバルなLEIシステムは、次の3層構造となっています。

a　規制監視委員会

　規制当局、中央銀行等で構成され、LEIの運営方針、基準を定める役割を担う委員会。日本からは金融庁と日本銀行がメンバーとなっている。

b　中央運用機関

　各国においてLEIの付番、管理が統一的な基準に沿って行われるよう運用する役割を担う機関。

c　付番機関

　LEIの付番・管理を行う役割を担う機関。日本では、日本取引所グループ・東京証券取引所が付番機関となっている。

④　LEI指定機関とLEIの活用

　LEIは、欧米の規制当局を中心にその利用が進展しています。すなわち、

欧米では、店頭デリバティブの取引情報の規制当局への報告に際してLEIの使用が義務づけられており、海外と取引のある日本法人等からもLEIの取得ニーズが高まっている状況にあります。

こうした背景から、日本では日本取引所グループ・東京証券取引所がLEI指定機関となり、信頼性、利便性および効率性の高いサービスを提供することにより、グローバルなLEI制度を構築・運営しています。

日本取引所グループ・東京証券取引所では、LEIの付随情報を次の項目としています[6]。

a　法人の場合

i　登記上の商号または名称
ii　組織形態
iii　本店または主たる事務所の所在地
iv　登記上の本店または主たる事務所の所在地
v　設立国
vi　登記番号
vii　LEIの指定日
viii　次回更新日
ix　付随情報の最終更新日
x　LEIが失効した場合には失効日および失効理由
xi　最終親会社（任意登録）

b　ファンドの場合

i　ファンドの名称
ii　受託会社（再信託受託会社も含む。発行者が申請を行う場合には「発行者」とする。以下同じ）の商号
iii　受託会社の本店または主たる事務所の所在地
iv　受託会社の登記上の本店または主たる事務所の所在地
v　受託会社の設立国
vi　LEIの指定日

ⅶ　次回更新日

ⅷ　付随情報の最終更新日

ⅸ　LEI が失効した場合には失効日および失効理由

[注]
⑴　加藤毅「データ活用の高度化と地銀連携のためのマネジメントシステム」横浜銀行営業企画部、2015.3.13
⑵　日本IBM「横浜銀行のオムニチャネル・マーケティング基盤の構築を支援　効果的なマーケティングにより、お客様満足度の向上と収益向上を目指す」2016.4.1
⑶　みずほ銀行「ソーシャルメディア利用規約」2015.5.22現在
⑷　日本銀行金融機構局金融高度化センター「IT を活用した金融の高度化に関するワークショップ報告」2015.10、p15
⑸　紅林孝彰「ISO/TC68と Legal Entity Identifier（LEI）」ISO/TC68 国内委員会事務局、2015.5.13
⑹　日本取引所グループ東京証券取引所「金融商品の取引の当事者を識別するための番号（LEI）の指定に係る業務処理要領」2016.10.24、p1

投資アドバイス・資産管理

1 投資アドバイス——ロボ・アドバイザーとは？

(1) ロボ・アドバイザーとは？

「ロボ・アドバイザー」(robo-advisor) は、個人の金融資産運用のアドバイザリー業務をコンピュータを駆使して行うファイナンシャル・アドバイザー (FA) をいいます。具体的には、顧客がwebを通して、資産、収入、ローン、家族構成、リスク・リターン選好等の情報をコンピュータに入力すると、コンピュータが当該顧客にマッチした最適ポートフォリオを出力します。さらに、顧客が必要とすれば、それをもとにしてファイナンシャル・アドバイザーがwebを通して顧客にアドバイスを行ったり、最適ポートフォリオにマッチした運用を企画、実行します。

(2) 資産運用におけるロボ・アドバイザーの位置づけは？

従来の個人の資産運用にあたっては、入り口部分の投資アドバイスの部分は対面によることが一般的でしたが、ロボ・アドバイザーにより、投資アドバイスから実際の資産運用に誘導し、そして資産管理、処分まで一括オンライン取引により行うことができる体制が構築されることになります。

ロボ・アドバイザーが主として対象とする顧客は、若年富裕層で、投資目的がはっきりしていて、自己にフィットするポートフォリオの構成が把握できれば自己判断で投資を決定するタイプの投資家層です。しかし、資産運用面での知識に乏しい個人にあっても、手軽に運用の大筋を把握できるといっ

たメリットがあります。

(3) ロボ・アドバイザーのサービスの具体的な内容は？

ロボ・アドバイザーは、次のなかの1つまたは複数のサービスを提供します。
① 投資家のリスク・リターンの選好にマッチした運用方法をアドバイスします。
② 投資家のライフサイクルを勘案したファイナンシャルプランをアドバイスします。
③ 投資家の選択した内容に従って、運用を行います。

(4) ロボ・アドバイザーの特徴は？

ロボ・アドバイザーの出現には、進化したテクノロジーをバックにFinTechのコンセプトを活用して顧客の資産運用ニーズを的確に汲み取ることができるようになったという背景があり、従来の資産運用アドバイザリービジネスの構図を大きく変えるドライバーになるとみられています[1]。

ロボ・アドバイザーの主な特徴は、次のように整理することができます。

① **手数料が安い**

対面式や電話による資産運用相談にかかる手数料に比べると、ロボ・アドバイザーの手数料は、アドバイス、運用、リバランス等の面でコンピュータを駆使することにより、きわめて安く、また無料のアドバイスを受けることができることも少なくありません。

この結果、従来は主として富裕層に利用されていた資産運用のアドバイザリー業務は、一般人にも活用されるようになりました。

② **時間、場所を問わずアドバイスを求めることができる**

対面式や電話による資産運用相談と異なり、ロボ・アドバイザーによるサービスは、時間、場所を問わず、ユビキタスの環境で提供されます。したがって、日中の仕事で時間をとられてとても相談することができなかった職

業人も、スマホ、タブレット端末等のモバイル端末を活用することにより、いつでもどこからでも気軽に資産運用のアドバイスを求めることが可能です。

③ 客観的な投資判断ができる

その時々の証券会社等の販売（マーケティング）戦略に左右されず、コンピュータが最適な投資戦略を提示することから、投資家は客観的なアドバイスをベースとする投資判断が可能となります。なお、実際の投資アドバイスは、複数のETF（上場投資信託）を組み合わせたポートフォリオとなることが多い状況です。

また、投資家は、パソコン、タブレット端末、スマホ等を使って機動的に運用のパフォーマンスをチェックすることができます。

④ ロボ・アドバイザーの質的向上が図られつつある

ロボ・アドバイザーを運営する投資顧問業者の間には、多額の資金を投じてビッグデータの活用、高度の技術を使う投資分析と投資戦略の策定等により、従来のような単純な商品の組合せによるプレインバニラ（標準型）のポートフォリオ構築ではなく、ロボ・アドバイザーにより顧客にテーラーメードの運用アドバイスを実施する傾向が強まっています。このようにITの活用により、投資家にアドバイスする最適ポートフォリオは、投資家のリスク・リターン選好等をベースにして、コンピュータに組み込まれている投資モデルをベースとするソフトウェアによって構築され、分散投資による効率的運用を指向することができます。

そして、先行きこうした傾向が普遍的になると、ロボ・アドバイザーによるアドバイスの質は、対面式や電話によるアドバイスとさして引けをとらないようになることも予想されます。

⑤ ハイブリッドモデルが導入されている

資金運用アドバイスの業界では、多くの会社がロボ・アドバイザーによるアドバイスだけでは物足りないという顧客のニーズに対応するために、ロボ・アドバイザーによるアドバイスと伝統的な対面または電話によるアドバイスを組み合わせたハイブリッドモデルを導入しています。これにより、コ

ンピュータだけではなく、ヒューマンタッチのアドバイスを求める顧客も誘引することができ、より幅広い顧客のニーズに対応することができます。

⑥ **新規業者の参入が容易となっている**

FinTech による IT の応用によって、新たな会社による投資アドバイザリー業務への進出が、従来に比べて容易となっています。先行き、金融ビジネスに直接関係のない FinTech ベンチャーや、多くの顧客との間に接点があるリテール業者が、ロボ・アドバイザーを活用して資金運用アドバイスの業界に進出することも予想されます。

(5) 個人投資家に対する資産運用アドバイスのタイプは？

個人投資家に対する伝統的な資産運用アドバイスのタイプは、ウェルスマネジメントに特化した専門的な知識を持ったアドバイザーが、限られた富裕投資家に対してカスタムメードの運用アドバイスを行うといったタイプが一般的です。したがって、おのずから手数料も高く設定されています。

しかし、IT の発達、浸透によりインターネットの e メールやビデオチャット、電話等を通じてウェルスマネジメント専門のアドバイザーが運用アドバイスを行うタイプが登場しました。こうした投資アドバイザービジネスは、富裕層だけではなく、一定の資産を保有したより裾野の広い投資家を対象にします。また、伝統的な運用アドバイスよりも、手数料は低い水準に設定されています。

この2つのタイプとも、運用アドバイスを行う主体はあくまでも人間ですが、ここに人間の手を介さずにコンピュータがアドバイスを行うタイプが登場しました。それが、ロボ・アドバイザーです。したがって、ロボ・アドバイザーが課する手数料は格安であり、無料サービスを受けることもできます。

(6) ロボ・アドバイザーの種類は？

一口にロボ・アドバイザーといっても、2つの種類があります。

① **純粋ロボ・アドバイザー**

オンラインプラットフォームにより、投資アドバイスから実際の運用までを行うタイプです。FinTechベンチャーの多くがこのタイプに属しています。

たとえば、米国の大手ロボ・アドバイザーのBetterment（ベターメント）は、インターネットからアクセスした投資家に対して、次のステップで質問を投げかけます。

・第1ステップ：年齢、現役か引退しているか、年収
・第2ステップ：第1ステップの回答（現役と回答したと仮定）を踏まえて、コンピュータが次の3つの案を提示します。

a 先行き3〜6カ月間で獲得するリターンの目標を○ドル（第1ステップの回答次第で異なる額を提示してくる）としたい。
b 退職後の年収はないことを前提として、生活費を確保したい。
c 特別の目標はなく、一般的な投資をしたい。

そして、投資家のa〜cの選択により、コンピュータが判断した最適とみられるポートフォリオの構成が、株式○％、債券○％という形で提示されます。また、そのようなアセットアロケーションとなった理由が、文章で解説されます。

投資家がそのポートフォリオに納得すると、投資家の名前とメールアドレスが求められて、それをもとに投資家のアカウントが作成されます。そして、アカウントによって運用の具体的な指示を行う、といったステップに進んでいきます。

② **ハイブリッドロボ・アドバイザー**

基本的には、オンラインプラットフォームにより、投資アドバイスや実際の運用を行いますが、投資家が必要とする場合には、インターネットや電話を通じて人間のアドバイザーとコンタクトができ、アドバイスを得ることができるというタイプです。なお、手数料は、人間のアドバイスを求める頻度、時間等に応じて設定されることが一般的です。

伝統的な個人資産運用会社がロボ・アドバイザービジネスにも取り組むケースの多くがこのハイブリッドタイプに属します。ここでは、ロボ・アドバイザーが伝統的な人的アドバイスを代替するのではなく、それを補完する役割を演じることとなります。

たとえば、バンガードではインターネットで提示される質問に対して投資家が回答して、それを受けてコンピュータが投資家に最適なポートフォリオを提案します。そして、これに対して投資家が疑問等を持った場合には、バンガード所属のファイナンシャルプランナーにインターネットや電話でコンタクトすることができる、というシステムでハイブリッドアドバイザービジネスを展開しています。

(7) 米国、日本のロボ・アドバイザーの状況は？

FinTech一般について共通してみられるように、ロボ・アドバイザーも、当初FinTechベンチャーがロボ・アドバイザーを手掛けて、それに続いて既存の金融機関がこれに取り組むといった展開となっています。そして、こうした既存の金融機関によるロボ・アドバイザービジネスへの進出により、先行するFinTechロボ・アドバイザーベンチャーの成長に陰りがみられるといった現象も生じています[2]。

① 米　　国

米国のFinTechベンチャーによるロボ・アドバイザーには、たとえば次のような企業が名を連ねています。

●事例：Betterment

Bettermentは、ボストンに本社がある大手資産運用会社と提携関係にあるロボ・アドバイザーです。このように、既存の資産運用会社がロボ・アドバイザーベンチャーと提携することにより、組織の変更を最小限に抑えながら低コストでロボ・アドバイザーを導入することができるメリットがあります。また、こうした提携によって、伝統的な対面、電話によるアドバイザー業務とロボ・アドバイザーを組み合わせたハイブリッドモデルをスピー

ディーに構築することが可能となります。

● 事例：Wealthfront

　Wealthfrontは、KPMG等が実施している世界のFinTechベンチャートップ100社のサーベイで、2015年に第3位になったロボ・アドバイザーです。

　Wealthfrontは、低廉なコストで大手投資銀行に匹敵する洗練された投資サービスを提供することをビジネスとしています。すなわち手数料は、1万ドルまでは無料でそれを超えると0.25％となります。同社がターゲットにする投資家は長期投資からリターンを狙う投資家です。また、投資家に求められる最低投資口座残高は500ドルと低い水準に設定されており、個人投資家が手軽に活用できるよう配慮されています。

　アカウントは、現役の投資家と退職した投資家とに分けられており、このうち現役の投資家には、個別アカウント、夫妻で1つのアカウントを持つジョイントアカウント、それに信託アカウントの3つが提供されています。

● 事例：Personal Capital

　Personal Capitalは、2009年設立のカリフォルニアを拠点とするオンライン投資アドバイザー兼ウェルスマネジメント会社です。同社は、店舗を持っていませんが、ロボ・アドバイザーやオンラインによるアカウント管理サービスのほか、人間による投資アドバイスも行っています。このうちアカウント管理サービスでは、銀行、証券会社、401（k）、住宅ローン、クレジットカードを統合して管理するサービスを提供しています。これにより、顧客はパソコンやスマホ等を使って円形グラフ等のビジュアルな形で、アカウントを統合して把握することができます。

　Personal Capitalが対象とする主な顧客は、退職を控えて貯蓄に関心が強い層で、投資資産が数十万〜数百万ドルの富裕層です。Personal Capitalでは、こうした顧客に対して、ITによる洗練された投資ポートフォリオの構築と、その顧客が求めるサービスにきめ細かく対応する優秀な人間による投資アドバイスを組み合わせることで、ロボ・アドバイザーだけのサービスに比べて顧客満足度が格段に向上するとみています。顧客は、webチャット

やeメール、電話によって、投資アドバイザーと会話をして投資アドバイスを得ることができます。Personal Capital は、ロボ・アドバイザーやオンラインによるアカウント管理サービスは無料として、人間による投資アドバイスのみ手数料をとることとしています。この手数料は、投資規模によって0.49～0.89％のレンジで、投資規模の最低額は10万ドルに設定されています。

Personal Capital では、2015年初に10億ドルの運用資産（AUM）に達し、顧客数は70万人となっています。なお、Personal Capital の創業者は、CNBC のインタビューに応えてこう述べています。「われわれが指向していることは、メリルリンチのようなブローカーを業界から駆逐して、旧態依然とした投資サービスを現代のデジタル時代にマッチしたものに変革することだ」。

また、次のように伝統的な投資顧問会社や大手金融機関が、ロボ・アドバイザービジネスに取り組むケースがみられます。

●事例：バンガード

バンガードは、インハウスでプラットフォームを構築して、資産5万ドル以上の個人に対して0.3％の手数料でハイブリッドのロボ・アドバイザーサービスを提供しています。この結果、コンピュータが伝統的な対面や電話、ビデオ相談による投資助言の一部を肩代わりすることにより、人的資源をより有効に活用することができ、アドバイザリー業務全体のコスト低減を図ることが可能となった、としています。

バンガードは、こうしたハイブリッドモデルの導入によって、50万ドル以上の資産保有者に対して0.7％という低い手数料で伝統的な方法によるアドバイザリー業務を行っていた時期に比べて多くの顧客を吸引して、その結果、運用資産も大幅に増加しています[3]。

さらに先行きは、Google、Apple、Amazon といった情報産業に特化したインターネット企業が既存の金融機関とのアライアンスによってロボ・アドバイザーサービスに触手を伸ばす可能性もあるとみられます。

② 日　本

　日本においても、FinTechベンチャーがロボ・アドバイザービジネスに乗り出す一方、既存の金融機関もロボ・アドバイザービジネスを手掛けています。いずれのロボ・アドバイザーサービスも、投資家がホームページにアクセスすると、概略、図表2－9のような質問項目が提示され、投資家が質問に答えると、コンピュータが最適とみられるポートフォリオの資産配分（アセットロケーション）を知らせる仕組みとなっています。

●事例：お金のデザイン社

　お金のデザイン社は、2013年に業務を開始した日本におけるロボ・アドバイザーの先駆者的FinTechベンチャーです。運用対象は、世界中の株式、債券、不動産、コモディティ、通貨を原資産とするETF（上場投資信託）等から最適なものを選択してポートフォリオを構成します。同社によるロボ・アドバイザーのステップは次のようになっています。

・第1ステップ：ポートフォリオの決定。投資家のプロファイリングとして、次の質問に答える必要があります。

　　個人か法人か（以下では個人を選択したと仮定）、年齢、退職・引退予定年齢、運用期間の設定の有無（設定と仮定）、運用期間（5年以上で回答の要）、運用に回す資産の割合、運用益の処理方法（全額再投資か、全額受取りか、その中間か）、インフレ懸念の有無とインフレの場合の対応方針、運

図表2－9　ロボ・アドバイザーによる質問とポートフォリオの資産クラス

顧客に対する質問項目	年齢、投資目的、想定運用期間、運用益の再投資の可否、運用目的、運用資産が一定の率以上目減りした場合の対応、投資経験等
コンピュータにより構築される最適ポートフォリオの資産クラス（注）	先進国株、新興国株、先進国国債、投資適格債券、ハイイールド債券、新興国債券、EFT（上場投資信託）、リート（REIT、不動産投資信託）、不動産株、コモディティ、通貨、その他

（注）　「お金のデザイン」社等のケース。
（出所）　ロボ・アドバイザーの各社資料をもとに筆者作成

用資産の20％を失うとした場合の運用方針、投資経験の度合い。

　投資家が以上の回答をすると、ライフスタイルにマッチしたポートフォリオが提示されます。また、それとともに、次の３点が示されます。

　a　当該ポートフォリオで運用した場合のシミュレーションによる平均年率リターン（リーマンショック前から投資した際と、直近５年の平均年率リターン）

　b　期待収益（100万円を投資したとき）、およびその上振れ値、下振れ値の推計

　c　ポートフォリオの銘柄一覧

・第２ステップ：投資家に関する情報を登録します。
・第３ステップ：お金のデザイン社では、世界中のETFからピックアップしてポートフォリオを構成することから、外国証券口座の開設を行います。
・第４ステップ：投資家とお金のデザイン社との間で、投資一任契約を締結します。
・第５ステップ：投資家が外国証券口座へ入金すると、運用開始となります。運用状況は、投資家のマイページにアクセスすれば、いつでも、どこでも確認できるようになっています。

●事例：エイト証券

　エイト証券は、ロボ・アドバイザーにより、モーニングスター社のテクノロジーを使って米国に上場されているETFを対象とする資産運用アドバイスを行っています。

●事例：マネックス証券

　マネックス証券は、国内の公募投資信託をカバーしたロボ・アドバイザービジネスを行っています。

●事例：WealthNavi

　WealthNaviは、世界のETFを対象とするロボ・アドバイザーを実施しています。

●事例:みずほ銀行

みずほ銀行は、SMART FOLIO(スマートフォリオ)の名称で、ロボ・アドバイザーのサービスを提供しています。なお、SMART FOLIO は、スマートとポートフォリオを組み合わせた造語で、顧客の資産形成をスマートにリスク分散したポートフォリオを通してサポートする、との意味合いが込められています。

(8) ロボ・アドバイザーサービスの先行き展開は？

① ロボ・アドバイザーサービスの進展

A.T. カーニーによれば、先行き数年後には、ロボ・アドバイザーによる個人資産の運用サービスはメインストリームの1つになるとしています。具体的には、米国における個人投資家の運用資産のうちロボ・アドバイザーを活用した運用資産の比率は、2015年の0.5%から逐年上昇して、2020年には5.6%となると推計しています(図表2-10)[4]。

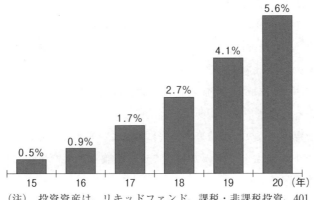

図表2-10 米国におけるロボ・アドバイザーを活用した資産運用の推計(投資資産全体に対するロボ・アドバイザーを活用した資産の比率)

(注) 投資資産は、リキッドファンド、課税・非課税投資、401(k)資産等。
(出所) A.T. Kearney simulation model

さて、ロボ・アドバイザーサービスの登場により、従来の投資顧問業はどのようになるのでしょうか。限られた富裕層に対する投資アドバイスを提供する分野においては、投資家は複雑で詳細に亘る内容を要求することが多く、対面によりじっくりと時間をかけてアドバイスを求めることが一般的です。したがって、こうした分野においては、伝統的な人的アドバイスビジネスが引き続き行われることが見込まれます。

　そうした意味では、当面は、あくまでも人間によるきめ細やかでテーラーメードのアドバイスを求める富裕層向けのアドバイザー業務と、多くの一般個人を対象としたロボ・アドバイザーサービスとの二極分化がみられると予想されます。

　しかし、先行きはビッグデータのさらなる活用等によるロボ・アドバイザーの高度化から、人的サービスもハイブリッド型ロボ・アドバイザービジネスへと漸次、シフトしていくことになるとみられます。

　また、現状、ロボ・アドバイザーは顧客の資産運用が中心となっていますが、先行きの展開としては、保険商品や不動産等を含む資産管理や遺産設計、相続対策、節税等へのアドバイスへと裾野を広げていくことが予想されます。

② **ロボ・アドバイザーサービスの限界**

　ロボ・アドバイザーは、過去の事象、確率論等をベースにしたディープラーニング（深層学習）から、今後とも進化することが予想されますが、しかし、将来の展開は過去の延長から推測できないことも少なくありません（ディープラーニングは第3章Ⅲ参照）。特に、地政学的要因やシェルオイルにみられるような技術革新、新興国の経済成長の変調、主要国における経済政策の大幅な変更、天災の多発等、過去に頻繁にみられなかったようなさまざまなイベントの発生をロボ・アドバイザーが織り込んで判断していくことは、きわめて困難です。

　したがって、投資家はロボ・アドバイザーによる助言にはこうした限界があることを十分認識して、あくまでも自己の投資判断の「参考」としてロ

ボ・アドバイザーを活用することが重要となります。

2 資産管理——PFM とは？

(1) PFM とは？

PFM（Personal Financial Management、個人資産負債管理サービス）は、インターネットを通じて個人が多数の金融機関に保有する口座の残高や預入れ・引出し等の情報を自動的に一元管理したり、金融機関が顧客に金融商品や金利に関する情報の提供を行うサービスです。

なお、金融機関の口座の一元管理は「アカウント・アグリゲーション」と呼ばれています。

(2) FinTech ベンチャーによる PFM のサービス内容は？

PFM のサービス内容は、多種多様にのぼっていますが、そのなかで主要なものは次のとおりです。

① **アカウント・アグリゲーションサービス**

顧客が複数の金融機関と取引を行っている場合に、顧客本人の承諾のもとにそれらの資産状況、収入・支出状況を一元的に提供するサービス。

このサービスには、評価損益や目標金額の達成状況を把握することができるケースもあります。顧客が銀行口座やクレジットカードのログイン情報を入力すると、自動で本人の資産に関するさまざまなデータがアウトプットされることから、顧客は、資産残高や収入・支出状況をきめ細かく管理することが可能になります。また、リコメンデーション機能によって、顧客に有利な金利、キャンペーン情報を提供するサービスが付加されることもあります。

② **支出金額と支出内容の分類**

支出金額と資金使途を食費、光熱費等に自動で分類するサービス。

③ レシートの家計簿への記載

レシートをスマホで撮影することにより、項目や店舗を家計簿に反映させるサービス。

④ 資産状況のグラフ化

収支の状況や資産の内訳の推移をグラフや表で自動作成するサービス。

(3) PFMのサービスを提供するFinTechベンチャーは？

現在、内外で数多くのFinTechベンチャーがPFMを提供していますが、そのいくつかをみましょう。

① 家計簿サービス

●事例：mint（米）

mintは、金融関連のソフトウェア会社であるIntuitが無料で提供するPFMサービスです。mintでは、顧客が銀行口座やクレジットカードのログイン情報を入力すると、自動で残高や利用額、履歴のデータを収集して、収入・支出等を1カ所で管理できるサービスを提供するほか、支出履歴を詳細に亘って分類して先行きの予算管理をサポートする機能も具備しています。

また、顧客の年齢、性別、家族構成、居住地等の属性から、その顧客に最も適した預金、クレジットカード、証券会社、保険会社等を推薦するサービスを提供しています。

一方、顧客の資産フローについては、預金残高が一定の水準を下回ってきたら警告のメールを送信したり、顧客が保有している株式や投信の価格動向等を毎週、配信したりするサービス機能も具備しています。

●事例：Ondot（米）、GoNow（米）

Ondotは、スマホによるクレジットカードの管理サービスを提供しています。Ondotのサービスにより、顧客はスマホで、クレジットカードの利用状況の把握、顧客によるクレジットカードの利用限度額の設定、クレジットカードで利用できる店舗情報を場所別、商品・サービス別の把握ができるほか、クレジットカードの紛失、盗難等の際の自動利用停止の設定が可能で

す。

　また、GoNow は、顧客が持つすべてのクレジットカード等の磁気カードをスマホ上で1枚のカードに集約して利用、管理できるサービスを提供しています。

●事例：マネーフォワード（日）

　マネーフォワードは、ユーザに家計簿を自動で構築することができるアプリを提供しています。具体的には、アプリを使ってパソコンやスマホ、タブレット端末を金融機関やカードにつなげば複数の口座の利用履歴や残高を一括管理するアカウント・アグリゲーションにより家計簿が作成されます。その際、資金使途が食費や光熱費等、自動で分類されることから、ユーザは支出項目の分類に手間がかかりません。また、現金での支払は手入力で入力するほか、レシートをスマホで撮影するだけで項目や店舗を家計簿に反映することができます。

　そして、過去からの収支の状況や資産の内訳の推移がグラフや表で自動作成されることから、これを毎日みることで節約意識が高まるといったメリットがあり、さらに将来のライフプランをシミュレーションする機能も提供されています。

●事例：Zaim（日）

　Zaim は、オンライン家計簿の大手で、レシートからの品目の自動読取り、銀行やクレジットカードの入出金の自動取得・分類、月カレンダー・週カレンダーでの履歴表示、月の予算と比べての家計簿の残高表示、口座・クレジットカードの残高表示、自治体の給付金の自動抽出、医療費控除の確定申告の容易化等、さまざまなサービスを提供しています。

　また、住宅や自動車等のローン借換えや繰上返済を行った場合の利息総額、支払回数、期間短縮の効果を一括表示して現状の契約内容との差額を把握したうえで返済計画が立案できるサービスや、保険の保障内容の記録機能を使って毎月発生する保険料の支払金額や払込期間などを入力することで保障内容を把握できるほか、見直し時のシミュレーションに活用できるサービ

スも提供しています。

② 　金利比較

●事例：MFS（日）

　MFSは、スマホのアプリで個人の住宅ローンの借換えの際に最適な選択ができるよう支援するサービスを無料で提供しています。具体的には、住宅ローンの借り手が現在のローン情報を登録すると、それを使ってローンのタイプ別（変動金利、固定金利等）に全国120の銀行、1,000本以上のローンとの比較計算をしたうえで、ローンのタイプ別にランキングづけをしてベストな借換先を見出す、というものです。比較の方法は、現在借入れ中の住宅ローンの残存期間の総返済額から借換えにかかる諸費用総額と借換え後の住宅ローンの総返済額を差し引いた額を借換メリット額として比較します。借換メリット額は毎月自動計算されることから、借り手は借換メリット額が大きくなったタイミングで借換えをすることができます。また、金利が1％上昇したら毎月の返済額がいくらになるかといった情報も提供されます。

③ 　資産運用

●事例：ネストエッグ（日）

　ネストエッグは、finbee（フィンビー）と名づけたアプリで、銀行口座と連動した自動貯金サービスを提供しています。具体的には、住信SBIネット銀行とのAPI接続（APIについては(4)参照）によって、住信SBIネット銀行発行のVisaデビットカードで、100円玉や500円玉、1,000円札といった切りのよい金額で支払った場合のおつりに相当する金額を貯金する「おつり貯金」や、同カードの1カ月分の利用金額の実績が、あらかじめ設定した金額を下回った分を貯金する「空き枠貯金」、自動でメインの口座から貯金口座へ毎月貯金する「つみたて貯金」、たとえば1日5,000歩歩いたら500円貯金する「歩数貯金」等のサービスを提供しており、これによりユーザが選択した普段の生活に密着したルールに従って自動で無理なく確実に貯金できる、としています。

●事例：TORANOTEC（日）

　TORANOTECは、トラノコと名づけたアプリで、クレジットカードやデビットカード、公共交通機関共通乗車カード等からユーザの日々の支出額を集積し、そのおつり相当分を投資に回すことが簡単にできる自動投資サービスを提供しています。ここで、おつり相当分とは100円単位で計算される端数で、たとえば280円の買い物をした場合には、300円との差額である20円がお釣り相当額となります。

　この投資サービスは、TORANOTEC投信投資顧問株式会社により運用され、将来に向けた資産形成に関心はあるものの手元資金が少ないために投資に踏み込めない若年層を含めすべての人びとが投資家になることができるシステムである、としています。

⑷　PFMへのAPI活用とは？

　API（Application Programming Interface）は、あるシステム（ソフトウェア）で管理するデータ等を外部の他のプログラムから呼び出して使用する手順を定めた規約です（APIの詳細は第5章Ⅲ2参照）。このように、APIはネットワークを通じて外部からソフトウェアを呼び出すことができることから、web APIと呼ばれることもあります。

　APIのPFMへの活用ケースとしては、NTTデータが2016年2月にFinTechベンチャーと金融機関をつなぐAPI連携サービスを静岡銀行に対して提供を開始したケースがあります[5]。これは、NTTデータが金融機関に提供する共同利用型の個人向けネットバンキングとマネーフォワード、freeeとの連携によるものです。具体的には、静岡銀行においてマネーフォワードの自動家計簿・資産管理サービスへの対応を行い、これにより、静岡銀行の顧客は、マネーフォワードを利用する際、ネットバンキングのIDとパスワードをFinTechベンチャーに事前登録することなく、入出金明細や口座残高といった銀行取引データを自動取得することが可能となります。

　このように、NTTデータが提供するサービスは、FinTechベンチャーと

金融機関とを API 連携し、金融機関における FinTech 活用をサポートする機能を果たすことになります。また、API は PFM だけではなく、企業の会計処理への利用等、幅広い分野での活用が可能です。たとえば plaid（米）では、銀行やクレジットカード会社と接続するための API を提供しています。plaid の API 活用により、FinTech ベンチャーは金融機関から簡単に口座情報や取引情報を取得することができます。

3 ネオバンクとは？

(1) ネオバンクの定義

「ネオバンク」（neo bank）は、ネットバンキングの機能の一部に特化した金融サービスのアプリを提供する FintTech ベンチャーです。

ネオバンクは、顧客の資金を管理する家計簿サービスと違って、実際に顧客の資金を貯金や投資という形で運用する機能をアプリで提供することから、大半のネオバンクは銀行免許を取得している既存の銀行と提携して、実際に顧客との資金のやりとりは提携銀行が行うというパターンをとっています。なお、「ネオ」とはギリシャ語で、新しい、を意味しますが、ネオには単に新しい（new）というよりも、従来からあったものを新しい形にするというニュアンスが込められています。ネオバンクは、既存の金融機関のサービスをパソコン等を使って、よりユーザにとって使いやすい形にして提供することから、このようなネーミングになったものです。

(2) 顧客によるネオバンクの活用は？

ネオバンクでは、顧客はパソコンやスマホ、タブレット端末からアクセスして、ネオバンクが提供するアプリを通して既存の金融機関が提供する金融サービスの一部を受けることができるようになります。

したがって、顧客からは、あたかも既存の金融機関が提供するサービスが

ネオバンクにより提供されている、というように同一視されることになります。

(3) ネオバンクによる金融サービスは？

　ネオバンクも、他のFinTechベンチャーと同様、金融機関の特定の商品やサービスに絞り込んでビジネスを展開するという特徴を持っています。米国のネオバンクには、Bank Mobile、Bluebird、GoBank、Moven、Simple、Soon、Ubank等があります。こうしたネオバンクが提供する金融サービスは次のとおりです。

① 決　　済

　割り勘決済等

② 送　　金

　銀行口座からの送金、国際送金等

③ 預　　金

　普通預金、積立預金等

④ 貸　　出

　クラウドファンディング、モバイル分割払い、審査等

(4) FinTechベンチャーによる銀行免許の取得

　ネオバンクは、既存の金融機関との提携で展開するビジネスモデルをとることが大半であると述べましたが、一方で、他の金融機関との提携はせず、自ら銀行免許をとって銀行のコアビジネスに乗り出す動きもみられます。

　これを英国のAtom Bankでみましょう[6]。Atom Bankは、2015年にイングランド銀行から銀行業の免許を取得しました。Atom Bankのビジネスモデルは、モバイルバンキングに限定した金融サービスです。すなわち、顧客はAtom Bankが提供するアプリを経由して、口座開設、不動産担保貸付、有担保・無担保の消費者金融、本人確認等のすべてをモバイル機器で行うことができます。また、本人確認は、ログインの際に顔・声紋の認証により行

われます。

　Atom Bank は、英国で最初の「真のデジタルバンク」であると自称しています。これは、ブラウザ経由のネットバンクであると、モバイル機器での各種申込みも、結局はサインをした書面の提出が必要であり、また不動産担保貸付等になると、本人が店舗に出向いてアドバイスを受けることになりますが、Atom Bank の場合にはモバイル機器のアプリですべて完結する、といったことで差別化していることによるものです。

　すなわち、Atom Bank では、書類の提出はすべて IT の活用による完全ペーパーレスで解決し、顧客がアドバイスを必要とするときには、アウトソーシングによってそのニーズに応えることとしています。また、モバイルバンキングに関わる詐欺事件とか、マネロン等への対応について弁護士の力を借りることになるようなケースでも、書面ではなく IT によるやりとりで対応することが可能であるとしています。

[注]
(1) Gauthier Vincent、Vijay Laknidhi、Phillip Klein、Rohit Gera "Robo-Advisors: Capitalizing on a growing opportunity" Deloitte Development LLC. 2015
(2) The Economist "Robo-advisers Does not compute The growth of firms selling computer-generated financial advice is slowing" 2015.10.31
(3) Gauthier Vincent、Vijay Laknidhi、Phillip Klein、Rohit Gera, op.cit.,p5,［原典］Janet Novack "Vanguard Rolls Out New Robo-Hybrid Advisor Service With $17 Billion In Assets" Forbes.com, 2015.5.5
(4) A.T. Kearney simulation model
(5) NTT データ「Fintech と金融機関をつなぐ API 連携サービスを静岡銀行に提供開始」2016.2.29
(6) Atom Bank "EMBARGOED TIL 07:00 WEDNESDAY 24TH JUNE 2015 Atom – the UK's newest bank" Atom Bank プレスリリース2015.4.6等

Ⅵ　保　　険

1　保険と FinTech の関係は？

　保険業界では、競争が一段と激しさを増すなかで既存のビジネスプロセスの改革を迫られています。特に顧客との関係では、パソコンやスマホ、タブレット端末等によるスピーディーな契約を求める顧客ニーズに対応するためのアクセスチャネルの拡大が重要な課題となっています。また、チャネルの拡大に伴って、顧客情報の管理等、サイバー攻撃への対応に一段と注力する必要があります。

　こうした状況下、保険業界では顧客との間の契約やデータの分析、管理等の社内オペレーションの効率化やリスクマネジメントの強化を図るニーズが強まり、これに伴って FinTech の活用が試みられています[1]。

　なお、保険業界における IT の活用は、一般的に FinTech に含まれますが、別途、InsTech（インステック）や InsurTech（インシュアテック）と呼ばれることもあります。

2　保険契約等における FinTech の活用は？

(1)　保険契約

　保険会社は、保険契約のリスク分析と査定、契約内容の決定に、ビッグデータ等を活用することができます。

　また、ユーザである被保険者は、タブレット端末で年齢の経過により保険

契約がどのように変化するかをみることが可能です。なお、生保業界では、保険商品の内容や、顧客データの内容が多岐に亘ることから、スマホよりもタブレット端末が活用されることが予想されます[(2)]。

(2) ヘルスケア

FinTechベンチャーが、アプリによりヘルスケアサービスを提供するケースがみられます。たとえば、ニューヨークと東京、ソウルに拠点を置くNoom（創業者は韓国人と米国人）は、英語、ハングル、日本語、ドイツ語、スペイン語の5言語により、有料でヘルスケアアプリを提供しています。このうち、英語版ではダイエット、糖尿病予防の2つのプログラムが、また日本語では、カラダ改善プログラムが、個人向けと法人向けに用意されており、そのなかでもダイエットプログラムが人気を博しています。

これは、Noomのアプリを使ってユーザが食事や運動の内容のデータを送信すると、人工知能（AI）がユーザの生活習慣を分析して、個々人の生活スタイルにあわせてさまざまな改善プランを選択肢として提案する、という仕組みです。このプログラムは16週間から構成されており、アプリによりNoomのコーチとコミュニケートして生活改善等の指導を受けることもできます。

また、2013年に米国で設立されたOscar Health Insuranceは、医療保険を提供することに加えて、保険加入者の健康維持・増進に積極的に関与することにより、医療費や医療保険料を削減することを指向しています。

具体的には、医療保険の申込手続はスマホやパソコンで完結できるほか、保険加入者の過去の往診履歴や処方歴を一括管理することが可能で、さらに症状の入力により近隣の専門医を紹介するサービスも提供しています。

また、Oscarの保険加入者は、医師による24時間電話診察や往診、ジェネリック医薬品の処方サービスを受けることができるほか、一般的なワクチンや検査等が無料となります。またハードウェアメーカーのMisfit Wearablesと提携して保険加入者にMisfit Flashと名づけられたリストバンド型ウェア

ラブル・フィットネスモニターを無料配布し、保険者があらかじめ設定された目標歩数を達成すると報償として1日当り1ドル（上限、年間240ドル）のAmazonギフトカードを支給しています。

3 インターネット保険の特徴は？

インターネット保険は、顧客がパソコンやモバイル端末を使って見積りや申込みをすることが可能な保険で、一般に「ネット保険」と略称されます。ネット保険では、生命保険、医療・入院保険、がん保険、自動車・バイク保険、レジャー保険、海外旅行保険等、各種の保険が提供されています。なお、保険の契約締結まではインターネットで可能ですが、保険金、給付金の受取手続については、書類の提出が必要となります。

ネット保険で提供される商品は、一般的に商品設計がシンプルで、また保険料が安い、という特徴があります。

4 ネット保険の提供会社は？

各保険会社は、従来からの対面式の保険業務と並行してネット保険を提供しています。また、ネット保険専門の保険会社には、アクサダイレクト生命があります。アクサダイレクト生命は、SBIホールディングス、アクサジャパンホールディング、ソフトバンクが出資して設立されたネット保険専業会社です。

なお、従来、ネット保険専業会社であったライフネット生命は、2014年から店頭販売も行っています。

5 テレマティクス保険とは？

(1) テレマティクス保険の定義

テレマティクス（telematics）は、テレコミュニケーション（遠隔通信）とインフォマテクス（情報工学）の合成語で、移動体通信システムを利用してリアルタイムで情報を提供するサービスをいいます。そして、テレマティクス保険は、テレマティクスを利用して、自動車の走行距離や運転特性といった運転者別の運転情報を取得・分析して、その情報をもとに保険料を算定する自動車保険です[3]。

具体的には、自動車に設置した端末機器から運転者の走行距離や運転速度、急ブレーキ等の情報を保険会社が取得して、運転者の事故リスクの分析結果から保険料率を算定する保険です。

(2) テレマティクス保険の種類と特徴は？

① 種　類

テレマティクス保険は、事故リスクをどのように把握するかにより、PAYD と PHYD に分類されます。

　a　PAYD（Pay As You Drive）

走行距離連動型の保険。走行距離が長いほど保険料は高くなります。

　b　PHYD（Pay How You Drive）

運転行動連動型の保険。運転速度や急ブレーキ、急アクセル、ハンドリング等からみて危険運転の度合いが強いほど保険料は高くなります。

② 特　徴

テレマティクス保険では、リスクに応じた詳細な保険料の設定が行われます。そして、こうした特性により、安全運転の促進、事故の減少の効果を期待することができます。

テレマティクス保険は、個人の自動車保険のほかに、企業が利用する車両のリース保険にも活用することができます。

(3) 海外におけるテレマティクス保険の普及度は？

　海外では、英米を中心にテレマティクス保険が浸透しつつある状況にあり、2020年には、テレマティクス保険の契約件数が自動車保険の約3割を占めるまでになると予測されています[4]。また、米国ではテレマティクス保険の専門家の約20％が、2020年には加入台数が1億台に達すると予測しています[5]。なお、加入台数1億台は、2020年時における米国の保険加入予測台数の約半数に相当します。

(4) 欧米におけるテレマティクス保険の一般的なモデルは？

　欧米におけるテレマティクス保険は、情報項目や情報量、情報の取得頻度、情報の分析手法が保険会社ごとに異なり、各保険会社が競い合って保険料率の算定手法に磨きをかけている状況にあります。

　そうしたなかで、テレマティクス保険の一般的なモデルをみると、次のようになります[6]。すなわち、保険会社は、M2Mプロバイダーから運転日時、運転総時間、頻度、距離、場所等の運転情報と、自動車の最高・平均速度、アクセル・ブレーキ等の運転行動情報を収集します。このうち、運転日時、距離、速度の3項目が最も重要な情報で、米国の75％の保険会社が算定の基本項目としています。なお、M2Mプロバイダーとは、人の手を介することなく物に通信端末を取り付けることによって、機器同士（Machine to Machine）がインターネットを通じて情報交換をするネットワークを形成するプロバイダー（業者）をいいます。保険会社は、M2Mプロバイダーから得た情報をもとに分析を行いますが、各保険会社の分析手法は機密扱いとなっています。そして、保険会社は情報の分析結果により、運転者ごとに保険料率を算定、契約者に請求します。

　なお、情報の収集に使用するデバイスは、欧米ではBlackbox（車内設置機

器）や OBD（On-Board-Diagnostics、自己診断機能を持つ車載コンピュータ）ドングルが中心ですが、米国では、近年スマホを活用するケースも増加してきている状況です(7)。ここで、ドングル（dongle）とは、コンピュータに接続する小型装置をいいます。

(5) 日本におけるテレマティクス保険の導入事例は？

① PAYD（走行距離連動型）保険

走行距離に連動するタイプの保険は、かなり以前からいくつかの保険会社から販売されています。そうした保険は、契約者が保険契約時に予想年間走行距離を申告して、これに応じて保険料を算出するタイプです。

一方、あいおいニッセイ同和損害保険では、2015年2月から実走行距離連動型保険を「つながる自動車保険」の名称で販売しています。この保険は、車に搭載されたカーナビからスマホ等を通じて取得した車両運行情報を、安全運転アドバイスや走行距離に基づいた保険料の算出に活用するもので、トヨタが開発、展開しているテレマティクスサービス「T-Connect」を活用することから、T-Connect のシステムを搭載した車が対象となります。

この保険は、搭載されたカーナビが収集した情報をもとにして実際の走行距離を保険料に反映させる実走行距離連動型保険です。具体的には、基本保険料に、実際の走行距離を計測して1km単位で走行保険料を加えることとしています。この結果、同社では月間走行距離が1,000km以内の契約者であれば、従来の一般的な自動車保険よりも保険料が割安になる、としています。

② PHYD（運転行動連動型）保険

ソニー損害保険は、2015年2月から運転特性を保険料に反映した保険商品を「やさしい運転キャッシュバック型」の名称で販売しています(8)。この商品は、PHYD（運転行動連動型）保険です。ソニー損保は、さまざまな運転行動のなかでも急発進（急加速）、急ブレーキ（急減速）の発生状況と事故リスクとの間に相関関係があることに着目しました。そこで、急発進、急ブ

レーキが少ないスムーズな運転をすると保険料が戻るキャッシュバック保険商品を開発しました。一般的な自動車保険は、契約者の年齢が若いとか自動車保険の加入年数が短い等から、保険料が割高に設定されますが、そのような属性を持つ契約者のなかでもやさしい運転をするドライバーがいるはずであるとして、この商品が開発されました。ソニー損保では、保険契約者が、①発進時にふんわりとアクセルを踏む、②運転中には車間距離を十分にとる、③停止時には早めにブレーキを踏み滑らかに停止する、といった３点に留意すると、やさしい運転をすることができるとしています。

　また、ソニー損保では、この保険の導入によって契約者の安全運転に対する意識の高まりによる事故の減少と、燃費向上による排ガスの減少につながることを期待しています。

　この保険の契約者は、ソニー損保が無料で貸与するドライブカウンタと呼ばれる小型計測器を車に設置（工事不要）します。このドライブカウンタは、急発進、急ブレーキを記録する機能のほかに、急発進、急ブレーキを検知すると警告音を発してドライバーに注意を喚起する機能も具備しています。なお、ドライブカウンタに通信機能はないことから、契約者がソニー損保に対して計測結果を申告したうえで、キャッシュバックを受けることとなります。ドライブカウンタによる計測結果は、100点満点で点数に応じて図

図表２-11　点数とキャッシュバック率

点　数	キャッシュバック率
90点以上	20％
80〜89点	15％
70〜79点	10％
60〜69点	5 ％
59点以下	キャッシュバックなし

（出所）　ソニー損害保険「「やさしい運転キャッシュバック型」の販売を2015年２月23日から開始」ニュースリリース2015.2.23

表2-11のように保険料がキャッシュバックされます。

(6) テレマティクス保険の普及促進に向けた当局の方針は？

　国土交通省では、2014年から自動車関連情報の利活用に関する将来ビジョン検討会を開催、同年に中間取りまとめを行い、2016年に報告書を公表しました。

　この報告書は、重点テーマの1つとしてテレマティクス等を活用した新たな保険サービスによる安全運転の促進・事故の削減をあげています[9]。報告書の概要は、次のとおりです。

① **目指すべき姿（効果）**

　テレマティクス等の技術を活用した新たな保険サービスを展開することにより、ドライバーの安全運転を促し、結果的に事故の削減による交通安全に寄与する。具体的には、運転情報の取得による保険料への反映等を通じて、ドライバーの安全運転のための実践的行動を促すとともに、安全運転の結果により保険料の負担が軽減される、といったインセンティブがもたらされることが期待される。

② **具体的取組み**

　テレマティクス保険等の展開による安全運転の促進・事故の削減に向けた環境整備として、関係者が連携して、以下のような事項について検討を進めていくべきである。

a　運転情報を活用した安全運転促進による効果の検証
b　運転情報等を活用した新たなサービス創出の検討
c　最適な運転情報の取得・通信機器およびデータ管理に関する検討
d　任意保険の未加入者対策
e　個人情報保護の取扱い
f　ASV（Advanced Safety Vehicle、先進安全自動車）技術によるリスク軽減効果の自動車保険への反映

③　留意すべき事項
a　保険料引下げを中心とするようなビジネスモデルのあり方
b　現行の保険料設定におけるリスク判定要素との整理

6　P2P保険とは？

　保険業界とFinTechの関係は、ビッグデータや人工知能（AI）等のITの活用が中心となりますが、海外では、P2Pを活用する保険も出現しています。

　こうしたP2P保険は、保険の起源である小さなコミュニティが形成した互助組織（無尽）をベースにしたシェアエコノミーアプローチのコンセプトを体現したものである、ということができます。

●事例：Friendsurance

　ドイツのFinTechベンチャーであるFriendsurance Alecto GmbHは、保険会社の保険料が高く、また透明性に欠けるという問題意識で創設されました[10]。

　なお、Friendsuranceは、友人と保険をあわせた合成語です。Friendsuranceは、保険の加入者間でグループを形成して、保険料の大幅な節減を指向することを目的としてプラットフォームを提供する、といったシェアエコノミー型のビジネスを展開しています。なお、Friendsuranceを運営するAlecto GmbHは、ドイツ当局から保険のブローカー免許を取得しています。

　Friendsuranceの具体的なフレームワークは、まず、保険の種類で同じ目的を持つ者から構成される小グループをつくります。Friendsuranceでは、住宅保険、個人債務保険、訴訟費用保険、自動車保険等の損害保険プラットフォームを提供しています。たとえば、住宅保険を求める加入者は、それをFriendsuranceに申請すれば自動的に既存の住宅保険グループへ加入することとなります。また、自分の友人、家族、同僚等で新たなグループを形成す

ることもできます。グループを構成する人数は、数名から十数名程度です。

そして、各加入者からの保険料がプールされます。もし、加入者が１年間を保険金の請求がなく終えた場合には保険料の一部の払戻しを受けることができます。また、加入者から少額の保険金の請求があった場合には、プールされた保険料から支払われます。一方、多額の保険金の請求があった場合には、プールされた保険料でカバーできない金額が保険会社から支払われます。このため、Friendsurance は国内60の保険会社と提携しています。これは一種の共済制度であり、共済制度ではカバーできない部分に限って保険会社からの補填を受ける、というシステムです。

Friendsurance では、これにより加入者は保険金の支払につながるような行動を回避するとともに、保険金の不正請求も抑止することができる効果が期待できる、としています。実際のところ、これまでのデータでは Friendsurance 加入者の保険金請求は保険市場平均を下回る結果となっています。また、Friendsurance により、加入者の行動パターンの改善による保険会社への保険金請求の減少に加えて、保険会社への小口の保険金請求の減少から、保険会社にとってもベネフィットがある、としています。

なお、英国の FinTech ベンチャーの Guevara も、この Friendsurance のビジネスモデルと似た P2P 保険のプラットフォームを提供するビジネスを展開しています。

7　オンデマンド保険とは？

ユーザが身の回りのこまごました物に個別に保険を掛ける場合には、保険会社が提供する動産総合保険を利用することができます。また、電化製品やパソコン等への保険は、その販売店で購入時に付保することができるサービスがあります。

こうした伝統的な保険に対して、アプリを利用して身の回り品を個別に、それも自分が希望する期間だけ付保できるオンデマンド保険を提供する

FinTechベンチャーが出現しています。

●事例：Trōv

米国のFinTechベンチャーであるTrōv（トロブ）は、ユーザがスマホのアプリで簡単に保険を掛けることができるサービスを提供しています。具体的には、ユーザが付保を希望するアイテムを写真付きでスマホにより送信すると、Trōvはそのアイテムの情報からリスク等を定量化して自動的に保険料を算出してユーザにフィードバックします。ユーザはそれをみて付保することにした場合には、スマホでその旨を送信すれば保険契約が成立したことになります。

Trōvが提供するオンデマンド保険は、携帯電話、ノートパソコン、テレビ、モニター、タブレット端末、家電、ヘッドフォン、スピーカー、スポーツ用品、楽器、カメラ等に適用されます[11]。そして、ユーザは、たとえば、この日に屋外にギターを持ち出すのでその日だけ付保したいというように、ごく短期間の付保を行うことができます。

また、実際に屋外で誤ってギターを落として壊す等、保険金の請求事由が発生した場合にはスマホの双方向のチャットボットで、いつどこで請求事由が発生したのか、アイテムの写真はあるか、といった質問に答えることにより請求して、それが認められると保険金がユーザの預金口座に振り込まれるといった形で処理されます。ここで「チャットボット」とは、チャット（おしゃべり）とロボットの合成語で、人間にかわってコミュニケーションを行うプログラムをいいます。Trōvは、このオンデマンド保険を2016年にまず豪州で開始して、その後、英米へと展開することとしています。

Trōvのオンデマンド保険は、保険会社と提携してTrōvが保険のアンダーライターとなり、保険の販売、保険料の収納、保険金の支払を行います。したがって、実際に保険リスクを背負うのは、保険会社となります。米国のFinTechベンチャーであるTrōvが、まず豪州でサービスの提供を始めた背景には、2015年にTrōvが豪州の大手保険会社Suncorpと提携したことのほかに、豪州の保険に関する法規制が比較的シンプルであることや、歴史的に

豪州は IT が進んだ国であること等の理由がある、としています[12]。

8 グループ保険とは？

ユーザは、多種多様の保険ニーズを持っています。そうした保険ニーズには、特有のものが少なくありません。そして、そのような特有のニーズを持った個人が保険会社に保険を申し込むと、高い保険料をとられるか、そうした保険商品がないといった理由で断られることが一般的です。そこで、こうした特有のニーズを持った個人同士でグループをつくって、リーズナブルな保険契約に持ち込むプラットフォームを提供する FinTech ベンチャーが出現しています。

●事例：Bought By Many

英国の FinTech ベンチャーの Bought By Many は、ユーザと保険会社の間を取り持つ仲介業者です。Bought By Many は、特有の付保ニーズを持った個人を集めて、それが一定の人数となった場合には、

① その固有のニーズをカバーする保険商品を扱う保険会社があれば、個人が単独でその保険会社と契約した場合に比べて、保険料を安くするよう交渉する、

② 保険会社の既存の商品がその固有のニーズにうまくマッチしていない場合には、保険会社と商品のスペック（仕様）の変更を交渉する、

③ その固有のニーズをカバーする保険商品を扱う保険会社がなければ、新しく保険商品を設計して、それを販売するよう保険会社に提案する、

のいずれかを Bought By Many が行います[13]。

Bought By Many は、こうした特有のニーズのカテゴリーを次の8分野に分類しています。

①ペット関連保険、②旅行保険、③車・バイク保険、④ガジェット（こまごました器具）保険、⑤健康保険、⑥ビジネス保険、⑦スポーツ保険、⑧家庭保険

そして、こうした8つのカテゴリーを、ユーザのニーズによりさらに細分化しています。たとえば、ペット関連保険では、過去2年間病気をしたことがないペットの保険、子どもの乗馬保険、エキゾチックペットの保険、パグの保険、ブラッドハウンド（セントハウンド犬種）の保険、保護された野良猫の保険等があります。

[注]
(1) Sam Friedman, Michelle Canaan, Nikhil Gokhale, Jaykumar Shah "2014 Life Insurance and Annuity Industry Outlook" Deloitte Center for Financial Services, 2014.1.9
(2) Ibid.
(3) 国土交通省自動車局安全政策課「テレマティクス等を活用した安全運転促進保険等による道路交通の安全—第9回自動車関連情報の利活用に関する将来ビジョン検討会」2014.11.19、p2
(4) 同上、p3
(5) 同上、[原典] Axeda 提供資料（2012年調査）2014.11.19、p3
(6) 同上、p4
(7) 同上、p6
(8) ソニー損害保険「「やさしい運転キャッシュバック型」の販売を2015年2月23日から開始」ニュースリリース2015.2.23
(9) 自動車関連情報の利活用に関する将来ビジョン検討会「自動車関連情報の利活用に関する将来ビジョン」国土交通省自動車局自動車情報課検討会、2015.1
(10) Friendsurance "Friendsurance:The P2P Insurance Concept" Friendsurance（Alecto GmbH）
(11) Trōv ホームページ
(12) Ariel Bogle "Tinder for insurance lets you insure your electronics by swiping right" 2016.5.30
(13) OLIVIA SOLON "Bought By Many uses crowd clout to negotiate cheaper pug insurance" 2013.2.21

第3章

FinTechのテクノロジー

FinTechに活用されているテクノロジーは、ブロックチェーンをはじめ、人工知能（AI）、ビッグデータ、IoT等、さまざまな種類があります。こうしたテクノロジーにより、金融ビジネスの変革をはじめとする各種のイノベーションが誕生しています。

　また、日本再興戦略改訂2015においても、IoT、ビッグデータ、人工知能等による産業構造、就業構造の変革が謳われました[1]。

　以下では、FinTechに活用されている主要なテクノロジーをみることにします。

[注]
(1)　首相官邸「日本再興戦略改訂2015」閣議決定2015.6.30

I　ブロックチェーン

1　ブロックチェーンとは？

　ブロックチェーンは、分散型データベース、またはそれを構築するP2Pのテクノロジーで、FinTechの代表的な技術基盤です。

(1) 分散型とは？

　「分散型」とは、取引データを記録する元帳がネットワークにつながっているすべてのノード（パソコン等のコンピュータ）に分散して保存されることを意味します。

　伝統的な方式は、銀行、証券会社、クレジットカード会社等の特定の主体

が元帳を持って取引データの情報を集中管理する「中央集中管理型」です。

これに対して、ブロックチェーンは、元帳が分散して保有、管理される「分散管理型」であるという意味で、金融のフレームワーク自体を大きく変えるポテンシャルを持つ一大イノベーションであることは間違いありません。

なお、ノード（node）の文字どおりの意味は結節点ですが、ITではネットワークに接続されている端末機器を指します。

(2) P2Pとは？

ブロックチェーンの基本的な仕組みは、P2P（Peer to Peer）です。なお、peerの文字どおりの意味は同僚ですが、ここでは、ネットワークでつながっているパソコン等のノードや、それを操作する参加者を意味します。

このP2Pは、伝統的なクライアント・サーバシステムに対峙するコンセプトです。すなわち、「クライアント・サーバシステム」は、クライアント（パソコン等）とサーバがネットワークで接続される形で情報交換を行うコンピュータシステムで、CSSとかC/Sと略称されることもあります。

サーバとクライアントは、各々、次のように役割が分担されています。

① サーバ

データベースやアプリ等のソフトウェアの資源や、プリンタ等のハードウェアの資源を集中管理します。

② クライアント

サーバにアクセスしてサーバが管理する資源を利用します。

このように、クライアント・サーバシステムは、クライアントがサーバに対してある要求を発信（リクエスト）して、それにサーバが応える（レスポンス）という、リクエスト・レスポンス方式となります。

これに対して、「P2P」はネットワークに接続されたノードがネットワーク上でつながり、この結果、ノードと別のノードとが直接に情報交換する、

つまりノードを保有・操作する参加者（peer）と別のノードを保有・操作する参加者（peer）とが直接に情報交換することになります（P2Pの詳細は12参照）。

2 ビットコインとブロックチェーンの関係は？

(1) ビットコインとは？

① 中本哲史

ビットコイン（Bitcoin）は、2009年に登場したソフトウェアをベースとするオンライン上の支払システムで、代表的な仮想通貨です。ビットコインは、2008年に中本哲史（Satoshi Nakamoto）という名前の人物がインターネットで公表した論文で提唱されました[1]。もっとも、中本氏がどのような人物であるかは、現在も謎に包まれたままです。

そして、同年、研究者たちの手によりこの論文をベースとしてビットコインを実現するためのソフトウェアが開発、公開され、その後、実際にビットコインの取引が行われるようになりました。なお、ビットコインの単位は、BTCと表記されます。

② ビットコインの管理

銀行券や硬貨は、公的機関の中央管理下に置かれ、法定通貨と呼ばれます。法定通貨は、公的管理という裏付けがあってはじめて信用を持った決済通貨として使われます。しかし、ビットコインはそうした公的管理のもとに置かれた法定通貨ではありません。したがって、それが流通するためには信頼性の確保が最も重要となります。

特に、ビットコインは、物理的な紙幣と異なり仮想通貨であり、その本質はデータそのものです。したがって、同じビットコインが二重に譲渡されたり、ビットコインの受渡しを記録した取引データの履歴が改ざんされないようにすることが、ビットコインの信用確保のためにきわめて重要となりま

す。

③ ビットコインの発行、流通のフレームワークは？

ここで、ビットコインの発行と流通のフレームワークを整理しておきましょう。

a　ビットコインの発行

ⅰ　発行の仕組み

ビットコインの採掘により、その報酬として採掘者は25ビットコインを入手できます。なお、この報酬額は、一定の期間が過ぎるごとに半減される仕組みとなっています。ビットコインの採掘は、具体的にはビットコインの取引元帳への記録を意味します。

ビットコインの採掘には、強力なコンピュータが必要であり、また複雑な数理プログラムを走らせるためにコンピュータの電力使用量も膨大になり、省電力化のための専用チップも開発されています。また、ビットコインは、電力料金が安い中国等で発掘されることが多いといわれています。

ⅱ　発行限度

ビットコインの発行限度（埋蔵量）は、2140年までに2,100万BTC（Bitcoin）と設定されています。早期に発行限度に到達することがないように、ビットコインの採掘量が増加するに従って、採掘がより困難になるように設定されています。

b　ビットコインの流通

ⅰ　ウォレット

ビットコインを購入するには、「ウォレット」（財布）と呼ばれる口座を開設する必要があります。ウォレットは、長い文字列によるIDで表示されます。2015年9月末のウォレットの数は世界中でみて1,100万となっています[2]。

ⅱ　取引所と販売所

ビットコインの売買を運営する業者には、一般的に取引所と販売所と呼ばれる2種類の形態があります。なお、改正資金決済法では、仮想通貨の売買

または他の仮想通貨との交換等を業として行うことを「仮想通貨交換業」として明確に定義しています（第2章Ⅰ9(3)参照）。
・取引所：内外にいくつかのビットコイン取引所が開設されています。なお、取引所は、交換所と呼ばれることもあります。

　取引所では、顧客同士が売買の発注、取引を行うプラットフォームを事業者が提供します。したがって、証券取引所における株式売買のようにブローカーを通すのではなく、顧客がパソコン等の端末機器を使って直接、取引所に売り買いの注文を出してオークション方式（競り）で取引が成立することになります。

MT GoX 事件

　2011年に設立され最大のビットコイン取引所となっていたMT GoX（マウントゴックス）は、2014年4月に破産しました。このMT GoX事件でビットコインへの信頼が失われビットコインの相場も下落しましたが、これは、ビットコインの基本的な仕組み、とりわけ技術的基盤となるブロックチェーンとはまったく別の理由からの事件であり、画期的な仮想通貨であるビットコインにとっては不幸な出来事であった、ということができます。

・販売所：取引所では、顧客同士の売買取引となりますが、販売所における売買では、顧客のカウンターパーティは販売所を運営している業者となります。このように、販売所での売買は、顧客と業者の相対（あいたい）売買となり、取引所におけるオークション方式による売買に比べると一般的に顧客にとって高い購入価格、安い販売価格となります。

④　ビットコインの使用状況は？

　世界でビットコインを使って決済が可能な店舗は、10万にのぼっており、このうち約7,000のリアル店舗がビットコイン決済を採用しています[3]。たとえば、旅行会社のExpediaでは航空券を、またDellではパソコンをビットコインで買うことができます。また、スターバックスはビットコインにより決済した場合にはコーヒーが20％割引になるといったキャンペーンを米国

で実施して話題となりました。

　一方、日本では、2016年上半期のビットコイン取引高は、780万BTC（4,300億円）[4]、ビットコインでの決済可能店舗は2016年末で4,200店舗で、2017年中にはこの5倍の2万カ所までになるとみられています[5]。

⑤　ビットコインのリスクは？

　ビットコインが持つ主なリスクは、次のとおりです。

a　ネット空間上の仮想通貨であるため、ハッキング等の盗難リスクが存在する。

b　匿名性から、マネーロンダリング、薬物等、違法取引の決済手段に使われる恐れがある。

c　相場の大幅変動のリスクがある。たとえば2013年3月のキプロス危機でビットコインに注目が集まり急騰しましたが、同年12月に中国でビットコインに対する規制が強化されたことから急落、その後も乱高下する等、ボラティリティ（価格の変動度合い）が大きい特徴を持っています。

　なお、2016年、日本最大のビットコイン取引所を運営するbitFlyerと三井住友海上は、ビットコイン事業者向けに、国内初となるサイバー攻撃等によるリスクを包括的に補償する専用保険を共同開発しました[6]。ビットコインの運営事業者は、インターネットをビジネスの基盤とすることから、サイバーセキュリティ対策は重要な経営課題となります。この保険は、サイバー攻撃等によって発生したビットコインの盗難、消失等に対する損害賠償のほか、事故対応に必要となる各種対策費用（見舞金費用・コンサルティング費用・原因調査費用・被害拡大防止費用等）を補償する内容となっています。また、サイバー攻撃による被害の未然防止のために、標的型メール訓練や情報漏えいリスクに関するセキュリティ診断、従業員向けのチェックリスト等のサイバーリスク対策サービスを提供する、としています。

(2) ビットコインの技術基盤のブロックチェーンとは？

ビットコインは、仮想通貨という側面はもとより、その基盤であるブロックチェーンのテクノロジーが、取引データの記録、保持、管理の各面に亘り大改革をもたらす、として注目を浴びています。すなわち、ビットコインはブロックチェーン技術を応用したネットワークプロトコル（通信規約、通信手順）の1つである、ということができます。

このように、ブロックチェーンは、ビットコインに代表される仮想通貨の技術的な基盤として使用されていることで有名となりましたが、たとえば、ブロックチェーン技術は各種の台帳サービス、認証サービス、契約サービス等をアプリとして提供するポテンシャルを持っています。

したがって、FinTechの観点からは、ビットコインの基盤となったブロックチェーン自体が重要なドライバーとなることが期待されます。

なお、このようなブロックチェーン技術の各種分野への活用は、「ビットコイン2.0」と呼ばれています。

また、ブロックチェーンについては、さまざまな技法が開発されていて、その国際標準づくりがISO（国際標準化機構）の専門家委員会で検討されています。この委員会には日本を含む17カ国が委員、17カ国がオブザーバーとして参加しています。

3 ブロックチェーンと既存システムの違いは？

(1) 中央管理機関

ブロックチェーンと既存システムの基本的な相違点をみると（図表3－1）、既存システムでは、すべての取引が中央管理機関を介して行われるという形で、参加者間は中央管理機関を介してつながれています。ここで、中央管理機関とは、銀行、証券会社、クレジット会社等を指します。そして、

図表3-1　中央集中管理型と分散管理型

[中央集中管理型]　　　　　　　　　　　[分散型データベース]

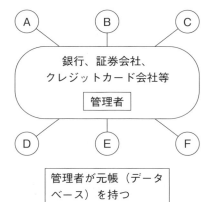
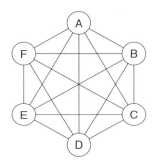

管理者が元帳（データベース）を持つ

peer A、B、C、D、E、F すべてが管理者となり、同一の元帳を持つ

（出所）　筆者作成

　中央管理機関は、自己が管理する取引データについて改ざんや二重取引がないか、正確性をチェックしたうえで、それを記録した台帳を持つことになります。

　このように、各中央管理機関は、自己の顧客の取引データの台帳をそれぞれ持つこととなり、中央管理機関の台帳の内容は、各々異なったものとなります。

(2)　**分散型台帳**

　ブロックチェーンでは、ネットワークにつながった各ノード（コンピュータ）、各 peer は、自分が取引したデータだけではなく、ネットワークにつながっているすべてのノードの取引データを記録した台帳を持ちます。したがって、各ノードがすべて同一の内容の台帳を分散して持つこととなり、これを「分散型台帳」と呼んでいます。こうしたことから、ブロックチェーンは「分散型台帳技術」（Distributed Ledger Technology、DLT）とも呼ばれて

第3章　FinTech のテクノロジー　171

います。そして、取引が発生すると、その取引の正当性がチェックされたうえで、すべてのノードが持つ分散型台帳にその取引が追加記帳される形でアップデートされます。

ところで、既存システムでは、中央管理機関が改ざんや二重取引がないことのチェックを行いますが、一方、中央管理機関が存在しないブロックチェーンではだれが取引の正確性をチェックするかが大きな問題となります。

これは、なんとネットワークにつながったノードを保有・操作する peer（参加者）により行われるのです。後述で詳しくみるとおり、実はこの点がブロックチェーンの大きな特徴となります。

これをビットコインでみると、ビットコインの取引情報は発生した取引をすべて取引台帳としてネットワークにつながっているすべてのノードに分散する形で保存されます。したがって、初めてビットコインの取引が行われた2009年1月からのすべての取引データをネットワークに参加している peer のだれもが無料でみることが可能です[7]。

そして、ビットコインの保有者が、それを決済に使うことによってビットコインの受取人へ移転が行われるといった内容の取引が発生すると、それを取引台帳に追記する必要があります。しかし、その追記を行うためには、当該取引だけではなく一定期間（約10分間）に行われた取引がすべて整合的であるか、正当性のチェックをする作業が必要とされています。すなわち、こうした作業がなされてはじめて正当な取引として承認され、記帳されます。

(3) ブロックチェーン＝台帳

ブロックチェーンでは、ネットワークを介して行われるすべての取引データが各ノード（端末）に保存されます。そして、こうした保存された取引データの履歴のかたまりがブロックであり、ブロックは取引台帳を構成する1ページであるとみることができます。そして、ブロックは時系列につながれていることからブロックチェーンと呼ばれます。ブロックチェーン全体

図表3－2　ブロックチェーンの概念図

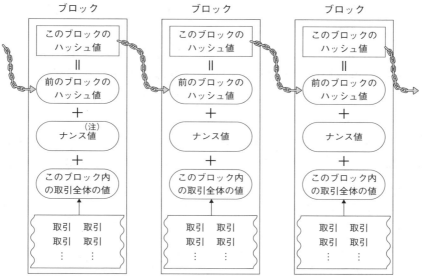

(注)　ナンス（nonce、ノンスともいう）は、任意の値で、ハッシュ値を満たすナンスを見出すために総当たり的に計算を行うことになる。なお、nonce は、number used once（使い捨ての数字）の略。
(出所)　各種資料をもとに筆者作成

は、すべての取引を記帳した総取引台帳であると考えられます。

このように「ブロック」は台帳の１ページであり、「ブロックチェーン」は過去からの取引データをすべて記録した台帳（総元帳）であるということができます（図表3－2）。

4　ブロックチェーンの基本的な仕組みは？

(1)　ブロックチェーンを使った取引例

それでは、ブロックチェーンの基本的な仕組みを、ネットワークを介して

取引が行われるビットコイン等の仮想通貨を例にとってみましょう[8]。なお、後述のとおりブロックチェーンは、仮想通貨以外にさまざまな資産に活用することができます。

① いま、AとBとの間で取引があって、その代金支払のためにネットワークを通じて、中央管理機関（仲介機関）を使わず、直接にA（のパソコン）からB（のパソコン）へ仮想通貨が送られるとします。これは文字どおりのP2Pです。

② P2Pの取引の信頼性を確保するためには、第三者がこの取引は信頼できるものであるという証明をする必要があります。この取引の公正性の内容は、

a 「なりすまし」ではなく、たしかに取引当事者であるという「本人の認証」、

b 取引内容が「改ざん」されていないこと、それに

c 「二重取引」を阻止すること、

の3点です（図表3－3）。

ブロックチェーンのテクノロジーが真に威力を発揮するのは、cの二重取引の阻止ですが、この仕組みについては後述するとして、ここではaとbをみましょう。

図表3－3 なりすまし、改ざん、二重取引のイメージ

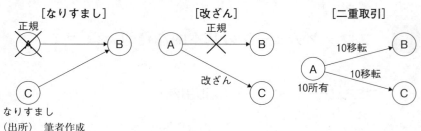

（出所）　筆者作成

(2) 公開鍵暗号方式

aとbについて、取引当事者以外の第三者の証明が必要となりますが、これは暗号化方式のうちのPKIで行われます（暗号化の詳細はⅡ参照）。PKI（Public Key Infrastructure、公開鍵暗号基盤）は、公開鍵と秘密鍵のキーペアから構成される公開鍵暗号方式です。なお、ここで鍵とは物理的な鍵ではなく、暗号化のためのデータを指します。

公開鍵暗号方式は、従来からある共通鍵暗号方式の欠点を補う方式として開発されたものです。そこで、まず共通鍵暗号方式からみることとします。

① 共通鍵暗号方式

暗号化の鍵と復号化のための鍵を同一とする方式です。たとえば、AからBにデータを送信するとします。Aは暗号化に使った鍵を他人に盗まれない方法でBに送信します。Bは、その鍵を使ってAから送信されたデータを復号します。この方式では、鍵の送信途上で、他人によりこれが窃取されるリスクがあります。また、AがB以外にもC、D、……Nにデータを送信する場合には、C、D、……N各々のために鍵を用意して送信する、といった手間がかかります。これでは、インターネット上でデータを安全にやりとりするには不向きです。

② 公開鍵暗号方式

そこで、共通鍵暗号方式の欠点を補うために、公開鍵暗号方式が開発されました。

公開鍵暗号方式は、暗号化の鍵と復号化のための鍵を異なるペアとする方式です。このペアとなる鍵を公開鍵と秘密鍵と呼びます。

たとえば、AからBにデータを送信するとします。Bは公開鍵とそれとペアとなる秘密鍵をつくり、公開鍵をwebサイト等で公開するとともに秘密鍵はBだけが持ちます。この公開鍵と秘密鍵のセットを「鍵ペア」と呼んでいます。したがって、だれでもBの公開鍵を入手することができます。そこで、Aは入手したBの公開鍵でデータを暗号化してBに送信します。それを

受信したBは自分だけが持つ秘密鍵を使って暗号文を復号します。

　これによると、Bの公開鍵を使って暗号化したデータは、Bの秘密鍵でのみ復号できることになります。したがって、第三者がBの公開鍵を入手しても、Bが秘密鍵の管理を厳重にしている限り、暗号化されたデータは安全です。また、A以外のC、D、E……Nのだれでも、Bの公開鍵を入手してBにデータを送信することができます。

　こうしたことから、公開鍵を基盤とするPKIは、インターネット上でデータを安全に送信することができるインフラとして活用されています。

(3) 電子署名

　取引の公正性を検証する方法には、PKIに加えて、電子署名を活用します。

・改ざん阻止、本人確認

　　データの送信者は、データに電子署名（デジタル署名）をします。そして、公開鍵でその電子署名だけを読めるようにします。これにより、取引データ自身は公開鍵で読むことができないことから取引データが改ざんされることを阻止し、また、電子署名は公開鍵によってだれでも確認することができることから、その署名により取引データが送信者本人からのものであることを確認することができます。

　　すべての取引データは電子署名に紐付けられており、だれがデータを書き込んだのかを過去にさかのぼってすべて追跡することができます。このように、電子署名によりデータの内容は絶対に保証されていて、改ざんされる余地をなくす効果を発揮しています[9]。

　以上の公開鍵暗号方式や電子署名は、ブロックチェーンが開発される前から存在した技術です。

5　二重取引の阻止とは？

　ビットコインを提案した中本哲史氏は、論文の冒頭に「この論文ではP2Pにおける二重支払問題を解決する方法を提案する」と記述しています[10]。このように、中本論文のポイントは、まさしく「二重取引」の阻止にいかなる技術を活用するかにあります。

　仮想通貨にせよその他の資産にせよ、インターネット上で取引されるとなれば、二重取引をいかに阻止するかが大きな問題となります。たとえば、AからBへとデータ送信の形で資産の所有権が移転したとしても、同じ資産（データ）をAがCに移転する、といった二重取引を行っているかもしれません。

　そこで、取引が行われる都度、参加者全員のノードにその内容が同じタイミング（同期）で通知され、参加者によってこの正当性が承認されたうえで台帳に記帳するという形で、二重取引を阻止する分散管理の考え方が導入されています。こうした分散管理は、従来の中央管理に対峙するコンセプトです。

・ブロックチェーンによる二重取引の阻止

　　分散管理による二重取引の阻止にブロックチェーンの技術が使用されます。分散管理という以上、中央管理機関のように特定の機関が取引の正当性を証明するのではなく、ネットワークでつながっている参加者（ノード）がこれを証明することになります。ここでのポイントは、
① 　具体的に、どのような手法でその取引が二重取引ではない、との正当性を証明するのか、
② 　ネットワークでつながっている参加者が正当性を証明するといっても、多くの参加者がいてそのなかでだれが証明するのか、
の2点です。

① 正当性の証明手法

どのように証明するのか？

一般的に、資産の移転取引は、A⇒B⇒C⇒……N、というように、1つの資産が転々と所有主体を変える形で行われます。そして、新たな取引の正当性の証明は、正当に成立した「前の取引」からたしかに引き継がれて「新たな取引」が成立したということを証明することになります。

そして、前の取引に「印」をつけて、それが次の新しい正当な取引に引き継がれることにより正当性が証明されます。なお、一般的には単一の取引ではなく複数の取引をまとめて証明することで、証明の手数が軽減されています。

この印には、「ハッシュ関数」という技術が使用されます。ハッシュ（hash）は細切れにするという意味ですが、ハッシュ関数はなんらかのデータ（メッセージ）が入力されるとなんらかの数値が出力されるという関数です。したがって、ハッシュ関数は、「メッセージダイジェスト関数」と呼ばれることもあります（ハッシュ関数の詳細はⅡ2参照）。

入力されるデータは数値化できるものであれば文字でも画像でも音楽でもよく、またどれだけボリュームの大きなデータを入力しても出力される数値は一定の長さです。この出力された一定の長さを「ビット長」といいます。

もっとも、ハッシュ関数にはいくつかの種類があり、その種類ごとに出力される数値の長さは異なっています。そして、ハッシュ関数から出力される数値を「ハッシュ値」とか単にハッシュ、またはメッセージダイジェストと呼んでいます。

なお、ビットコインに使われているハッシュ関数は、SHA-256です（SHAはSecure Hash Algorithmの略）。SHA-256から出力されるビット長は、256bit長でこれを16進数文字列で表記すると全部で64文字となります。

ハッシュ関数は、ハッシュ値から入力された元のデータを容易に遡及、復元できないように設計されています。そして、A⇒B⇒C⇒……N、というように取引が連鎖して、ハッシュ関数を持ったブロックが作成されて、次々

とチェーンのようにつながることから「ブロックチェーン」と呼ばれます（図表3−2）。

② 正当性の証明主体

だれが証明するのか？

それでは、第2のポイントであるこの正当性はだれが証明するか、をみましょう。

取引が行われると、その取引内容はネットワークに流れて、すべての参加者がその取引データを持つことになります。ブロックチェーンの本質は、中央管理者が存在しない分散管理であることから、ネットワークに参加しているだれもが、新たな取引データが正当であるかどうかを検証することができる立場にあります。しかし、参加者になんらかのインセンティブを与えないと、あえて他人が行った取引の正当性を証明する参加者が現れることにはなりません。

a　proof of work

この取引の正当性を証明する作業を"proof of work"と呼んでいます。そして、proof of work をどれだけ難しくするかのあんばいは、まさしくブロックチェーンをどのような目的で使うかによって設定されます。

proof of work の文字どおりの意味は仕事をしたことの証明ですが、この仕事の内容はコンピュータによる計算で問題を解くことであり、その問題に前述のハッシュ関数が使用されます。そして、このハッシュ値に一定の制約をつけることによって証明をあえて困難なものとします。したがって、proof of work の work は、コンピュータの力を借りて行うことになり、参加者は競って証明に成功しようと高性能のコンピュータを稼働させることになります。

なお、ビットコインの proof of work は、総当たりの試行を繰り返さなければならないように設計されていることから膨大な計算量が必要となり、大量の電力を使用して大容量のコンピュータを稼働させなければ不可能です。ビットコインでは proof of work の報酬はビットコインで支払われ、それに

よってビットコインの発行量が増加する仕組みとなっています。そして、報酬を得るために競って取引データの承認を行うことを採鉱になぞらえてmining、参加者を鉱夫になぞらえてminerと呼んでいます。いまや、世界中で多くの参加者が競ってビットコインを手に入れようと、日夜miningに勤しんでいる状況にあります。ここから、ビットコインの信用は、こうしたminerによって維持されている、ということができます。

b　proof of stake＝proof of workの代替（オルタナティブ）

ネットワークの参加者はだれでもproof of workの作業ができることから、悪意の参加者によるサイバー攻撃の恐れがあります。また、proof of workは、総当たりでの作業となりますからおのずからエネルギーと時間を要することになります。そこで、proof of workに代替するいくつかの案が考えられています。ここでは、その代表例のproof of stakeをみることにします。

stakeの文字どおりの意味は、持ち分であり、proof of stakeは、対象資産（ビットコイン等）を多く持つ参加者ほど、ブロックの承認をすることができる仕組みとなっています。これによれば、proof of stakeの作業を行うことができる参加者は絞られることになります。また、悪意でproofに参加するためには、対象資産をそれだけ多く持つ必要があるために、サイバー攻撃が行われるリスクも低減することになります。

しかし、このproof of stakeも欠点を持っています。それは、proof of stakeの参加者であり続けるために対象資産をため込む（hoarding）傾向が強まることです。そこでproof of stakeに手を加えて、対象資産の売買の頻度（取引の回転率）が低い対象資産ほど価値を低減化させるというproof of stake velocityといった案も開発されています。ここでvelocityは、流通速度を意味します。

c　ブロックとブロックチェーン

取引件数が多いと各取引をその都度、証明することは大変ですから、一定の取引量をまとめて取引の正当性の証明を行います。そして、この証明に成

功した参加者は、取引データが正当であるとして記帳するとともに、それを他の参加者にオープンにします。

したがって、ネットワークに接続されているすべてのノードがこの取引データを保持することになります。これにより作成される取引データがブロックと呼ばれるものです。

すなわち、前述のとおりブロックは正当性が証明された複数の取引データが一定期間ごとにまとめられて記録された元帳の1ページともいうべきデータベースです。なお、ビットコインでは、約10分の間に行われた取引を1つのブロックにまとめる設計とされています。しかし、ブロックは必ずしも取引群であるとは限らず、1件の取引にすることも可能です。

そして、1つのブロックが形成されると、次の新しいブロックに移るというように次から次へとブロックが形成され、それが時系列的に結ばれることから「ブロックチェーン」と呼ばれています。すなわち、ブロックチェーンは、時系列的につながった一連のデータベースです。

6 ブロックチェーンの特徴は？

ここで、ブロックチェーンの特徴を整理しておきましょう。

(1) オープンソースによる不正取引の阻止

一般的に、取引情報は集中管理が行われ、これによって取引情報の改ざん等が防止されて、取引の正当性が担保されています。

しかし、ブロックチェーンの基本的な仕組みは、取引情報がネットワーク参加者に分散されて記録、統治されるオープンソースの形をとることから、中央集中管理の必要はなくなります。ここで「オープンソース」とは、ソースコード（ソフトウェアのプログラム）を無償で一般公開することをいいます。

そして、ブロックチェーンでは、取引データが改ざんされていないか、また、資金決済を行う主体が同じ資金を二重に使用していないか等の不正行為

のチェックを確実に行うことができるシステムとなっています。このチェックは、コンピュータによる演算処理により実施されます。

こうしたシステムは、取引履歴であるブロックがネットワークを通じてすべてのネットワークの参加者のノードにオープンとなり、データの分散管理が行われるという仕組みから成り立っています。

(2) スピーディーな取引執行

ブロックチェーンでは、複製された分散台帳は迅速にアップデートされることになります。したがって、既存のシステムでは数日かかる送金時間も、ケースによっては分単位、秒単位まで短縮することが可能となります[11]。

(3) 低コストでインフラ構築が可能

ブロックチェーンには、大量の取引データを記録、管理するコストを大幅に削減できるメリットがあります。

これまでの伝統的な中央集中管理型の仕組みでは、データを中央集中管理するために高価なハードウェアを具備する等、多大のコストと手間をかけて巨大で堅牢なシステムを構築、維持する必要があります。すなわち、伝統的なシステムでは、サーバのダウンに備えるために予備のサーバを持つサーバの冗長化とか、ハードディスクのクラッシュに備えるために同じデータを書き込むストレージ（データを保存する記憶装置）の冗長化等を行う必要があり、このための維持コストも高くなります。ここで「冗長化」（redundant）とは、コンピュータの故障やアクセスの集中による負荷の増加等からたとえシステムの一部がダウンしても、サービスを止めることなく運用の継続ができるように、予備設備や装置を常時用意する措置を講じることをいいます。

しかし、ブロックチェーンでは、ネットワークに接続している各ノードが分散管理を行うために、システムは自動的に冗長化されることになり、堅牢なインフラ環境を構築する必要はありません。すなわち、各ノードが同一の取引データを持つことになり、したがって、コストをかけてハードウェアの

冗長化やバックアップの手当てを行う必要がありません。

(4) 堅牢性に優れている

ブロックチェーンによるシステムは、低コストでありながらきわめて堅牢である、というメリットを持っています。これは、2つの意味で堅牢であるということができます。

第1は、データが不正に改ざんされにくい仕組みとなっていることです。取引データの正当性の担保はデータを管理するうえで最も重要なポイントであり、この点がブロックチェーンの大きな特徴となっています。

ブロックチェーンは、ネットワークに接続された端末が一定のルールのもとで取引データの検証を行って、取引の正当性を担保する仕組みとなっています。

中央集中管理の仕組みのもとでは、常に外部からのサイバー攻撃の防御に万全を期する必要があります。しかし、ブロックチェーンは、公的機関や金融機関等による仲介や認証がなくても、多くの管理者によって取引データが守られていることから、データを不正に改ざんすることがきわめて困難な仕組みとなっています。

第2は、システムの堅牢性です。前述のとおり、中央集中管理の仕組みのもとでは、システムを障害から守って常に安定稼働するよう冗長化を図る等、その維持に多大なエネルギーを費やす必要があります。しかし、ブロックチェーンは、たとえネットワークに接続されているノードのなかの一部がダウンしたとしても他のノードで情報管理を行うことから、安定的なシステム稼働を維持することができます。このメリットを極端なケースで想定してみると、ネットワークに接続されているノードのほとんどが停止したとしても、少なくとも1台のノードが稼働している限り、取引データは保持、管理され続けることが可能です。ちなみに、ブロックチェーンを技術基盤としているビットコインの取引は、2009年の取引開始以来、今日まで無停止状態を継続しています。

7 パブリック・ブロックチェーン、完全プライベート・ブロックチェーン、コンソーシアム・ブロックチェーンとは？

　前述の例では、取引データはネットワークに接続されているすべてのノードにオープンとなり、不特定多数の人に開示されるケースをみてきました。しかし、ブロックチェーンのつくり方次第で、データにアクセスできるメンバーを自社グループ内とか特定の複数企業といったように許可された参加者に限定することも可能です。

　そして、前者のだれでもデータにアクセスできる方式を「パブリック・ブロックチェーン」、後者の限定した参加者にする方式を「プライベート・ブロックチェーン」とか「許可型ブロックチェーン」と呼んでいます。パブリック・ブロックチェーンの代表例が、ノードを持つだれもが参加可能として公開されているビットコインです。

　また、管理者が単独か複数かにより、プライベート・ブロックチェーンは、「完全プライベート・ブロックチェーン」（1企業内のブロックチェーン。intra chain ともいう）と「コンソーシアム・ブロックチェーン」（複数企業が参加するブロックチェーン）に分類されます（図表3－4）。たとえば、複数の金融機関により共同運用されるブロックチェーンは、コンソーシアム・ブロックチェーンに分類されます。

　ブロックチェーンは、さまざまな取引に活用できるポテンシャルを持っていますが、取引内容や参加者次第で、どのプロトコルのつくりにするかを選択することができます。

図表3－4　ブロックチェーンのタイプ

	パブリック・ブロックチェーン（public blockchains）	コンソーシアム・ブロックチェーン（consortium blockchains）	完全プライベート・ブロックチェーン（fully private blockchains）
取引の参加者	許可なくだれでも参加可能（permission-less）	管理者によりあらかじめ限定（permissioned blockchain）	1社（自社内のノード）（permissioned blockchain）
管理者	なし（完全非中央管理型）	複数の管理者（部分的非中央管理型）	1社
ブロックの承認参加者	だれでも可能	管理者によりあらかじめ限定	1社
取引情報の公開	ネットワーク参加者全員に公開	管理者により限定された参加者だけに公開	自社内のノードにのみ公開
ブロックの承認	不特定の参加者のマイニングによる	あらかじめ許可された参加者による承認	自社による承認（内部チェック的なもの）
ブロックの承認の厳格性	proof of work、proof of stake により厳格に実施	管理者の利用目的により厳格性を調整	管理者の利用目的により厳格性を調整
ブロックの承認の所用時間	概して長くかかる（ビットコインでは10分）	短時間（数秒）にすることが可能	短時間（数秒）にすることが可能
所与の時間内における取引処理量	概して少ない	大量にすることが可能	大量にすることが可能

（出所）　Vitalik Buterin "On Public and Private Blockchains" 2015.8.7等をもとに筆者作成

8 金融・証券業界がブロックチェーンを活用するタイプは？

　金融機関がブロックチェーンを活用する場合には、完全プライベート・ブロックチェーンかコンソーシアム・ブロックチェーンのほうを選択することになると考えられます。すなわち、金融機関はマネーロンダリング（マネロン）や詐欺行為等の不正取引を行う者を排除する必要があります。したがって、金融機関が扱う取引には、だれでもネットワークを通じて参加できるといったパブリック・ブロックチェーンはなじみません。さらに、だれでも参加可能とした場合には、秘匿性が必要な取引データが外部にさらされるとか、外部からの攻撃リスクを受けやすい、といった問題もあります。

　また、パブリック・ブロックチェーンを採用するとした場合には、取引の承認に時間がかかることや、取引の承認作業を行う参加者にインセンティブを持たせるために手数料を支払う、といったことも金融機関にとっては支障になると考えられます。

　すなわち、パブリック・ブロックチェーンでは、ビットコインのように取引承認のインセンティブを与えるために mining に成功した miner にビットコインを報酬として与えていますが、金融機関がブロックチェーンを活用する場合にはこのようなインセンティブは必要ありません。なお、インセンティブで与えられるビットコイン等はトークン（token）と呼ばれており、したがって、金融機関のブロックチェーン活用においては、トークンレス・ブロックチェーンとなります。

　金融機関がコンソーシアム・ブロックチェーンを活用する場合には、たとえば15の金融機関のコンソーシアムを形成してそのうち10の金融機関が承認すればそのブロックは正当なものと認められるといった形にすることが考えられます[12]。また、ある金融機関が管理するネットワーク上で指定した顧客（ノード）のみが参加できる完全プライベート・ブロックチェーンを構築す

ることもできます。

●事例：mijin

　技術開発や技術コンサルティング等のテクノロジービジネスを展開するテックビューロ社は、ブロックチェーン技術をプライベートP2Pネットワークとして利用できる汎用プラットフォームを開発して、これをmijinと名づけました。プライベート・ブロックチェーンのmijinは、既存のデータ管理インフラの常識とコスト構造を微塵に打ち砕くほどのインパクトを持つとの意味を込めて名づけられたものです。同社では、mijinは単なるデータベース用途ではなく、計算処理や決済、アセット管理、情報管理、契約執行に活用することが可能であるとしています。

　なお、同社は2018年までに金融機関のインフラコストを10分の1未満に削減することをミッションとして掲げています。

9　金融・証券業界によるブロックチェーンの活用とセキュリティは？

　金融・証券業界によるブロックチェーンの活用対象としては、決済、送金、融資、証券取引の記録・管理、保険等と幅広い分野が考えられます。

　以下では、まずブロックチェーンを各種契約の分野に活用するスマートコントラクトについて概観した後、金融機関の決済・送金ビジネスと証券業界の取引、清算ビジネスへの活用、およびそのセキュリティをみましょう。

(1)　スマートコントラクトとブロックチェーン

①　スマートコントラクトとは？

　ブロックチェーンの技術を各種の契約に活用する形として「スマートコントラクト」（smart contract）があります。スマートコントラクトは、あらかじめ契約内容と、どのようなイベントが発生した場合に契約が執行されるかを当事者間で決めておいて、その執行条件に合致したイベントが生じると、

自動的に契約が執行され決済まで行われる、という契約をいいます。

　ブロックチェーンを活用したスマートコントラクトでは、当事者が契約の事前定義を記述したプログラムをブロックチェーンの分散台帳に記入することにより、イベント発生→契約執行→決済がすべてプログラムによって実施されることになります。また、契約期間中にイベントが発生しないときには自動的に執行等が停止されます。こうしたことから、スマートコントラクトは、プログラムコントラクト（programs contract）と呼ばれることもあります。

　たとえば、社債の発行企業が、クーポンの金額、支払日、支払先等を記述したプログラムを分散台帳に記入すれば、期日が到来すると自動的にクーポンの支払が行われる、といった具合です[13]。

　仮想通貨では、分散台帳により仮想通貨の所有権の移転を管理するという機能にブロックチェーンの技術が活用されています。

　これに対して、スマートコントラクトでは、分散台帳によりイベント発生時に事前に定義した契約内容を執行して決済まで行う、という契約の執行機能にブロックチェーンの技術が活用されています。このように、スマートコントラクトは契約の事前定義を明確にプログラム化することが前提であり、したがって、契約の内容自体が解釈の仕方いかんにより異なる余地があるような複雑な契約には必ずしも適合しない可能性があります。

　時価総額でみてビットコインに次いで第2位の仮想通貨であるEther（イーサ）の取引プラットフォームのEthereum（イーサリアム）は、ブロックチェーンにスマートコントラクトを記述することができる自由度の高いプログラミング言語を持っています。

　スマートコントラクトは、ブロックチェーンの技術基盤を使用することから、スマートコントラクトが持つ特徴は、基本的にブロックチェーンが持つ特徴を反映したものとなります。

　すなわち、スマートコントラクトは、中央集中管理ではなく分散管理となり、契約当事者が仲介者を介さずダイレクトに取引を行うP2Pの形をとる

ことから、決済期間の短縮やコスト削減、それに分散管理による契約の改ざん等の不正防止、当事者の契約履歴がブロックチェーン上に保存されることによる透明性の向上、等の特徴を持っています。

スマートコントラクトは、さまざまな産業界での活用が考えられますが、金融・証券業界では、株式・債券の発行、配当・金利の支払、決済、デリバティブ契約など契約を伴う取引活動の幅広い分野への適用を考えることができます。

② UBSによるスマート債券の実証実験

2016年、スイスを本拠地とするUBSは、スマートコントラクトによる実証実験を「スマート債券」(smart bond) の名称を付した債券を対象に行っています[14]。この実証実験は、Ethereumのプラットフォームを使って債券の発行、クーポンの計算、クーポンの支払、満期における元利金支払等のプロセスをプログラム化したアプリを作成して実施されました。これにより、プレトレードにおいてもポストトレードにおいても仲介機関の手を借りることなく、債券発行主体と投資家との間の情報と資金の流れがブロックチェーンのソフトウェアによりすべて自動で処理されました。

この実験においては、債券発行主体と投資家との間での価値の移転のために仮想トークンをつくる必要がありますが、UBSではこれをBondCoinと呼んでいます。このBondCoinは、一般の仮想通貨のように需給等により価値が変動することはなく、法定通貨に価値がリンクしたものです。

UBSでは、この実験によってスマートコントラクトの持つ機能と、実務への適用可能性を実証することができ、とりわけ清算・決済業務では、決済リスクと運用コストが削減された一方、業務処理が迅速で、効率的、かつ透明性が高いというブロックチェーンの特徴が発揮され、顧客、規制当局、それに金融機関のいずれにも利便性をもたらす可能性があることが確認できた、としています。

(2) 金融機関の決済・送金ビジネス

① 金融機関のブロックチェーン活用により想定されるメリット

ブロックチェーンが持つ特徴は、金融機関の決済・送金ビジネスにブロックチェーンを活用することができるポテンシャルがあることを示しています。具体的には、すべての参加者のノードで台帳が複製されることから整合性に欠ける取引を容易に発見できるほか、所有権の確認によって二重支払を確実に防止することができます。また、プロセス時間が短縮され、それによるリスク削減から決済の安定性を確保することが期待できます。

もっとも、分散型台帳の作成を主要な技術とするブロックチェーンを実務に採用した場合には、長年続けてきた既存のシステムを完全に変更するパラダイムシフトをもたらすことになり、この活用の可能性の検討には、さまざまな角度からの掘り下げた分析と十分な実証研究が必要となります。

② ブロックチェーン技術の活用可能性と課題に関する検討会の検討結果等[15]

金融界では、2016年12月に全銀協が事務局となって「ブロックチェーン技術の活用可能性と課題に関する検討会」を立ち上げて検討した結果、ブロックチェーン技術の実際の業務への活用に向けては、技術面、ビジネス面、法制度面においてクリアすべき課題があるほか、関係者が連携して課題解決に向けて取り組む必要のある論点も想定される、としています。そして、官民連携した具体的な取組みを「ブロックチェーン官民連携イニシアティブ」として提言しました。

検討会による提言の概要は、次のとおりです。

ⅰ 銀行界における「ブロックチェーン連携プラットフォーム」(仮称)の整備

ブロックチェーン技術/DLT(分散型元帳技術)の活用可能性の検討が、個別行の検討から銀行間のコンソーシアム型の検討に移りつつあることを踏まえれば、銀行界を中心に連携・協働型の実証実験環境として「ブロックチェーン連携プラットフォーム」(仮称)の2017年度中を目途とした整備に

向けた検討を進めることが期待される。
ii 国際的な標準規格への対応戦略

銀行界における「ブロックチェーン連携プラットフォーム」(仮称) の整備に向けては、国際的な標準規格をめぐる動向や各基盤の特徴にも留意しつつ、ふさわしいブロックチェーン技術/DLT 基盤を検討・選定のうえ、取組みを先進的に進めていくことが期待される。

iii 金融インフラにおける活用可能性の検討

でんさいネットシステムや全銀システム等の金融インフラについては、将来的なインフラの改善やコスト低減等の可能性を見据え、先取的に活用可能性の検討をスケジュール感を持って進めていくことが重要である。

iv ブロックチェーン技術/DLT の活用に向けた関係当局との連携

実用化を目指した実証実験を行う場合、開発するプログラムや仕組み、ビジネスルール等は、最終的な法制度への準拠も視野に検討を進めていく必要がある。関係当局においては、ブロックチェーン技術/DLT の実用化に向けた民間の取組みを後押ししていくことが期待される。

v ブロックチェーン技術/DLT の活用に向けた中央銀行との連携

中央銀行においては、決済の安全性確保や効率性向上等の視点を踏まえ、金融インフラ等へのブロックチェーン技術/DLT の活用の取組みについて、銀行界等と対話していくことが期待される。また、ブロックチェーンをめぐる国際的な議論の動向を銀行界等に随時還元していくことが期待される。

vi 安全対策基準の適用関係に関する整理

情報セキュリティ関連機関においては、安全対策上の責任面および技術面から、実証実験の動向やユースケースの出現状況等を睨みながら、ブロックチェーン技術/DLT に係る調査・研究を進めるとともに、改訂が予定されている新たな安全対策基準を前提に、その適用関係 (解釈・運用) を整理することが期待される。

vii ブロックチェーン・コミュニティの形成

IT 事業者、ブロックチェーン関係団体/事業者、学者・研究者、関係当

局等の幅広い関係者に、銀行分野における活用上の課題について理解を促し、課題解決や実用化に向けた更なる研究、技術開発等を促していく必要がある。

全銀協は、この提言の i を踏まえて「ブロックチェーン連携プラットフォーム」（仮称）の整備に向けた基本構想を決定、公表しています。それによれば、基本構想の目的とするところは、FinTechベンチャーやIT事業者、他の銀行等と銀行が連携・協働し、ブロックチェーン技術/DLTを活用した新たな金融サービス等を開発するための試行・実証実験の容易化や、銀行業界全体でのブロックチェーン技術/DLTに関する知見の共有・蓄積等にある、としています。

そして、基本構想の骨子は、連携・協働型の実証実験環境として、ブロックチェーン連携プラットフォーム（仮称）を整備すること、同プラットフォームはIT事業者等を別途選定のうえ全銀協とIT事業者（パートナーベンダー）との基本契約に基づき当該パートナーベンダーから提供を受けること、プラットフォームの利用資格は全銀協正会員および準会員、全銀ネット、でんさいネット、こうしたメンバーと連携・協働する国内外の企業とすること、実証実験の成果については銀行界全体での知見の共有・蓄積を目的として可能な範囲で会員各行との概略等の共有を原則とすること、等とされています。

③ ブロックチェーンのセキュリティ

日本銀行主催のFinTechフォーラムでは、インターネット・バンキングのうち、自行内に閉じた口座振替処理にブロックチェーンを適用するとした場合のセキュリティの検討に関する報告が行われています[16]。

それによると、一般的にITのセキュリティ要件には、セキュリティのCIAとも呼ばれる機密性（confidentiality）、完全性（integrity）、可用性（availability）の3要素がありますが、ブロックチェーンのセキュリティを検討する場合にもこの3要素が重要となる、としています。また、保護対象資産は、台帳とトランザクションです。

そして、想定モデルとしては、すべてのノードを金融機関の施設内に設置する金融機関管理型のモデルと、センタノードを金融機関の施設内に置き、他のノードはすべて外部に設置する外部業者管理型のモデルが考えられます。

図表3－5　ブロックチェーンのセキュリティ要件（金融機関管理型）

分類			セキュリティ要件	要件の充足例（留意点）
機密性	ノード上の機密性	認証	利用者認証 ノード間での認証	クライアント証明書による認証等 VPN等によるノード間の安全な接続
		認可	台帳へのアクセス制御	ノードのプログラムによる一元管理
	通信経路上の機密性		通信経路上のデータの暗号化	SSL/TLSによる暗号化等
完全性	台帳の完全性		台帳の改ざんの防止・検知	ノードへの適切なパッチ適用等
			ノード間での台帳の不整合の解消	ノード間での台帳の内容の調整
	トランザクションの完全性		トランザクションの正当性確認	トランザクションの署名の検証
			取引認証	（実装に向けた検討が望まれる）
可用性	台帳の消失防止		（ノードでの）台帳の消失防止	台帳の定期的なバックアップ取得等
			システム全体における台帳の消失防止	ノードの地理的分散配置等
	大規模被災への対策		広域被災時等におけるサービスの継続	

（出所）　宇根正志「セキュリティの観点からみた分散型台帳技術」第3回FinTechフォーラム（2017年2月28日）資料、日本銀行金融研究所情報技術研究センター2017.2.27、pp11-13をもとに筆者作成

このうち、金融機関管理型のモデルのセキュリティ要件についての留意点は、図表３－５のとおりです。

また、外部業者管理型では、外部業者の施設活用によって可用性が向上する可能性がある一方、外部業者からの台帳へのアクセスの制御が機密性の観点から主な留意点となります。

(3) 証券業界の取引・決済ビジネス等

① ブロックチェーンの活用により想定されるメリット

証券取引の照合、決済は、現在、取引所と証券会社、金融機関、投資家との間で実施され、清算機構（クリアリングハウス）が取引の整合性を確認したうえで清算の後、決済金額を連絡、決済される、といったプロセスをとっています。

これに対して、ブロックチェーンを活用した場合には、分散台帳システムによって取引の照合、清算、決済を透明性を確保しながら効率的に行うことができます。

こうしたブロックチェーンの証券取引の照合、決済への活用により、二重取引の回避や取引の整合性の確保、透明性の向上を図ることが可能であり、この結果、取引の正確性の向上と効率的な事務処理、事務コストの削減を期待することができます。

② 日本取引所グループによる実証実験とその評価

日本取引所グループでは、2016年に社内で研究チームを立ち上げ、分散型台帳技術の金融市場インフラへの適用可能性について調査・分析を実施し、また、2016年４～６月にかけて行った２つの実証実験を通じて証券市場における発行・取引・清算・決済・株主管理といった一連のプロセスの分散型台帳技術上での実現可能性について技術評価を行いました[17]。その結果はワーキング・ペーパーとして公表され、分散型台帳技術を金融市場インフラに適用した場合、いくつかの課題があるものの、新たなビジネスの創出、業務オペレーションの効率化およびコストの削減等に寄与する可能性が高く、金融

ビジネスの構造を大きく変革する可能性を持つ技術であることがわかった、としています。

　すなわち、分散型台帳技術をインフラ技術としてみた場合、可用性の高さ、改ざん不可能、障害時のデータ復元が容易、相対的に低コスト、といった諸点はきわめて魅力的であり、また、こうした技術的な特性に加えて分散型台帳技術の導入を契機としてビジネスプロセスの見直しを行うことにより、金融サービスの革新や業界全体として大幅なコストの削減が実現する可能性がある、と評価しています。

　一方、このワーキング・ペーパーでは、次のようにいくつかの課題が取り上げられています。

a　売り注文と買い注文をマッチングさせる証券業務では、注文を集中処理するほど最適価格を見つけやすいという業務の特性から、分散型台帳技術による分散ネットワーク上での処理というアーキテクチャーは基本的に親和性が低い。もっとも、相対取引では競争売買の要素が少ないことから分散型台帳技術で処理することも可能であり、また、関係者間での照合プロセスは有望なユースケースとなりうる。

b　金融市場インフラに対する分散型台帳技術の適用を検討する際にはトランザクションの処理性能が大きな課題となる。すなわち、特に上場株式市場の売買のようにトランザクションが多い処理への適用は課題がある一方、リアルタイム性が必ずしも必要とされないポストトレード分野に限定することや、トランザクション数が相対的に少ない相対取引の分野を適用対象とすれば、現状の分散型台帳技術の処理性能でも一定程度の要件充足は可能である、と考えられる。

c　コンソーシアム型分散型台帳技術を利用する場合には、全取引情報が含まれた台帳を複数金融機関で共有することとなり、ノード所有者であっても自社以外の取引情報はみられないという秘匿性要件が満たされないと、共有型インフラとしての利用は進まないと考えられる。

10 金融機関によるブロックチェーン活用に向けてのプロジェクトは？

(1) R3コンソーシアム

2015年、米国のFinTechベンチャーのR3CEV社は、世界の大手金融機関と提携して、ブロックチェーンを金融分野で活用するフレームワークを構築する、と発表しました[18]。

このR3コンソーシアムは、世界の金融機関から構成されるワーキンググループで、ブロックチェーンを既存のシステムと統合させて金融機関の業務の効率化に取り組む目的を持って結成されたものです。そして、セキュリティ、信頼性、効率性、スケーラビリティ（拡張性）、可視性の観点からブロックチェーンやその派生技術の活用に向けた技術検証や業界標準規格化作業等を実施、その情報の共有を行って金融機関のための共有プロトコルの開発を行う、としています。

R3コンソーシアムの発足当時のメンバーは、バークレイズ、BBVA、コモンウェルス銀行、クレディ・スイス、ゴールドマン・サックス、JPモルガン・チェース、ステート・ストリート銀行、RBS、UBSの9行でしたが、2017年2月現在で参加メンバーは77社にまで増加しています[19]。

日本からは、みずほ銀行、三菱東京UFJ銀行、三井住友銀行、野村ホールディングス、大和証券ホールディングス、SBIホールディングス、トヨタフィナンシャルサービスがこのコンソーシアムに参加しています。なお、ゴールドマン・サックスとスペインのサンタンデール銀行は、2016年にR3コンソーシアムから脱退した、と伝えられています[20]。

(2) Hyperledgerプロジェクト

Hyperledgerプロジェクトは、当初、Open Ledger Projectとしてスター

トしたプロジェクトが2016年2月に改名したもので、オープンソースのOSを運営するLinux Foundationが中心となって、オープンソースのブロックチェーンを開発するために組成されたプロジェクトです。

　このプロジェクトには、IBM、富士通等の大手IT企業がメンバーとして参加、特にIBMは、ブロックチェーンの技術協力のために大量のコードを提供しています。また、日本のブロックチェーンベンチャーのソラミツ株式会社もプロジェクトネーム「いろは（Iroha）」としてコードを提供、参入しています。

　そして、三菱UFJフィナンシャル・グループ、JPモルガン・チェース、ウェルズ・ファーゴ、ANZ銀行、ドイツ証券取引所、ロンドン証券取引所等の金融・証券関係のほか、上述のR3がメンバーとなっています。

　このプロジェクトでは、堅牢な取引プラットフォームやアプリ等を構築できるよう、ブロックチェーンを強固な基盤技術とすることを目的としています。

　また、Hyperledger Fabricは、Hyperledgerプロジェクトによって設計、開発されているブロックチェーン基盤の1つで、さまざまなビジネスのユースケースに活用されることを主な目的にしています。

(3) 内外為替一元化検討に関するコンソーシアム

　2016年、SBIホールディングスと、その子会社でブロックチェーン技術を活用した次世代決済基盤をアジア地域で展開するSBI Ripple Asiaは、地域金融機関やインターネット専業銀行等とともに、国内外為替の一元化検討に関するコンソーシアムを構築しました[21]。

　このコンソーシアムでは、ブロックチェーン等の技術を活用することにより内国為替と外国為替を一元化した24時間リアルタイムでの送金インフラ構築を目指し、国内外為替にあたって必要となる業務に関して技術・運用の両面での議論を重ねたうえで、コンソーシアム参加銀行を中心に実証実験を行いました。この結果、内外為替を一元的に扱う決済プラットフォームが

POC環境で動作することが確認された、としています。なお、POC（Proof of Concept、概念実証）とは、新たな技術等の実用可能性についての試行をいいます。コンソーシアムでは、今後、商用利用に向けた各種の活動を行っていく方針です。このコンソーシアムには、発足時点で地域金融機関やインターネット専業銀行等を含む42行が参加しましたが、2017年3月時点で参加行は60近くまで増加しており、今後とも継続的に参加申込みを受け付ける、としています。

(4) 貿易金融にブロックチェーンを適用する実証実験

2016年、静岡銀行、オリックス、NTTデータは、貿易金融を対象にしたブロックチェーン適用に関する実証実験を実施した、と発表しました[22]。現在の貿易金融における信用状（Letter of Credit、L/C）の取引は、輸出者、輸入者、銀行等と取引関係者が多く、また郵送やeメール等の手段による事務手続に時間を要することが課題となっています。

この実証実験では、ブロックチェーン技術の特徴の共通台帳の分散管理機能を活用することにより取引関係者が情報を同時に共有することとなり、信用状取引における事務手続の時間の大幅短縮等が可能であることが確認できた、としています。たとえば、信用状発行から輸出者へ情報が届くまでに電子通知を利用する場合でも数日程度を要するところ、ブロックチェーンを活用すると最短でわずか数分で情報を閲覧することが可能となることが実証されました。

また、信用状だけではなく、インボイス、船荷証券などの船積書類をブロックチェーン上で同時共有することで、貿易金融業務全般においてブロックチェーン技術のメリットが享受できる可能性を見出すことができた、としています。

また、三井住友銀行と日本IBMも、貿易分野におけるブロックチェーン技術の適用可能性に関する実証実験を2017年2月に開始しました[23]。三井住友銀行では、この実証実験により、輸出入に必要な貿易関連の書類の電子化

と迅速かつ安全な交換、輸出者・輸入者・フォワーダー・船会社・港湾関係者間での情報連携等、ブロックチェーン技術業務プロセスへの適用可能性と影響を検証する、としています。

(5) 保険証券へのブロックチェーン技術適用に向けた実証実験

2016年、東京海上日動火災保険とNTTデータは、保険証券へのブロックチェーン技術適用に向けた実証実験を実施すると発表しました[24]。

輸出入貨物の保険である外航貨物海上保険の保険証券は、現状、紙書類が中心であり、貨物の買い手への到着に時間がかかるとともに、紛失リスクがあること等の問題があります。そこで、データの耐改ざん性を確保した状態でネットワーク参加者間での情報共有が可能なブロックチェーンの分散ネットワーク技術を活用して、外航貨物海上保険における保険証券の領域へのブロックチェーン技術適用に向けた実証実験を行うこととしたものです。

東京海上日動火災保険では、この実験を経てブロックチェーン技術の適用が実現すると、保険証券がブロックチェーンによって流通することにより、貿易関係者が国際的に流通する書類のやりとりに割く時間が大幅に短縮され、人的コストと書類の送達コストの大幅な削減が期待できる、としています。

(6) 基幹システムや業務システムにブロックチェーンを適用する実証実験

2015年、住信SBIネット銀行は、野村総合研究所の協力を得て、ブロックチェーン技術を活用した将来の基幹・業務システム構築を目的とした実証実験を行っています[25]。

この実証実験ではブロックチェーン技術を活用し、基幹システムや業務システムへの適用に向けた検証事項の洗い出しと、検証用プロトタイプシステムを構築して銀行業務への適用における成果や課題を検証することで、ブロックチェーン適用の具体化に取り組む、としています。

(7) グループ会社間で情報を共有するプラットフォームとしての活用

みずほフィナンシャルグループは、海外ITサービスプロバイダーとの協働によるブロックチェーン技術および独自通貨に関する実証実験を2017年2月に完了したことを公表しました[26]。

みずほフィナンシャルグループは、この実証実験により、ブロックチェーン技術の特徴である改ざんが困難な分散型データベースを用いることで多数のグループ会社が情報を共有するプラットフォームとしての有用性およびコスト削減の可能性、それにエンティティを横断して使用するシステムインフラを簡便、低コストで導入する可能性を確認することができた一方、ブロックチェーンでの大容量データ記録とその管理については、技術面で改善する必要性があることを確認した、としています。

(8) シンガポールにおける小切手の電子化

三菱東京UFJ銀行と日立製作所は、シンガポールで小切手の電子化を対象としたブロックチェーン活用の実証実験を開始しました[27]。

具体的には、ブロックチェーンを用いて電子小切手の振出しや譲渡、取立てを行うシステムを共同で開発し、三菱東京UFJ銀行が当該小切手の発行・決済を行い、日立グループの複数拠点で小切手の受取りや取立てを実施する、というプロジェクトです。

電子小切手におけるブロックチェーン技術の活用により、金融機関における小切手の仲介業務の自動化や取引記録の改ざん防止、小切手決済の迅速化が可能になるほか、将来的には金融以外の業界における決済やサプライチェーン・ファイナンスへの応用が期待できる、としています。

(9) クレジット・デフォルト・スワップにブロックチェーンを適用する実証実験

2016年、米国のFinTechベンチャーAxoniは、クレジット・デフォルト・スワップ（CDS）の取引処理にブロックチェーンを活用する試験に成功した、と報じられています[28]。ここで、CDSとは、貸付債権や社債等が持つ信用リスクを売買するクレジットデリバティブの一種です。具体的には、貸付債権等の信用リスクを保有する主体が第三者に対して一定のプレミアム（保険料）を支払って第三者から貸付債権等の履行保証を得ることを内容とする取引です。

この試験では、取引が複雑なCDSの決済、事後修正、持ち高移転、ネット決済等が、ブロックチェーンにより問題なく処理されたことから、今後、種々の金融取引に拡大して試験を実施する予定です。試験に参加した金融機関は、Axoniのほか、Bank of America Merrill Lynch、Citi、Credit Suisse、JPMorganと、DTCC（The Depository Trust & Clearing Corporation）、Markitです。

11 ブロックチェーンと金融・経済産業当局

(1) ブロックチェーンと海外中央銀行

ブロックチェーンの大きな特徴は、データの管理を現在の集中的な方法ではなく、分散的な方法で実施する、というものです。そして、中央銀行は、データの集中管理機関ないし中央帳簿管理者とみることができます[29]。ところで、中央銀行はすでに中央銀行当座預金（金融機関の対中央銀行預け金）について、デジタル化されたデータとして管理しています。こうしたことから、この中央銀行当座預金のデータの管理を集中的な方法から、ブロックチェーンを活用して分散管理に移行するとした場合にはどうなるか、といっ

た議論が行われています。

　また、オランダ銀行、カナダ銀行、イングランド銀行、ロシア銀行、中国人民銀行といった中央銀行で、ブロックチェーンに関する実証実験を行う事例がみられるようになっています。実証実験の内容は、銀行間取引に関連するホールセールの擬似環境への応用、民間銀行に対する中央銀行発行デジタル通貨の供給等さまざまですが、この基本的な目的は、中央銀行として自ら新しい技術を活用するとの視点だけでなく、中央銀行が担う支払・決済システムの安定といった責務を果たしていく観点からのものである、とみられます。すなわち、中央銀行は、銀行券や中央銀行当座預金、大口決済システム等、経済の基盤インフラを提供する責務があり、その時々で利用可能な技術を活用し、自ら提供するインフラの改善を通じて経済社会への貢献を果たしていくといった観点から、ブロックチェーンをはじめとする FinTech の動向をしっかりとフォローしていく必要があります。

　なお、イングランド銀行は、学生を対象にしてブロックチェーン技術の応用に関するアイディアを募集するイベントを開催しています（第5章Ⅲ4参照）。

(2)　ブロックチェーンと日本銀行

　日本銀行は、欧州中央銀行（ECB）との間で分散型台帳の共同研究プロジェクトを推進することで合意しています。

　この狙いにつき、ECB の Mersch 理事は、概略次のように述べています[30]。「ポイントは、中央銀行の決済システムに分散型台帳が活用できるかだ。現状では、分散型台帳は広範な使途に活用可能なところまでいっておらず、中央銀行の市場インフラにとって使用できるほど安全度や効率性が高くない。したがって、具体的なケースをもとにして将来の活用可能性を検討する必要がある。この点、新しいテクノロジーに国境はないことから、日本銀行と共同で、よりグローバルな視点から中央銀行が提供するサービスへの分散型台帳の活用可能性について研究することとした」。

また、日本銀行では、さまざまな調査分析や実証実験などの動向を丹念にフォローしつつ、国際決済銀行（BIS）傘下の決済・市場インフラ委員会等のFinTechをめぐる国際的な議論に積極的に参画していく考えである、としています。

　なお、日本銀行決済機構局FinTechセンターが開催した第1回FinTechフォーラム（2016年7月）の議題に「金融分野におけるブロックチェーン技術の実装事例とその安全対策」が、また第3回（2017年2月）の議題に「金融分野における分散型元帳技術の活用に向けて」が取り上げられています。

(3) ブロックチェーンと金融庁

　金融庁は、ブロックチェーン技術が金融分野において活用される場合は、金融システムの安定や利用者保護の確保等の観点から適切に対応していく必要があり、また、ブロックチェーン技術を用いた取引等の多くがクロスボーダーとなる可能性が高く、今後、ルールの整備等に係る国際的な議論が進んでいく可能性もある、とみています。

　したがって、この取組みを進めるには、国際的なネットワーク・コミュニティとの適切、建設的な関係構築が重要であるとして、各国の金融当局や民間の研究者らと連携・協働して、ブロックチェーン技術の活用可能性や課題等に係る国際的な共同研究を進めることとしています[31]。そして、金融庁は、この共同研究では多様な知見を有する専門家・関係者等との間で積極的に意見交換を重ねて、オープンな関係を構築することが重要である、としています。

　金融庁では、2017年3月に開催の共同研究の準備会合における議事例として、次のような項目をあげています。
・各国政府等におけるブロックチェーン技術の活用等に係る取組みの共有
・ブロックチェーン技術を用いた取引における利用者保護上のリスクへの対応
・ブロックチェーン技術を活用した取引におけるプライバシー・機密性の確

保
・ブロックチェーン技術を決済システム等に活用した場合の課題
・ブロックチェーン技術を用いた取引プログラムの不備への対応、等

(4) ブロックチェーンと経済産業省

　経済産業省では、ブロックチェーン技術を活用したシステムの評価軸を策定、公表しています[32]。すなわち、経済産業省は、ブロックチェーン技術の仕組みと既存のシステムとの比較を可能とする指標・基準が整備されていないために、当該技術への不安感や過度な期待が生じており、結果的に導入が進まないという恐れもあるとしています。こうしたことから経済産業省は、国内外のブロックチェーン関連企業と有識者へのヒアリング等を通して検討を行い、従来システムとの比較可能性・網羅性を考慮し、評価項目間のトレードオフを整理した世界初の「ブロックチェーン技術を活用したシステムの評価軸」を策定したものです。

　評価軸は、「品質」「保守・運用」「コスト」の3つの大項目と各々の中項目、小項目に整理されています。

・大項目：品質　中項目—性能効率性、相互運用性、拡張性（スケーラビリティ）、信頼性、セキュリティ、移植性（小項目略、以下同じ）
・大項目：保守・運用　中項目—保守・運用性
・大項目：コスト　中項目—研究開発、実装（製品化）、保守・運用

　経済産業省では、作成された評価軸は、既存システムからブロックチェーン技術を活用したシステムに置き換える場合の比較評価や、ブロックチェーン技術を活用したシステムの実証試験結果の評価といった場面での活用が期待される、としています。

12 P2Pとは？

(1) P2Pの定義

P2P（Peer to Peer、PtoP）とは、対等な関係にある端末（peer）間をネットワークで直接接続して、データを送受信する通信方式をいいます。P2Pによってユーザ同士の端末を直接接続してファイルや音声等をやりとりすることができます。

なお、P2Pは、端末間で直接データをやりとりすることを可能にするソフトを指すこともあります。

(2) クライアントサーバ方式とP2P

「クライアントサーバ方式」は、P2Pと対峙する通信方式です。クライアントサーバ方式のコンピュータネットワークでは、サーバとクライアント（パソコン等）に分かれています。そして、データのやりとりはすべてサーバを経由して行われ、サーバがクライアントにサービスを提供する役割を担っています。

しかし、「P2P」では、端末がサーバとクライアントの双方の機能を担うことから、サーバを介さず直接に端末と端末の間でやりとりすることになり、したがって、端末間は対等の関係に立つことになります。

(3) P2Pアプリの2つのモデル

P2Pアプリには、2つのモデルがあります。

① ピュアP2Pモデル

ピュアP2Pモデルは、クライアントサーバ方式と異なり、端末同士が直接データのやりとりをする純粋（ピュア）P2Pモデルです。

ピュアP2Pモデルでは、サーバの故障でネットワークが機能不全となる

というようなケースは発生しないことから障害に強いモデルですが、どの端末がネットワークに接続されているかが不明であり、セキュリティ面で問題を起こすリスクを持っています。

② ハイブリッド P2P モデル

ハイブリッド P2P モデルは、ネットワークに中央サーバが存在するモデルですが、データのやりとりは端末間で直接行われることになります。

この中央サーバの役割はネットワークの管理を行うことで、これによりネットワークに参加する端末を認証し、セキュリティの確保や課金を行うことができます。

このように、ハイブリッド P2P モデルでは、中央サーバが全体のネットワークの管理を行うことから、仮にこのサーバがダウンした場合には、データのやりとりもできなくなります。

13　P2P の特徴は？

(1) 通信負荷の軽減

クライアントサーバ方式では、サーバに通信負荷がかかるという問題がありますが、P2P では、こうした通信負荷が端末に分散される形で軽減されてネットワークの効率性が上昇するというメリットがあります。

(2) 匿 名 性

P2P は、端末を使って通信を行うユーザの匿名性が確保されるメリットがあります。

14　P2Pが持つ問題点は？

(1)　匿名性の悪用

　P2Pは、ユーザの匿名性が確保されるメリットがありますが、これが悪用されて有害なデータのやりとりや著作権の侵害等の問題を引き起こす恐れがあります。

　クライアントサーバ方式では、データはすべてサーバを経由することから、サーバを管理すればクライアント間の通信もコントロールすることができ、こうした有害なデータのやりとり等はチェックすることが可能です。しかし、P2Pではサーバなしにユーザの端末間で直接にデータのやりとりが行われることから、中央監視機能を発揮することができません。

(2)　ウイルスの伝染

　P2Pには、不特定多数のユーザを匿名でつないで相互にファイルを交換し合うタイプがあります。現在では、さまざまなP2Pアプリが登場していますが、そのなかでもファイル共有アプリの増加が著しい状況にあり、このためP2Pというときにはファイル共有アプリを指すことが少なくありません。

　ファイル共有アプリでは、ウイルスに伝染するリスクがあります。すなわち、だれかがウイルスに感染したファイルを流通させれば、ネットワークを通じてそれが拡散する恐れがあります。

(3)　ネットワークの帯域の圧迫

　多くのユーザがP2Pを同時に利用した場合には、ネットワークに大きな負荷がかかる問題があります。

[注]
⑴　Satoshi Nakamoto "Bitcoin: A Peer-to-Peer Electronic Cash System"
⑵　廣末紀之「ビットコインに代表される仮想通貨について」BTCボックス、テックビューロ、ビットバンク　金融審議会・決済業務等の高度化に関するWG、2015.11.16
⑶　廣末紀之、前掲、[原典] blockchain.info、加納裕三「ビットコインを含む仮想通貨の仕組みや概要」日本価値記録事業者協会、金融審議会・決済業務等の高度化に関するWG
⑷　シード・プランニング「FinTech仮想通貨取引所ビジネスの市場規模を調査」プレスリリース2016.8.1
⑸　日本経済新聞2017年1月24日朝刊5面。
⑹　bitFlyer、三井住友海上「国内初　ビットコイン事業者向けサイバー保険を共同開発」プレスリリース2016.11.24
⑺　加納裕三「ビットコインを含む仮想通貨の仕組みや概要」日本価値記録事業者協会、金融審議会・決済業務等の高度化に関するWG、2015.11.16
⑻　Ilya Grigorik "Minimum Viable Block Chain" 2014.5.5の説明を参考にした
⑼　加納裕三、前掲⑺
⑽　Satoshi Nakamoto, op. cit.
⑾　森剛敏「金融インフラ（国債取引）における新技術への考察」日本銀行決済システムフォーラム、監査法人トーマツ、2016.3.18、p17
⑿　Vitalik Buterin "On Public and Private Blockchains" 2015.8.7
⒀　北原真由美「スマートコントラクトがもたらす金融サービスの変化」野村総合研究所 NRIFinancial Solutions2016.11
⒁　Claudio Lisco "Cutting through the blockchain hype" UBS2016.12.5
⒂　ブロックチェーン技術の活用可能性と課題に関する検討会「ブロックチェーン技術の活用可能性と課題に関する検討会報告書」事務局：全国銀行協会2017.3.16、全国銀行協会「ブロックチェーン連携プラットフォーム（仮称）の基本構想について」2017.4.13
⒃　宇根正志「セキュリティの観点からみた分散型台帳技術」第3回FinTechフォーラム（2017年2月28日）資料、日本銀行金融研究所情報技術研究センター2017.2.27
⒄　山藤敦史ほか「金融市場インフラに対する分散型台帳技術の適用可能性について」JPXワーキング・ペーパー2016.8.30
⒅　加藤洋輝、桜井駿「ブロックチェーン技術の概要とその活用に向けて」NTTデータ経営研究所2015、p1
⒆　山田宗俊「分散型台帳技術Cordaについて」APAC RE3、第3回FinTechフォーラム（2017年2月28日）資料p3、日本銀行決済機構局FinTechセンター

⑳　Robert Hackett "Why Goldman Sachs and Santander Are Bailing on R3's Blockchain Group" FORTUNE,2016.11.21
㉑　SBIホールディングス、SBI Ripple Asia「国内外為替の一元化検討に関するコンソーシアム発足のお知らせ」2016.10.25、SBIホールディングス、SBI Ripple Asia「国内外為替の一元化検討に関するコンソーシアム発足のお知らせ」2016.10.25、「内外為替一元化コンソーシアムにおいて「RCクラウド」の構築完了及び実証実験実施のお知らせ」2017.3.2
㉒　静岡銀行、オリックス、オリックス銀行、NTTデータ、NTTドコモ・ベンチャーズ「国内初、貿易金融をテーマにしたブロックチェーン適用に関する実証実験の完了について」2016.7.12
㉓　三井住友銀行、日本IBM「貿易分野におけるブロックチェーン技術の適用可能性に関する実証実験開始について」2017.2.24
㉔　東京海上日動火災保険、NTTデータ「保険証券へのブロックチェーン技術適用に向けた実証実験を開始」2016.12.16
㉕　住信SBIネット銀行「ブロックチェーン技術の利活用に向けた実証実験について」2015.12.16
㉖　みずほフィナンシャルグループ、Cognizant Technology Solutions、コグニザントジャパン株式会社「海外ITサービスプロバイダー協働による取り組み〜ブロックチェーン技術および独自通貨に関する実証実験の完了について」2017.2.23
㉗　日立製作所、三菱東京UFJ銀行「日立と三菱東京UFJ銀行が、シンガポールにおいて小切手の電子化を対象としたブロックチェーン技術活用の実証実験を開始」2016.8.22
㉘　CHAIN-FINANCE "Axoni, Markit Successfully Test Blockchain for CDS with Bank of America, Citi, Credit Suisse, JPMorgan, DTCC" 2016.4.18
㉙　小林亜紀子、河田雄次、渡邉明彦、小早川周司「中央銀行発行デジタル通貨について―海外における議論と実証実験」日銀レビュー2016-J-19、2016.11
㉚　Yves Mersch "Distributed Ledger Technology: role and relevance of the ECB" Speech by Yves Mersch, Member of the Executive Board of the ECB, 22nd Handelsblatt Annual Conference Banken-Technologie, 6 December 2016、Press releases、European Central Bank2016.12.6
㉛　金融庁「ブロックチェーン技術を活用した金融・経済取引等に関する国際的な共同研究について」2017.3.9
㉜　経済産業省商務情報政策局情報経済課「ブロックチェーン技術を活用したシステムの評価軸 ver. 1.0」2017.3.29

暗号化、ハッシュ関数、メッセージ認証、SSL

1 暗号化とは？

(1) 暗号化の定義

　データを保護する方法としては、ID、パスワード等を使ったアクセス制御があり、これにより正規のユーザに限定してデータへのアクセスを許可することができます。

　しかし、たとえばパスワードクラッカーにより不正にアクセスされた場合には、データを窃取、改ざんされる恐れがあります。ここで「パスワードクラッカー」（password cracker）とは、パソコン等に保存されているパスワードを割り出す攻撃者をいいます。もっとも、パスワードクラックは、サイバー攻撃の手段だけではなく、忘れたパスワードを割り出す目的や、ユーザが自分の誕生日等の脆弱なパスワードを使っていないかをシステム管理者がチェックする目的にも使われます。

　特に、インターネットでは、多くのデータがやりとりされます。このために、データが転送されている途中で、データが盗み見される「盗聴」や、本人になりすましてデータを受信する「なりすまし」、データの内容が書き換えられる「改ざん」、データの正当性を発注側または受注側に否定される「否認」といったリスクにさらされることになります。

　しかし、データを変換、暗号化して、容易に解析できない形にすれば、たとえデータが窃取されても暗号化されたデータを解読しない限り、データの内容が第三者に知られることはありません。

暗号化技術は、ファイル、データ、無線LAN通信の暗号化のほか、データの改ざんがあったかどうかをチェックするメッセージ認証、さらに送信の相手が真の受信者であるかどうかを確認する電子署名（デジタル署名）等で活用されています。

(2) 暗号化の基本的な仕組みは？

「暗号化」（encryption）の基本的な仕組みをみると、暗号化の対象となる原データである「平文」（ひらぶん）を暗号アルゴリズム（アルゴリズム＝手順、方式）に従い、暗号文に変換します。この場合、平文⇒暗号文への変換に使われるパラメータを「暗号鍵」とか、単に「鍵」と呼んでいます。そして、暗号文を元のデータに戻すことを「復号」といい、この場合にも暗号鍵を使います。このように、暗号化でいう鍵は、平文を暗号文に、または暗号文を平文に置換するために規則化された数値です。

なお、復号の鍵を使うことなく暗号文を元のデータに戻すことを「解読」といい、復号と区別しています。

(3) 暗号化の種類は？

暗号化の種類には、共通鍵方式と、公開鍵方式があります（図表3－6）。

① 共通鍵方式

共通鍵方式は、平文を暗号化する鍵と、暗号文を復号する鍵を同一（共通）にする方式です。

共通鍵方式では、データを暗号化して送信する人と、それを受信して復号する人が同じ鍵を持つことになることから、あらかじめ両者の間で鍵を共有する必要があります。共通鍵方式では、鍵の管理を厳重にして第三者に秘密にすることが必要であり、このことから「秘密鍵方式」と呼ばれることもあります。

a 共通鍵方式の特徴

共通鍵方式では、鍵を生成（＝作成）してそれを配送する場合に他人に知

図表3-6 共通鍵方式と公開鍵方式

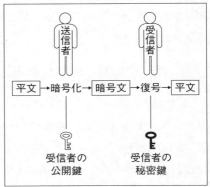

(出所) 筆者作成

られないことがきわめて重要となります。特に、鍵を生成した人からどのように安全に相手方に配送するかが問題で、これを「鍵配送問題」といいます。

また、共通鍵方式では、通信する相手ごとに異なった共通鍵を作成する必要があり、相手が多い場合には鍵の数がそれだけ多くなって管理が大変になるという問題があります。

したがって、この方式は、不特定多数の相手に通信する必要があるeコマースやネットバンキングでの活用には向いていません。

一方、共通鍵方式は、暗号化と復号を高速に処理することができるといった特徴があり、メッセージやファイル等のデータの暗号化に幅広く活用されています。

b 共通鍵方式の代表例

共通鍵方式は、平文を一定のサイズに分割したうえで暗号処理するブロック暗号方式が採用されています。代表的な共通鍵方式にDESやAES等があります。

ⅰ　DES（Data Encryption Standard）

　データ（平文）を64ビット（8バイト）長のブロックサイズに分割し、各ブロックを56ビットの鍵長（鍵（データ）の長さ）で暗号化する方式です。

　DESは、米NIST（National Institute of Standards and Technology）が1977年に発表した米政府の標準暗号方式で、共通鍵暗号アルゴリズムの民生用普及版として広く活用されてきました。しかし、1990年代末に総当たり攻撃により解読が可能であることが実証されて以来、使用されなくなっています（サイバー攻撃は第4章参照）。

ⅱ　AES（Advanced Encryption Standard）

　DESの後継となる共通鍵暗号アルゴリズムです。ブロック長は128ビットで、暗号化に使用する鍵長は128、192、256ビットの3つから選択することができます。

　AESは、ベルギーのRijndael、Daemenの2人の研究者により開発された方式であるRijndael（ラインダール）がもととなっています。なお、Rijndaelでは、ブロック長、鍵長とも128ビットから256ビットまでの32ビットの倍数が選択することができます。

②　公開鍵方式

　公開鍵方式は、平文を暗号化する鍵と、暗号文を復号する鍵を異なったものとして、一方の鍵を公開する（多くの人を対象にして積極的に公開する）方式です。

　公開鍵方式では、暗号化通信を利用したい人（受信者）が公開鍵と秘密鍵を生成します。このうち、秘密鍵は自己（受信者）が保管して、公開鍵のほうを送信者に配送します。

　そして、公開鍵を受け取った送信者は、その鍵を使って平文を暗号化して、暗号文を公開鍵の発信者に送付します。受信者は暗号文を受け取ったら、自分だけが保管している秘密鍵を使って復号します。

a　公開鍵方式の特徴

　公開鍵方式では、公開鍵はだれが入手してもよく、受信者は公開鍵を平文

のメールで送ることも可能です。したがって、共通鍵方式のように鍵配送問題が発生することはありません。

暗号化、復号化の計算量を比較すると、公開鍵方式のほうが計算量は多くなり、処理時間がかかるという問題があります。したがって、長いメッセージの暗号化には向いていないということができます。

公開鍵方式は、暗号によるデータの守秘機能のほかに、認証機能があり、証明書、署名、PKI等、さまざまな分野で活用されています。

なお、PKI（Public Key Infrastructure）は、公開鍵暗号技術と電子署名を使ってインターネットで安全な通信を可能とする基盤（インフラ）を意味します。

 b 公開鍵方式の代表例

代表的な公開鍵暗号方式は、RSA です。RSA は、1977年にこれを開発した R. L. Rivest、A. Shamir、L. Adleman の3人の頭文字をとったもので、公開鍵方式の標準として世界中で広く使用されています。

③　ハイブリッド暗号方式

前述のように、共通鍵方式も公開鍵方式も、各々特徴を持っています。そこで、この両者の特徴を生かしてデータを送信する方式があり、これをハイブリッド暗号方式と呼んでいます。

ハイブリッド暗号方式では、共通鍵方式と公開鍵方式とで役割分担をしています。

 a 共通鍵方式の分担

共通鍵方式の処理速度が速いという特徴を生かして、メッセージの暗号化、復号に使用します。

 b 公開鍵方式の分担

公開鍵方式の鍵管理と配送が容易であるという特徴を生かして、共通鍵の暗号化、復号に使用します。公開鍵方式は、処理速度が遅いという問題がありますが、共通鍵自体は短いことからさしたる支障にはなりません。

このように、ハイブリッド方式を活用することで、計算量の少ない「鍵」

の送付は公開鍵方式で、また計算量の多い「データ」の送信は共通鍵方式を使うことで、両者の特徴を生かすことができます。

(4) 暗号の強度とは？

暗号の解読の難易度を「暗号の強度」といいます。

暗号鍵の大きさは、鍵の長さ（key length）で示され、これを略して「鍵長」と呼んでいます。鍵長は鍵の桁数で、通常2進数により表現したビット数で表します。そして、鍵のビット数が多いほど、すなわち鍵が長いほど、暗号の強度は増すことになりますが、その一方で計算手順が増加することから、暗号化や復号に時間がかかることになります。

共通鍵の長さは、40～128ビット程度の一方、公開鍵の長さは100～2,048ビットと、公開鍵のほうがビット数は多く、したがって暗号アルゴリズムが同一であれば、公開鍵方式による暗号の強度は共通鍵による暗号の強度よりも勝っている、ということができます。

(5) 認証局とは？

認証局（Certification Authority、CA）は、公開鍵方式で使われる公開鍵の管理を行う第三者の機関です。

具体的には、認証局は、通信相手の公開鍵を見つけることと、その公開鍵が正当なものであることを保証します。そして、正当性が保証された公開鍵に証明書を発行します。証明書は、ユーザからの申請により認証局が秘密鍵により申請のあった公開鍵をデジタル署名して作成、発行します。

2 ハッシュ関数とは？

(1) ハッシュ関数の定義

ハッシュ関数は、文字、数字等のデータを一定の長さのビット列に転換す

る関数をいいます。ここで、ビット列とは、0と1の数値を羅列した乱数です。

ハッシュ関数を、より厳密にいえば、まず文字、数字等のデータをビット列にします。このビット列の桁数は膨大となりますが、これをハッシュ関数に入力すると、一定の長さ（固定長）のビット列に転換されます。

そして、ハッシュ関数に入力する文字、数字等のデータを「入力値」、ハッシュ関数から出力された値を「ハッシュ値」または「メッセージダイジェスト」あるいは単に「ダイジェスト」といいます。ハッシュ値は、入力するデータに関係なく必ず固定長となります。

(2) ハッシュ値の特徴は？

ハッシュ値には、次の特徴があります。

① ハッシュ値から、入力された原データを復元することはできません。すなわち、出力されたハッシュ値をハッシュ関数に当てはめても、原データを逆算、復元することはできません。このことから、ハッシュ関数は一方向関数であり、「一方向ハッシュ関数」とも呼ばれます。

② 入力値がわずかでも異なれば、出力されるハッシュ値はまったく異なったものになります。すなわち、2つの異なる入力値から同じハッシュ値を出力することはまったく不可能ではないとしても、事実上きわめて困難です。なお、2つの異なる入力値から同じハッシュ値が生成されることを「ハッシュ値の衝突」と呼んでいます。

また、同じハッシュ値を持つ異なるデータを作成することは、事実上きわめて困難です。このことから、ハッシュ値はフィンガープリント（指紋）と呼ばれることもあります。

(3) ハッシュ関数の機能は？

ハッシュ関数は、一方向関数であるとの特徴から、メッセージ（データ）が改ざんされているかどうかを検査することができるという機能を持ってい

ます。

　すなわち、ハッシュ関数で原データからハッシュ値を求めることはできますが、ハッシュ値から原データを求めることはできません。仮にハッシュ値から原データを求めることができるようであれば、同一のハッシュ値で、まったく異なるデータを意図的につくることが可能となり、改ざんの検証が困難となります。

　ハッシュ関数によりデータの改ざんの有無の検証ができる機能を具体的にみると、あるデータを送信する場合に、送信者はハッシュ関数を使って原データのハッシュ値を出力します。そして、原データとハッシュ値を送信します。

　それを受け取った受信者は、ハッシュ関数に原データを入力してハッシュ値を出力します。そして、「送信者から送られたハッシュ値」と「受信者が受信した原データから出力したハッシュ値」とが同一であれば、データは改ざんされていないことが検証されたことになります。

　このように、インターネットでデータを送信するような場合に、送受信者の双方で原データからハッシュ値を出力して、受信者側でその双方を比較することにより、改ざんの有無を調べることができます。

　こうした機能から、ハッシュ関数は電子署名による身元証明やユーザ認証等に活用されています。

(4) 代表的なハッシュ関数は？

　代表的なハッシュ関数に、MD4、MD5、SHA-1、SHA-2があります。

① MD4

　128ビットのハッシュ値を生成するハッシュ関数。すなわち、原データが4文字のパスワードも4GBのファイルも、MD4からは128ビットのハッシュ値が出力されます。MD4は、ハッシュ値の衝突を見出す手口が開発されており、安全なハッシュ関数ではない、とされています。

② **MD5**

128ビットのハッシュ値を生成するハッシュ関数。すでに、MD5への攻撃手法が開発されており、これも安全なハッシュ関数ではない、とされています。

③ **SHA-1**

160ビットのハッシュ値を生成するハッシュ関数。このハッシュ関数が持つ欠点が見出されていて、これも安全なハッシュ関数ではない、とされています。

④ **SHA-2**

ビット長により4種のSHA-2があり、現在、推奨されているハッシュ関数。

（SHA-1からSHA-2への移行とは？）

従来、ハッシュ関数としてSHA-1が活用されてきましたが、コンピュータ技術と暗号技術の進歩とが相まって、従来よりも少ない試行で異なるデータから同一のハッシュ値を生成する「衝突」をつくりだすことが可能となりました。衝突が容易にできるようになると、原データとなる正規の証明書が偽の証明書にすり替えられても衝突が発生して同一のハッシュ値が生成され、ハッシュ関数SHA-1が必ずしも安全ではないことになります。

そこで、Microsoft、Google、Mozilla等は、SHA-1の廃止とSHA-2への移行プランを発表しています。SHA-1とSHA-2を比較すると、SHA-2のほうがハッシュ値が長く、安全性に優れています。SHA-2は、224ビット、256ビット、384ビット、512ビットと長い固定長のハッシュ値を出力するハッシュ関数で、ビット長により、SHA-224、SHA-256、SHA-384、SHA-512と呼ばれています。

3　メッセージ認証コードとは？

(1) メッセージ認証コードの定義

メッセージ認証コード（Message Authentication Code、MAC）は、メッセージの改ざんを検出する短い情報で、メッセージ認証符号とも呼ばれます。

メッセージ認証コードによって、メッセージの完全性を認証することができます。

(2) メッセージ認証コードによる認証の仕組みは？

メッセージ認証コードによる認証の仕組みを具体例でみることにします。

いま、メッセージ認証コードを使ってメッセージ（データ）を送信するとしましょう。

① まず送信者と受信者との間で、共通鍵を持ちます。この共通鍵は2人だけで秘密に保有する必要があります。
② そして、送信者は、MAC生成アルゴリズムを使ってメッセージと共通鍵からメッセージ認証コード＝MAC値(A)を生成して、メッセージとMAC値(A)をペアにして受信者に送信します。
③ 受信者は、MAC検証アルゴリズムを使って受信したメッセージと共通鍵から、メッセージ認証コード＝MAC値(B)を生成します。
④ 受信者は、送信者が送ってきたMAC値(A)と受信者が生成したMAC値(B)を比較して、MAC値(A)＝MAC値(B)であれば、正当のメッセージであると確認、そうでなければ改ざんされているメッセージであることを検出することができます。

(3) メッセージ認証コード活用による効果は？

メッセージ認証コードは、メッセージの「改ざん」と、正当な送信者本人の「なりすまし」の検出の双方に効果を発揮します。

① 改ざんの検出

仮に、第三者が改ざんしたメッセージと不正な鍵を使ってMAC値を生成してそのペアを送信しても、受信者側では、改ざんされたメッセージと共通鍵を使って生成したMAC値と一致することはありません。これによりメッセージの改ざんが検知されます。

この「正当メッセージと共通鍵から生成したMAC値」と「改ざんメッセージと不正鍵から生成したMAC値」とが異なる結果になるという技術には、ハッシュ関数で異なるデータから同じハッシュ値を生成することは困難である、とする技術が使われます。

② なりすましの検出

メッセージ認証コードの活用にあたっては、送信者と受信者のみが秘密の共通鍵を持ちます。したがって、その共通鍵から生成されたMAC値が送信されてきたということは、正当な送信者本人からの送信であると確認することができます。

(4) ハッシュ関数とメッセージ認証コードとの違いは？

ハッシュ関数を活用して2つのデータを比較することにより、データが改ざんされていないかどうかをチェックすることができます。すなわち、正しいハッシュ値であれば、データの改ざんが行われていないことが確認されたことになります。

しかし、データだけではなくハッシュ値自体も改ざんされているとハッシュ関数だけで「改ざん」を検知することはできません。さらに、第三者が送信者になりすましてデータを送信してくる「なりすまし」も見破ることはできません。

しかし、メッセージ認証コードでは、前述のとおりこうした問題にも対応することができます。

4 SSLとは？

(1) SSLの定義

「SSL」(Secure Socket Layer) は、メッセージの暗号化と認証によってセキュア（安全）な通信を行う代表的な通信プロトコル（通信手順）で、セキュリティテクノロジーのグローバルスタンダードとなっています。

なお、SSLはバージョンが1.0から3.0まで開発されてSSL 3.0になった後、「TLS」(Transport Layer Security) に名前が変更されました。しかし、SSLの名称が定着していたことから、TLSを従来どおりSSLと表したり、SSL/TLSとか、TLS/SSLと併記することが少なくありません。

(2) SSLの主要な活用使途は？

SSLは、インターネットにおける通信の暗号化方式として普及しています。特に、webアクセスに使われているHTTP (https) と組み合わせて、webサイトにおける認証情報、決済情報等の送受信を安全に行う手段として活用されています。

たとえば、eコマースで、顧客がクレジットカードの番号等の個人情報を入力、送信することを要求されるケースがあります。顧客がこれに応じて個人情報を送信すると、顧客がまったく意識することなく、そのデータはSSLにより暗号化されて送信されます。この場合、モニター画面にはhttpsで始まるアドレスが表示されて、鍵マークが確認されます。なお、httpsと鍵マークについては後述します。

(3) SSL はどのような機能を持っているか？

　SSL はデータを送受信するクライアント PC のブラウザとサーバ間で通信データを暗号化して、ネットワーク上で行われる中間者攻撃等によるデータの窃取、改ざん、なりすまし等のサイバー攻撃を防止する機能を担っています（サイバー攻撃は第 4 章参照）。

・ブラウザとは？

　ブラウザ（browser）とは、さまざまな情報を閲覧するためのソフトをいいますが、多くの場合はユーザがインターネットを利用するためのソフトを指し、これを WWW ブラウザとか、web ブラウザと呼んでいます。なお、browse は、拾い読みするとか、ざっとみる、という意味です。

(4) SSL サーバ証明書とは？

　SSL サーバ証明書は、通信データを暗号化する機能と、web サイト運営会社の身元を確認できる機能を併せ持つ電子証明書です。

　SSL サーバ証明書は「電子認証局」とか「認証局」、「認証事業者」と呼ばれる第三者機関から発行される信頼の厚い証明書であることが必要です。電子証明書には認証局による電子署名があり、この署名情報により信用のある認証局かどうかを判断することができます。

① **暗号化機能＝通信データ暗号化機能**

　SSL では、一般的に共通鍵暗号化方式と公開鍵暗号化方式とを組み合わせたハイブリッド方式が採用されます。こうした仕組みによって、サイバー攻撃による盗聴、改ざん、なりすましを防ぐことができます。

　この手順をみると、次のとおりです[1]。

a　クライアント（e コマースでは顧客のパソコン等）は、SSL 導入サーバ（e コマースでは店舗のサーバ）に接続要求します。

b　サーバは、公開鍵と秘密鍵を生成します。そして、サーバ（e コマースでは店舗側）は公開鍵と秘密鍵の鍵ペアを持ち、公開鍵を付与した SSL

サーバ証明書をクライアントに送信します。
c　クライアントは、あらかじめインストールされているルート証明書でサーバ証明書が信頼された認証局から発行されていることを確認したうえで、共通鍵暗号化方式により生成した共通鍵によりデータ本体を暗号化します。ここで「ルート証明書」とは、認証局が自己の正当性を証明するため自ら署名して発行するデジタル証明書をいいます。
d　また、クライアントは、生成した共通鍵をサーバから送信された公開鍵を使って暗号化します。
e　そして、クライアントは、共通鍵により暗号化したデータ本体と、公開鍵により暗号化した共通鍵をサーバに送信します。
f　サーバは、暗号化された共通鍵をサーバが保有する秘密鍵で復号化します。
g　サーバは、f で取り出した共通鍵でデータを復号化します。

このように、ハイブリッド方式によると、手順がやや複雑になり、公開鍵方式を使ってデータを暗号化して送信するほうがシンプルですが、公開鍵方式によると暗号化、復号化に長時間を要することから、それよりも短時間で処理できるハイブリッド方式が採用されています。

② **認証機能＝サイト運営会社の実在証明機能**

SSL サーバ証明書は、データの送信先の web サイトの身分証明書の機能を果たします。すなわち、認証局は、証明書の発行を要請してきた主体が、どのような組織か調査したうえで証明書を作成、提供します。したがって、ユーザはデータの送信先の web サイトが本物でサイトの運営組織が実在しているか、SSL サーバ証明書で確認することができます。

具体的には、URL の先頭が https:// であれば、SSL サーバ証明書を使用していることを示しています。なお、https の s は secure の頭文字です。逆に URL の先頭が http:// であれば、SSL 対応を行っていないことを示します。また、「URL」(Uniform Resource Locator) は、ネットワークでホームページ等にアクセスする際に、その所在を特定するための記号です。そし

て、「http」(hyper text transfer protocol)は、インターネットでデータのやりとりをする通信プロトコルです。

　また、webサイトにアクセスすると、鍵マークが表示され、それをクリックすると、SSLサーバ証明書の記載内容をみることができます。証明書の内容は、電子メールアドレス、有効期間、発行した認証局名、利用用途、サーバ名、法人名、法人の所在国、住所、法人の部署名等です。この記載内容によって、ユーザはサイト運営者の存在を確認して、本物か偽物かの判断の目安にすることができ、また信頼できる認証局による発行か、有効期限切れのものではないか等をチェックすることができます。

　サイト運営企業のなかには、自社のことは自分が最もよく知っており第三者から証明を受ける必要はない、としてサイト運営企業者が自己署名して自社を証明するサーバ証明書を発行するケースもみられます。こうしたサーバ証明書は俗に「オレオレ証明書」と呼ばれていますが、顧客からみた場合にはアクセス先のwebサーバが実在する信頼の置けるものかどうかを判断できなくなるという問題があります。

［注］
(1)　総務省「国民のための情報セキュリティサイト：SSL/TLSの仕組み」2009.3

Ⅲ 人工知能とディープラーニング

1 人工知能とは？

「人工知能」(Artificial Intelligence、AI) は、知的なコンピュータプログラムをつくる科学技術です。人工知能によって人間が行う各種問題のソリューションを見出す作業や、翻訳作業、画像・音声の認識等の知的作業を行うソフトウェアをつくりだすことができます。

人工知能では「機械学習」(machine learning) と呼ばれる技術が活用されることが一般的です。機械学習では、大量のデータをもとにしてコンピュータに学習を行わせます。コンピュータは、そのデータのなかから一定の法則を見出して、その法則を活用することにより、データの分類や予測を行います。

2 ディープラーニングとは？

人工知能は、ディープラーニングと呼ばれる技術革新により、その活用が大きく進展しました[1]。

ディープラーニング (deep learning、深層学習) は、機械学習の一種で、データの分析を繰り返して行うことにより、高次の分析を可能とする人工知能です。

3 従来の人工知能とディープラーニングの違いは?

(1) 従来の人工知能

従来の人工知能では、
① 学習データを用意する段階
② 分析ロジックを考える段階
③ 正誤判定を行う段階
の各段階で必ず人間が介在する必要がありました。

a 画像認識

たとえば、画像認識では、人間を認識するための輪郭、人の顔を認識するための局所の明暗差等の構造データを用意して、これが何を意味するかを分析し、対象物ごとに何が特徴であるかを人間が指定する、というように人手の介在が必要でした。そして、このように、対象物の面積、幅、長さ、明暗等の特徴を機械的にとらえたデータを「特徴量」(feature quantities) といいます。

b 言語分析

この特徴量という言葉を使用して、もう1つ、言語分析の例をみると、ある単語に続く別の単語の出現頻度が特徴量となり、この特徴量が何を意味するかを人工知能へフィードバックすることや、特徴量に基づいて正誤の判定を行うことは、人間が担う必要がありました。

(2) ディープラーニング

ディープラーニングは、
① これまで人間が手作業で行ってきた特徴量の抽出を人工知能が行う、
② 人工知能が抽出したデータの分析を人工知能が繰り返し行う、
③ ②の分析を人工知能が繰り返し行うことにより誤差が極小化される、

というように、これまで人間が行っていたことをすべて人工知能が行い、人間の介在をなくしました。

そして、これにより人工知能の活用範囲が、画像認識や音声認識、自然言語解析にまで拡大するポテンシャルを持っていることが明らかとなりました。

・Googleの猫とDeepMindのアルファ碁

「Googleの猫」は、ディープラーニングの威力を広く世間に示した出来事として知られています。2012年、Googleは人間がコンピュータに対してあらかじめ、どのような特徴を持つ画像が猫であるかの指示を与えなくても、コンピュータが猫の特徴を見出して猫の画像を認識できるようになった、と発表しました[2]。すなわち、Googleの開発チームは、それまでの機械学習では人工知能として不正確、不完全な結果しか出せないとして、ディープラーニングで構成された人工知能で、膨大なデータと1,000台のコンピュータを活用して大規模な実験を行いました。具体的には、YouTubeからランダムに抽出した1,000万枚の画像で2万の異なるアイテムを人工知能に3日間に亘ってみせた結果、コンピュータがディープラーニングのアルゴリズムを使って自分で学習して、82％の確度で人間の顔の画像を、77％の確度で人間の体の一部の画像を、そして75％の確度で猫の画像を認識する、といった成果を得ることができました。Googleの開発チームは、これこそがディープラーニングによる独習（self-taught learning）であり、人工知能が画像認識やスピーチ、翻訳等のソフト開発に活用できることを実証するものである、としています。

また、2017年5月、Google傘下の英国の人工知能研究所、DeepMindによって開発されたコンピュータ囲碁ソフト「アルファ碁」（AlphaGo）が世界最強とされる棋士に3連勝を収めたことが話題となりました。アルファ碁が最初に公式の対局を行ったのが2015年で、この時には欧州チャンピオンに5連勝しました。その後も、世界の強豪との対局で次々と勝利を収めて、プロの棋力の最高位である9段を獲得しました。そして、2017年にはアルファ碁

の改良バージョンが開発されました。

　DeepMindは、アルファ碁の開発にあたって、強力なアマチュア同士が過去に行ったおびただしい数にのぼる対局戦をアルファ碁に示して、人間がどのような打ち方をするかを学習させました。次に、アルファ碁にさまざまに展開が異なる何千という対局を行わせて、対局の都度、自己が犯した誤りから学習しながら徐々にソフトを修正するという強化学習（reinforcement learning）を実施した結果、とてつもなく強い囲碁ソフトとなった、としています。なお、DeepMindは、アルファ碁の対局は2017年5月を最後として、今後はここから得たノウハウを医療、エネルギー等の分野における新技術の開発に生かす方針です。

4　技術的特異点（シンギュラリティ）とは？

　「技術的特異点」（Technological Singularity）は、ITの発達により人工知能が人間の知能を超えると予想される時点をいい、単にSingularity（シンギュラリティ）と略称することもあります[3]。なお、特異点は数学や物理学の用語で、ある変数が無限大になるという概念です。レイ（レイモンド）・カーツワイル（Raymond Kurzweil）は、技術的特異点の用語を広めた米国人で人工知能研究の世界的権威者であり実業家です。

　この技術的特異点は、半導体の集積密度は1年半で倍増する等、コンピュータ技術の加速度的な進歩や関連コストの劇的低下を予測したゴードン・ムーア（Gordon E. Moore）が提起した「ムーアの法則」の流れを汲むものです。なお、ムーアは、インテル社の共同設立者です。そして、カーツワイルによれば、人工知能が自らを動かしているプログラムを自らが改良するというように、ムーアの法則で考えられた速度を上回る指数関数的な進化を遂げて、2040年代央頃には人工知能が人間の総和としての知能を超えてそれ以降は人間が予測不可能な展開となる、としています。これは「2045年問題」として知られるところです。

この2045年問題について、総務省が主催する「インテリジェント化が加速するICTの未来像に関する研究会」では、概要、次のような検討結果を述べています[4]。

　「人間の知性を完全に超える人工知能が作られる可能性があるか、実現するとした場合、それはいつか、その人工知能は自己再生産が可能か、という視点から検討したところ、2045年を判断の年とした場合、部分的には人間より優れた能力を持つ人工知能はできるが、人間の身体性と社会性を前提にした枠組みにおいて、人間に伍する機能をもつ人工知能は実現されないという認識が主であった。このように、2045年を判断の年とするとこのような結論になるが、より長期を考えた場合には結論が異なる。すなわち、人間を超える人工知能が実現し得ると考える」。

　一方、技術的特異点のコンセプトは、人工知能が過去のデータに基づいて作業することを前提としており、新しい環境条件に対応することができるという柔軟性を持つ人間の英知を超えることは、所詮不可能である、との主張もあります[5]。

5　人工知能ロボットとは？

　人工知能ロボットの代表例としては、Pepperがあります。
●事例：Pepper
　Pepperは、ソフトバンクモバイルと仏会社アルデバランロボティクスの共同開発による人間の感情を認識できる能力を持つロボットで、2014年に発売が開始されました。
　Pepperは、相手となる顧客等の声や表情、ボディーランゲージ、使っている言葉をもとにして感情を認識・分析して、それにふさわしい内容を相手に対して提案等するように、設計されています。
　現在、Pepperは、Pepper（一般販売モデル）と、Pepper for Biz（法人向けモデル）が販売されていますが、以下ではこのうちPepper for Bizを中心

にみていきましょう。

Pepper for Biz は、次のような機能を持っています。

① **ロボアプリ**

接客、インバウンド、ヘルスケア、受付等、各種のアプリを具備しています。

② **テンプレート**

Pepper for Biz には、「来店者への声かけ」→「商品紹介」→「アンケート」といった一連のロボアプリの流れがセットされた「テンプレート」が用意されています。また、外国語対応（英語、中国語）の機能が追加されています。

③ **インタラクション分析**

Pepper で取得したデータをクラウドに蓄積して管理画面で「見える化」します（クラウドについてはⅣ参照）。インタラクション分析で表示される情報には、Pepper の利用状況（コミュニケートした人数、ロボアプリ起動回数）、利用者情報（年齢、性別、感情）等があります。こうした情報をもとにして集客施策の効果測定など、データに基づいた店舗運営の改善等に活用することができます。

④ **ロボアプリ配信管理**

管理者が、それぞれの Pepper に対して配信するロボアプリを管理できる機能を具備しています。これにより各種ロボアプリや、ユーザが個別開発したマイアプリの配信管理が可能です。

6 ディープラーニングを備えた人工知能の具体例は？

ディープラーニングを備えた人工知能として商品化されているコンピュータシステムの代表例に、IBM Watson（ワトソン）があります。なお、IBM Watson は、IBM の創業者であるトーマス J. ワトソンにちなんで命名され

たものです。

●事例：IBM Watson

IBM Watson は、次の3つの機能を統合したプラットフォームで、IBMではこれを自ら思考するシステムとの意味を込めて「コグニティブ・システム」(cognitive system、認識システム)と呼んでいます。

① 自然言語の処理

構造化データのみならず、非構造化データを読み取り処理する能力。

ここで、構造化データ (structured data) は、コンピュータシステムの汎用データベースに収めることができるタイプのデータをいい、顧客情報や、販売データ、在庫データ等の経理データが典型例です。一方、非構造化データ (unstructured data) は、文書、画像、動画等のデータで、汎用データベースに収めることが難しいデータをいいます。文書等をインターネットでやり取りすることが多くなり、企業の扱うデータのうち非構造化データが8割を占めるまでとなっています。

② 仮説の生成と評価

あいまいな課題であっても自ら仮説を立てて推論や予測する能力。

③ 自己学習と能動的な知識の蓄積

過去の経験から学習効果を発揮して、進化する能力。

IBM Watson は、2011年に米国の人気クイズ番組で最高金額の100万ドルを獲得して話題となりました。なお、この獲得金額は全額が慈善事業に寄付されました[6]。

・IBM Watson による Pepper 強化プロジェクト

IBM とソフトバンクロボティクスは、Pepper 向けの IBM Watson を開発して、世界の企業に提供する計画を発表しています[7]。これにより、顧客はコグニティブの機能を搭載した Pepper とのやりとり等ができるとしています。

7 AI ネットワーク

総務省情報通信政策研究所は、「AI ネットワーク化検討会議」を設置して、AI ネットワーク化に関し、目指すべき社会像、AI ネットワーク化の社会・経済への影響・リスク、当面の課題等について検討を行い、2016年6月に報告書を公表しました[8]。

この会議では、次の4点について検討されています。

(1) 「智連社会」における人間像

AI ネットワーク化の進展が産業構造や雇用にもたらす影響を概観したうえで、AI ネットワーク化の進展を通じて目指すべき社会である「智連社会」における人間像に関し検討。

ここで智連社会（Wisdom Network Society、WINS）とは、人間が AI ネットワークシステムを活用することにより、データ、情報を自由、安全に創造、流通、連結して智のネットワークを形成して、さまざまな分野における協調が発展する結果、実現する創造的な社会をいいます。

(2) AI ネットワーク化に関する評価指標

AI ネットワーク化が社会にもたらす影響に関連して、AI ネットワーク化の進展が社会にもたらす影響を評価するための指標と、豊かさや幸せを評価するための指標に関し、検討の方向性を整理。

(3) リスク・シナリオ分析（ロボットを題材にして）

リスク・シナリオ分析の枠組みを示したうえで、ロボットを題材にしてリスク・シナリオ分析の具体例を試行的に提示。

(4) 今後の課題

開発原則およびその内容をブレークダウンする指針(ガイドライン)の策定に向けた国内外の議論の推進。

① AIネットワーク化の進展に向けた協調の推進(相互接続性・相互運用性の確保等)。
② AIネットワークシステムのガバナンスのあり方に関する国際的な議論の場の形成、および国際的な議論に向けた国内の議論の場の形成等。

8 金融機関による人工知能の活用は？

金融機関は、さまざまな分野で人工知能の活用を手掛け始めています[9]。

(1) 顧客対応等の向上と効率化

人工知能を具備したロボットを活用して、受付・接客等を行うものです。また、顧客の待ち時間への対応として、ロボットがさまざまなゲーム等を提供するといった工夫もみられています。

(2) テキストや音声の認識、分析

人工知能を活用して、テキストや会話の内容を分析したうえで、適切な応答をする、というものです。

① コールセンター

コールセンターでの活用がその典型例です。また、営業店から本店に対する規定やマニュアル類の解釈等の問合せにも活用することが考えられます。

a コールセンターの重要性と課題

日本のメガバンクや保険業界では、コールセンターに人工知能を導入する動きが広まりつつあります。コールセンターは、その対応の的確さ、迅速さ、丁寧さ等で顧客満足度が大きく左右される重要なチャネルです。

各金融機関はコールセンターの持つ重要性を十分認識して、多大のコストをかけてコールセンターがスムーズに運営されるよう注力してきました。しかし、金融機関が競ってさまざまな特性を持った商品・サービスメニューを提供することに歩調をあわせて、顧客からの問合せ内容も多様化、複雑化の様相を強めています。

　こうした状況にあって、コールセンターのオペレーターが個々の顧客の問合せに的確、迅速に応答するには、人員の質、量とも拡充する必要があり、これが一段のコスト増につながることとなります。

　b　人工知能のコールセンターへの活用

　そこで、多数にのぼる問合せのなかから、商品、サービスの需要動向、顧客の属性、問合せの時期・時間等のデータを収集、分析することを目的に、人工知能が使われています。そして、人工知能による分析結果により、問合せの傾向、パターン、相関関係等を把握したうえで、これを主として次のような形で活用します。

i　どの時期ないし時間帯にはどのような問合せが多いかをオペレーターに前もって周知させることができます。そして、これをもとにオペレーターは事前に回答を準備することができる等、的確、迅速に応答することが可能となります。

ii　問合せの内容、頻度が高い項目については、問合せを待つ受け身の対応ではなく、FAQとして金融機関のほうから積極的に情宣します。

iii　問合せの内容の分析から、顧客が先行きどのような商品、サービスの提供を求めているかを把握して、これを新商品、サービスの開発、マーケティングに生かすことができます。

② 　仮想キャラクターによる音声サービス

　三菱東京UFJ銀行は、顧客がスマホのアプリから金融機関の仮想キャラクター（バーチャル行員）を呼び出して質問をすると、仮想キャラクターがこれに答えるサービスを人工知能の活用により、実現しています[10]。

　すなわち、顧客がスマホのアプリ内の仮想キャラクターに音声による話し

言葉で質問をすると、仮想キャラクターが人工知能により質問内容を理解して、同行に掲載されている「よくあるお問い合わせ（Q&A）」から適切な回答を選択して音声で答えるサービスを提供しています。

(3) 異常の検知

人工知能により、過去のパターンと異なる行動を検知する、といった活用も行われています。

具体的には、マネーロンダリング等の不正取引発見や、セキュリティへの脅威の検知に活用されます。

(4) マーケット分析

人工知能により、マーケットのパフォーマンスを分析して、それを取引や投資戦略に生かす、といった活用が行われています。

(5) ビジネスプロセスの自動化

人工知能により、複雑多岐に亘るビジネスプロセスを自動化するといった活用方法が考えられます。たとえば、米国の人工知能のベンチャーであるIPsoftでは、銀行や保険会社、旅行代理店の事務合理化に資するバーチャルエージェントを開発しています。このソフトウェアの活用により、顧客が銀行に新規に口座を開設する手続や保険会社に保険金を請求する手続が自動化される、としています。

9 金融・保険業界における人工知能関連の市場規模は？

金融・保険業界における人工知能関連の市場規模の推計結果をみると、図表3-7のようにいずれの分野においても飛躍的な伸びが予想されています[11]。

図表3－7　金融・保険業界における人工知能関連の市場規模の推計 (単位：億円)

	2015年	2020年	2030年
FinTech（与信・貸付審査、クラウドファンディング等）市場	15	8,327	17,171
HFT（超高頻度取引）関連市場	5,949	10,129	22,555
自動運転者保険市場	0	4,155	7,593
計	5,964	22,611	47,318

(出所)　EY総合研究所
(原典)　各所公表資料等

10 日本の金融機関による人工知能の具体的な活用は？

　日本では、一部の金融機関が、人工知能技術の活用を始めています。

　なお、金融機関が自前で人工知能の開発、活用するには、専門知識を持った人材の投入と、多大な開発費用、長期の開発期間を要することになります。こうしたことから、人工知能への取組みには、外部の力を活用するオープンイノベーションが不可欠の要素となります（オープンイノベーションは第5章Ⅲ参照）。

(1) 顧客対応等

① 店頭での対応

　みずほ銀行は、2015年7月に世界で初めて銀行の店舗にPepperを導入しました（2017年3月末時点で20店舗に導入）。同行では、Pepperを顧客をサポートするコンシェルジュとして活用しています。具体的には、次のようなサービスを提供して、カウンターへの送客効果や、待ち時間の過ごし方の工夫による顧客満足度の向上を実現しています。

a　多くの顧客向け
i　Pepper 放送局と称して、ラジオ番組のようにみずほ銀行の商品紹介やエンタメを放送
ii　金融知識を落語調で紹介する金融小噺を提供
　b　個々の顧客向け
i　顧客が来店した目的を聞いて該当セクションを案内
ii　受付番号に応じた今日の運勢を占うおみくじの提供
iii　Pepper からの質問に対する顧客の回答に応じて、顧客にフィットした保険商品の提案
iv　子どもも大人も楽しめるゲームの提供
v　口座開設サポート（試行）

　また、みずほ銀行と日本 IBM は、Watson テクノロジーを生かして、みずほ銀行のホームページ等にある最新情報を自動解析して、顧客に対してその場に適した案内を行うことで、店頭サービスにおける新たなおもてなしの実現を目指すとしています[12]。

　なお、現在ではいくつかの銀行、信用金庫や証券会社等が店頭における顧客サービスの向上を目指して Pepper を導入しています。

② スマホ等によるサービス

　みずほ銀行は、電通国際情報サービス（ISID）、野村総合研究所と連携して、Facebook bot（チャット形式による自動応答機能）を活用した新しいコミュニケーションサービスや、Amazon Echo（音声認識・応答機能）を活用した新しいバンキングサービスに関する実証実験を米国シリコンバレーで実施しています[13]。

　これにより、顧客に新規口座開設等の手続について自動案内する、音声による操作で預金口座の残高照会等が可能になる、などのサービスの提供を目指しています。

(2) 顧客からの問合せに対する回答の精度の高度化

三菱東京UFJ銀行は、IBMが提供する認識システムであるWatsonを活用して、webサイト、コールセンター、店舗等における顧客サービスの向上や行員の業務支援を図り、オムニチャネルを実現する、としています[14]。同行では、こうした人工知能の活用により、次のような効果が期待できる、としています。

① 既存ビジネスの改革

コールセンターの効率化、店頭での助言機能の高度化、2015年春から店頭ロボットの試行を開始、本人確認対応の高度化、マクロ指標の感応度分析

② 新規参入への対抗

潜在成長企業マーケティング、非構造化データ（ログ等）活用によるクロスセルマーケティングの高度化

また、三井住友銀行は、顧客がパソコンやスマホでサイトの利用方法や商品・サービスに関する質問を入力すると、案内係に見立てたコミュニケーションキャラクターが、解決に適した回答や関連FAQ等を自動的に案内するサービスを「サイトコンシェルジュ」の名称で提供しています。

(3) 融資審査の精度向上、融資可能見込額の算出

静岡銀行は、2016年に三菱総合研究所の人工知能システムを活用した事前与信モデルを導入しています。この事前与信モデルは、顧客の年齢、性別等の属性情報や、入出金明細等の取引情報から、顧客のローン商品のニーズとリスクを数値化して融資可能見込額の算出を行うものです。そして、顧客からの融資申込みを待つのではなく、ダイレクトメール、スマホ、パソコン、ATM等の多様なチャネルを通じて、同行から顧客に対して融資可能見込額を案内することによって、顧客のローン利用の利便性の向上を図るとともに、顧客がローン利用に安心感を持つことにつながる効果を期待しています。同行ではこのサービスを住宅ローン、教育ローン、マイカーローン等の

ローン商品から順次導入して、先行き、投資信託や保険等の資産運用商品にも応用していく予定である、としています。

　みずほ銀行とソフトバンクは、合弁会社を設立して、消費者金融にスマホで手続が完結するスコア・レンディングサービスを提供する予定です。具体的には、みずほ銀行が保有するビッグデータやローン審査ノウハウとソフトバンクが保有するビッグデータや人工知能によるデータ分析のノウハウを融合したスコアリングモデルの活用により、審査応諾範囲の拡大や競争力のある金利水準を実現する、としています[15]。

　また、住信SBIネット銀行は、日立製作所の人工知能とGIS（地理情報システム）などの統計データを活用した住宅ローンやカードローンなどの審査手法に関する実証実験を行っています[16]。具体的には、顧客の年齢や収入等、従来からローン審査に利用してきたデータのほか、地域別の経済指標や各種データの時系列的な変化を人工知能で分析して、スピードと高い精度を必要とする住宅ローンやカードローン等、個人向けファイナンスの審査業務における人工知能の活用可能性を検討する方針です。

(4) 顧客行動・購買予測に基づいたマーケティング

　新生銀行は、関連会社のセカンドサイトが人工知能を活用して開発したモデルを活用して、顧客の属性情報や取引・行動履歴などをもとにして商品ごとの購買確率を予測する等、人工知能を活用したモデルをリテールバンキング業務に本格導入しています[17]。具体的には、投資信託、保険商品や外貨預金などの資産運用商品について、顧客ごとに勧める商品やその予測購買確率、望ましいアプローチなどを導出して、店舗やウェブサイトにおいて、顧客の顕在的、潜在的な嗜好やニーズに対してより最適な資産運用商品やサービスの提案につなげるとともに、住宅ローンについては、潜在的な利用ニーズのある顧客を発掘、最適な提案を指向する、としています。

(5) 投資信託の運用

　三菱UFJ国際投信は、AI日本株式オープン（日本AI）の名称で、人工知能により運用に必要な情報収集や分析の高度化を行う投資信託を設定、運用しています。この投資信託は、株式の個別銘柄への投資と株価指数先物の売建てを組み合わせた絶対収益追求型で、人工知能によるモデルを駆使して、個別銘柄の選択と株式市場の予測を行います。三菱UFJ国際投信では、人工知能の特徴を投資信託の運用に活用することにより、大量のデータから取捨選択することや、データから人間が気づけないような特徴・傾向を発掘することができるとしています。

　具体的には、株式個別銘柄戦略で活用するモデルでは、ビッグデータを分析して安定高配当銘柄を選定したり、経済ニュースやアナリストの利益予想等を複合的に評価して銘柄を選定したりします。一方、先物戦略で活用するモデルでは、ディープラーニングにより、データの特徴から因果関係を見出し翌日の株式市場の値動きを予測したり、過去の投資環境から類似性を見出して1カ月先の株式市場の値動きを予測したりします。

　また、いくつかの証券会社が人工知能を活用した投資信託を売り出しており、こうした投資信託を「AI運用投信」と呼んでいます。

(6) 証券会社の貸株料予測

　カブドットコム証券は、機関投資家向けの株券貸借取引業務で、日立製作所のITを利用したトレーディング支援システムを開発して、貸株料の算出に活用しています[18]。

　同社では、これまで担当者が過去の経験と市況情報から総合判断して貸株料を算出しており、場合によっては1銘柄に数十分単位の時間を要することもありました。

　しかし、日立の人工知能で合計1,000種類を超える情報を分析して貸株料の予測方程式を作成、この方程式に直近の取引データ等を変数として入力す

ることにより、最適な貸株料が瞬時に自動算出できるようになりました。

このシステムにより自動的に算出された貸株料は、既往の優秀なトレーダーによる算出と同程度の品質が期待できることから、同社では貸株業務の拡大において新たにトレーダーを増員させる必要がないメリットがある、としています。

(7) 保険金支払業務の高度化

かんぽ生命は、顧客からの請求に対する保険金支払業務について、支払業務システムを導入して請求書類の確認や支払審査等の業務を実施しています。しかし、このうち支払審査の工程では正確を期するために多くの場合、システムによる判断だけではなく審査担当者による判断を行っています。

そこで、かんぽ生命では、IBMのWatson技術を活用して、支払審査データや約款、関連法規、過去事例などを分析し、支払の判断についての選択肢を確信度付きで示す等のシステムサポートにより、審査担当者が、より迅速かつ正確に支払業務を実施できるようにする検討を進めることとしています[19]。

また、富国生命は、給付金等の支払査定業務にIBM Watson Explorerを導入して、診断書査定自動コード化システムを構築、2017年1月に稼働を開始しています[20]。これは、診断書等から、疾病、災害、手術等の判別・分類等を自動で行いコード化するもので、富国生命ではこれにより給付金等支払査定業務において、支払までの迅速化、及び業務処理負担の30％程度の削減が期待できる、としています。

(8) 取引所の市場監視の精度向上

東京金融取引所では、AI技術を活用して異常を判断することで、市場監視の精度向上、効率化の達成の可能性につき、富士通と共同で検証しています[21]。具体的には、従来は閾値やルール設定により異常を検知してきましたが、システムが多様化し解析対象が膨大かつ複雑化したことから、人間では

みるべきパラメータが多く、関係性の把握が困難になっています。そこで、東京金融取引所が持つ市場監視のノウハウと、富士通が持つ AI 技術（アノマリ〈異常〉検知技術）に関するノウハウを融合し、正常時の稼働データを機械学習させることにより、いつもと違う状態を自動的に検知して異常や故障につながる状態の変化（予兆）を高精度で捉えることによる市場監視業務の精度向上と効率化に向けた共同検討を実施しています。

[注]
(1) 柏木亮二「金融領域での人工知能の活用」野村総合研究所金融 IT ナビゲーション推進部 Financial Information Technology Focus2015.11、pp12-13
(2) Quoc V. Le、Marc'Aurelio Ranzato、Rajat Monga、Matthieu Devin、Kai Chen、Greg S. Corrado、Jeff Dean and Andrew Y. Ng" Building High-level Features Using Large Scale Unsupervised Learning" Proceedings of the 29 th International Conference on Machine Learning,2012.6.27
(3) 岩下直行「IT を活用した金融の高度化に関するワークショップ第4回「データ活用による営業戦略の高度化」の模様」日本銀行金融機構局金融高度化センター、2015.4.17、p5
(4) 総務省「インテリジェント化が加速する ICT の未来像に関する研究会報告書」総務省、2015.6、p30
(5) 西垣通「人工知能の光と影：「人間の脳を超越」あり得ず」日本経済新聞朝刊 2016.9.7
(6) IBM「質問応答システム"ワトソン"がクイズ番組に挑戦！」2011.2.16
(7) IBM、ソフトバンクロボティクス「IBM Watson がソフトバンクロボティクスの Pepper を強化」2016.1.7
(8) AI ネットワーク化検討会議「AI ネットワーク化の影響とリスク―智連社会（WINS ウインズ）の実現に向けた課題」総務省、2016.6.20
(9) 柏木亮二、前掲(1)
(10) 三菱東京 UFJ 銀行「AI 音声対話アプリ「バーチャルアシスタント」による新たな顧客チャネルの創出について」2016.3.14
(11) 廣瀬明倫「人工知能が経営にもたらす「創造」と「破壊」」EY 総合研究所、2015
(12) みずほ銀行、日本 IBM「IBM Watson とロボットの融合による新たなおもてなしへの挑戦」2016.2.26
(13) みずほ銀行、電通国際情報サービス、野村総合研究所「米国シリコンバレー

での「CUI」に関する実証実験について」2016.8.15
⑭　三菱東京UFJ銀行「IBM Watsonと関連技術を活用した金融業務高度化の取り組みについて」プレスリリース2015.2.2、三菱東京UFJ銀行法人企画部「ICTの銀行取引への活用検討」2015.3.13
⑮　みずほ銀行、ソフトバンク「新しいレンディングサービス開始に向けた合弁会社設立について」2016.9.15
⑯　住信SBIネット銀行、日立製作所「住信SBIネット銀行と日立が、人工知能とGISなどの統計データを活用した先進的なローン審査手法に関する実証実験を開始」2016.9.30
⑰　新生銀行、セカンドサイト株式会社「人工知能を活用したモデルのリテールバンキング業務への本格導入について」プレスリリース2016.11.28
⑱　カブドットコム証券「カブドットコムがストック・レンディング業務に人工知能技術を採用、業務拡大と省力化を同時に実現」プレスリリース2016.7.25
⑲　かんぽ生命、日本IBM「IBM Watsonを活用した保険金支払業務のさらなる高度化について」プレスリリース2015.2.18
⑳　富国生命保険相互会社、日本アイ・ビー・エム株式会社「給付金等支払査定にIBM Watson Explorerを導入し診断書査定自動コード化システムを構築」2016.12.26
㉑　東京金融取引所、富士通「AI技術を活用した市場監視業務の精度向上に向けた共同検討を開始」2017.3.10

クラウドコンピューティング

1　クラウドコンピューティングとは？

　クラウドコンピューティングが何かを把握するために、クラウドコンピューティングの仕組みと従来の方式とを対比してみましょう[1]。

(1)　従来方式

　まず、従来の方式では、ユーザが情報通信ネットワークを通じてサービスを受ける場合には、ネットワークからサーバに明示的にアクセスするという形で、ユーザがサーバを意識してサービスの提供を受けることとなります。

(2)　クラウドコンピューティング

　これに対して、クラウドコンピューティングは、ユーザがサービスの提供者から情報処理機器や情報処理機能の提供を受けますが、ユーザがどの施設から、またどの機器からサービスの提供を受けているか意識する必要のない方式です。これを具体的にみると、クラウドコンピューティングでは、サービス提供者（ベンダー）がデータセンターに多数のサーバを用意します。そして、ベンダーは、ユーザがインターネットを通じてデータセンターのサーバに保管してあるソフトウェアやデータ等を利用できるようなシステムを構築します。

　このシステムをクラウドコンピューティング（cloud computing）と呼ぶのは、システムの構成を示す場合にネットワークを雲（クラウド）のマークで表す慣行があることによります（図表3−8）。

図表 3 − 8　クラウドコンピューティングの構成

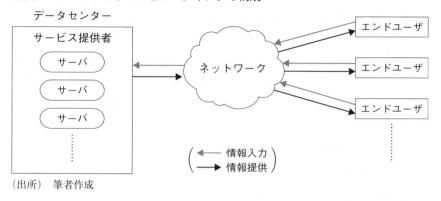

（出所）　筆者作成

　エンドユーザは、クラウドコンピューティングを活用することにより、オンデマンドでサーバにアクセスして、種々のサービスを得ることができます。こうしたクラウドコンピューティングにより提供されるサービスを略して「クラウドサービス」と呼んでいます。また、クラウドコンピューティングやクラウドサービスは、単に「クラウド」ということが一般的となっています。

　また、「クラウドストレージ」は、ストレージ（データを長期間に亘って記憶する装置）をネット上で提供するサービスで、オンラインストレージとかインターネットストレージともいいます。

　このように、クラウドサービスを利用するエンドユーザは、どのサーバにアクセスしているかを意識する必要はなく、利用しているハードウェアやソフトウェアは、文字どおり雲の向こう側にある、ということになります。

　実際のところ、ユーザにとってクラウドコンピューティングの大きな特性は、通信の相手方を意識しないで、雲に見立てたインターネットとサーバを手元にあるコンピュータのように利用できる点にあります。

2 クラウドで提供されるサービスは？

クラウドでユーザに提供されるサービスは、個人が利用するオフィスソフトやメールソフト、企業が利用する顧客関係管理（CRM）等のアプリ、データベース、開発プラットフォーム等のインフラというように、多種多様に亘っています。

クラウドは、それが提供するサービスによってSaaS、PaaS、IaaSの3種類に分類されます。それを概観すると次のようになります（SaaS、PaaS、IaaSの詳細はV参照）。

(1) SaaS

ソフトウェアを提供するサービス。ユーザは、プロバイダーの提供するソフトウェアを利用することができます。

(2) PaaS

プラットフォームを提供するサービス。ユーザはPaaSの活用によって、即座にOS、データベースやアプリ等のミドルウェアがセットアップされた環境を利用することができます。

(3) IaaS

インフラを提供するサービス。ユーザはIaaSの導入によって、自身でこうしたインフラを持つことなく、ユーザニーズに沿ったシステムを構築、利用することができます。

3 パブリッククラウドとプライベートクラウドとは？

クラウドは、パブリッククラウドとプライベートクラウドの2種類に大別

されます。

(1) パブリッククラウド

だれでもインターネットから利用できるタイプです。

(2) プライベートクラウド

クラウドのシステムを閉鎖的ネットワークで構築するタイプです。プライベートクラウドは、単一の企業向けのクラウドで、大企業により採用されることが多いタイプです。プライベートクラウドでは、クラウドが持つ効率的な施設、機器の使用というメリットを享受しながら、情報が外部に漏えいすることを防止できる等、セキュリティの確保を図ることができます。

こうしたことから、金融機関はプライベートクラウドの形でクラウドのシステムを活用することができます。

4 クラウドのプレイヤーは？

クラウドのプレイヤーは3主体となります。

(1) データセンター

サーバ類が設置してある施設。

(2) サービス提供者

サーバ類の設定を行うなど、サーバ類で行うことのできる情報処理を決定する主体（ベンダー）。

(3) エンドユーザ

サーバの機能の利用者。サービスは、データセンターから提供されることから、エンドユーザは、どの施設、機器からサービスが提供されるのかを意

識する必要がなく、サービス提供者とのやりとりを必要最小限に抑えることができます。

　なお、データセンターのユーザという場合には、サービス提供者（たとえば電子掲示板サービスの提供者）とエンドユーザ（たとえば電子掲示板への書き込み者、閲覧者）の双方が含まれることがあります。

5　サーバの機能は？

　サーバ（server）は、ユーザの求める情報をネットワークに接続されたシステムにより生成して、ネットワークを通じてユーザのコンピュータにファイルやデータ等の形で提供するコンピュータ、またそのような機能を持ったソフトウェアをいいます。そして、ハードウェアとしてのサーバは、「サーバコンピュータ」とか「サーバマシン」と呼ばれ、ソフトウェアとしてのサーバは、「サーバソフト」とか「サーバプログラム」と呼ばれています。

　サーバは、どのような情報を生成するかによって、webサーバ、アプリケーションサーバ、データベースサーバ、ファイルサーバ、インストールサーバ等があります。

　ITの急速な進歩で、高速かつ高性能を具備した低価格のサーバが普及して、この結果、ユーザに対して多種多様なサービスが低コストで提供できる環境となっています。

　また、サーバに対してさまざまなリクエストを出してサーバからファイルやデータ等の提供を受けるコンピュータやソフトウェアを「クライアント」（client）といいます。パソコンのほか、スマホやタブレット端末等のスマートデバイスや、インターネットに接続しているテレビ、ゲーム機等もクライアントのカテゴリーに属します。

6　クラウド発達の背景は？

　クラウドによるサービスが活発化している背景には、インターネット利用の浸透があります。

　クラウドサービスの本質は、組織が持つIT資産の一部をオフバランス化して経営の効率化に資することにありますが、それを実現させるためには、インターネットの利用が必要不可欠なものとなります。すなわち、クラウドサービスにより、ユーザはネットワークを活用して、いつでもどこからでも、必要とするIT資産にアクセスできる、というユビキタスの環境が形成されます。また、従業員が私有のデバイスを業務上使用するBYOD（Bring Your Own Device）や、企業が従業員に業務上使用するデバイスを支給するインバースBYODが企業の間に普及すると、このクラウドサービスは大きな威力を発揮することになります（BYOD、インバースBYODは第4章Ⅲ8参照）。

　さらに、ベンダーは仮想化技術やデータ分散処理技術等によって、スケールメリットを最大限生かして低コストによるクラウドサービスを提供することが可能となっています。

7　クラウドの仕組みは？

　クラウドのサービスは、データセンターから提供されます。データセンターには多くのコンピュータ、サーバ等のIT機器が設置されていて、それが仮想化技術により1台のコンピュータのように稼働する仕組みとなっています。こうした技術によって負荷がかかっても複数の機器にそれが分散され、ユーザのニーズに弾力的に対応することが可能となります。

8　データセンターとは？

　データセンターは、多くのサーバ等の情報処理機器を集約して収容する施設で、各種のサービスを提供する機能を持つ拠点となります。

(1)　データセンターの機能

　データセンターは、クラウドのプラットフォームとしてきわめて重要な役割を担っています。したがって、クラウド事業の競争力はデータセンターの運営能力いかんにかかっている、といっても過言ではありません。

①　施設としてのデータセンター

　データセンターが施設として安全に運営されるためには、耐震性に優れ、無停電電源装置が具備されたビルであることが必要です。また、24時間監視による入退室管理等のセキュリティを確保することが重要です。

　こうした施設としてのデータセンターの機能を「コロケーションサービス」とか「ハウジングサービス」といいます。なお、コロケーション（colocation）とは、サーバやそれに付属する通信機器、電源設備を物理的に設置する施設を貸し出すことをいいます。

②　情報処理機器の提供者としてのデータセンター

　データセンターのなかには、サーバやストレージ等の情報処理機器が設置されていて、エンドユーザはネットワークを通してこれを使用することができます。

　こうした情報処理機器の提供者としてのデータセンターの機能を「ホスティングサービス」と呼んでいます。

③　情報処理機能の提供者としてのデータセンター

　データセンターは、ソフトウェア等の情報処理機能を担います。また、大半のデータセンターは、施設、機器の保守・監視を行う機能も具備しています。

(2) インターネットデータセンターとは？

　データセンターには、ネットワークが専用回線となっているものと、インターネットであるものとがあり、後者をインターネットデータセンター（IDC）と呼んでいます。インターネットデータセンターでは、インターネットへの接続回線や保守・運用サービス等を提供しています。

(3) データセンターの運営主体は？

　日本では、自ら回線を保有する通信キャリアのほか、インターネットサービスプロバイダーやコンピュータメーカー、大手電機メーカー、ソフトハウス、情報システム会社など、さまざまな業種の企業が、それぞれの強みを生かしてデータセンターの運営に参入しています。

(4) データセンターの主要な利用者は？

　データセンターの主要な利用者は、アクセスの多いポータルサイトや、電子商取引（eコマース）事業者、ASP事業者などです。

　なお、「ポータルサイト」は、さまざまなwebサイトにおいて入り口（ポート＝港）的な役割を担うサイトをいいます。ポータルサイトは利用頻度の高いさまざまな情報を束ねる機能を持ち、ポータルサイトを入り口としてユーザは容易に多くの情報やサービスを引き出すことができます。

　また、「ASP」（Application Service Provider）は、ユーザが必要とする情報処理機能をネットワークを通じて提供するサービスです。このサービスは、データセンター内に設置されたサーバでアプリが実行されることによって提供されます。すなわち、ユーザはインターネット経由で、サーバにインストールされたアプリを利用して情報処理を行うことができます（ASPの詳細はⅤ参照）。

(5) データセンターの設置場所は？

　ITの進歩によって、通信料金は通信距離の長短に関係なく決められる体系が主流となっています。したがって、遠方に設置されたサーバであってもコスト面で不利なく利用可能な環境が形成されています。これは、サービス提供者にとって、サーバの設置場所を自由に選択することが可能な状況であることを意味し、この結果、データセンターの設置をめぐってグローバルな競争が展開されています[2]。

　したがって、日本のユーザ向けのサービスでも、国内に拠点のあるデータセンターではなく海外に拠点のあるデータセンターからのサービス提供が可能となっています。しかし、サーバの設置場所は、情報通信産業の発展に大きな影響を及ぼすばかりでなく、情報通信技術を活用する国内のあらゆる産業の競争力にも深く関係を持ち、国益に大きな影響を持つこととなります。

　こうした事情を背景に、総務省ではデータセンター活性化策に関する検討会を開催する等、国内データセンターが、海外データセンターとの厳しい国際競争を乗り越える競争力を持つことができるよう、その活性化に向けて政策面から注力しています[3]。

(6) データセンターのスケールメリットとは？

　クラウドでは、インターネットを通じてグローバル規模でユーザにサービスの提供が可能になります。したがって、1つの巨大なデータセンターに多くのサーバを設置して多くのユーザにさまざまなサービスを提供する、といったスケールメリットの発揮を期待することができます。

　そして、こうしたデータセンターのスケールメリットにより、提供されるサービスのコストが低下し、またユーザの多種多様なリクエストに対して弾力的に応じることが可能となります。

9 クラウドのメリットは？

クラウドの活用により、大規模な施設、機器を多くの人が共同で使用することとなります。したがって、ユーザにとって次のようなメリットがあります。

(1) 持たざる経営

クラウドのユーザは、クラウド内のインフラ、ソフトウェア、プラットフォームを所有することはなく、また回線の設置・維持やネットワークの構築・管理をデータセンターにアウトソーシングすることになります。この結果、ユーザは、システム構築・維持の手間と時間とコストを節減することができます。また、自社でシステムを構築する必要がなく管理も容易なことから、自社内でITに対する専門知識を有するスタッフを多く抱える必要がなくなります。

このように、ユーザはクラウドの活用により「持たざる経営」のメリットを享受することができます。

(2) スケーラビリティ

クラウドは、多くのユーザが共同でインフラや機器等を使用することから、スケールメリットを生かすことができます。すなわち、自社専用のサーバを使用しているユーザは、ITの円滑な運用を確保するためにピーク時対応ができる容量のサーバを具備する必要がありますが、クラウドでは、その時々のニーズの多寡に応じたサービスを受けることができます。したがって、閑散期でニーズが低調なときには、クラウドからのサービスを少なくして、繁忙期にはサービスの供給を増やすといった形で、クラウドの持つ可用性（アバイラビリティ）、拡張性（スケーラビリティ）を活用することができます。

(3) 事務手数の軽減とシステム運営の円滑化

ユーザは、ソフトウェアの購入・更新、インストール、データの保存や管理をデータセンターのサーバで行うことができ、大幅に作業の軽減を図ることができます。また、ユーザは、クラウドの活用によりデータセンターのエキスパータイズを活用することとなり、システム運用が円滑に行われるメリットがあります。

(4) ユビキタス

ユーザは、パソコン、携帯、スマホ、タブレット機器等、さまざまな端末から、いつでもどこからでもネットワークにアクセスして、どこに配置されているどのサーバかを知ることなく、サービスの提供を受けることが可能です。

たとえば、ユーザが複数の端末を所有している場合に、どの端末を使ってもシームレスに同一のサービスを受けられるとか、自己のデータにアクセスすることができるといったサービスが、クラウドにより実現することができます。

(5) 幅広いユーザ層

クラウドは、企業の規模の大小を問わず、幅広い層に利用されるポテンシャルを持っています。

① 中小企業

クラウドは、ITのインフラ、ソフトウェア等をアウトソーシングしたいと考えている中小企業にとって、大きなメリットをもたらします。なお、中小企業のバックオフィス業務におけるクラウドサービス利用状況をみると、財務・会計領域において最先端のクラウドサービスを活用している中小企業は1割未満で、今後も導入意向がない中小企業は7割弱にのぼる、との結果となっています[4]。こうしたことから中小企業庁では、遅れている中小企

のバックオフィス業務システム改革には、クラウドサービスの普及が必須である、と強調しています。

② 中堅、大企業

中堅、大企業では、自前主義をとる場合には大規模データセンターを構築する必要があるケースが少なくありません。そうしたケースでは、クラウドにより、データセンターに多額の投資を行うのではなく、これをアウトソーシングすることができます。

10 クラウドを利用する留意点は？

クラウドを利用する場合には、次の点に留意する必要があります。

(1) セキュリティ

自社で専有サーバを持つ場合に比べて、クラウドはセキュリティの点で劣る可能性があります。クラウドにおいてもさまざまなセキュリティ対策が講じられていますが、きわめて重要な情報等を扱う場合には、万全の対策を自社の専用サーバに講じて使用したほうが安全である、ということができます。

また、クラウドは、多くのユーザがサーバを共同で使用することから、他のユーザがなんらかの影響を受けた場合、それが自社にも波及する恐れがあります。特に、回線を多く使用するユーザは、他からの影響を受けやすいことから、この点に留意する必要があります。

ここで、クラウドに対する典型的なサイバー攻撃の手口をみることにしましょう（サイバー攻撃のさまざまな手口は第4章参照）。

① EdoS

クラウドに対するサイバー攻撃の1つにEdoS攻撃（Economic Denial Service / Economic Denial of Sustainability、イードス）があります。EdoS攻撃は、攻撃する対象者に経済的損失を与えることを目的とする攻撃です。クラ

ウドでは、使用量に応じた課金制度が採用されるケースが少なくありません。こうした従量制では、トラフィック量、ストレージ容量、CPU（Central Processing Unit、中央演算処理装置）使用時間等を基礎にして課金されることになります。

　EdoS攻撃では、このような課金制度を悪用して、攻撃対象者に大量のサイズの無用なネットワークパケット通信を行ったり、大量のデータ転送を強いるような通信を行ったり、CPU負担が重くかかるリクエストを大量に発生させる等により、莫大な課金額を攻撃対象者に負わせて経済的損失を与える、といった攻撃の手口を使います。ここで、「パケット通信」とは、通信回線の効率利用のためにデータを小さく分割した小包（packet、パケット）にして送受信する通信方式をいいます。パケット通信では、パケット数で課金されることが一般的です。

　特に、こうしたEdoS攻撃は、正常のクラウドサービス使用であるとみせかけるようなパターンを装って目立たない程度に長期間に亘って執拗に行われることが多く、したがって発見することが難しく、攻撃対象者が長期間、過大な利用料を支払い続けることになる、といった恐れがあります。

　このようなEdoS攻撃自体に対する有効な防衛策を講じることは容易なことではありませんが、クラウドのユーザとしては、たとえば契約にあたって課金の支払に上限を設定するとか、従量制の課金制度を控える等の対応策をとることが考えられます。

② パスワードリスト攻撃

　クラウドでは、パスワードリスト攻撃（List-based Attack）も重大な脅威となっています。パスワードリスト攻撃は、あらかじめ入手したID、パスワードをリスト化してサイバー攻撃に使うことから、このような名称となっています。

　クラウドを利用するユーザの認証は、一般にID、パスワード認証が活用されますが、同じID、パスワードを複数のサイトで使い回すユーザが少なくありません。そこでクラウドを利用して、あるサービスで使われたIDと

パスワードを盗取して、利用者になりすましてそれを別のサービスで不正に使用する、といったパスワードリスト攻撃が目立っています[5]。

(2) サービスの弾力性

クラウドは、サーバの共同使用という形で、外部からサービスの提供を受けることとなるために、自社のニーズにマッチするようにカスタマイズして構築されたシステムを利用する場合に比べると、自由度に欠ける恐れがあります。

また、クラウドで提供されるサービスは、従量制で課金されることが多く、巨大な容量を必要とするユーザの場合には、コストが嵩むことになります。

(3) IT リテラシーの蓄積

クラウドは、外部から IT サービスを調達する形をとることから、自社内に IT のエキスパートを多く揃える必要がない、といったメリットの裏腹の問題として、自社内で IT リテラシーの蓄積が進捗しない、といった恐れがあります。

クラウドのサービスを利用するといっても、自社内でもやはり一定の IT リテラシーを保持することが必要であり、この点、IT マネジメントの運用面で留意する必要があります。

(4) データセンターの拠点

クラウドによるサービスの提供を行うデータセンターは、日本のほか、世界の各地に設置されています。したがって、海外のデータセンターを使用する場合には、その拠点が設置されている国の法律や治安いかんによって、有事の際のデータの閲覧制限、国外持ち出し禁止、漏えい、破壊等のリスクが存在します。

[注]
⑴　クラウドコンピューティング時代のデータセンター活性化策に関する検討会ワーキンググループ「クラウドコンピューティング時代のデータセンター活性化策に関する検討会ワーキンググループ第一次報告」総務省、2009.7.28、クラウドコンピューティング時代のデータセンター活性化策に関する検討会「クラウドコンピューティング時代のデータセンター活性化策に関する検討会報告書」総務省、2010.5.28
⑵　クラウドコンピューティング時代のデータセンター活性化策に関する検討会「クラウドコンピューティング時代のデータセンター活性化策に関する検討会報告書」総務省、2010.5.28
⑶　同上
⑷　経済産業省「第2回決済高度化官民推進会議経済産業省説明資料」金融庁2017.1、[原典]中小企業庁「決済事務の事務量等に関する実態調査」㈱帝国データバンク、2016.10
⑸　日本銀行金融研究所「第15回情報セキュリティ・シンポジウム「多様化するリテール取引の安全性Ⅱ：モバイル化、クラウド化を支える情報セキュリティ技術を中心に」の模様」金融研究、2014.10、p39

V ASP、SaaS、PaaS、IaaS、グリッドコンピューティング

1 ASPとは？

(1) ASPの定義

ASP（Application Service Provider）は、ユーザがインターネットやVPNを通じてアプリ等のソフトウェアを遠隔から利用できるサービスを提供する事業者（プロバイダー）、またはそのようなビジネスモデルをいいます。なお、「VPN」（Virtual Private Network）は、公衆ネットワークを使って拠点間を接続する仮想私設通信網です。また、「ASPサービス」は、ASPによってユーザに対してアプリ等のソフトウェアが提供されるサービスを意味します。

したがって、ASPでは、ユーザが自己のコンピュータのハードディスクにアプリをインストールする必要がなく、プロバイダーがデータセンターやプロバイダーの施設のサーバに保有するアプリを利用することになります。

具体的には、ユーザはwebブラウザやクライアントソフト等を通じてサーバにアクセスしてソフトを利用します。実際のところ、インターネット回線の高速化やwebブラウザの進展により、ASPのユーザは、企業だけではなく、一般個人向けにも普及しています。

以上から、ASPは、ネットワークを通じてアプリを提供するものであり、基本的にSaaSと同義である、とみることができます。

(2) ASPのメリットは？

ユーザからみると、ASPはソフトウェアのアウトソーシングとみることができます。すなわち、ASPのユーザは、自己のコンピュータにソフトウェアを導入したり最新バージョンに更新したりする手間が省け、また、ソフトウェアのライセンスを取得する必要もありません。

ASPには有料のものと無料のものがありますが、有料の場合には一般的に使用量や期間等に応じた料金をプロバイダーに支払うことになります。

2　SaaSとは？

(1) SaaSの定義

SaaS（Software as a Service、サースまたはサーズ）は、ソフトウェアを提供するサービスです。ユーザは、SaaSの活用によってユーザサイドでソフトウェアをインストールする必要がなく、プロバイダー（ベンダー）サイドでソフトウェアを稼働する形で利用することができます。

このように、SaaSはユーザがネットワーク経由で、ユーザが必要とするソフトウェアの機能を利用することから、クラウドコンピューティング（クラウド）の1つの形態であるということができます（クラウドコンピューティングについてはⅣ参照）。

ユーザにとっては、SaaSを導入することで、即座にソフトウェアを利用できるといった機動性が大きなメリットとなります。なお、料金は、一般的に利用した分に応じて支払う従量制が適用されます。

SaaSは、基本的にプロバイダが提供するソフトウェアをそのまま使用することになり、したがって、厳格な差別化、品質、信頼性を強力に求められるビジネスには不向きである、ということができます。

なお、SaaSとASPは、基本的に同義であると考えられますが、SaaSが

マルチテナント技術を持つ点等をとらえて、ASPとは区別すべきである、とする見方もあります[1]。ここで、マルチテナント技術とは、サーバやデータベースを複数のユーザで共有する技術です。マルチテナントでは、複数のユーザが使用する同一のプログラムを一括してバージョンアップすることになり、ユーザに対して常に最新のシステムを提供することが可能となります。また、マルチテナントによりベンダーは複数のユーザからの利用料収入を得て利益の確保ができ、ユーザは低価格でSaaSを利用することができます。

(2) SaaSの具体的な活用分野は？

企業の会計情報を処理する「会計ソフトウェア」（会計ソフト）は、帳簿の記帳における仕訳等の補助機能や決算書、税務申告書の作成機能等を持っていて、業種、企業規模を問わず会計処理の効率化に活用することができます。

従来、こうした会計ソフトは、自社のパソコンにソフトウェアをインストールするタイプが主流でしたが、現在は多くのベンダーからSaaS型の会計ソフトが提供されています。

ベンダーによりその特徴はさまざまですが、典型的なSaaS型会計ソフトは、次のような機能を具備しています。

① 会計、業績情報を統合的に提供、会計情報をリアルタイムで集約、更新可能。
② 伝票、仕訳明細、残高情報を検索、加工集計が可能。
③ マイナンバー制度、電子帳簿保存法、消費税改正等にも迅速に対応可能。
④ IFRS（International Financial Reporting Standards、国際会計基準）に準拠、海外拠点の管理も含めたグループ会計の管理が可能。

(3) SaaS 型会計ソフトと融資の連携とは？

SaaS 型会計ソフトは、クラウドが持つ特性を活用して、融資サービスとの連携が試みられています。

米国では、中小企業向けソフトウェアベンダーの Intuit 社の会計ソフト QuickBooks を使用している企業は、融資のスピード審査を受けることが可能となっています[2]。Intuit 社の調査では、QuickBooks を使用している中小企業の 6 割がなんらかの目的で資金調達を望んでいるものの、その 7 割が融資審査を通らない、との結果となっています。そして、その主な理由として中小企業のビジネスに関する正確なデータが金融機関に提供されていないことがあげられています。しかし、金融機関が融資審査にあたって必要とする企業の財務データの大半は、すでに Intuit 社の会計ソフト QuickBooks にインプットされたものです。したがって、こうしたデータが金融機関に提供されれば、中小企業が融資を受ける可能性は格段に高まることになります。

そこで、Intuit 社の子会社である QuickBooks Financing は、中小企業から融資の希望があった場合には、それが通常の融資か、クレジットラインの設定か、請求書（invoice）を担保とした融資かを把握したうえで、Intuit 社が提携している複数の金融機関に当該中小企業の財務データを提供して、融資が可能か、可能であればどのような金利、期間等の融資条件か、といった内容を問い合わせます。

通常であれば、中小企業の経営者が金融機関の店舗に出向いて借入交渉をする必要があるところ、これがすべてインターネットによって行われます。したがって、本来、融資の内諾を得るのに 2、3 週間、場合によっては何カ月もかかるところ、数日間で融資審査を終えて融資が実現するケースもみられる、としています。

そして、いくつかの金融機関から融資の内諾が得られると、Intuit 社ではそれを中小企業に提示して、中小企業はそのなかからベストと考えられる貸し手を選択します。その後は、中小企業の融資申込みとその後の融資といっ

た手続がインターネットで行われることになります。

(4) ASP、SaaS における情報セキュリティ

2007年の経済財政諮問会議において、ICT の活用による生産性の向上が不可欠であり、その1つとして ASP、SaaS 等の普及促進の必要性が指摘されました[3]。

ASP、SaaS 事業者やその関係企業では、企業等の膨大な機密情報や顧客情報が集積されることになります。こうした状況下、ASP、SaaS を安全に利用できる環境が整備されないと、利用者は情報漏えい、改ざん等のリスクにさらされて、企業の存続にさえ影響を及ぼしかねません。仮にそうした事態となった場合には、ASP、SaaS の普及促進に影響して、ICT による生産性向上にも波及する恐れがあります。

そこで、厚生労働省の ASP・SaaS の情報セキュリティ対策に関する研究会は、ASP、SaaS が安全に利用できる環境整備を促進して、ASP、SaaS サービスの安全・信頼性を確保するために、「ASP・SaaS における情報セキュリティ対策ガイドライン」を策定、公表しました[4]。

このガイドラインには、ASP、SaaS 事業者が実施すべき情報セキュリティ対策が取りまとめられていて、これを足がかりとして ASP、SaaS 事業者における情報セキュリティマネジメントシステムの確立、導入、運用、監視、見直しが実施され、継続的に情報セキュリティ対策が改善されることが期待されています。このガイドラインは、組織・運用編と、物理的・技術的対策編から構成されています。

① 組織・運用編

組織・運用編では、情報セキュリティを確保するために求められる運用管理体制、外部組織との契約における留意事項、利用者に対する責任等の組織・運用に係る対策が取りまとめられています。

組織・運用編は、主に経営者等の組織管理者によって参照されることが想定されています。

② **物理的・技術的対策編**

物理的・技術的対策編では、ASP、SaaSの典型的なシステム構成をもとに、各構成要素における情報資産に対する情報セキュリティ対策が取りまとめられています。構成要素は、「アプリケーション、プラットフォーム、サーバ・ストレージ」「ネットワーク」「建物、電源（空調等）」の3つに大別され、また、6つのパターンで具体的な対策がパッケージ化されています。

物理的・技術的対策編は、主に実際にASP、SaaSサービスを運用している現場の技術者等によって参照されることが想定されています。

3 PaaSとは？

PaaS（Platform as a Service、パース）は、プラットフォームを提供するサービスです。ここでいうプラットフォームとは、アプリが動作する土台です。PaaSは、アプリが稼働するためのハードウェアやOS等のプラットフォームを、インターネット上のサービスとして提供します。PaaSもクラウドの1つの形態である、ということができます。

エンドユーザは、PaaSの活用によって、即座にOS、データベースやアプリ等のミドルウェアがセットアップされた環境を利用することができます。

SaaSでは、ユーザが利用可能なソフトウェアはプロバイダが提供するものに限られますが、PaaSでは、プラットフォームを使って自らのシステム設計に沿う方法で、アプリを低コストでスピーディーに開発することができます。

4 IaaSとは？

IaaS（Infrastructure as a Service、イアース、アイアース）は、インフラを

提供するサービスです。ここでインフラとは、サーバやストレージ、OS等のコンピュータの基盤になる部分をいいます。IaaSもクラウドの1つの形態である、ということができます。

エンドユーザは、IaaSの導入によって、自身でこうしたインフラを持つことなく、自由にハードウェアのスペックやOSを選定してユーザニーズに沿ったシステムをネットワークを使って構築、利用することができます。したがって、ユーザがIaaSを導入するには、システム構築についてのエキスパータイズを持っていることが前提となります。

5　XaaSとは？

XaaS（X as a Service、ザース）は、SaaS、PaaS、IaaS等の総称で、ネットワークを介してコンピュータ処理に必要なあるサービス、またはすべてのサービスを提供することをいいます。

XaaSが、あるサービスの提供を意味する場合には、AaaS（Anything as a Service、アアース）、すべてのサービスの提供を意味する場合には、EaaS（Everything as a service、イーアース）と呼ばれます。XaaSで提供されるサービスには、図表3－9のようなものをあげることができます。

6　グリッドコンピューティングとは？

(1)　グリッドコンピューティングの定義

グリッドコンピューティング（grid computing）は、ネットワークで接続された多数のコンピュータ資源を自動的に分担して利用することを可能とする技術です。グリッドコンピューティングによりコンピュータ資源を効率的に使用して、仮想の高性能コンピュータを構成することができます。

グリッドの文字どおりの意味は格子です。格子のように張りめぐらされた

図表3-9　各種のXaaS

名　称	提供されるサービス
SaaS（Software as a Service、サース、サーズ）	アプリ等のソフトウェア
HaaS（Hardware as a service、ハース）	ストレージ、ハードディスクなどのハードウェア
DaaS（Desktop as a service、ダース）	サーバにソフト、データ等があるデスクトップ環境
DaaS（Data as a service、ダース）	データの集約、分析等、データ処理ジョブ
PaaS（Platform as a Service、パース）	アプリが動作する土台であるプラットフォーム
IaaS（Infrastructure as a Service、イアース、アイアース）	サーバ、ストレージ、OS等、コンピュータのインフラ（基盤）
CaaS（Communication as a service、カース）	コミュニケーションのためのIP電話、web会議等のソフトウェア
CaaS（Computing as a service、カース）	コンピュータのリソース
BaaS（Backend as a service、バース） MBaaS（Mobile Backend as a service、エムバース）	スマホ等のアプリで利用される機能
Naas（Network as a service、ナース）	ネットワーク
XaaS（X as a Service、ザース）	コンピュータ処理に必要な上述のうちのあるサービス（AaaS、アアース）、またはすべてのサービス（EaaS、イアース）

（出所）　筆者作成

電力網をパワーグリッドと呼んでいることから、コンピュータネットワークを電力網にたとえて、どこからでも自由にネットワーク上のコンピュータ資源を利用可能であるという意味合いを込めて、グリッドコンピューティング

という名前がつけられました。

(2) グリッドコンピューティングのニーズはどこから来たのか？

　金融機関にグリッドコンピューティングが導入される背景には、データ量の増大とサーバ単体の処理能力不足の2つの要因が存在します[5]。

　すなわち、グリッドコンピューティングにより、ネットワークにつながれた多数のコンピュータの能力を活用することができ、高度の処理能力を得ることが可能となり、処理されたデータを多数のストレージで分散保存することができます。また、いつでもどこからでも、そうした能力を利用できるといったユビキタスコンピューティングを実現することができます。

　このように、グリッドコンピューティングは、さまざまなコンピュータを接続して、使用されていないコンピューティングリソースを利用することによって効率化の向上を目的とします。

　しかし、だれでも利用可能といってもプロバイダサイドからみれば特定のユーザ群に特定する必要があり、そのために仮想組織という技術を使って一定の仕切りを設けます。そして、その仕切りのなかのユーザが仮想組織として1つの組織を形成する結果、グリッドコンピューティングにより共通のコンピュータ資源を利用できる、といった環境がつくりだされることになります。

(3) クラスタコンピューティングとは？

　グリッドコンピューティングに類似したコンセプトとして、「クラスタコンピューティング」（cluster computing）があります。なお、クラスタの文字どおりの意味は房で、房のようにネットワークにさまざまなコンピュータ資源がつながっていることからこうした名称となっています。

　両者を比較すると、グリッドコンピューティングは大規模で、処理能力をスーパーコンピュータに匹敵するまでに高め、また広域分散であるのに対して、クラスタコンピューティングは、相対的に少数のサーバで構成される小

規模のシステムで、また複数のサーバが物理的に近距離に配置される集中管理型である、といった違いがあります。

　もっとも、グリッドコンピューティングもクラスタコンピューティングもクラウドコンピューティングと同様のコンセプトで構築されたものです。すなわち、クラスタコンピューティングが発展してグリッドコンピューティングとなり、さらに現在ではクラウドコンピューティングが一般的となっている、ということができます。

(4)　プロビジョニングとは？

　グリッドコンピューティングでは、プロビジョニングと呼ばれる技術が使われています。

　「プロビジョニング」（provisioning）とは、CPUやメモリー、ストレージ等のコンピュータリソースをあらかじめ準備しておいて、ユーザから要求があればオンデマンドでリソースを自動的に割り当てることによりスピーディーにサービスの提供を行う（provide）ソリューションです。

　そして、当該ユーザが割り当てられたリソースの使用を終えたら、別のユーザの要求に応じてこれを割り当てるといった形で、コンピュータリソースの有効活用を図ることができます。プロビジョニングにより、サービス提供者は前もって予備のリソースを持つ必要がなくなり、また、予期せぬ需要増に対してもスムーズにこれに対応することが可能となります。

7　ユーティリティコンピューティングとは？

(1)　ユーティリティコンピューティングの定義

　「ユーティリティコンピューティング」（utility computing）は、コンピュータの計算資源である情報処理能力や記憶容量等を、必要な時に必要な分だけ、サービス提供者から提供を受ける方式をいいます。

ユーティリティは、電気やガス、水道、電話等の公共サービスを意味し、ユーティリティコンピューティングでは、ちょうど公共サービスのような形でコンピュータの能力を使用することからこうした名前がつけられました。

(2) ユーティリティコンピューティングの特徴は？

企業が自前のコンピュータを使って情報の処理、記録を行う場合には、処理量等がピークに達したときでもシステムダウンを起こさないように対応する必要があることから、通常は使用しないようなキャパシティを持った高性能のサーバ等を具備する必要があります。このようなピーク時対応は業務を円滑に行うために必要な措置ですが、コスト効率性からみると企業にとって大きな負担となります。

こうした背景から、企業がネットワークを使ってサービスを得られるユーティリティコンピューティングという仕組みが開発されました。ユーティリティコンピューティングにより、企業は、コンピュータの処理能力を心配しながら業務を行う、といったことがなくなり、また、災害、障害等にも事業継続性（ビジネスコンティニュイティ）を確保することができます。

(3) ユーティリティコンピューティング実現の具体的な方法は？

ユーティリティコンピューティングを実現するためには、サービス提供者（ベンダー）が複数のサーバやストレージ等を集約して、仮想的に1台のサーバやストレージ等にして、それにユーザがアクセスしてコンピュータ資源のCPUやメモリー、ストレージ等をいつでも必要なだけ使用できるようにします。そして、ユーザはサービス提供者に対して使用した分だけの料金を支払うことになります。

なお、ユーティリティコンピューティングの概念としては、ハードウェア資源のほかにソフトウェア資源も含まれますが、実際の運用ではハードウェアのサービス提供を意味することが一般的です。

(4) ユーティリティコンピューティングとグリッドコンピューティングの関係は？

ユーティリティコンピューティングの技術には、グリッドコンピューティングが活用されています。グリッドコンピューティングは、複数のコンピュータを仮想的な1つのコンピュータにして効率よく利用する仕組みです。グリッドコンピューティングは、その目的により3つに分類することができます[6]。

① コンピューティンググリッド

高速計算サービスを目的とする。

② データグリッド

超大規模のデータ処理を目的とする。

③ ビジネスグリッド

IT資源の統合的、効率的管理、運用により、信頼性の高いサービスの提供を目的とする。

ユーティリティコンピューティングは、このうちビジネスグリッドの基礎技術を活用しています。ビジネスグリッドを活用することによって、個々のサーバの障害や負荷に左右されず情報処理の急増にも柔軟に対応することができ、また障害や災害に高い耐性を持つ信頼性の高いインフラを構築することができます。

[注]
(1) ノークリサーチ「ASPとSaaSの違いをはっきりさせる」ITmedia、2008.4.1
(2) Taija Sparkman "Intuit Connects Small Businesses and Lenders with QuickBooks Financing" CPA Practice Advisor、2014.9.12
(3) 経済財政諮問会議「成長力加速プログラム」2007.4.25
(4) ASP・SaaSの情報セキュリティ対策に関する研究会「ASP・SaaSにおける情報セキュリティ対策ガイドライン」厚生労働省、2008.1.30
(5) 白坂純一「グリッドコンピューティングを支えるインフラとその効果」野村證券株式会社金融工学研究センター、2008.1.29

(6) 井手ノ上 淳「グリッドコンピューティング」Club Unisys + PLUS、2005.5.6

ビッグデータ

　伝統的に、金融機関は情報産業であるといわれてきました。たとえば、金融機関のコア業務である融資をとってみると、金融機関は貸付対象の信用度合いを審査するプロセスで、当該企業のみならず当該企業が属している産業界等の情報を幅広く入手したうえで融資判断を下します。まさに、金融機関は情報という宝の山を持っているということができます。問題は、そうして金融機関に蓄積されている情報をいかに有効に活用して、金融機関のパフォーマンス向上に結びつけるかです。そして、ここに FinTech が活躍する出番があり、ビッグデータがその典型例となります。

1 ビッグデータとは？

　ビッグデータは、これまで一般に考えられてきた以上に、大容量で、また多様なデータを意味するとともに、そうしたデータを分析してビジネスに有効活用する仕組みを意味します。
　インターネットの普及をはじめとする IT の進展によって、日々生みだされるデータは量的に膨大なものとなり、また質的にも多様化、複雑化の一途をたどっています。
・ビッグデータの3V、4V
　　ビッグデータは、大容量性（volume）、多様性ないし非定形性（variety）、リアルタイム性ないしデータの入力と出力の即時性（velocity）の3Vで定義され、またそれに、正確性（veracity）を加えた4Vで定義されることもあります。

① **大容量性(volume)**

　事象を構成する個々の要素に分解し、把握・対応することを可能とするデータです。たとえば、単に年齢が○代の男性のデータというのではなく、特定の個人のデータであることを識別できる詳細さを持ったデータです。

② **多様性ないし非定形性(variety)**

　各種センサーからのデータ等、非構造なものも含む多種多様なデータです(構造化データ、非構造化データは6参照)。数値のみではなく、映像や音声のデータ等、多様なフォーマットを利用します。

③ **リアルタイム性ないしデータの入力と出力の即時性(velocity)**

　リアルタイムデータ等、取得・生成頻度の時間的な解像度が高いデータです。たとえば、1年間とか1カ月に1回計測されているというのではなく、リアルタイムと認識できるほどに計測頻度が多いデータです。

④ **正確性(veracity)**

　大量のデータを蓄積、分析すると、分析結果の精度が上昇する、という性格があります。

2　ビッグデータの収集力・分析力は？

　従来のデータの収集、分析プロセスをみると、人間の手により膨大なデータを収集、それを試行錯誤を繰り返しながら分析して、その結果、ようやく一定の規則性を見出す、というように多くの時間とエネルギーを費やす作業を行ってきました。

　しかし、インターネットやスマホ等のデジタル端末の活用、Facebook、LINE、LinkedIn(リンクトイン)等のSNS(Social Networking Service)の普及等から大容量かつ多様なデータを収集することが可能となり、また収集したデータの解析が、クラウドやデータの分散処理技術の進展でスピーディーかつ正確に行うことが可能となったことにより、ビッグデータのさまざまなビジネスへの活用が図られています。

ここで、「クラウド」は、ユーザがインターネットの向こう側からサーバ、ストレージ、データベース等のコンピューティングサービスを受けてこれに対して料金を支払う形のサービスをいいます。

また、データの「分散処理技術」は、複数のコンピュータやプロセッサの利用によるデータ処理をいい、これによりビッグデータの処理のために単体の大容量コンピュータを準備する必要がなくなるメリットがあります。

3 ビッグデータを活用するメリットは？

ビッグデータを活用することによって、従来は困難であった膨大で複雑なデータをコンピュータによって解析することができ、この結果、有益な情報を見出してビジネスに役立てることができます。

具体的には、企業によるビッグデータの分析、活用によって、ユーザのニーズにきめ細かに対応できる商品・サービスの提供、業務効率化、新分野のビジネス創出等のポテンシャルが高まっています。

4 ビッグデータとICTとの関係は？

大量のデータを収集・分析して、それをビジネスの効率化向上に結びつける代表的なケースとしては、コンビニのPOS（Point of Sale、販売時点情報管理）データがあります。しかし、ビッグデータの名前のもとに、データの活用が多種多様な形で多方面に亘る分野に活用されるドライバーになったのは、ICTの発展とその浸透です。すなわち、ICTの発展によって、データの取得、蓄積やテキスト、画像、動画等の情報解析の技術が格段に進歩し、これが多くの分野に普及、浸透してきています。

5 ビッグデータの種類は？

ビッグデータを構成する代表的なデータは、図表3-10のような種類に分類することができます。

図表3-10 ビッグデータの種類

ビッグデータの種類	ビッグデータの内容
ソーシャルメディアデータ	ソーシャルメディアにおいて参加者が書き込むプロフィール、コメント等
マルチメディアデータ	web上の配信サイト等において提供される音声、動画等
ウェブサイトデータ	EC（電子商取引）サイトやブログ等において蓄積される購入履歴、ブログエントリ等
カスタマーデータ	CRM（顧客関係管理）システムにおいて管理されるDM等販促データ、会員カードデータ等
センサーデータ	GPS（位置情報システム）、ICカードやRFID等において検知される位置、乗車履歴、温度、加速度等 ここでRFID（Radio Frequency IDentification）とは、ICとアンテナが組み込まれたタグやカード等の媒体から無線でさまざまな情報を自動的に認識する仕組み。
オフィスデータ	オフィスのパソコン等において作成されるオフィス文書、eメール等
ログデータ	webサーバ等において自動的に生成されるアクセスログ、エラーログ等
オペレーションデータ	販売管理等の業務システムにおいて生成されるPOSデータ、取引明細データ等

（出所）　筆者作成

6 構造化データと非構造化データとは？

データは、構造化データと非構造化データに分類することができます。

(1) 構造化データ

たとえば企業の財務データ、株価、顧客情報、販売・在庫等の経理データ、POS データといった数値データです。

構造化データの管理は、汎用のデータベースシステム等により簡単に行うことが可能です。

(2) 非構造化データ

文章、画像、音声等、特定の構造定義を持たないデータです。具体的には、契約書や報告書といった紙ベースの文書、パソコンで作成されたオフィス文書や e メール、ファックス、web コンテンツ、音楽、映像等のデジタルコンテンツ等があります。

ブログや SNS 等のソーシャルメディアの普及もあって、非構造化データは構造化データの4倍強となっています。非構造化データの分析は、構造化データに比べて複雑で容易ではありませんが、ビッグデータの活用によって構造化データでは手にすることができなかった有益な情報を得ることができます。

7 金融機関が活用できるビッグデータにはどのようなものがあるか？

金融機関が活用できるビッグデータは、次の3種類に大別することができます[1]。

(1) 既活用データ

取引情報、顧客情報、営業情報、財務情報

(2) 即利用可能なデータ

大量の取引ログ、蓄積情報の時系列変化、顧客属性、営業報告等のテキスト情報、IB・モバイル・ATM等のアクセスログ、IT機器の稼働ログ／アクセスログ、コールセンター・ディーリングの音声情報

(3) 新規データ

窓口／渉外活動時の音声・映像記録、スマートシティでM2Mにより入手したセンサー情報、高解像度の衛星画像、地図情報、位置情報、Facebook、twitter等のソーシャルメディア情報、ネット上の動向情報、他業種における顧客セグメントごとの傾向情報

なお、「スマートシティ」とは交通、物流、金融、エネルギー等すべてのサービスがネットワークに接続、連携した都市空間をいいます。また、「M2M」(Machine to Machine)は、機械と機械が通信ネットワークを介して接続され自動的に情報交換を行うシステムをいいます。

8 保険会社のビッグデータ活用は？

生命保険会社では、医療ビッグデータを解析することにより、新保険商品の開発や、生命保険の引受範囲の拡大等に取り組むケースがみられます。

たとえば、第一生命保険のグループ会社のネオファースト生命保険は、これまで蓄積してきた約1,000万人の医療ビッグデータを解析することにより非喫煙者の保険料を割り引く商品の発売や、実年齢ではなく健診結果などから算出される健康年齢を使用した商品の開発を進めるなど、医療ビッグデータを活用した取組みを実施しています。

また、第一生命と日立製作所は、両社の持つ保険・医療などの分野における技術やノウハウ・知見を組み合わせて、医療ビッグデータを生命保険事業に活用するための共同研究を行っています[2]。そして、この研究により、将来の疾病罹患や予後の状況を予測するモデルの構築等を行い、保険アンダーライティング機能等（保険の引受け・支払査定機能）の高度化や、新保険商品の開発などを目指す、としています。

9 金融機関によるビッグデータ活用のメリットと留意点は？[3]

(1) メリット

　金融機関は、営業店、ATM等から得られるデータのほかに、ログや音声、さらにはSNS、地図、インフラ等のデータを活用することができます。
　そして、こうした大量かつ多様なデータの処理速度の向上、解析の幅の広がりにより高精度な分析が可能となります。
　また、中小企業によるビッグデータを活用した融資の活用（トランザクション・レンディング等）による資金調達手法の多様化と、従来は担保・保証が貸付条件となっているケースが、取引実績や在庫量等のデータにより貸付が可能となることが期待できる等、「貸せる理由」の拡大により資金繰り改善効果が期待できる、といったメリットがあります[4]。

(2) 留意点

　金融業界がビッグデータを活用する場合には、そのベネフィットはコストを上回っているか、また、個人情報保護に問題を引き起こすリスクはないか等を検討する必要があります。

① **費用対効果の分析**

　従来から人手によりデータ分析を行い、その蓄積の上に立って業務面で期

待される効果をあげてきたような分野では、新たにコストをかけてビッグデータの解析を手掛けてもコストとの兼ね合いでそれを上回る効果が得られない恐れがあります。

一方、金融機関が新たなビジネスモデルを構築する際には、ビッグデータの解析、活用を前提として設計することが効果的である、ということができます。

また、ビッグデータの活用に際しては、金融機関がすでに持っているデータであればそれを有効活用すれば価値を生む可能性があるか、また、新規取得のデータであれば新しいデータにより得られるベネフィットはその収集コストを上回るか、を検討する必要があります。

② 個人情報保護への抵触リスク

個人情報をビッグデータの解析対象とする場合には、それが個人情報保護に抵触することはないか、十分な注意を払うことが重要となります。具体的には、それが金融機関が定めている個人情報保護の基本ポリシーに沿ったものであるか、また、個人の同意をもとにデータの収集、分析を行っているか等の点をチェックする必要があります。

特に、一般に認識されているビッグデータの活用はターゲット型広告等に集中していて、ややもすれば個人情報の悪用につながるものであるといったイメージが強く、こうしたイメージを払拭するためにも、個人情報保護への抵触リスクには十分留意する必要があります[5]。

10 ビッグデータの利活用促進に向けての法規制は？

(1) 旧個人情報保護法の問題点

旧個人情報保護法では、第三者に対して個人情報を提供するためには、利用目的を特定して本人の同意を取得することが必要とされており、また個人情報を取得する際に掲げていた利用目的を変更する場合も本人の同意を取り

直すことが必要である、とされていました。

しかし、実際問題としてビッグデータの利活用において、利用目的を特定して本人の同意を取得することは困難であり、また利用目的の変更のために本人の同意を取り直すことも、大変なエネルギーを要することとなります。

・個人情報の裏活用等

こうしたことから、個人の氏名を削除するだけで、個人情報を目的外で使ったり第三者に有償で提供するといった、いわゆる個人情報の「裏活用」がみられるようになりました。

また、逆に個人情報ではない情報を活用しようとした利用者が、プライバシーに係る社会的な批判を懸念して、そうした情報の利活用についても躊躇する「利活用の壁」が存在する、との指摘もありました。

そこで、個人情報を保護しながらビッグデータの利活用を促進する等のために、個人情報保護法の改正が行われました。

(2) 改正個人情報保護法の成立

① 個人情報保護法改正の背景

個人情報保護法の施行から10年を迎えた2015年に、それまでの10年間のICTの飛躍的な進展等の環境変化に対応することを主な目的として同法の改正が行われ、2017年5月に施行されました。

2013年6月に決定された「世界最先端IT国家創造宣言」では、IT・データの利活用はグローバルな競争を勝ち抜く鍵であり、その戦略的な利活用により新たな付加価値を創造するサービスや革新的な新産業・サービスの創出と全産業の成長を促進する社会を実現する、と謳われています[6]。

このように、ビッグデータの収集・分析は、新事業・サービス等のイノベーション創造に寄与するものと期待されています。そして、個人情報およびプライバシーの保護を前提としつつ、パーソナルデータの利活用により民間の力を最大限引き出し、新ビジネスや新サービスの創出、既存産業の活性化を促進する環境を整備する目的で、改正個人情報保護法が成立したもので

す。

② 匿名加工情報

  a 匿名加工情報とは？

個人情報保護法の改正では、匿名加工情報に関する規定の整備が行われています。ここで「匿名加工情報」とは、個人情報を特定の個人と識別できないように加工して、それを復元することができないようにした情報を意味します。

また、仮に匿名加工情報の加工方法が公になると、個人情報の復元により個人の識別が可能となる恐れがあり、その取扱いについて安全管理措置を講ずることがきわめて重要となります。

この匿名加工情報は、個人情報取得の際の利用目的にとらわれることなく利用可能であり、また、本人の同意なく第三者に提供することができます。こうした匿名加工情報に関わる制度的な規定は、欧米においてもみられない先進的なものです。

金融機関では、この法改正によりビッグデータの利活用の向上を図ることが期待されます。

  b 匿名加工情報の加工方法は？

匿名加工情報の加工方法は、新設の個人情報保護委員会が設定した基準に従うことになります。

2017年2月、個人情報保護委員会は、事務局レポートとして「匿名加工情報：パーソナルデータの利活用促進と消費者の信頼性確保の両立に向けて」を公表しました[7]。

このレポートでは、主に匿名加工情報を作成するための考え方や手法および識別行為の禁止、加工方法等情報や匿名加工情報の安全管理措置に焦点を当てて、認定団体および事業者団体等が匿名加工情報の作成に関するルールを検討したり、民間事業者が実際に匿名加工情報を作成したりする際に参考となる事項と考え方を示しています。

以下では、このレポートが示す具体的なルールと事例の要旨をみることに

します。
ⅰ　特定の個人を識別することができる記述の削除

　氏名、住所、生年月日、性別のほか、さまざまな個人に関する記述等は、特定の個人を識別できる記述等から全部またはその一部を削除する、あるいは他の記述等に置き換えることによって、特定の個人を識別することができないよう加工しなければならない。

　この点に関して、次のような加工事例が想定される。

事例その1：氏名、住所、生年月日が含まれる個人情報を加工する場合に次の1)～3)の措置を講ずる。

1)　氏名を削除する。
2)　住所を削除する。または、○○県△△市に置き換える。
3)　生年月日を削除する。または、日を削除し、生年月に置き換える。

事例その2：会員ID、氏名、住所、電話番号が含まれる個人情報を加工する場合に次の1)、2)の措置を講ずる。

1)　会員ID、氏名、電話番号を削除する。
2)　住所を削除する。または、○○県△△市に置き換える。

ⅱ　個人識別符号の削除

　加工対象となる個人情報が、個人識別符号を含む情報であるときは、当該個人識別符号の全部を削除、または他の記述等へ置き換えて、特定の個人を識別できないようにしなければならない。ここで、個人識別符号とは、特定の個人の身体の一部の特徴をコンピュータの用に供するために変換した符号（生体情報のデジタルデータ）や対象者ごとに異なるものとなるように役務の利用、商品の購入、または書類に付される符号（旅券番号、基礎年金番号、免許証番号、住民票コード、マイナンバー、各種保険証の番号等）をいいます。

ⅲ　情報を相互に連結する符号の削除

　たとえば、個人情報と当該個人情報に措置を講じて得られる情報を連結するために用いられるIDは、特定の個人の識別、または元の個人情報の復元につながりうることから、加工対象となる個人情報から削除または他の符号

への置換えを行わなければならない。

　この点に関して、次のような加工事例が想定される。

事例その1：サービス会員の情報について、氏名等の基本的な情報と購買履歴を分散管理し、それらを管理用IDを付すことにより連結している場合、その管理用IDを削除する。

事例その2：委託先へ個人情報の一部を提供する際に利用するために、管理用IDを付すことにより元の個人情報と提供用に作成した情報を連結している場合、当該管理用IDを仮IDに置き換える。

iv　特異な記述等の削除

　一般的にみて、珍しい事実に関する記述等、または他の個人と著しい差異が認められる記述等については、匿名加工情報を作成するにあたり、削除、または他の記述等への置換えを行わなければならない。実際にどのような記述等が特異であるかどうかは、情報の性質等を勘案して、個別の事例ごとに客観的に判断する必要がある。

　この点に関して、次のような加工事例が想定される。

事例その1：症例数のきわめて少ない病歴を削除する。

事例その2：年齢が「116歳」という情報を「90歳以上」に置き換える。

v　個人情報データベース等の性質を踏まえたその他の措置

　加工の元となる個人情報データベース等の性質によっては、必要とされる加工を施した情報であっても、一般的にみて、特定の個人を識別することが可能である状態、あるいは元の個人情報を復元できる状態のままであるということができる場合もありうる。そのような場合には、必要に応じて適切な措置を講じなければならない。

　この点に関して、次のような加工事例が想定される。

事例その1：移動履歴を含む個人情報データベース等を加工の対象とする場合に、自宅や職場などの所在が推定できる位置情報が含まれているケースでは、推定につながりうる所定範囲の位置情報を削除する（項目削除／レコード削除／セル削除）。

事例その2：ある小売店の購買履歴を含む個人情報データベース等を加工の対象とする場合に、当該小売店での購入者がきわめて限定されている商品の購買履歴が含まれているケースでは、具体的な商品情報を一般的な商品カテゴリーに置き換える。

事例その3：小学校の身体検査の情報を含む個人情報データベース等を加工の対象とする場合に、ある児童の身長が170cmと他の児童と比べて差異が大きいケースでは、身長が150cm以上の情報について「150cm以上」という情報に置き換える（トップコーディング）。

このレポートでは図表3-11のように、情報の項目別の加工例を示しています。

図表3-11　項目別にみた情報の加工例

項　目		加工例（「削除」は置換えも含む）
個人属性情報	氏名	全部削除
	生年月日	・原則として年か日のいずれかを削除、必要に応じて生年月、年齢、年代等に置換え（丸め） ・超高齢であることがわかる生年月日や年齢を削除（セル削除／トップコーディング）
	性別	・他の情報との組合せによって必要がある場合は削除（項目削除）
	住所	・原則として、町名、番地、マンション名等の詳細を削除（丸め） ・レコード総数等に応じて、県単位や市町村単位へ置換え（丸め）
	郵便番号	下4桁を削除（丸め）
	マイナンバー	全部削除（項目削除）
	パスポート番号	全部削除（項目削除）
	顔認証データ	全部削除（項目削除）
	固定電話番号	原則として、加入者番号（下4桁）を削除（丸め）
	携帯電話番号	全部削除（項目削除）

	クレジットカード番号	全部削除（項目削除）
	サービスID、アカウントID	全部削除（項目削除）
	電子メールアドレス	全部削除（項目削除）
	端末ID	全部削除（項目削除）
	職業	・勤務先名を職種等のカテゴリーに置換え（一般化）
	年収	・具体的な年収を収入区分へ置換え（丸め） ・超高収入の値を削除（セル削除/トップコーディング）
	家族構成	・具体的な家族人数を人数区分へ置換え（丸め） ・詳細な家族構成を世帯構成区分（単身、親子、三世帯等）へ置換え（丸め）
履歴情報	購買履歴	・購入店舗や購買時刻の詳細な情報を削除（丸め） ・特異な購買情報（超高額な利用金額や超高頻度の利用回数等）を削除（セル削除/トップコーディング）
	乗降履歴	・利用がきわめて少ない駅や時間帯の情報を削除。時刻情報を時間帯に置換え（セル削除/丸め） ・定期区間にきわめて少ない利用駅が含まれるものを削除（セル削除）
	位置情報（移動履歴）	・自宅や勤務地点等の推定につながる始点・終点を削除（丸め） ・位置情報、もしくは時刻情報の詳細部分を削除（丸め） ・位置情報が少ないエリアの値にノイズを加える（ノイズ付加） ・所定数以上の位置情報になるようエリアを区切る（丸め）
	電力利用履歴	・きわめて大きい電力使用量の情報を削除（セル削除/トップコーディング）

（出所）　個人情報保護委員会事務局「個人情報保護委員会事務局レポート：匿名加工情報 パーソナルデータの利活用促進と消費者の信頼性確保の両立に向けて」2017.2、pp33-35をもとに筆者作成

また、同レポートでは、匿名加工情報のユースケースについて、購買履歴の事例（クレジットカード利用情報）、乗降履歴の事例、電力利用データの事例を取り上げてその加工例を示していますが、ここではクレジットカード利用についてのユースケースについてみることにします。このユースケースは、クレジットカード事業者が保有するカード利用情報について、匿名加工を行ったうえで匿名加工情報の枠組みを活用して一般事業者へ提供する、という内容です。ここで加工対象となるデータセットは、顧客属性データとカード利用明細データの2種類からなり、いずれも契約者ID（クレジットカード番号の変換番号）によってリンクされています。そして、顧客属性データは、顧客の基本属性のほか、勤務先、年収および決済金融機関の情報で構成され、また、カード利用明細データは、クレジットカードの利用日時、利用加盟店、支払方法および利用金額で構成されています。

　こうした各情報についての加工の方向性をまとめると、図表3－12のようになります。

図表3－12　購買履歴（カード利用履歴）のユースケースにおける加工例

項　目	望ましい加工方法
①個人属性情報	
契約者ID	全部削除、あるいは仮IDに置換え（項目削除）
氏名	全部削除（項目削除）
クレジットカード番号	全部削除（項目削除）
性別	生年月日と住所の加工により対応し、性別情報の有用性から加工をしない。
生年月日	年代の6区分（～20代/30代/40代/50代/60代/70代～）に置換え（丸め/トップコーディング）
電話番号	全部削除（項目削除）
住所	市区単位より細かい情報を削除（丸め）
勤務先	「農業」「製造業」「小売業」「金融業」等の職種分類に置換え（一般化）

年収	6区分（300万未満、300万〜600万、600万〜900万、900万〜1,200万、1,200万〜1,800万、1,800万以上）に置換え（丸め／トップコーディング）
決済金融機関	全部削除（項目削除）
②履歴情報	
利用日	利用月単位に置換え（丸め）
利用加盟店	カード利用頻度がきわめて低い加盟店情報を削除（セル削除）
支払方法	加工しない。
利用金額	超高額な利用金額の情報を削除、また短期間における利用総額が大きい契約者の情報を削除（セル削除／レコード削除）

(出所) 個人情報保護委員会事務局「個人情報保護委員会事務局レポート：匿名加工情報 パーソナルデータの利活用促進と消費者の信頼性確保の両立に向けて」2017.2、pp51-52をもとに筆者作成

[注]
(1) 岩下直行「金融機関のビッグデータ活用とプライバシー保護について」日本銀行金融機構局金融高度化センター　ITを活用した金融の高度化に関するワークショップ第5回、[原典] 日立製作所
(2) 第一生命保険、日立製作所「第一生命と日立が医療ビッグデータ活用の共同研究を開始」2016.9.6
(3) 岩下直行、前掲(1)
(4) 経済産業省「第2回決済高度化官民推進会議経済産業省説明資料」金融庁 2017.1
(5) 岩下直行、前掲(1)
(6) 高度情報通信ネットワーク社会推進戦略本部「パーソナルデータの利活用に関する制度見直し方針」2013.12.20
(7) 個人情報保護委員会事務局「個人情報保護委員会事務局レポート：匿名加工情報パーソナルデータの利活用促進と消費者の信頼性確保の両立に向けて」2017.2

Ⅶ IoT

1 IoT とは？

(1) IoT の定義

「IoT」（Internet of Things、モノのインターネット）は、パソコンやスマホ等の情報機器に限らず、さまざまな物体（モノ）にセンサーや制御装置等の通信機能を持たせて、インターネットにこれを接続して通信させる技術、またはそうした技術を活用することにより提供されるサービスをいいます。

IoT により収集されるデータの分析、活用により、自動認識、自動制御、遠隔計測等を行うことが可能となり、新たな次元のネットワークが実現し、さらには新たな価値を創造する仕組みが構築される、と期待されています。

(2) IoT と IoE

IoT に似た概念として、米 Cisco Systems が提唱する IoE（Internet of Everything）があります。IoE は、人間の介在なしに機械相互間で、データのやりとり等を行う M2M（Machine-to-Machine）のほか、人と機械の間でやりとりする P2M（People-to-Machine）、人と人の間でやりとりする P2P（People-to-People）を含む広い概念です。

(3) IoT と M2M

M2M は、機械（マシン）と機械（マシン）が通信手段を使ってつながる仕組みや、それにより提供されるサービスを意味します。ここで、機械を狭義

にとれば、M2M は IoT のうちの特定の分野となり、一方、機械を家電、自動車、エレベータ、自動販売機等、さまざまなモノを含む、と広義にとれば、M2M は IoT と同義になります。

いずれにせよ、M2M では機械がネットワークにつながり、人手を介さずに機械同士が情報交換を行い自律的に通信、制御することになります。

2 伝統的なインターネット活用とIoTによるインターネット活用の相違点は？

伝統的なインターネット活用は、パソコン、タブレット端末、スマホ、サーバ、プリンタ等をインターネットに接続します。これに対して、IoT によるインターネット活用は、さまざまなモノに IC タグやセンサー、送受信装置等を付けてインターネットに接続します。

また、伝統的なインターネット活用では、インターネットの操作は、e メールや web 検索、SNS、オンラインゲーム等でみられるように、「ヒト」が IT 機器を操作することによりインターネットに信号が発信されます。これに対して、IoT によるインターネット活用では、ヒトを介することなく「モノ」自体がインターネットに信号を発信する、という違いがあります。

3 IoT の枠組みは？

IoT の枠組みは、次の 3 つの要素によって構成されます。

(1) **自動車、家電製品、住宅、機械設備等の「モノ」とそれが具備しているセンサーや通信モジュール**

モノにつけられているセンサー等を「IoT デバイス」と呼んでいます。IoT デバイスがモノの状態、動きを把握してそれをデータにします。そして、そのデータが通信モジュールによってインターネットに流されます。こ

こで「通信モジュール」とは、小型、軽量の通信端末で、これを産業機器、車載機器、自動販売機、検針器、セキュリティデバイス等、さまざまな機器に組み込むことにより、製品の稼働状況や在庫、配送の管理、位置情報の把握、さらには機器の遠隔操作を行う等、業務の効率化や機動的な管理に資することができます。

(2) ネットワーク

通信モジュールから流されるデータは、ネットワークを通して、企業のコンピュータシステムに送信されます。IoTは、必ずしもインターネットの活用に限られず、イントラネットで行うケースもみられています。ここで、「イントラネット」とは、社内などの限定された場所で相互通信をする技術で、これにより外部からのサイバー攻撃を防ぐ効果を期待することができます。

(3) コンピュータシステム

モノが発信したデータを分析、処理して、必要な場合にはそれに対する措置をモノに送信するためにコンピュータシステムが活用されます。

4 IoT進展の背景は？

IoTの進展の背景には、IoTの枠組みを構成する前述の3つの要素のすべてにおいて、イノベーションが進展したことが大きく寄与しています[1]。

(1) センサー技術の高度化

まず、技術進歩からセンサー等の通信機器の能力向上とともに超小型化、低価格化が可能となり、たとえモノが小さくても高い性能を持つ通信機器を簡単に組み込めるようになったことがあげられます。

(2) ネットワーク通信の高速化、低コスト化

インターネットでは、現在、国内の隅々のエリアに至るまで高速回線の利用が可能となっています。また、その利用料も低コスト化が進展しています。

(3) コンピュータの処理能力の向上、低コスト化

コンピュータシステムでは、ビッグデータの技術とクラウド技術が相まって進展して、モノが発信する大量で複雑、多様なデータをスピーディーかつ低コストで処理することが可能となっています。

こうした3つの要素で革新的な進歩がみられたことから、IoTデバイスから送られてくるデータを収集、分析して活用するIoTが飛躍的に拡大するプロセスにある、ということができます。

なお、IT専門調査会社のIDC Japanは、国内IoT市場規模について、2015年の6.2兆円から2020年には13.8兆円になる、と予測しています[2]。

5 伝統的なインターネット活用とIoTによるインターネット活用では、通信技術がどのように異なるのか？

(1) 伝統的なインターネット活用

伝統的なインターネット活用では、パソコン等のIT機器によって映像や音声等の大容量のデータを扱うことから、ブロードバンドが使用されます。こうした通信方式には、Wi-Fiや3G、4G、LTE等の無線通信インフラがあります。

① Wi-Fi（ワイファイ）

Wi-Fiは、無線でネットワークに接続する技術で、無線LANと同義で

す。Wi-Fiにより屋外にいてもネットワークに接続することができます。無線LANにより、中継機器であるアクセスポイントを中心に複数のコンピュータや電子機器に接続して通信ネットワークを形成することが可能となります。

なお、Wi-Fiという名前の由来は、当初は単にHi-Fi（High Fidelity）の韻を踏んで名づけられたものでしたが、後になってWireless Fidelityの略とされました。

② 3G、4G、LTE

3G、4G、LTEは、いずれもモバイル通信の速度を示す規格で、GはGeneration＝世代を示し、数字が多くなればより高速であることを意味します。また、LTEは、Long Term Evolution＝長期的進化の略で、4Gの一種です。

(2) IoTによるインターネット活用

IoTで扱われるデータは、一般的に小規模データであり、したがってナローバンドでの通信で実施されます。また、モノが電源を持たない場合には、低消費電力の通信手段を使うことが必要となります。このようなIoTの特性に適した無線方式に、IEEEで構築されたナローバンドで、低消費電力の特徴を持つIEEE802.15.4があります。

・IEEE802.15.4

　米国に本部がある電気・電子工学学会IEEE（The Institute of Electrical and Electronics Engineers、アイ・トリプルイー）によって策定された標準規格で、低速・低コスト・低消費電力で、高信頼性・高セキュリティの特徴を持つ短距離無線ネットワークです。

無線LAN等に比べると低速ですが、センサーネットワークの構築には十分の速度です。多くの機器が1つのネットワークに参加可能で、また機器の追加、削除を容易に行うことができる、といった特徴も備えています。

6 IoTの活用事例は？

IoTは、以下のように遠隔保守サービス等に活用されています。すなわち、IoTによって機器の稼働、利用状況等を遠隔監視して、故障の修理や消耗品の供給を迅速に行うことが可能となります。

(1) 環境の把握

デバイス設置の周辺の環境を把握して、温度、湿度、気圧、照度等のデータを採取します。エアコンの電源のオン・オフ、照明の明るさのコントロール等に活用されます。

(2) 動きの把握

デバイス設置の周辺の動きを察知して、振動、衝撃、転倒、落下等のデータを採取します。電力使用量の把握、工場やオフィスビル等の安全性確認、産業・OA・建設機械等の動作確認、故障個所の把握、遠隔保守等に活用されます。また、ドアや窓、戸棚、引出し等の開閉や施錠の異常を把握することにより、防犯等に活用されます。

(3) 位置の把握

デバイス設置で位置を把握して、存在、通過、近接のデータを採取します。自動車の盗難等の犯罪防止、道路の渋滞状況、子どもや高齢者の存在位置把握等に活用されます。

7 テレメータ、テレマティクスとは？

現在、特にIoTが活用されている代表例は、テレメータとテレマティクスです[3]。

(1) テレメータ

テレメータ（telemeter）は、遠隔にあるガス検針器、自動販売機、エレベータ、駐車場等の監視、管理を行う IoT です。検針器や自動販売機、エレベータ、駐車場の発券機等のデバイスに通信機器を組み込んで、モバイル回線を通じてネットワークに接続することによって、遠隔からでも使用・売上状況、在庫、稼働状況、故障等の情報を確認することが可能となります。

(2) テレマティクス

テレマティクス（telematics）は、telecommunication（遠隔通信）と informatics（情報工学）の合成語です。テレマティクスは、移動体に通信機器を組み込んで、情報提供サービスをリアルタイムで行う IoT です。車両に通信機器を組み込んで、モバイル回線を通じてさまざまな情報をリアルタイムで把握することができます。テレマティクスは、宅配車両の追跡サービス等に活用されています。また、テレマティクスを活用した保険も販売されています（テレマティクス保険は第2章Ⅳ5参照）。

8 AoT とは？

(1) IoT と AoT

伝統的なインターネットの活用による情報収集に加えて、IoT により多くのモノがインターネットに接続されると、データ量は一段と増加することになります。しかし、IoT でモノをインターネットに接続するだけでは、IoT を十分に有効活用したことになりません。

こうした膨大な量のデータを有効活用するためには、AoT（Analytics of Things）が必要となります[4]。AoT は、IoT が収集した情報を分析して、それをもとになんらかのアクションを起こす、というように IoT を有効に活

用するための手段です。そうしたアクションには、数値が一定のレンジを飛び出したときに警報を発するとか、機械の稼働がストップしたときに警報を発する、あるいはあらかじめ定めた作業プロセスが遵守されているかチェックする等、単純なものから、機械が変調をきたした場合にはその内容に応じてどの部品をどのタイミングで補修することが必要であるかを部品メーカーに知らせる、という複雑なものまであります。こうした複雑なケースでは、人工頭脳（AI）を活用したAoTが必要となります。

(2) データ処理技術：ストック型とストリーム型

IoTにAoTを組み合わせて情報を有効活用するケースは、従来のICTによる情報の活用と大きく異なる特徴があります。

すなわち、従来のICTによる情報の活用では、収集したデータは、いったんデータウェアハウスに蓄えて、蓄積した情報をもとにして分析、活用するという「ストック型」の手法をとります。

しかし、IoTでそのようなストック型のデータ処理の手法をとっていてはせっかく集めた情報を機動的、タイムリーに活用することはできません。IoTでは、常に入ってくる情報をもとに、分析、活用するという「ストリーム型」のデータ処理技術が重要となります。

9 IoTは、どのような形で企業に価値をもたらすか？

IoTの進展により、多種多様なデータを収集することが可能となります。そして、IoT機器が取得したデータから、さまざまなイノベーションが創出され、価値が生み出されることが期待されます。こうしたことから、収集データを流通させたり、データの流通を仲介したりすることにより、ビジネスチャンスを得ることを狙いとした事業が出現しています。今後の展開としては、データ流通プラットフォームを提供するデータ流通事業者の参入等によって、複数のデータ流通プラットフォームからさまざまなデータが提供さ

れていくことが予想されます。

　このような状況を背景として、IoT推進コンソーシアムと総務省、経済産業省は、多種多様なデータの中からユーザが利用したいデータを容易かつ効率的に見つけ出せる等、データを利活用しやすい仕組みを整備することで、データ流通市場の拡大に寄与することになるとしており、データ流通事業者が、データ連携のために共通化することが必要と考えられる項目を整理、公表しています[5]。それによれば、次の2点があげられています。

- データカタログの整備：データ利用側が複数のデータ流通プラットフォームに対して、同一の検索ワード・方法でデータを検索・発見することが可能となるよう、メタデータを集約したデータカタログを整備。ここで、「メタデータ」とは、データの所在、種類、名称等、提供されているデータに関する情報をいいます。
- カタログ用APIの整備：データ流通プラットフォームの相互連携を可能とするために、提供データのカタログ情報の交換や検索をするためのAPIを整備（APIは第5章Ⅲ2参照）。

　なお、これはデータ流通事業者に対して強制するものではなく、これらをもとに、データ流通事業者が守ることが望ましい事項や実装上のルール等を民間主導で設定することが期待される、としています。

　企業がIoTをどのような目的で活用することができるか、いくつかのケースをみると次のとおりです[6]。

(1) 業務の効率化

　たとえば、天候予測の精緻化、ソーシャルデータの分析等により、需要予測を高度化して、調達・製造・販売・在庫の効率化を推進することが期待できます。ここで、「ソーシャルデータ」とは、消費者がtwitterやブログでネット上に書き込んだ情報をいいます。

(2) リスク管理の向上

たとえば、機器の稼働状況のモニタリングにより、機器の故障リスクを事前に検知する等、リスク管理の向上に資することができます。

(3) マーケティング効果の向上

たとえば、モノが発する大量のデータから顧客の嗜好の変化、新たなトレンド等をいち早く把握、分析して、それを新製品・サービスの開発、販売、さらには新規ビジネスの具現化につなげることができます。

10 金融機関はIoTをどのような形で活用できるか？

IoTは、複数の通信方式を連携させてインターネットを使って通信することを特性とします。しかし、個人や企業のさまざまな情報を取り扱う金融機関は情報の厳格な管理が重要であり、したがって、外部に接続するネットワークの利用は、おのずから限定的となります。

(1) IoT決済

みずほフィナンシャルグループは、2017年1月、スマートホーム、コネクテッドカー、ウェアラブルデバイス等のIoT機器によるセキュアな決済を実現するためのプラットフォーム構築に向けた研究開発を、FinTechベンチャーのソラコムと共同で開始したことを公表しました[7]。

これは、先端技術を活用した安心・安全なIoT決済の実現に向けて、IoT機器と銀行システムをセキュアな通信で接続し、銀行口座と連携した研究開発を行うものです。そして、IoT機器とAPIを活用した実証実験の第1弾として、FinTechベンチャーのLiquidのLIQUIDレジ（指紋センサーを搭載したレジスター）と連携し、振込みや残高照会を可能とするカード・現金不要の「手ぶらで決済」の実現に向けて、実証実験の評価と課題の整理を行

う、としています。

(2) 現金処理機とIoT

一部のベンダーは、金融機関が使用している現金処理機などの機器に、高セキュリティな機能を実装するIoTを開発しています[8]。

大日本印刷（DNP）とローレルバンクマシンは、金融機関で使用される現金処理機等について、IoT技術を利用して遠隔から保守管理を行うことができるサービスを共同開発してテスト運用を実施した後、提供を開始する、としています。このサービスには、大日本印刷が構築したICカード技術を応用した高セキュリティのIoTプラットフォームが使用されます。

(3) IoT活用型ファイナンスサービス

日立キャピタルと日立ハイテクソリューションズは、リース、アセットマネジメント、保険等の金融サービス機能とIoTプラットフォームを組み合わせて、産業・工作機械や医療機器、省エネ設備、理化学・検査装置、半導体製造装置等の機械、設備を対象とするIoT活用型従量課金ファイナンスサービスを構築して、ユーザへのサービス提供を行っています[9]。このサービスは、機械、設備からIoTクラウドサービスにより取得したデータを活用して、2つの機能を提供しています。

第1に、ユーザに機械、設備の稼働状況に応じた従量課金ファイナンスサービスをパッケージ化して、ユーザのコストの最適化やキャッシュフローの軽減をサポートします。

第2に、機械、設備のリモート操作や予防保全が可能となり、装置メーカーからユーザに向けて設備入替え時期の最適化をサポートします。

11 IoTのセキュリティは？

今後、IoTがさまざまなモノを対象にして普及することが予想されます

が、IoT がもたらすサービスの高度化、効率化の半面、IoT に対するサイバー攻撃のリスクも高まり、IoT のセキュリティを確固たるものにすることが重要となります。特に IoT の枠組みが、センサー、デバイスからインターネット、そしてデータを分析、処理するコンピュータと広範囲に亘っているために、サイバー攻撃の種類もそれに対する防御策も多種多様となります。

(1) IoT に対するサイバー攻撃の事例

警視庁では、2015年後半から IoT 機器を標的にしたサイバー攻撃が大幅な増加傾向を示している、として警告を発しています[10]。具体的には、インターネットに接続されたデジタルビデオレコーダ等の Linux が組み込まれた IoT 機器を標的とした攻撃が観測されていて、この攻撃を受けた機器が、攻撃者の命令に基づいて動作する「ボット」になる事例がみられる、としています。

なお、「Linux」は、コンピュータのオペレーティングシステム (OS) の一種で、web サイトやインターネットメールのサーバ等に使用されています。また、「ボット」(bot) は、ロボットの略称で一般的には、人間にかわり自動的に実行するプログラムをいいますが、ここでは、コンピュータウイルスに感染したプログラムを意味します。そして、このボットと呼ばれるプログラムによって、攻撃者がネットワークを通して送信した指示を感染したコンピュータ上で実行する、というような形で攻撃が行われます。

ボット化した機器は、攻撃者が設定する命令による感染拡大のほか、DDoS 攻撃やスパムメールの送信等に悪用される可能性があります。ここで、「DDoS (Distributed Denial of Service) 攻撃」とは、複数のコンピュータを使って膨大な命令を送信して、サーバ等を機能不全とするサイバー攻撃です。また、「スパム (SPAM)」とは、ユーザが求めもしない宣伝広告のメールや意味をなさないメールをしつこく送信することをいいます。

こうした IoT 機器を標的にしたサイバー攻撃は、処理能力の低下等、機器の異常にユーザが気づくことが難しいものも多く、そのため不正なプログ

ラムへの感染や攻撃を受けている状況を把握することが困難となることがあります。

また、警視庁では、2017年1月下旬頃から、不正プログラムに感染したIoT機器が発信元と考えられるアクセスが増加している、との警告を発しています。それによると、特にLinuxが動作しているIoT機器だけでなく、それ以外のOSが動作している機器を標的としたボットも作成されているとの報告がある、としています。

警視庁では、今後IoTのさらなる普及に伴いさまざまな機器がインターネットへの接続機能を持つようになり、IoT機器が攻撃の標的となることが懸念されるとして、IoT機器の利用者に対して、以下の諸点を参考に総合的なセキュリティ対策を行うことを推奨しています。

① 利用している機器について最新のセキュリティ情報を確認することが重要である。
② メーカーサポートが終了した製品を使用し続けることは、脆弱性に対するソフトウェア等の修正が行われない可能性があるため非常に危険である。
③ IoT機器を対象とした不正プログラムへの感染を防止するために、初期設定のユーザ名およびパスワードのままでは使用せず、ユーザ名とパスワードを推測されにくいものに変更する。
④ IoT機器をインターネットに接続する場合には、直接インターネットに接続せずに、ルータ等を使用する。
⑤ ファイアウォール等によって外部からの不必要なアクセスを遮断する。
⑥ 特定のIPアドレスのみにアクセスを許可する。
⑦ 製造元のウェブサイトで脆弱性情報を確認し、脆弱性がある場合はファームウェアのアップデートを行う。

(2) プライバシーの保護

IoTによりインターネットに接続されるモノの種類や数が多くなると、個

人情報の保護という観点からのセキュリティが重要となります。

　プライバシーへの脅威としては、口座番号や位置情報、健康情報などの機密性の高い個人情報がインターネットを通して収集されるリスクがあります。この点についても、IoTを前提とするモノの開発や運用方針の策定にあたって、プライバシーに関する影響を分析したうえで、個人情報の保護に十分配慮した設計を行う必要があります。

(3)　IoTのサイバー攻撃への対応

　IoTによりインターネットに接続されるモノは、パソコン等の情報機器と異なり次のような特徴を持つことが多く、したがってサイバー攻撃への対応もその特徴を踏まえて検討する必要があります[11]。

① 　パソコン等の情報機器に比べると長期に亘り使用されることが多く、保守・改修が難しくなる。
② 　デバイスの数が多く、管理が行き届かない。
③ 　ハードとソフトが一体となっていることが多く、改修が容易ではない。
④ 　インテリジェント化されたビルやインフラに組み込まれると、容易に改修・交換できない。
⑤ 　無線接続されることが多く、傍受されやすい。
⑥ 　大量のデータがクラウド上に蓄積されることから、漏えいしたときの被害は甚大となる。

　こうした特性を持つIoTへのサイバー攻撃に対しては、次のような施策を講じることが必要となります。

① **セキュア（secure、安全）な設計、開発**
　IoTを前提とするモノについて、設計段階からサイバー攻撃への対応を踏まえて開発を行う。

② **電子証明書の活用**
　IoTを所有・運用する事業者は、電子証明書を用いたデバイスの認証を受ける。ここで、電子証明書とは、認証局と呼ばれる組織が事業者等の身元情

報を認証し発行する証明書です。これにより、なりすまし、改ざん、事後否認、盗聴といったリスクを防止する効果があります。
③ 一方向ゲートウェイ
データの通信を一方向だけ認めて逆方向は許さない製品を使用して、外から内部を操作できなくする。

12 IoT推進の国際連携

IoT推進コンソーシアムは、経済産業省と総務省の協力のもとに、IoT、ビッグデータ、人工知能がもたらす第四次産業革命に対応し、企業・業種の枠を超えて産学官で利活用を推進する枠組みとして設置されたもので、会員数は約2,800社で銀行、生損保、リース、カード会社等の金融機関も参加しています。

IoT推進コンソーシアム（IoT Acceleration Consortium、ITAC）は、海外のIoT関連組織との間で国際連携を推進しています。

IoT推進コンソーシアムの国際連携のカウンターパーティは、米国、インド、欧州と世界各地域に亘っています（図表3-11）。

[注]
(1) みずほ情報総研、みずほ銀行「IoTの現状と展望」みずほ銀行産業調査部　みずほ産業調査、2015No.3、p6
(2) IDC Japan「国内IoT市場テクノロジー別予測を発表」2016.5.18
(3) NECbusiness network.jp, 2011.9.1
(4) Tom Davenport "The Analytics of Things" Deloitte Analytics, 2014.12.17
(5) IoT推進コンソーシアム、総務省、経済産業省「データ流通プラットフォーム間の連携を実現するための基本的事項」2017.4
(6) みずほ情報総研、みずほ銀行、前掲(1) pp17-18
(7) みずほフィナンシャルグループ「IoT決済に関するプラットフォーム構築に向けた研究開発の開始について」2017.1.25
(8) 大日本印刷、ローレルバンクマシン「金融機関等の機器を安全に遠隔保守するサービスを提供」ニュースリリース2015.10.9

図表3－11 IoT推進コンソーシアムの国際連携

国際連携先		国際連携の主要な取組み
名称	メンバーと設立趣旨	
米・インダストリアル・インターネット・コンソーシアム（IIC）（2015.10）	AT&T、CISCO、GE、IBM、Intelの米国5社を創設メンバーとして設立。産業市場におけるIoT関連の産業実装を推進。	共通のアーキテクチャ理解に基づいた分野別の実証や、それを踏まえた標準化等に向けた取組み。
米・オープンフォグ・コンソーシアム（OpenFog Consortium）（2015.10）	ARM、CISCO、Dell、Intel、Microsoft、プリンストン大学等が中心となり設立。オープンアーキテクチャーおよび分散（処理）コンピューティング（Fogコンピューティング技術）の開発を推進。	特にリアルタイム性や大量のデータ処理等が求められる分野のIoTソリューションを見据え、分散型コンピューティングを意識した実証や標準化等に向けた取組み。
インド・全国ソフトウェア・サービス企業協会（NASSCOM）（2017.2）	インドのITビジネス関係の業界団体。会員企業は約2,000社で、ITビジネスの拡大、戦略的パートナーシップの構築等の取組みを実施。	グッドプラクティス等の情報交換や両団体会員企業の相互訪問、両団体が連携可能な分野の検討等の取組み。
欧州・IoTイノベーション・アライアンス（Alliance for IoT Innovation、AIOT）（2018.3）	欧州委員会により設立された欧州の産業界が加盟するIoT推進団体。会員企業は約160社で、IoT、エコシステム、標準化、政策課題等の取組みを実施。	優良事例や政策提案等の情報交換、IoTに関する標準化や社会的課題の解決に向けた協力等の取組み。

（注）　カッコ内はIoT推進コンソーシアムとの覚書締結年月。
（出所）　経済産業省の資料をもとに筆者作成

(9) 日立キャピタル株式会社、株式会社日立ハイテクソリューションズ「株式会社日立ハイテクソリューションズ日立キャピタルと日立ハイテクグループが「IoT活用型ファイナンスサービス」を提供開始」ニュースリリース2015.1.28
(10) 警視庁「IoT機器を標的とした攻撃の観測について」2015.12.15、「不正プログラムに感染したIoT機器が発信元と考えられるアクセスの増加等について」

2017.3.22
(11) 村野正泰「サイバー攻撃から IoT をどう守るか」MRI マンスリーレビュー、三菱総合研究所、2016.1

ウェアラブルデバイス

1　ウェアラブル端末とは？

　ウェアラブル端末（wearable computer、wearables）とは、身体に装着する形の端末で、手首に装着するリストバンド型（腕輪型）、腕時計型、頭に装着するメガネ型等があります。
　スマホの普及が一巡したことや、半導体技術の進展によりデバイスの小型化・高性能化が可能となったこと、さらにはビッグデータ、IoT 等によりインターネットの活用が一段と進捗していることから、ウェアラブル端末は今後、新たな端末としての地位を高めていくことが見込まれています[1]。

2　ウェアラブル端末にはどのような種類があるか？

　ウェアラブル端末として、現在のところ次の3種類が活用されています。

(1)　リストバンド型

- 形状：腕時計のように、腕に装着するタイプです。常時装着が可能なように軽量に設計されています。
- 活用：心拍、歩数、活動量、消費カロリー、負荷等の測定の機能があり、スポーツやヘルスケア分野に活用されています。
- 具体例：ナイキの FUELBAND、ドコモのムーヴバンド、Microsoft の Microsoft Band 等があります。

(2) 腕時計型

- 形状：腕時計のように腕に装着する点はリストバンド型に似ていますが、画面を具備して情報の表示や操作が可能となっています。また、通信機能を具備するタイプも存在します。こうしたことから、「スマートウォッチ」とも呼ばれます。
- 活用：メーカーによって機能はさまざまですが、スマホとの連携による通話、電子マネー決済、アプリの着信通知、カメラ、活動量記録等の機能がついています。
- 具体例：Apple Watch、ソニーのSmart Watch 3、wena wrist、SamsungのGALAXY Gear、Gear2等があります。

(3) メガネ型

- 形状：メガネのようにかけると、両目か片目の視野部分が透過型ディスプレイとなっているタイプです。
- 活用：映像や画像を立体的にみることができ、手術支援、製造現場での作業指示表示や警備現場での事故情報表示、アプリとの連携による旅行先での観光ガイド等に活用することができます。
- 具体例：GoogleのGoogle Glassや、ムラタシステムの手術準備支援システム、ソニーのSED-E1等があります。

3 金融機関によるウェアラブル端末の活用は？

　金融機関にとって、ウェアラブル端末と金融サービスが融合すれば、顧客と金融機関がより緊密につながり、利用者に対して容易に金融サービスの提供が可能となることが期待されます。こうしたことから、いくつかの金融機関においてウェアラブル端末を活用した金融サービスの開発、提供が進行中です。以下では、その具体例をみましょう。

●事例：みずほ銀行

　みずほ銀行、野村総合研究所、それにFinTechベンチャーのMoneySmartの3社が連携してみずほダイレクトアプリのApple Watch対応サービスが提供されています[2]。みずほダイレクトアプリは、みずほ銀行が野村総合研究所と開発したスマホ向けアプリケーションです。日本の銀行でウェアラブルデバイスを活用した銀行のサービス提供は、これが初めてです。

　具体的には、利用者はApple Watch上に表示されるみずほダイレクトアプリのアイコンをタップすることにより、ログイン入力操作の必要なく簡便でセキュアに預金口座残高の照会ができます。また、家賃の振込みや貯蓄預金への振替えなどあらかじめ登録した振込みや振替えの予定日が通知されるプッシュ通知機能も具備しています。ここで「プッシュ通知機能」とは、利用者がスマホを起動していなくても通知を受け取ることができる仕組みです。これを開くと直接アプリの起動につながるために、リアルタイムでの配信ができます。

　このサービスは、24時間利用可能で利用料は無料となっています。

●事例：損保ジャパン日本興亜ひまわり生命保険

　損保ジャパン日本興亜ひまわり生命保険では、米国のウェアラブル端末や健康関連サービス提供会社のフィットビット社と共同で、歩数、歩行距離、燃焼カロリー、運動時間、睡眠、上り階数、心拍数等を測定することができるワイヤレス・リストバンド「フィットビット・ウェルネス」を社員に配布してそれから収集したデータをもとにして、疾病と活動データの因果関係を分析する取組みを実施しています[3]。

　そして、こうした試行の後に、一部の保険契約者にウェアラブル端末を貸与して、顧客の同意のもとに革新的な保険商品の開発検討に資する活動データを収集することとしています。

●事例：Eaze社

　オランダのベンチャー企業Eaze社は、Google Glassやスマートウォッ

チ、ブレスレット、リング等のウェアラブルから決済できるウェアラブル・ウォレット（wearable wallet）のシステムを開発しました。

　たとえば、顧客が買い物で会計をする際に、店員は請求書にかえてタブレットに表示した QR コードを顧客に提示します。顧客は、それをみて Google Glass に支払を指示すると Google Glass は QR コードを読み込み、支払金額を表示します。顧客がこれを確認して頷くと支払が実行されることになります。

●事例：Westpac

　オーストラリアの大手行である Westpac は、Google Glass によるオンライン・バンキングを開発中です。

　これによれば、顧客は Google Glass から送金、残高照会、ATM の位置検索等を行うことが可能となります。

［注］
(1)　総務省「平成26年版情報通信白書」2014.7
(2)　みずほ銀行、野村総合研究所、MoneySmart「みずほダイレクトアプリの Apple Watch 対応について」2015.6.19
(3)　損保ジャパン日本興亜ひまわり生命保険株式会社、Fitbit, Inc「健康増進に向けた共同ビジネス展開の開始について―日本における健康増進への取組み」2016.2.8

第 4 章

サイバー攻撃と
サイバーセキュリティ

FinTechと金融セキュリティ

　FinTechは、金融とITの融合であり、その展開は金融ビジネスと先進技術の融合という形で進行することとなります。そして、このことは金融ビジネスが特に重視しなければならないセキュリティ面においても文字どおり金融ビジネスと先進技術の融合が必要となることを意味します。

　そこで、以下ではFinTechを金融セキュリティの側面からみることとします。FinTechと金融セキュリティの脅威との関係については、相反する2つの要素があります。

1　FinTechは金融セキュリティへの脅威を高めるか？

　FinTechが、伝統的な金融の姿を変えるポテンシャルを持つまでに発展してきた背景には、顧客にパソコン、スマホ、タブレット端末等の普及が進んで、その結果、さまざまなチャネルを通じて金融商品、サービスへのアクセスが、いつでも、どこからでも、より速く行うことが可能となるユビキタスの環境が、顧客の強いニーズとなって現れたことがあります。そして、FinTechは、金融ネットワークのオープン化を軸としてさまざまなテクノロジーを駆使しながら顧客のニーズに応えようとしています。

　しかし、こうした流れは、金融にとって最も重要であるセキュリティの維持、拡充に重大な課題を提起します。すなわち、顧客ニーズに応えて金融ネットワークのオープン化を進めれば進めるほど、金融システムが外部からのサイバー攻撃にさらされるリスクが高まることになります。以下で詳しくみるように、サイバー攻撃の手法もまさしく先進的なITをフルに活用して

急速に多様化、複雑化しています。

このように、FinTech は、顧客のさまざまな金融ニーズにきめ細かく応えるポテンシャルを持つ一方で、金融のセキュリティにとって脅威となるサイバー攻撃のリスクを高める恐れがあることに十分留意する必要があります。

・ネットワークと外縁部からのサイバー攻撃

サイバー攻撃は、外縁部からネットワークを介して行われ、これが金融機関のシステムに波及するリスクがあります。ここで外縁部とは、IT に対するリスク管理の内容や度合いが異なる組織や人、システム、業務などがつながる境目に当たる部分をいいます[1]。

すなわち、金融業界と FinTech ベンチャー業界がシステム面での連携を深める過程で、FinTech ベンチャーのリスク管理が不十分である場合には、システムに対するサイバー攻撃は、FinTech ベンチャーサイドのシステムを入り口としてそこから侵入して、既存の金融機関のシステムへ攻撃する恐れがあることが十分考えられるところです。

金融機関に対するサイバー攻撃は、FinTech 出現前からもさまざまな対応策が打たれてきましたが、FinTech の進展から一段とサイバーセキュリティの重要性が高まったことは否定できません。

2　FinTech は金融セキュリティへの脅威を抑制することができるか？

それでは、FinTech が持つサイバー攻撃のリスクを抑止しながら、FinTech が持つメリットを最大限発揮するためにはどうすればよいでしょうか。

その鍵は、FinTech が持つテクノロジーをサイバーセキュリティに活用することにあります[2]。たとえば、伝統的な本人認証の方法には、パスワードによる認証がありますが、パスワードは他人に盗取されたり本人が忘れたりするリスクがあります。これに対して、FinTech が持つテクノロジーを

使ったバイオメトリクス認証（生体認証）は、各個人に固有の指紋、手のひら、指の静脈パターン、虹彩等の特徴を用いて個人を自動的に認証、識別することができ、パスワード認証の欠点をカバーすることができます（バイオメトリクス認証はⅢ3参照）。

また、NECは、人工知能（AI）技術を活用し、社会インフラや企業システム等に対するサイバー攻撃を事前に自動検知する自己学習型システム異常検知技術を開発しています[3]。この技術では、パソコンやサーバのプログラムの起動、ファイルへのアクセス、通信等の動作状態から定常状態を機械学習して、定常状態と現在のシステムの動きをリアルタイムに比較・分析することにより、定常状態から外れた場合の検知が可能となります（人工知能、機械学習については第3章Ⅲ参照）。NECでは、これにより従来の人手による作業に比べて10分の1以下の時間で被害範囲の特定が可能となり、システム全体を止めることなく被害範囲の拡大を最小限に抑える高精度な異常検知と防御が実現できるとしています。

一方、富士通エフサスは、従来のセキュリティ対策を巧妙にすり抜けるマルウェアや脆弱性を突くサイバー攻撃を独自のロジックにより検出するアンチウイルスソフトTrapsの導入・運用サービスを提供しています（マルウェアについてはⅡ4、ウイルスについてはⅡ5参照）。富士通エフサスでは、これにより短期間、かつ最低限の運用負荷で、マルウェアによるサイバー攻撃のリスクを抑止するとともに、社内への拡散リスクを軽減することが可能となるとしています[4]。

このように、FinTechは、金融サービスを利用する顧客の利便性を高めるイノベーションであると同時に、FinTechの力で金融セキュリティを維持、強化する機能を発揮する役割を担っています。

[注]
(1) 日本銀行金融機構局「ITの進歩がもたらす金融サービスの新たな可能性とサイバーセキュリティ」金融システムレポート別冊シリーズ、2016.3

⑵　黒田東彦「情報技術と金融：中央銀行の視点―第1回FinTechフォーラムにおける挨拶」日本銀行、2016.8.23
⑶　日本電気株式会社「NEC、AI（人工知能）を活用し未知のサイバー攻撃を自動検知する「自己学習型システム異常検知技術」を開発」2015.12.10
⑷　富士通エフサス「業務PCへのサイバー攻撃を抑止する新たなサービスを提供」2017.2.6

サイバー攻撃のターゲットと手口

1 無差別型攻撃と標的型攻撃とは？

　サイバー攻撃（cyber attack）は、ネットワークに不正に侵入してコンピュータやネットワーク機器を機能不全にしたり、コンピュータ上に格納されているデータを搾取、破壊、改ざん等を行ったりする攻撃です。

　サイバー攻撃は、無差別型攻撃と標的型攻撃に大別することができます。

(1) 無差別型攻撃

　無差別型攻撃は、ターゲットを特定せずに不特定多数の個人、企業、組織を対象とするサイバー攻撃です。具体的には、ウイルスや迷惑メール（スパムメール、バルクメール）を無差別に送信して、受信者側のシステム障害等のトラブルを発生させるサイバー攻撃です。

　無差別型攻撃は、愉快犯的な性格を持つケースが少なくありません。

(2) 標的型攻撃

　標的型攻撃は、特定の企業、組織を標的としたサイバー攻撃です。具体的には、特定の企業、組織の機密情報の窃取、システム障害、機能停止、webサイトの改ざん、アカウントの乗っ取り、不正取引等を目的とするサイバー攻撃です。

　標的型攻撃は、金銭や知的財産等の不正取得の目的を持っています。

　以下では、代表的な標的型攻撃のAPT攻撃、ゼロデイ攻撃、電磁波盗聴についてみることにします。

① APT 攻撃とは？
　a　APT 攻撃の定義

　APT 攻撃（Advanced Persistent Threat）は、特定のターゲットに対して行われる標的型攻撃の一種で、ターゲットとなった企業が新たな対策をとる都度、ターゲットの企業専用にカスタマイズした手法を使って執拗に攻撃を続けて、企業の対策を潜り抜けながら漸次、目的とする情報等に迫るタイプのサイバー攻撃です。

　APT 攻撃は、犯罪シンジケートにより緻密に計画され、公的機関やグローバル企業をターゲットにして、安全保障や経済に関わる機密情報を窃取する目的で実行されることが少なくありません。このため、数あるサイバー攻撃のなかでも、APT 攻撃は最も危険であり、またその対策が困難なものである、とされています。

　APT 攻撃の例としては、2009年央から始まった Operation Aurora と呼ばれるケースが有名です。このケースでは、Google を筆頭にして数十社の大企業がターゲットとされました。

　b　APT 攻撃の特徴は？
ⅰ　APT 攻撃の最大の特徴は、その攻撃が執拗に（persistent）続けられて、じわじわとシステムの深部に侵入して機密情報等を詐取することです。その攻撃は、数カ月から数年に亘って行われます。
ⅱ　APT 攻撃は、次のように3段階法をとります[1]。
・侵入：攻撃者がソーシャルエンジニアリングを使ってマルウェア（不正、有害なソフトウェア）を企業内部に送り込むステップ。なお「ソーシャルエンジニアリング」は、ID、パスワードや機密情報を物理的手段によって獲得して、ネットワークへ不正侵入する手法です。
・進化：企業のパソコンはウイルスに感染したボットとなり、企業の内部から外部へweb アクセスをしたと装って攻撃者のサーバに接続されます。なお「ボット」はロボットの略で、攻撃者の指令に従ってあたかもロボットのようにサーバからファイルを盗み出したり、他のコンピュータやネッ

トワークへ攻撃したりする等、有害な動作を行うプログラムです（ボットは5(12)参照）。
・攻撃：攻撃者のサーバに対する指令により、企業内部の機密情報を外部に送信する等の攻撃を行います。

iii　APT攻撃は、既存の攻撃手法を組み合わせて、一見すると通信がごく正常であるかのように装い、攻撃されている事実の検知と対応策を講じることがきわめて困難となるように工夫が施されています。

② ゼロデイ攻撃とは？

　金融機関の顧客情報や取引データの窃取を狙った標的型攻撃では、ソフトウェアの未修正、未発表のセキュリティの脆弱性を悪用したゼロデイ攻撃（zero-day attack）がみられます[(2)]。

　このゼロデイ攻撃は、プログラムに重大なセキュリティ上の脆弱性があることを見出して、開発者からその脆弱性の修正プログラムが提供される前（ゼロデイ）に攻撃を加える手法です。攻撃者は、いち早くウイルス、ワームを開発してこれをメールで直接送り込むほかに、webサイトにウイルス、ワームを埋め込んでユーザの間に感染を広げる攻撃を行うケースもみられます。

　このように、ゼロデイ攻撃は、開発者からユーザに脆弱性に対応する手段が提供される前に行われるため、防御対策を講じることは難しい、とされています。

③ 電磁波盗聴とは？

　パソコンやネットワークケーブル、USBコネクタ等の周辺機器が発するごく弱い電磁波から、データを盗取する攻撃で「テンペスト」（Transient Electromagnetic Pulse Surveillance Technology、TEMPEST）と呼ばれることもあります。パソコン本体の電磁波がたとえ遮断されていても、キーボードやディスプレイ等の周辺機器が発する微弱の電磁波を数十〜100メーターの距離から特殊装置を使用して傍受、盗取する、といった手口です。

2 サイバー攻撃の手口は？

サイバー攻撃の手口は、5つのタイプに分類することができます[3]。

(1) webサイト閲覧によるウイルス感染（情報窃取）

ユーザが改ざんされたwebサイトを閲覧すると、ウイルスへの感染が発生して、認証情報等の窃取とバックドアの設置が行われます。ここで、「バックドア」とは、攻撃者がサーバに一度侵入に成功した後に、何度も侵入するために仕掛けておく秘密の入り口をいいます。

そして、窃取された認証情報の利用により、攻撃利用基盤が拡大します。

(2) 標的型メール攻撃（情報窃取）

ウイルスがついたメールを特定組織に送信して、それをユーザが開封するとサーバへのバックドアが設置される仕組みです。この結果、情報システム内の情報が漏えいすることになります。こうしたサイバー攻撃は、特定組織を目標としたメールの送信によることから、「標的型メール攻撃」と呼ばれています。

標的型メール攻撃のメールの内容は、虚偽の規定改正を連絡する等、業務上の連絡を装う、といったようにますます巧妙なものとなってきています。そして、メール、CD-ROM、USBメモリ等を介して不正プログラムをパソコンに侵入させたうえで、長期間に亘り情報の窃取を行います。

(3) web改ざんによる誘導

ユーザがサイトにアクセスすると、別の無関係なサイトへと誘導される仕組みです。誘導先サイトは、ウイルスに感染しているサイトです。

(4) 媒体介在ウイルス感染（情報窃取）、制御系システム攻撃

　USB媒体等に混入したウイルスが情報システムに侵入して、システム内へのネットワークに感染が拡大し、またサーバへのバックドアが設置されます。

　この結果、ネットワーク、サーバ障害の発生と、システム内の情報の窃取が発生します。

(5) DoS攻撃、DDoS攻撃

① **DoS攻撃（Denial of Services attack）**

　DoS攻撃は、ネットワークを通じてコンピュータや通信機器等を対象とする攻撃手法の一種です。具体的には、大量の接続要求や大量の不正データを送信して相手方のサーバ等の負荷や通量を増加させ、サーバ等がサービスを提供することが不可能となる（拒否する、deny）状態にするサイバー攻撃です。これにより、システムが機能不全となります。

② **DDoS攻撃（Distributed Denial of Service attack）**

　DDoS攻撃は、DoS攻撃が分散する（distribute）形で多元的に行われる手口のサイバー攻撃です。すなわち、複数のコンピュータがサーバ等に対して一斉に接続要求を送信して負荷や通量を増加させて、その結果、サーバ等を機能不全とします。

　このDDoS攻撃は、最近よくみられるサイバーインシデント（サイバー攻撃による障害）の1つです[4]。たとえば、ビットコインを要求する脅迫メールを金融機関に送りつけて、この要求を呑まなければ継続的にDDoS攻撃を行う、と脅迫するケースが発生しています。具体的には、金融機関の問合せ窓口等のメールアドレスに対して第1通目の脅迫メールが送られてきます。その内容は、DDoS攻撃の開始を告げるとともに、24時間以内に数十のビットコインを支払えばこの攻撃は1時間で終えるが、さもなければ攻撃を継続する、という内容です。そして、金融機関がこれを無視した場合には、

24時間後に第2通目の脅迫メールが送られて、それは再び、24時間以内にビットコインを支払わなければ支払うまで攻撃を続ける、といった内容です。

そして、こうしたDDoS攻撃を受けて実際にネットバンキングやネットトレーディング等の業務に支障が生じるケースも発生しています。

3　サイバー攻撃技術のレンタルとは？

サイバー攻撃の技術は高度化の一途をたどっていますが、そうした技術を自前で開発するほかに、サイバー攻撃技術をレンタルする市場も出現しています(5)。

すなわち、サイバー犯罪者は、まずコンピュータをマルウェアに感染させてゾンビ化して、同様にゾンビ化したコンピュータで構成されるネットワークに追加します。そして、このネットワークを「ボットネット」といいます。なお、ボットは、ロボットの略で遠隔操作ができることを意味します（ボットは5(12)参照）。ボットネットは、スパムメール送信、銀行情報の窃取、webサイトに対するDDoS攻撃等、きわめて幅広く悪用することができます。

このようにボットネットは、サイバー攻撃を行う格好のツールとなりますが、このボットネットがサイバー犯罪者の間で取引されており、これにより、サイバー攻撃の技術を持たない攻撃者がこれを購入するかレンタルして使用するケースがみられます。

4　マルウェアとは？

(1)　マルウェアの定義

マルウェア（malware）は、malicious software（悪意のあるソフトウェア）

の略で、有害なソフトウェアの総称です[6]。すなわち、マルウェアは、コンピュータやサーバ、コンピュータネットワークにウイルス等の被害を起こすように設計されたソフトウェア全般をいいます。マルウェアには、コンピュータウイルス、ワーム、トロイの木馬等の種類があり、不正送金や情報窃取などの操作を自動的に実行します。

マルウェアが引き起こす代表的な不正行為には、次のようなものがあります。

① 盗　　聴

不正手段で通信内容を読み取る行為。

② 改　ざ　ん

盗聴した通信内容を不正に書き換える行為。

③ なりすまし

ユーザのID、パスワードを入手して、それを正規のユーザになりすまして使用する行為。

(2) マルウェアの感染パターンは？

マルウェアは、
① メールの添付ファイルを開くこと、
② セキュリティ対策が不十分なパソコンをネットワークに接続すること、
③ 不用意に悪意のあるサイトや改ざんされた不正サイトにアクセスしたり、ウイルスを持ったアプリをインストールしたりすること、
等により、感染します。

(3) マルウェアによる被害は？

マルウェアは従来から存在していますが、その内容は日進月歩で進化を遂げており、ユーザが感染に気づくことなく不正行為を拡散させるケースも増えています。

また、その目的も、従来は感染した相手を驚かす、といった愉快犯的な行

為や、デバイスの動作に悪影響を及ぼしシステム障害を引き起こす、といった迷惑行為が主要な不正行為でしたが、最近では、重要なデータや金銭の窃取等、営利を目的とする不正行為が増加しています。

(4) マルウェアへの対策は？

マルウェアへの対策には、セキュリティソフトによるデバイスのガードが重要となります。また、セキュリティのアップデートを頻繁に行う必要があります。

セキュリティソフトは、マルウェアの侵入や不審動作をするプログラムの実行を防止するほか、マルウェアに感染する恐れがあるサイトやメール等をユーザに対して事前警告します。数多くの新種のマルウェアが次々とつくられていますが、以上の対策はそうした最新のマルウェアの情報に基づきデバイスを保護します。

5 コンピュータウイルスとは？

コンピュータウイルスには、広義と狭義があります。なお、コンピュータウイルスは、単に「ウイルス」と呼ばれることが一般的となっています。

(1) 広義のウイルス

広義のウイルスは、ユーザの意図に反して行動する不正プログラムの総称をいい、したがって、マルウェアと同義ということができます。現在では、ウイルスという場合、広義のウイルスを指すことが少なくありません。

広義のウイルスは、次の3つの機能のうちの1つ以上を持つものとして定義されます。

① **自己伝染機能**
自分自身を他のプログラムにコピーして、他のシステムに伝染する機能。

② **潜伏機能**

発病の時刻、時間処理回数等を記憶させて、発症まで潜伏する機能。

③ **発病機能**

プログラムやデータ等の破壊、コンピュータの異常動作の発生等を引き起こす機能。

(2) 狭義のウイルス

狭義のウイルスは、マルウェアの一種で、ファイル(パソコン等に保存されている個々のデータ)に感染して常駐し、他のプログラムに寄生してプログラムの一部を改ざんしながら増殖するタイプのウイルスです。

狭義のウイルスは単体で存在することはできないことから、必ずプログラムの一部を改ざんして増殖する、という特徴を持っています。

(3) ウイルスの種類は？

ファイルに感染するウイルスには、次の4種類があります。

① **プログラムファイル感染型**

exeやcomなどの実行形式ファイル(プログラム)に感染するウイルスで、ファイルが実行されるたびにウイルスプログラムを実行し、自己増殖やデータ破壊などを行います。

② **ブートセクター感染型(システム領域感染型)**

OS起動時に読み込まれるブートセクター(システム領域)に感染するウイルスです。

③ **複合感染型**

プログラムファイル感染型とブートセクター感染型の両方の特徴を併せ持つウイルスです。

④ **マクロ感染型**

WordやExcel等のデータファイルのマクロ機能(アプリでよく使用する操作を自動化する機能)を実行したときに感染するウイルスです。

(4) コンセプトウイルスとは？

「コンセプトウイルス」は、セキュリティホールを見つけ出すために使われるウイルスです。なお、セキュリティホールとは、ソフトウェアの設計ミスやプログラムの不具合により発生するセキュリティ上の欠陥をいいます。コンセプトウイルスは、IT関連で新技術が開発される等の際にセキュリティホールの存在の有無を調べる実証実験用としてつくられます。

コンセプトウイルスは、ハードディスクの内容変更やデータの消去といった破壊活動はしませんが、不注意または故意にインターネットを通じて拡散した場合には、それを悪意を持った攻撃者が改造することにより、マルウェアの一種のウイルスとして、インターネット上に再配布され不正行為を働くこととなります。

〈主要な対策〉
① OS、ブラウザ、アプリのアップデートを頻繁に実施、最新の状態にしておく。
② セキュリティソフトを導入する。

(5) ロジックボムとは？

「ロジックボム」（logic bomb、論理爆弾）は、マルウェアの一種で攻撃者が設定した特定の時間等、一定の条件が満たされるまではコンピュータに潜伏して、一定の条件が整ったところで破壊活動を開始するプログラムの総称です。

ロジックボムによる破壊活動は、コンピュータの起動不能やコンピュータの記憶装置にあるすべてのデータの消去等、多くの場合、ユーザに深刻な被害を及ぼす内容です。すなわち、ウイルスやワームは、コンピュータにある特定のデータをターゲットとしますが、ロジックボムは、コンピュータ内のデータ等に総爆撃をかけ、徹底した破壊行為を行います。そして、破壊し尽くした後にロジックボム自体も消滅（自爆）しますが、その時にあらかじめ

搭載した不正プログラムを拡散させるロジックボムも出現しています。

ロジックボムの有名なケースに、チェルノブイリ原発事故があった4月26日に作動するロジックボムがあり、台湾、韓国等に大きな被害を与えました。

〈主要な対策〉
① ウイルス対策ソフトを最新の状態にしておく。
② メール添付の不審なファイルを開封しない。
③ 不審なwebサイトを閲覧しない。

(6) トロイの木馬とは？

「トロイの木馬」は、単体プログラムとして動作して、一見して正常なプログラムやアプリにみせかけ、ユーザのコンピュータに侵入します。そして、攻撃者が遠隔で接続できるようにバックドア（秘密の入口）を作って、外部からの命令に従ってコンピュータを自由に操り、パスワード、クレジットカード番号等の重要情報を窃取したり、ファイルを破棄、変更する不正行為を働くこととなります。

トロイの木馬は、他のコンピュータに感染を拡散させるのではなく、特定のコンピュータに限定して感染してコンピュータが動作をするまで潜伏することから、コンピュータがトロイの木馬に感染しても、ユーザがそれを認識することは困難です。そして、オンラインバンキングの情報を窃取して預金を盗んだり、コンピュータに障害を発生させる等の不正行為を行います。

狭義のコンピュータウイルスは自己増殖しますが、トロイの木馬自体は増殖機能を持っていません。また、トロイの木馬は、それ自体がソフトウェアとして動作するため、ウイルスのように感染するファイルを必要としません。

〈主要な対策〉
① アンチウイルスアプリを常に最新にする。
② 不審な添付ファイルは開かない。

③　メールやSNSにあるリンクを不用意にクリックしない。

(7) バックドアとは？

「バックドア」は、一度システムのなかに不正に侵入することに成功した攻撃者が、その後、何度も同じシステムに侵入するために作っておく秘密の入り口です。当初の侵入の被害にあったユーザがその被害への対策を講じても、攻撃者はバックドアを使って再びシステムに侵入することができます。

多くの場合、トロイの木馬が実行された後で、バックドアがインストールされることが多く、バックドアにより攻撃者は保護されたパソコンやプログラムに直接アクセスすることが可能となります。

バックドアは、システムの開発者がバグの発見、修正のために作ることがあります。これにより、システムの開発過程ではそのたびに認証等の手続をする必要がなくなりますが、システムの運用開始時点で誤って残したままにすることがないように必ずバックドアを削除することが重要となります。

〈主要な対策〉
①　セキュリティソフトを常に最新の状態にする。
②　バックドアを仕掛けられたコンピュータはOSの再インストールを行う。

(8) ワームとは？

ワームは、ネットワークの脆弱性を利用して、自己増殖し、ネットワークを通じて他のパソコン等に感染を拡散するウイルスです[7]。感染力がきわめて強く、経由したすべてのパソコン等に高速で感染させ、瞬く間にネットワーク全体に広がってしまいます。

ワームは、ウイルスのように他のファイルに感染して寄生する必要はなく、単独のプログラムとして動作して自ら複製をつくる自己増殖機能を持つことが大きな特徴です。したがって、ワームプログラム自身を正常な添付ファイルにみせかけて自動的にメールを送信する機能を持っています。

そして、ワームはコンピュータに障害を発生させたり、情報を窃取させる

等の被害をユーザにもたらします。

ワームの主要な感染経路は、次の4つです。

① ネットワークを介しての感染

ワームは、感染したコンピュータでランダムにIPアドレスを生成して、標的を探して別のコンピュータに感染させます。なお、IP（Internet Protocol）アドレスは、パソコン、スマホ等に割り当てられたネットワーク上のデバイスを識別するための数字です。

② ワームが添付されたメールを開くことによる感染

ワームは、感染したコンピュータに内蔵されているアドレス帳を使って、他のコンピュータにメールを送信することにより感染先を拡散します。

③ 共有フォルダから感染

ワームは、感染したコンピュータの共有フォルダにワームのコピーをして、ネットワークに接続している他のコンピュータに感染させます。

④ 外部ドライブから感染

ワームは、USBメモリー等の外部ドライブに潜んで、それをコンピュータに差し込むことによって感染します。

〈主要な対策〉

① OSとソフトウェアの設定を自動更新にして、常に最新状態にする。
② 不審な添付ファイルは開かない。
③ 迷惑メール、SMS等にあるリンクはクリックしない。
④ セキュリティソフトをインストールして、ファイアウォールを有効にする。

(9) ランサムウェアとは？

ランサム（ransom）の文字どおりの意味は身代金ですが、「ランサムウェア」は感染したコンピュータが正常に稼働しないようにブロックしたうえで、復元のために対価（身代金）を要求するソフトウェアです。

ランサムウェアの感染によって、犯罪者が持つパスワードの入力なしには

コンピュータが稼働しないとか、ファイルが勝手に暗号化されて判読不能となります。その後、犯人から対価の支払に応じれば復元する、とのメッセージが送られてきます。対価は、ビットコインやプリペイドカードでの支払を求めてくることが少なくありません。

なお、コンピュータやインターネットのセキュリティ製品の開発・販売を手掛けるトレンドマイクロ社によると、2016年におけるランサムウェアの国内検出台数は前年比約10倍となり、国内の個人ユーザからのランサムウェアの被害報告件数も前年比約3.1倍になった、さらに、一度で400台以上の端末に影響を与えた集中的なランサムウェアの感染を狙うメールの攻撃は、2016年中、国内で45回も確認された、としています[8]。

また、2017年5月には、Microsoft Windowsを標的とした暗号型ランサムウェア、WannaCry（Wcry、ワナクライ）が、Windowsのファイルを暗号化したうえで復号のために金銭を要求するという手口を使って、世界150カ国を超える大規模なサイバー攻撃を行い、世界で20万台を超えるコンピュータがこれに感染した、と伝えられています。WannaCryによる要求は日本語を含む27の言語で行われ、300ドルをビットコインで支払え、3日経過するまでに支払わないと要求金額を倍増させる、7日経過するまでに支払わないとファイルを永久に消滅させる、という内容です。なお、wanna cry は want to cry（泣きたくなる）の口語形です。

〈主要な対策〉

① OSやソフトウェアの修正、更新プログラムが公開されたらすみやかに適用して、常に最新の状態を保つ。

② パソコンのユーザに対して、不用意にメールの添付ファイルやリンクを開かないよう、また、怪しげなサイトにアクセスすることのないよう、注意喚起をする。各ユーザのアクセス権限を厳格化する。

③ セキュリティソフトを導入する。また、常時、セキュリティソフトのアップデートを行う。

④ ランサムウェアに感染したときには、パソコンを初期化する必要があ

り、それに備えてファイルは常にバックアップをとっておく。また、ランサムウェアに感染した場合には、感染した端末機器からアクセスできるすべてのファイルが暗号化される危険があるため、バックアップデータが保管してあるストレージは、通常、端末、ネットワークから切り離して、復元時にのみストレージを社内環境に接続するようにする。

⑤　たとえ、ランサムウェアに感染しても身代金を支払わない。身代金を支払ってもブロックの解除等が保証されるわけではなく、むしろ攻撃を繰り返してくる恐れがある。

⑽　スケアウェアとは？

スケア（scare）の文字どおりの意味は、脅迫する、ですが、「スケアウェア」は、セキュリティ対策ソフトウェアと偽って、ユーザにスケアウェアの購入を勧奨するメッセージを執拗に送りつける手口です。

スケアウェアでは、まずユーザに対して、パソコンがウイルスに感染した、と偽りのメッセージを送ります。具体的には、ユーザのモニター画面に突然「あなたのwebサイトがウイルスに感染した」といったポップアップ（pop-up、パソコンのモニター画面に急に現われる小画面）が出現します。そして、このウイルスは特殊なセキュリティ対策ソフトを使用しない限り駆除できない、とユーザを脅したうえで、セキュリティ対策ソフトを有償で提供する、と何度も勧誘してきます。このことから、スケアウェアは、セキュリティ対策ソフトの押し売り手法とも呼ばれています[9]。

〈主要な対策〉
①　ウイルス対策用の正規のセキュリティソフトを導入する。
②　モニター画面にウイルスの感染を知らせるウインドウが飛び出しても、決してそれを開かない。

⑾　キーロガーとは？

「キーロガー」（Key logger）は、キーボードから入力したパスワード、ク

レジットカードの番号、オンラインバンキングの取引明細等、重要なデータを窃取するソフトウェアです。1台のパソコンを複数のユーザが使用するような場合に、キーロガーを仕掛けて、個人情報を盗取するケースが発生しています。また、キーボードとパソコン本体の間に特殊なデバイス（ハードウェア）を挿入して個人情報を盗取するケースも出現しています。

〈主要な対策〉
① キーロガー検出ツールやウイルス対策ソフトを導入する。また、そうしたツール、ソフトは常にアップデートする。
② パソコンを立ち上げる都度、パソコン本体とキーボードの間に不審なデバイスが挿入されていないか、チェックする。

⑿ ボットとは？

「ボット」（Bot）は、ロボットの略でマルウェアの一種です。ボットは、パソコン、スマホ等のモバイル端末に侵入したうえで、外部からの遠隔操作により情報の窃取やコンピュータの機能障害等の不正行為を働きます。このように、ユーザのコンピュータが外部から操られて、あたかもロボットのように動作することから、ボットといいます。

ボットに感染したパソコンは、ゾンビパソコンと呼ばれています[10]。そして、ボットに感染した多くのゾンビパソコンがネットワークを形成、これを「ボットネット」といいます。とてつもなく多数のゾンビパソコンがネットワークを形成して、スーパーコンピュータ並みの能力を持つこともあります。そして、外部からの指令によってボットネットにつながったゾンビパソコンが一斉に動くことになります。

なお、このように外部からの侵入により乗っ取ったコンピュータを使って不正行為を行う司令塔となるサーバコンピュータをC&Cサーバ（コマンド&コントロールサーバ）といいます。

ゾンビパソコンのユーザは、ボットの被害者でありながら、それを認識することなくDDos攻撃をするとか、迷惑メールの送信元になる等、不正行為

に加担する加害者にさせられる恐れがあります。

〈主要な対策〉
① ファイアウォールが組み込まれているセキュリティソフトをインストールしてスキャンをする。
② OSとソフトウェアの設定を自動更新して、常に最新状態にしておく。
③ 不審な添付ファイルは開かない。

⒀ スパイウェアとは？

「スパイウェア」は、パソコンから密かにユーザ情報を窃取するソフトウェアです。スパイウェアは、ウイルスやワームと異なり自己増殖機能は持っていません。

具体的には、パソコンにインストールされたスパイウェアが、ユーザのマウスの入力やブラウザの閲覧をもとにして、ユーザに認識されることなくパスワードなどのログイン情報やクレジットカード番号等を収集します。そして、スパイウェアが収集した情報はインターネットでスパイウェアの作成者のもとに送信され、その結果、ユーザ情報が悪用されることになります。

スパイウェアは、ユーザ情報を悪用することを目的としていて、データを破壊する能力は持っていません。したがって、ユーザはスパイウェア感染の認識なしにパソコン等を使い続ける恐れがあり、多くのスパイウェアに感染した結果、パソコン等の動作が遅くなり、そこで初めて感染に気づくこともあります。

〈主要な対策〉
① スパイウェア対策ソフトを導入する。
② コンピュータのOSやソフトウェアを頻繁に更新して最新の状態にする。
③ 怪しげなwebサイト、ポップアップ画面、メール等は開かない。
④ スパイウェアの被害を受けたときにはシステムの初期化をする必要があり、そうしたケースに備えて日頃からファイルのバックアップを心掛ける。

6 中間者攻撃とは？

(1) 中間者攻撃の定義

「中間者攻撃」(man-in-the-middle attack、MITM) は、インターネットにおける通信を盗聴、改ざんする方法の1つです。中間者攻撃は「バケツリレー攻撃」(bucket-brigade attack) と呼ばれることもあります。具体的には、正規のユーザ間のメッセージのやりとりにサイバー攻撃者が割り込んで、メッセージを盗聴したり改ざんします。

中間者攻撃は、中間者が双方のユーザの相手方になりすますことから、正規のユーザには中間者が介在していることはわからず、ユーザ間で直接メッセージのやりとりを行っている、とみせかける手法です。

ネットバンキングで金銭を搾取するMITB (Man in the Browser) 攻撃も、中間者攻撃の一種です。しかし、MITB攻撃がクライアント内で動作するのに対して、中間者攻撃では、マルウェアなどの不正プログラムがコンピュータ間の通信に割り込んで動作する、との違いがあります（MITB攻撃はⅢ5(4)①d参照）。

(2) 中間者攻撃による被害は？

中間者攻撃により、パスワード等の機密情報の窃取や、通信妨害、不正サイト表示等、さまざまな被害が発生しています。たとえば、webブラウザに改ざんした金額入力画面を表示して、ユーザに送金の入力をさせて攻撃者の口座に振り込ませる等の手口が代表的なものです。

(3) 中間者攻撃に対する防衛策は？

中間者攻撃への防衛には、次のような対策が考えられます。
① マルウェア感染の防止のため、ウイルス対策ソフトを最新の状態にす

る。
② webブラウザの最新版を使い、脆弱性を解消する。
③ 暗号化手法を活用する。

　暗号化していない平文（ひらぶん）によるインターネット通信は、中間者攻撃により盗聴、改ざんを受けやすい弱点があります。したがって、インターネットにより重要なメッセージのやりとりを行う場合には、公開鍵暗号等の手法を使って通信することが必要です。メッセージの暗号化と認証によって安全な通信を行うプロトコルとして代表的なものにSSLがあります。

　しかし、公開鍵暗号の秘密鍵が盗取されたり、不正な電子証明書が使われたりするようなケースでは、中間者攻撃に対して暗号化の手法を用いても有効な防衛策とはなりません。したがって、暗号による場合でも正規の通信先である電子証明書であることをしっかりと確認する等の対策が重要となります（公開鍵暗号、SSLは第3章Ⅱ、電子証明書は第4章Ⅲ2(3)参照）。

[注]
(1) Cisco Systems「ターゲット型攻撃（APT）への対策」
(2) Symantec「2014年インターネットセキュリティ脅威レポート第19号」2014.4
(3) 情報処理推進機構「新しいタイプの攻撃」の対策に向けた設計・運用ガイド改訂第2版」2011.11、p19、[原典] 内閣官房情報セキュリティセンター（NISC）「リスク要件リファレンスモデル作業部会報告書」2010.3
(4) 鈴木博「サイバーセキュリティを中心とした管理態勢について―投資信託協会講座」証券取引等監視委員会、金融庁、2015.12.3、p41
(5) Symantec「ウェブサイトセキュリティ脅威レポート2014第3号」2014.8、p25
(6) Norton Blog「マルウェアとウイルスの違い」2014.11.10
(7) Norton Blog「ワームウイルスとは」2015.1.23
(8) トレンドマイクロ「ランサムウェアの最新手口と5つの対策」2017.3.2
(9) 情報処理推進機構「コンピュータウイルス・不正アクセスの届出状況 2008.1.7
(10) Norton Blog「ボットウイルスとは」2015.1.23

サイバーセキュリティ

　サイバー攻撃への対応策については、「Ⅱ2　サイバー攻撃の手口は？」の各々の箇所で部分的に触れていますが、ここではさまざまな角度からサイバーセキュリティをみることとします。

1　オンライン本人認証とは？

(1)　オンライン本人認証の定義

　オンライン本人認証は、ユーザがインターネットを通して商品やサービスを購入する場合に、サービス提供者が購入を申し込んできた相手が本人であることを確認する手続をいいます。認証には、①識別、②認証、③認可が必要です[1]。

① 　識別（Identification）
　　Who Are You？　特定の個人を見分ける。
② 　認証（Authentication）
　　Is it really you？　識別された個人が正当であることを確認する。
③ 　認可（Authorization）
　　Are you authorized to access this resource？　認証された個人に対してサービスを提供することを決定する。

　オンライン本人認証では、多くの場合、ID・パスワードによる認証が活用されていますが、個人のID・パスワードが窃取されて不正アクセスに悪用されるケースが多発しています。

(2) 認証にはどのような方式があるか？

　認証方式には、①記憶、②所持、③バイオメトリクス情報の3つの要素があり、これを「認証の3要素」と呼んでいます[2]。認証は、この3要素のどれか、または複数の要素の組合せで実現します。

〈認証の3要素〉

① 　記憶（Something You Know、SYK）：ユーザ本人だけが記憶しているデータにより認証する方法。パスワード、PIN（Personal Identification Number、個人識別番号）等がこれに当たります。

② 　所持（Something You Have、SYH）：ユーザ本人だけが所持している物により認証する方法。ICカード、スマートカード、ワンタイムパスワードのトークン等がこれに当たります。紛失、盗難が考えられるため、PINと組み合わせるケースが多くみられます。

③ 　バイオメトリクス情報（Something You Are、SYA）：ユーザ本人の生体のデータにより認証する方法（バイオメトリクス認証は3参照）。指紋、音声、虹彩、顔の形等がこれに当たります。

　SYKは記憶忘れ、SYHは所持物の紛失等のリスクがありますが、SYAにはこうした問題はありません。

(3) パスワード認証の種類は？

　パスワード認証は、パスワードは利用者本人の記憶のみに存在し、知っているのは本人のみである、という前提に基づいた認証方式です。パスワード認証には、次の種類があります。

① 　**固定長パスワード認証**

　事前に登録したパスワード（文字列）を用いて認証する方式です。

・問題点：単純な仕組みであり実装（実際に作成すること）が容易ですが、あらゆる脆弱性が内在する可能性が高く、パスワードクラックなどで不正利用される恐れがあります（パスワードクラックについては(4)参照）。たと

えば、パスワード文字列をネットワーク上にクリアテキスト（暗号化しない平文）のままで送信すると盗聴される可能性があります。また、たとえパスワードを暗号化しても、その文字列をパスワードであると判断された場合には、暗号文字列を用いて認証されるリプレイアタックを受ける可能性があります。

　ここで、「リプレイアタック」（replay attack、リプレイ攻撃、反射攻撃）とは、正規のユーザがパスワード等のログイン情報をネットワークを通じて送信するとき、そのデータをそのまま盗取して、その後、そのデータを使ってログインするサイバー攻撃です。したがって、パスワードを暗号化しても、暗号化されたデータをそのまま盗取したうえで、そのデータをそのまま使うことにより、正規にユーザとしてログインすることが可能となります。このように、リプレイアタックでは、攻撃者は暗号化したパスワードを復号または解読してパスワードを知る、といった作業をする必要はなく攻撃することが可能となります。

② **ワンタイムパスワード認証**

　認証ごとに異なるパスワードを用いて認証する方式です。毎回使い捨てパスワードを生成するため、たとえばリプレイアタックで認証プロセスを盗聴されても、不正アクセスを受ける可能性を減少できます。

　ワンタイムパスワード認証では、生成パスワードの規則性や連続性がないようにする必要があります（ワンタイムパスワード認証の詳細は⑾④参照）。

(4) パスワードクラッキングとは？

　パスワードは、認証の手段として活用されていますが、これに対するさまざまなサイバー攻撃が行われています。

　そして、なんらかの方法により正しいパスワードを割り出すことをパスワードをクラックするとか、パスワードクラッキング（password cracking）といい、また、パスワードをクラックする攻撃者をパスワードクラッカーと呼んでいます。

パスワードクラッキングは、サイバー攻撃に使われるほかに、ユーザが簡単に割り出すことができるパスワードを使用していないかをチェックする場合等にも活用されます。

(5) パスワードリスト攻撃とは？

「パスワードリスト攻撃」は、サイバー攻撃者が不正にID、パスワードを入手し、IDとパスワードがセットとなったアカウント情報リストを使ってwebサイトにアクセスして、ユーザのアカウントでログインする攻撃です。パスワードリスト攻撃は、アカウントリスト攻撃とか、リスト型攻撃とも呼ばれます。

パスワードリスト攻撃は、正規のユーザが実際に使用しているIDとパスワードをセットにしての攻撃であることから、少ない試行回数の不正ログインで成功確率が高いサーバー攻撃ができるという特徴があります。

パスワードリスト攻撃により、オンラインショッピングサイトやポータルサイトが攻撃を受けるケースが増加しており、独立行政法人情報処理推進機構（IPA）や警察庁は、ユーザに注意喚起を行っています。

(6) ブルートフォース攻撃とは？

① ブルートフォース攻撃の定義

「ブルートフォース攻撃」は、すべてのパスワードの組合せを試行する攻撃手法で「総当たり攻撃」ともいいます。ブルートフォース（brute force）は、力づく、という意味で、コンピュータの演算能力を活用して文字どおり考えられるありとあらゆるパターンを片っ端から入力することにより有無を言わせず正しいパスワードを見出す方法です。たとえば、パスワードが4桁の数字で構成されているケースでは、0000〜9999までの組合せを順番に当てはめて試行を繰り返すことによりパスワードを割り当てます。

ブルートフォース攻撃は、コンピュータ資源の消費を考えると必ずしも効率的な方法とはいえませんが、時間の制約がない限り確実にパスワードをク

ラックすることができる方法です。ブルートフォース攻撃は、パスワード長が数字4桁等のように非常に短い場合には、きわめて有効な攻撃方法となります。

② ブルートフォース攻撃の防衛策は？

ブルートフォース攻撃は、パスワードが長いとか文字の種類が多いパスワードにすると、劇的に文字列のパターンが増加して、コンピュータの演算に時間を要することになります。したがって、ユーザがパスワードを作るにあたっては、英数字の桁数を多くするとともに、使用する文字の種類に大文字を入れるとか特殊文字を入れる等の工夫をすることが、ブルートフォース攻撃に対する有効な防衛策となります。

また、サイトの提供側はパスワード入力に回数制限を設定することにより、対応することが考えられます。この対応策は、後述の辞書攻撃や類推攻撃にも有効となります。

(7) リバースブルートフォース攻撃とは？

① リバースブルートフォース攻撃の定義

ブルートフォース攻撃は、1つの特定したユーザIDに対して総当たり的にパスワードを入力する手法ですが、「リバースブルートフォース攻撃」は、逆にパスワードを1つに固定して総当たり的にユーザIDを入力する手法で、逆総当たり攻撃とも呼ばれます。ユーザIDが数字のみなど予測しやすい一定の法則で設定されている場合に有効な攻撃方法となります。

ブルートフォース攻撃は、パスワードの試行を一定回数まで、と制限することにより防御できる可能性がありますが、リバースブルートフォース攻撃ではこの防御方法は通用しません。また、リバースブルートフォース攻撃はブルートフォース攻撃と組み合わせて行われることもあります。

② リバースブルートフォース攻撃の防衛策は？

リバースブルートフォース攻撃の防衛策もブルートフォース攻撃の防衛策と同様に、ユーザがパスワードを作るにあたって、パスワード長が数字4桁

等のように「弱いパスワード」を避けて、英数字の桁数を多くするとともに、使用する文字の種類に大文字を入れる、特殊文字を入れる等、「強いパスワード」にするよう留意することが必要です。

(8) 辞書攻撃とは？

① 辞書攻撃の定義

ブルートフォース攻撃は、1から順番にすべて試行する総当たり方式ですが、辞書攻撃は、多くの人がパスワードとして使うことが考えられる文字列を数多くピックアップして、そのデータベースをもとに順番に試行する方法です。文字列のデータベースを辞書と見立ててこの名称がつけられており、「ディクショナリー攻撃」ともいいます。

辞書攻撃では、辞書に載っているような単語だけではなく数字等を混入させたりして攻撃することが少なくありません。辞書攻撃は、総当たりを行うブルートフォース攻撃に比べて効率的な攻撃方法である、ということができます。

② 辞書攻撃の防衛策は？

辞書攻撃は、多くの人がパスワードとして使いそうな単語をもとに攻撃する手法です。したがって、ユーザがパスワードを作るにあたっては、人名とか意味のある単語を使うことを避けて、意味をなさないランダムな文字列にすることが有効な防衛策となります。

(9) 事前計算攻撃とは？

① 事前計算攻撃の定義

「事前計算攻撃」は、暗号化されたパスワードを窃取、解読して悪用する手法です。攻撃者は、ユーザがパスワードに使う蓋然性が高い文字列を推測のうえ、そのハッシュ値をあらかじめ計算してデータベースにします（ハッシュ値の詳細は第3章Ⅱ2参照）。そして、暗号化されたパスワードを保存しているデータを入手します。

そのうえで、攻撃者は事前に作成しておいたハッシュ値の圧縮ファイルを使って、暗号化されたパスワードのハッシュ値と一致するものを見出してパスワードを推測します。

　攻撃者がハッシュ値をあらかじめ計算して作成したデータベースをレインボーテーブルということから、ハッシュ値から平文のパスワードを算出する方法を「レインボー攻撃」ということもあります。

② **事前計算攻撃への対策は？**

　ユーザが推測の難しく、かつ長いパスワードを作成、使用しているケースでは解析が困難となり、またデータベースであるレインボーテーブルの容量が大きくなることから、事前計算攻撃は困難となります。このことは、ユーザがパスワードを設定する場合には、極力、推測が難しく、文字列が長いものにする工夫が重要であることを意味します。

⑽　**類推攻撃とは？**

① **類推攻撃の定義**

　類推攻撃は、ユーザの個人情報からパスワードを類推する攻撃方法です。ユーザがパスワードを設定するときには、忘れることのないように、ユーザの親族、友人、好きな俳優・歌手、ペットの名前、ユーザの生年月日、出身地、出身校、好きな食べ物、電話番号等を組み合わせることが多い、という事実を突いた攻撃方法です。

② **類推攻撃の防衛策は？**

　類推攻撃が、ユーザの個人情報をもとにして攻撃をする手法である以上、パスワードをユーザの個人情報とはまったく関係のないランダムな文字列にすることが有効な防衛策となります。

⑾ パスワード攻撃に対する防衛手段にはどのようなものがあるか？

① **ユーザによるパスワード管理**

　パスワードのセキュリティについては、何といってもパスワードを作成、保有、使用するユーザ自身によるセキュリティ対策が第一となります。

　攻撃者が推測できないようなパスワードの作成には、次の3点が重要です。

a　各種の文字とする：漢字、ひらがな、英字、数字、特種文字を大小混ぜて作成。

b　ランダム：意味のある言葉を使用しない。ランダムにする。

c　長い：文字数を多くする。

　もっとも、パスワードの設定をあまりに複雑にするといった方策を講じると、正規のユーザの手間が増えて利便性が低下する、というセキュリティと利便性のトレードオフの問題があり、その間のバランスを最適化するよう、工夫をする必要があります。

② **認証サイド**

a　パスワードの試行回数を制限する。一定時間内に一定回数以上のパスワード誤入力がなされた場合には、アカウントロックをかけて所定の手続をとらなければアクセス禁止とする。

b　システム管理者が、異常なパスワードの試行を監視する。

c　アカウント名にメールアドレスを設定するケースが少なくないが、メールアドレス以外への設定をするよう、注意喚起を図る。

③ **パスワードの使い回しの回避**

　インターネットのユーザが複数のサービスで同じパスワードを使い回すことがないよう、注意喚起をします。実際のところ、ユーザがパスワードを使い回す理由の多くは、同一にしないと忘れてしまうという点にあり、情報処理推進機構では複数のパスワードを忘れずに管理できる具体的な方法を例示

しています[(3)]。

 a 紙のメモ

 IDとパスワードを紙のメモにして保持する。IDとパスワードを別の紙にするとより安全である。また、メモは紛失・盗難のケースに備えて第三者に判別されないように記載する必要がある。

 b 電子ファイル（パスワード付き）

 IDとパスワードのリストを「パスワード付きの電子ファイル」として保持する。電子ファイルには表計算ソフトやテキスト編集ソフトを使い、その電子ファイルにパスワードを設定して保存する。パスワードは表計算ソフトの機能でファイルそのものにかける方法と圧縮ファイルにかける方法がある。

 c パスワード管理ツール

 IDとパスワードをパスワード管理のための専用ツール（ソフトウェア）に保存する。ツールに利用しているサービスのID・パスワードと、ツールを起動するためのマスターパスワードを登録しておくと、マスターパスワードだけを覚えておけばツールを起動して各サービスのIDとパスワードを呼び出すことができる。

④ 2要素認証とワンタイムパスワード認証

 2要素認証は、ユーザに固有の2つの要素により確実に認証する方法です（2要素認証については5(6)(7)参照）。2要素認証の1つにワンタイムパスワード認証があります。通常のパスワードは毎回同一のパスワードを入力するのに対し、ワンタイムパスワードは毎回異なるパスワードを入力します。このことから、ワンタイムパスワード認証を使い捨てパスワードと呼ぶこともあります。ユーザは、専用のハードウェアまたはソフトウェアにより生成されたワンタイムパスワードを使用します。

 ワンタイムパスワード認証によれば、第三者がパスワードを入力するところを覗き見したり、ネットワーク上のパスワードを盗取したりして、本人になりすまして不正アクセスを行うことを防止することができます（ワンタイ

ムパスワード認証の詳細は(1)②参照)。

2 電子署名、デジタル署名とは？

(1) 電子署名、デジタル署名の定義

電子署名は、電子データの作成者を特定して、
① 電子データが本人によって作成されたこと
② 改ざんされていないこと
を保証する技術です。
　そして、デジタル署名は、公開鍵暗号方式の秘密鍵を利用して、
① 作成者の認証
② メッセージの完全性
の目的を達成する技術をいいます。したがって、電子署名は、デジタル署名を含む広義の概念ですが、電子署名とデジタル署名とを同義として論じることが一般的となっています。

(2) 電子署名の仕組みは？

電子署名を用いて、データを送信するケースをみましょう。
① **送信者側**
a　送信者は、データの送信の前に次のことを行います。
　i　ハッシュ関数を使って、平文からハッシュ値を求めます。ここで、「平文」（ひらぶん、cleartext、plaintext）とは、暗号化される前のデータ（原文）をいい、また、「ハッシュ関数」とは、なんらかのデータ（文字、画像、音楽等）が入力されると一定の長さの数値（ハッシュ値）が出力される関数です（ハッシュ関数、暗号化の詳細は第3章Ⅱ参照）。
　ii　送信者の秘密鍵でハッシュ値を暗号化して、署名データを作成します。

b 送信者は、平文に署名データを添付したものを送信します。
② **受信者側**
a 受信者は、署名データが添付された平文を受信したら、次のことを行います。
　ⅰ ハッシュ関数を使って、受信した平文からハッシュ値を求めます。
　ⅱ 送信者の公開鍵を使って、平文に添付された署名データを復号してハッシュ値を求めます。
b ⅰのハッシュ値とⅱのハッシュ値とを比較して一致していれば、
　ⅰ 平文は、公開鍵に対応する秘密鍵の持ち主によって暗号化されたことと、
　ⅱ 電子データが改ざんされていないこと、
の2点が保証されたこととなります。

(3) 電子証明書とは？

① 電子証明書の定義

　電子証明書は、電子データの改ざんや、なりすまし、事後否認等を防止するための証明書をいいます。前述の電子署名によって、電子データが公開鍵に対応する秘密鍵の持ち主によって暗号化されたことや、電子データが改ざんされていないことの確認はできますが、悪意を持った第三者が本人のふりをする「なりすまし」(spoofing)や、当事者の一方が事後的にメールを送信した事実や契約内容等、データのやりとり等を否定する「事後否認」のリスクを完全には防止することができません。

　そこで、データの暗号に使われる公開鍵が本物であることを認証する「電子証明書」を発行します。なお、公開鍵が本物であることを認証する目的で電子証明書を活用する場合には、公開鍵証明書と呼ぶこともあります。

　電子証明書には、偽造されないように電子署名が添付されます。

　このように、電子証明書は、身分証明書的な役割を果たします。なお、日本では住民基本台帳カードに電子証明書を記録することによってオンライン

による納税等ができるというように、電子証明書が個人の身分証明書としても利用されています。

電子証明書の発行は、サービスを提供する会社、または第三者の認証局（Certification Authority、CA）により行われます。

② **電子証明書が活用される具体的なケースは？**

電子証明書は、特に法人が利用するインターネット・バンキング（ネットバンキング）において、多くの金融機関により採用、活用されています。

具体的には、法人がネットバンキングを利用する場合には、従来、IDとパスワードによりログイン（ログオン）する方式がとられてきましたが、現在は、多くの金融機関が、法人に従来方式よりもセキュア（安全）な電子証明書方式への切替えを求めるか、法人が従来方式と電子証明書方式のいずれかを選択できるようにしています。

③ **ネットバンキングで活用される電子証明書方式の仕組みは？**

ネットバンキングで活用される電子証明書方式には、PKI（Public Key Infrastructure、公開鍵暗号基盤）技術を使ったSSL/TLS（Secure Sockets Layer/Transport Layer Security）クライアント認証が採用されています。SSLは、クライアントがサーバの認証を行う方式ですが、SSL/TLSクライアント認証では、クライアントがサーバの認証を行うことに加えて、サーバがクライアントを認証する機能を具備しています。

これを、ネットバンキングで具体的にみると、法人から金融機関に、電子証明書方式によるネットバンキングを申し込みます。これに対して金融機関は、法人のパソコンやICカードにクライアント証明書を配布します。

IDとパスワードによりログインする従来方式では、法人はどのパソコンを使ってもネットバンキングを行うことができますが、法人が電子証明書方式でネットバンキングを行う場合には、電子証明書をインストールしたパソコンのみが利用可能となります。

④ **電子証明書は絶対安全か？**

サーバ攻撃の手法が日進月歩の状況にあっては、リスク防衛策に絶対安全

ということはありえず、電子証明書もその例外ではありません。

　実際のところ、ユーザのパソコンにマルウェアを感染させて、電子証明書と秘密鍵を盗取するとか、マルウェアが電子証明書を削除、無効化してユーザが金融機関に電子証明書の再発行を請求、金融機関がそれに応じて電子証明書をクライアントに送信するところをねらってそれを盗取するといった手口のサーバ攻撃がみられます。こうしたサーバ攻撃は、法人が複数の端末でネットバンキングを利用している場合にはそれだけこの手口を使ったサーバ攻撃を受けやすくなります。電子証明書が盗取されると、ネットバンキングが、サーバ攻撃者が所有する端末を正規の端末として認識することになります。

　こうした攻撃には、ユーザサイドで秘密鍵の保護の設定を厳格化するとか、金融機関サイドで電子証明書の配布方法を厳格化する等の対応策を講じることが考えられます。

3　バイオメトリクス認証とは？

(1)　バイオメトリクス認証の定義

　「バイオメトリクス認証」（biometrics、生体認証）とは、各個人が持つ固有の身体や行動の特徴を用いて個人を自動的に認証、識別する技術をいい、略してバイオメトリクスということもあります。

　バイオメトリクス認証における各個人の固有の特徴は、指紋、手のひら、指の静脈パターン、虹彩、顔の輪郭、声紋等の物理的特徴と、手書き署名等の行動的特徴に大別されます。

　バイオメトリクス認証は、2001年に発生した米国の同時多発テロ以降、急速に開発が進み、その数年後には日本でもATMを利用する本人確認等に導入するケースがみられています。

(2) バイオメトリクス認証の枠組みは？

バイオメトリクス認証の手順を、ステップバイステップでみましょう。
① バイオメトリクス認証を行う場合には、まず本人が自身の静脈とか指紋等の生体情報をシステムに提示します。
② バイオメトリクス認証システムは、これをもとに生体情報を生成して本人のID等とあわせてストレージ（データの記憶装置）に登録します。なお、現在の生体認証対応ATMでは、ICキャッシュカード内に生体情報とID等が格納されており、したがってICキャッシュカードがストレージの機能を持つパターンになっています[4]。
③ 本人は、認証時にID等とともに自己の生体情報をセンサーに提示します。
④ システムではこれを受けて、いま本人から提示された生体情報とあらかじめID等に対応づけられて登録されている生体情報との照合を行います。その結果、生体情報の類似度が一定値以上となる等の判定基準を満たした場合に、認証が成功して受理する旨の回答がシステムから出力されます。

(3) パスワード認証に比べてバイオメトリクス認証はどのような特徴があるか？

バイオメトリクス認証は、パスワード認証に比べると、次のようなメリットがあります。
① パスワードは、ややもすれば扱いが粗雑となったり他人に貸したりしてセキュリティが維持できないケースがありますが、バイオメトリクス認証ではそうしたことが起こる可能性はありません。
② パスワードは、他人により盗取される恐れがありますが、バイオメトリクス認証ではそうしたリスクはありません。
③ パスワードは、本人自身が忘れる可能性がありますが、バイオメトリク

ス認証ではそうしたことはありません。

(4) モバイル・バイオメトリクス認証とは？

モバイル・バイオメトリクス認証とは、モバイル端末を利用した生体認証を意味します。すなわち、生体情報の読取り、保存、照合という生体認証に関する3つの処理のいずれかをモバイル端末で行うことをいいます[5]。

モバイル・バイオメトリクス認証に使用されるデバイス（IT機器）には、スマホ、タブレット端末、端子付ICカード、非接触ICカード等があります[6]。

モバイル・バイオメトリクス認証には、次のようなケースがあります[7]。

① **オンライン取引の際の本人確認**

あらかじめ指紋をスマホに登録しておいて、スマホ上で、生体情報を読み取り照合を行う。

② **店舗におけるID決済の際の本人確認**

あらかじめ顔写真をサーバに登録しておいて、サーバから店舗のレジのタブレット端末に送信された顔写真を使って、店舗スタッフが支払人を認証する。

③ **店舗でのカード支払の際の本人確認**

あらかじめ静脈パターンをICクレジットカードに登録しておいて、取引の際に店舗のレジに設置されたセンサーで読み取った静脈パターンとカード内で照合を行う。

(5) バイオメトリクス認証を手掛けるFinTechベンチャーは？

バイオメトリクス認証を手掛けるFinTechベンチャーは、内外でいくつかみられますが、日本にはLiquid等があります。

Liquidは、2013年に指紋を活用した決済ソリューションを生み出すことを目的に設立されました。その後、バイオメトリクス認証領域を静脈、顔認証と広げて、また、対象サービスも決済からマーケティング支援にまで幅広

い分野に拡大しています。

　現在は、画像解析技術と機械学習を利用したビッグデータ解析技術により、バイオメトリクス認証による照合時間の大幅短縮化に成功して、クレジットカードレス、ポイントカードレスを実現する決済サービス「Liquid」を生み出し、それらを中心にビジネスを展開しています。なお、Liquidには、電通国際情報サービス（ISID）が出資しています[8]。

(6) 金融機関によるバイオメトリクス認証の活用例は？

　バイオメトリクスは、安全性向上といった目的に加えて、顧客の利便性向上にも資する効果を持っています。

　これまで、金融機関で導入されたバイオメトリクス認証の具体例をみましょう。

① 手のひらや指の静脈による本人認証

　三菱東京UFJ銀行では、2004年に世界で初めて手のひら静脈による身体認証機能を搭載することによりセキュリティを強化したカードの取扱いを開始しました。これは、キャッシュカードにクレジットカードおよび電子マネー等の機能を加えた多機能ICカードです。そして、その後、多くの銀行がICカードに手指の静脈パターンによるバイオメトリクス認証を導入しています。

　指紋と異なり、静脈は体内にあるために第三者が情報を取得することが非常に困難な身体情報です。指の静脈による本人認証では、静脈の血流に含まれるヘモグロビンが赤外線に反応する特徴が認証に利用されています。

　また、山口フィナンシャルグループ傘下の山口銀行、もみじ銀行、北九州銀行は、すべてのATMにPBI（Public Biometrics Infrastructure、公開鍵認証基盤と生体認証を組み合わせた認証基盤）を搭載して、指静脈情報を用いて電子署名を生成する技術により、国内金融機関では初めて、キャッシュカードのかわりに指をかざすだけで取引ができるシステムを、2017年度上期から順次導入しています。

② **複数の生体認証要素による本人認証**

　三井住友フィナンシャルグループと三井住友銀行は、NTT データとアイルランドを拠点とする Daon 社のノウハウを活用して、複数の生体認証要素により個人と事業者間でアカウント情報を紐付ける認証の仲介機能を、サービスとして提供することを指向しています[9]。

　なお、Daon 社の生体認証システムは、成田空港の入出国審査でも顔写真および指紋による認証に活用されています。

③ **指紋や顔による本人認証**

　イオン銀行では、2016年2月から指紋による認証で ATM 取引が可能となるバイオメトリクスの実証実験を行っています[10]。

　また、広島銀行では、自行行員に対して顔認証による決済を試行しています。具体的には、行員十数名に対して行内食堂を利用する際に顔認証システムによる決済を試行して、先行き、地域電子マネーHIROCA での顔認証によるカードレス決済の実現や、法人に対してもさまざまな分野でこのシステムを活用することを目指しています。こうした顔認証技術を活用した決済サービスを、自社の社員が社員食堂を利用するときに実証実験するケースは、三井住友銀行や三井住友カード等でもみられます。

(7) バイオメトリクス認証に対する攻撃のセキュリティは？

　バイオメトリクス認証への脅威は、攻撃者が本人になりすまして不正に ATM から現金を引き出す等のケースが考えられます。

　その手口をみると、攻撃者はまず本人から IC キャッシュカードと暗証番号を盗取します。そして、バイオメトリクス認証については、まず攻撃者が自分自身の生体特徴を提示するケースが想定されますが、こうした攻撃に対するセキュリティ評価手法は、他人受入率の指標と測定方法が国際標準化されていて、それを参照してセキュリティレベルが確認できます[11]。

　しかし、攻撃者自身の生体特徴ではなく、攻撃者が本人の身体的特徴の情報を入手してそれを模した人工物を作成してセンサーに提示するといった

ケースが想定されます。実際にも、グミ（ゼラチン状の物体）を使って表面に指紋の形状を模して作成した人工物を、市販の指紋認証システムが誤って人間の指として受け入れた、という研究成果があり、こうした人工物による攻撃が生体認証システム特有の脆弱性として国際的にも広く認識されるようになりました[12]。

そして、これを契機として学界研究、日本の産官連携プロジェクト、国際標準化活動等により、このような攻撃に対するセキュリティ評価手法の確立、標準化、および生体認証システムの第三者によるセキュリティ評価・認証の枠組みが実現しつつあります。これが実現すれば、バイオメトリクス認証に関するセキュリティの向上が期待され、バイオメトリクス認証の普及に資する、と考えられます。

(8) FIDO とは？

① FIDO の定義

FIDO（Fast IDentity Online、ファイド）は、パスワードを使用せず、生体認証等を利用することによる認証手順を定めた仕様です。

FIDO は、FIDO Alliance が2014年に次世代認証技術として策定しました。FIDO Alliance は米国の NPO で、会員はボードメンバー、スポンサーメンバー、アソシエートメンバーにクラス分けされており、世界の主要なスマホ、パソコン、ソフトウェア、生体認証デバイスの各ベンダーや、通信キャリア、web サービス事業者、決済サービス事業者、金融機関等、多数の企業が加入しています。

② FIDO の特徴は？

FIDO には、主として次のような特徴があります。

a 利便性

パスワードレス認証となります。すなわち、ユーザがオンライン認証にあたって、ID、パスワードを入力する手間を省くことができる利便性があります。

b 安全性

i　パスワードの漏えい、不正利用を防止することができるメリットがあります。

ii　ユーザがスマホ等に登録する生体情報は、ネットワークを通じて送信されることはなく、ユーザの端末に格納されます。これにより、ユーザのプライバシーが確保され、またネットワーク上での窃取、漏えいのリスクはありません。

パスワードは、ネットワーク上で窃取、漏えいしても、新たなパスワードに変更することにより対応できます。しかし、生体情報は不可変であることから、生体情報がユーザの端末に格納されてネットワーク上に流れないことは、FIDO が持つ安全性のメリットが生かされる重要な要素となります。

c オープン

FIDO は、メーカーを問わずさまざまな端末で相互運用可能なオープンな認証方式です。

③ FIDO の活用例は？

これまで、マイクロソフト、NTT ドコモ、Google、Bank of America、GitHub 等が FIDO を使った認証サービスを提供しています。

このうち NTT ドコモは、2015年に FIDO Alliance のボードメンバーとして加入しました。そして、ユーザが FIDO 機能を具備したスマホでドコモのサービスを利用するにあたって、一部サービスについて指紋や虹彩などの生体情報によりログインや決済ができるようになっています[13]。

④ FIDO の仕組みと利用方法は？

FIDO は、公開鍵暗号を使用したフレームワークで構築されています。これを NTT ドコモの例でみましょう[14]。

a あらかじめ生体情報を登録

i　ユーザは、スマホに指紋や虹彩など生体情報を登録します。ユーザの生体情報はスマホの安全領域に格納されます。

ii　ユーザが、docomo ID で生体認証を使うように設定すると、秘密鍵と

公開鍵のペアが生成され、秘密鍵はスマホに保管され、公開鍵は docomo ID サーバ経由で FIDO サーバに送信されます。

  b 本人認証を実施

ⅲ ユーザが、生体情報によるオンライン認証を行う際、まずスマホに生体情報を読み取らせます。

ⅳ スマホでは、読み取った生体情報と、a でスマホに格納されてある生体情報とがマッチするかチェックして、マッチしたら認証情報を秘密鍵で暗号化して docomo ID サーバ経由で FIDO サーバへ送信します。

ⅴ FIDO サーバは、あらかじめ保管している公開鍵を用いて暗号化された認証情報を復号し、利用者の端末による署名であることを確認します。

  c ログインや決済の実施

ⅵ 以上で、オンライン認証が完了し、ユーザはログインや決済ができるようになります。

⑤ **FIDO の留意点は？**

 FIDO Alliance は、パスワードレス認証の標準化を目指して各種技術仕様を策定しています。なお、米商務省所管の国立標準技術研究所（National Institute of Standards and Technology、NIST）は、2015 年、FIDO Alliance に加入して新たな認証技術を導入する、としています。

 しかし、FIDO は2014年策定の新しい仕様であるため、国内における詳細な資料や情報がまだ乏しく、金融機関は情報セキュリティの観点から FIDO の導入の是非を検討する必要があります。

 特に、MITB攻撃（Man-In-The-Browser攻撃）のように、巧妙なマルウェアによる攻撃に対する FIDO の耐性の程度を検討することは、重要なポイントとなります（MITB攻撃については5⑷参照）[15]。

(9) 人工物メトリクスとは？

① **人工物メトリクスの定義**

 「人工物メトリクス」(artifact-metrics)は、人工物（artifact）と測定（metrics）の合成語で、各人工物が持つ固有の特徴を用いて人工物の認証を行う技術をいいます[16]。ここで「人工物」とは、人工的に製造された物理媒体を指します。また、人工物メトリクスを実現するシステムは、人工物メトリック・システムと呼ばれます。

　バイオメトリクスは、生体が対象であるのに対して、人工物メトリクスは、人工物が対象となります。このように、人工物メトリクスは各人が持つ指紋や静脈、虹彩、顔等の特徴を用いて人物の認証を行う技術であるバイオメトリクスと対をなす技術です。

② **人工物メトリクスが対象とする人工物の特徴は？**

　人工物メトリクスは、人工物の個体に固有の特徴を活用する技術ですが、その特徴には物体の光や磁気、電気、機械振動等、さまざまの物理的特性があります。こうした特徴を「人工物メトリクス要素」といいますが、人工物メトリクス要素は、次の内容を具備していることが必要です[17]。

　a　個 別 性

個体により値が異なる。

　b　読取りの安定性

個体から安定して値が測定可能である。

　c　耐 久 性

個体の利用により変化、劣化した人工物メトリクス要素でも、登録時と同等の値を安定して測定可能である。

　d　耐クローン性

その個体と同等の値が測定される別の物体（クローン）を作製することがきわめて困難である。

③ **人工物メトリクス要素の耐クローン性とは？**

　耐クローン性は、攻撃者がたとえ人工物の製造方法や認証方法等の情報を入手したとしても、認証に成功するようなクローンを作製することが困難である、という性質です。仮に、人工物メトリクス認証で正当な人工物と判定されるようなクローンを容易に作製することができれば、複数のクローンが

作製されて、それが正当の人工物として不正に使用されてしまいます。

このように、人工物メトリクス要素のなかでも、耐クローン性はきわめて重要な特徴となります。

④ **人工物メトリクスの金融分野への活用は？**

人工物メトリクスは、さまざまな金融取引の安全確保を向上させる技術として活用されています。

金融取引においては、紙幣、証券のほか、プラスチック製のクレジットカードやプリペイドカード等の人工物が使用されており、これまで偽造キャッシュカードによる預金の不正引出しが多発した、といった経緯があります。

こうした犯罪対策には、高度な耐クローン性を指向して設計された人工物メトリクスが有効となります。人工物メトリクスの金融分野への具体的な適用は、金融取引における決済手段や取引証跡等に利用されるさまざまな人工物（証書、証券、紙幣、カード等）に、人工物メトリクス・システムを導入して偽造、複製、改ざんを防止することになります。

金融取引のデジタル化が進展して物理媒体を介しての金融取引が少なくなる傾向にありますが、それでもユーザにとってクレジットカードやプリペイドカード等は簡便な決済手段として活用されていることから、人工物メトリクスによる認証は、引き続き重要な役割を担っている、ということができます。

特に、かつて磁気ストライプ方式のクレジットカードの不正使用が大きな問題となりましたが、現在ではクレジットカードに耐タンパー性を持たせるためにCPUを内蔵したICカードが普及しています。なお、タンパーは、無許可で変更、改ざんする、との意味で、耐タンパー性（tamper resistant）とは、ソフトウェアやハードウェアの内部構造や記憶データ等の解析が困難な性格をいいます。

4　標的型攻撃への対策は？

　標的型攻撃にはさまざまな手口が存在し、さらに続々と新たな手口が出現していますが、標的型攻撃が特定の企業等のシステムをターゲットとしている以上、まずは自己のシステムの脆弱な点を把握してセキュリティ対策を講じることが重要となります。

　標的型攻撃への対策は、一般的に入口対策、出口対策、内部対策に分類されます[18]。

(1) 入口対策

　外部からの攻撃を予防・防御する対策です。
　具体的には、次のような対策を講じます。

① ファイアウォール（firewall）

　ファイアウォールは、インターネットを通して侵入してくる不正なアクセスから企業のネットワークを守るための防御壁です。

② 侵入検知システム

③ ウイルス対策ソフトの導入

④ 不正プログラム対策ソフトの導入

⑤ パッチ適用による脆弱性対策

　ここで、「パッチ」（patch、つぎ当て）とはリリースされているソフトウェア等で発見されたセキュリティの脆弱性を修正するためのデータをいい、正式にはセキュリティパッチと呼ばれます。パッチは、一般的にソフトウェア等の開発元からインターネットで無償配布されます。

　パッチの適用では、修正が必要となった都度、ソフトウェア全体を入れ替えるといった非効率性を回避するために、修正部分だけを抜き出した差分を既存のソフトウェアに組み入れる、といった手法が用いられます。

(2) 出口対策

不正プログラムに侵入されることを前提として、情報の持ち出しを防止する対策です。具体的には次のような対策を講じます。

① 端末対策
　パッチの適用状況管理等
② ネットワーク対策
　アプリ／ユーザレベルでの通信制御等
③ サーバ対策
　記録と問題発生時の解析等

(3) 内部対策

不正プログラムに侵入されることを前提として、データの窃取、盗聴、改ざん、破壊およびシステムの機能不全を防御する対策です。内部対策には、不正プログラムの早期発見をする対策も含まれます。具体的には次のような対策を講じます。

① ID、パスワードの管理、パスワードの変更管理
② ファイル、データベースの暗号化

5　インターネット・バンキングのセキュリティは？

(1) インターネット・バンキングとは？

インターネット・バンキング（Internet Banking、IB）は、顧客がパソコンやスマホ等を使って預金の残高照会、入出金照会、振込み、振替え等、金融機関のサービスを利用することをいいます。インターネット・バンキングは、略して「ネットバンキング」ということが一般的です。

ネットバンキングは、顧客と金融機関を結ぶ主要なチャネルにまで発展し

ており、金融ITが生み出したシンボルともいえる存在となっています。

(2) ネットバンキングのメリットは？

ネットバンキングは、顧客にも金融機関にも大きなメリットをもたらしています。

① 顧客にとってのメリット

預金の出し入れや振込み、送金のみならず、各種金融取引がパソコンやモバイル端末を使用して可能となっており、顧客は金融機関の店頭に足を運ぶ必要がありません。

これは、多忙な勤労者にとって大きなメリットとなります。また、さまざまな金融機関の店舗ネットワークが張りめぐらされた首都圏ではなく、金融機関の店舗数が限られた地方では、顧客にとっての利便性がより大きいと考えられます。

② 金融機関にとってのメリット

出店コストや人件費の削減に大きく寄与します。

(3) ネットバンキングによる不正払出しの実態は？

ネットバンキングを悪用した預金等不正払戻しによる被害が増加しています。金融庁の調査によると、2015年度中の被害発生件数は個人1,382件、法人158件で合計1,540件（前年比＋9.3％）、被害金額は個人14億5,600万円、法人9億8,300万円で合計24億3,900万円（前年比＋11.2％）となっています[19]。

特に、地方銀行、第二地方銀行、信金等で個人の被害が件数、金額とも増加しています。また、2015年度中の1件当りの平均被害額をみると、個人が105万円、法人が622万円となっています。

ネットバンキングによる不正払出しの手口は、不正に入手したIDとパスワードで顧客になりすまして預金の払戻しを行う従来型から、次のように取引偽造型、取引改ざん型等の最新型に進化をみています。

図表4-1 ネットバンキングによる預金等不正払戻しによる被害状況

(単位：件、百万円)

			2013年度	2014年度	2015年度	2016年度(4〜12月)
主要行等(注)	件数	個人	1,808	1,090	1,105	466
		法人	62	31	55	27
		計	1,870	1,121	1,160	493
	金額	個人	1,867	1,105	1,021	472
		法人	74	126	403	27
		計	1,941	1,236	1,424	499
地方銀行	件数	個人	48	105	173	62
		法人	18	36	18	18
		計	66	141	191	80
	金額	個人	90	163	277	89
		法人	99	226	65	148
		計	189	390	343	238
第二地方銀行	件数	個人	4	7	16	10
		法人	10	16	9	1
		計	14	23	25	11
	金額	個人	9	11	33	39
		法人	66	139	95	21
		計	76	150	129	61
信金等(注)	件数	個人	3	47	88	23
		法人	1	77	76	23
		計	4	124	164	46
	金額	個人	1	94	123	28
		法人	2	321	419	88
		計	4	415	543	117

			2013年度	2014年度	2015年度	2016年度 （4〜12月）
計	件数	個人	1,863	1,249	1,382	561
		法人	91	160	158	69
		計	1,954	1,409	1,540	630
	金額	個人	1,969	1,378	1,456	630
		法人	242	814	983	286
		計	2,212	2,193	2,439	917
	平均被害額 （万円）	個人	105	110	105	112
		法人	266	509	622	415
		計	113	155	158	145

（注）「主要行等」とは地方銀行（埼玉りそな銀行を含む）および第二地方銀行以外のゆうちょ銀行を含む銀行。「信金等」とは信用金庫、信用組合、労働金庫および信連・信漁連等。
（出所）金融庁「偽造キャッシュカード等による被害発生等の状況について」2017.3.17

(4) ネットバンキングによる不正払出し、送金の手口は？[20]

① 従来型

犯罪者がIDとパスワードを入手したうえで、本人になりすまして払出しや送金を操作する手法です。こうした手法を「なりすまし」と呼んでいます。

なりすましによる不正払出し、送金の手口には、次のような種類があります。

　a　フィッシング（phishing）

金融機関を装ったメールを送信して、顧客の住所、氏名、口座番号、暗証番号、クレジットカード番号等の情報を詐取する行為です。

具体的には、顧客を「情報確認のため」と称してメールのリンクから偽サイト（フィッシングサイト）に誘導して個人情報を入力させる手口が一般的

です。

　フィッシングは、もともと獲物を釣り上げる fishing からつけられた名前ですが、不正が手の込んだものであることをとらえてその後、fishing と sophisticate（精緻化）の合成語としての phishing となりました。

b　スピアフィッシング（spear phishing）

　フィッシングは、不特定多数の相手に対して攻撃する手口であるのに対して、スピアフィッシングは、特定の企業や組織をターゲットとするフィッシングで「ターゲットフィッシング」ともいいます。なお、スピアは、魚を突く銛（もり）であり、スピアフィッシング（spear fishing）は、銛で狙いを定めて特定の魚を突いて捕ることを意味します。

　スピアフィッシングでは、攻撃者が、特定の相手（ターゲット）がどのような関心を持っているかを推測のうえ、そのターゲットにマッチした件名等で送信してくるために、ユーザは何の疑問もなく攻撃者の思惑どおりにパソコン等を操作して個人情報を明らかにする、といった過ちを犯す危険があります。

c　ウイルス

　ネットバンキングを狙ったウイルスは、ID／パスワード等を盗聴して、それを外部に送信します。特に、脆弱な正規のwebサイトが改ざんされて、ウイルスを仕組まれるケースが増加しています。

d　ID盗取型MITB攻撃

　MITB（Man-In-The-Browser）攻撃は、パソコンに感染したウイルスが、不正なログイン画面をポップアップ（突然、モニター画面に小画面が飛び出すこと）させてネットバンキングのログイン情報を抜き取るとか、取引の偽造、改ざん等を行う攻撃をいいます。あたかも、ブラウザのなかに人がいて操作を行っているかのようにみえることから、こうした名称が付されたものです。なお、ブラウザ（browser）は、webページを閲覧するためのアプリを意味します。

　そして、「ID盗取型MITB攻撃」は、ユーザがネットバンキングにアク

セスすると、ウイルスが画面表示のHTML文に不正コードを挿入し、ログイン画面等で乱数表や秘密の質問等の入力を促すポップアップ画面を表示させる、といった手口です。なお、HTML（HyperText Markup Language）は、webページを作成するための言語です。こうしたサイバー攻撃は、フィッシングとウイルスとを融合した手口であることから、ID盗取型MITB攻撃と呼んでいます。

次にみるように、MITBは、ID盗取型⇒取引偽造型⇒取引改ざん型へと高度化がみられます。

② 最 新 型

ウイルスが、利用者のパソコンを乗っ取り、本人の意思に反して送金を操作する、といった手口の攻撃です。この手口には、次のような種類があります。

a 取引偽造型MITB攻撃

ウイルスが裏で気づかれないよう送金を指示する手口です。

この手口では、本人がID/パスワードを入力してログインした後にウイルスが活動を開始するため、犯罪者はIDやパスワードを盗む必要がない、という特徴があります。こうした手口による攻撃を、「取引偽造型MITB攻撃」と呼んでいます。

b 取引改ざん型MITB攻撃

ウイルスがユーザの取引を改ざんする手口です。

この手口は、不自然な画面が表示されることが一切ないため、ユーザが事前に気づくことはきわめて困難である、という特徴があります。こうした手口による攻撃を、「取引改ざん型MITB攻撃」と呼んでいます。

(5) ネットバンキングによる不正払出し、送金対策は？

キャッシュカードを使うATM取引とは異なり、ネットバンキングではユーザが使用するパソコン等が金融機関の管理範囲外にあることから、ネットバンキングのセキュリティ対策は、ユーザと金融機関が歩調をあわせて実

施する必要があります。

　ネットバンキングのセキュリティの具体例としては、次のような対策が考えられます[21]。

① **ユーザサイド**

　a　パソコン等のソフト対策
- ウイルス対策ソフトの利用
- OSやブラウザのセキュリティパッチの適用
- ネットバンキング専用に用意したパソコンの利用
- USB等で保護された専用環境の立ち上げ
- ブラウザの保護

　b　パソコン等の操作
- 怪しいサイト、メールに注意
- 不審に感じたらID等を入力しない

② **金融機関サイド**

　a　全般的な対策
- ユーザの啓蒙に注力
- 取引パターンに基づく不正取引の検知（リスクベース認証）
- 振込先の事前登録

　b　従来の対策強化：本人認証
- 取引指図を行った人が正規の顧客かどうかを確かめる本人認証の強化
- 多要素認証の導入等、ID/パスワードのみに頼らない認証
- こうした対策はID/パスワード盗取型にはある程度有効

　c　今後導入を検討する必要：取引認証
- 取引の内容が正規のユーザの意図したものかどうかを確認する取引認証導入の検討
- 具体的には、トランザクション署名、多端末を用いた確認等
- 利便性への配慮から、新規振込先登録にのみ取引認証を行うことも一法

③ **金融機関の顧客に対するセキュリティサービスの提供**

　三井住友銀行は、日本総合研究所と共同で、2017年春を目途に法人向けネットバンキングにおいて新たなセキュリティ技術を活用したスマホによるワンフリック認証サービスの提供を開始する、としています[22]。なお、フリック（flick）は、スマホ等の画面を指で上下左右にサッと払うように動かす（すぐ指を離す）操作をいい、これに対してスワイプ（swipe）は、画面を指で触れた後そのままスライドさせる（指はその間、離さない）操作をいいます。また、タップ（tap）は、画面を指でポンと叩く操作を意味します。

　このワンフリック認証サービスは、三井住友銀行と日本総研が日本電気とともに、AIやブロックチェーン等、最先端の技術を研究しているマレーシアのFinTechベンチャーe-Lock社の国際特許申請ずみのON/OFF技術をもとに開発したもので、ネットバンキングの各種サービスの利用可否をスマホのON/OFF操作により、設定することができるようにするものです。三井住友銀行では、まず法人向けネットバンキングの振込承認操作においてこのサービスの提供を開始し、顧客自身でスマホから振込承認操作をOFFに設定することで、フィッシングやパソコン乗っ取りによる不正取引の防止が可能となる環境を整えていきたい、としています。

(6) 2要素認証（多要素認証）とは？

　2要素認証（多要素認証）は、
① 従来のID/パスワード、PIN（Personal Identification Number、個人識別番号）という本人が知っている要素、
② トークンやスマートカード等、本人が持つ物理的な要素、
③ 静脈、指紋等、本人の生体情報の要素、
を組み合わせる認証方法です。

　①と②を組み合わせると、その双方が同時に盗取される可能性は低いことから、セキュリティの強化が期待できます。また、これに加えて、③を組み合わせた場合には、本人の生体情報が盗取される可能性はさらに低いものと

なり、強度のセキュリティが図られることになります。

(7)　2要素認証の種類は？

従来のID/パスワードとの組合せとしての2要素認証には、次のような種類があります。

①　ワンタイムパスワード認証

従来方式のパスワード認証は、ユーザがあらかじめ設定したパスワードを繰り返して使用する「固定パスワード方式」です。しかし、この方式では、攻撃者がフィッシング等によりパスワードを盗取して、なりすましで不正送金を行うリスクがあり、実際にそうしたケースが多発をみています。

そこで、ユーザが取引を行う都度、異なるパスワードを使用する可変パスワード方式が金融機関に普及しています。可変パスワードは、一般に「ワンタイムパスワード」と呼ばれており、また使い捨てパスワードということもあります。2015年度末における可変パスワード方式を導入ずみの金融機関は、個人向けで99.2％、法人向けで96.3％となっています[23]。

ワンタイムパスワードには、次のようにいくつかの方式があります。

a　乱数表方式

乱数表方式では、あらかじめ金融機関からユーザにいくつかの数字がランダムに書かれた乱数表が配布されます。この乱数表の数字の並びはユーザごとに異なったものです。そして、ユーザが取引を行う都度、金融機関から、その乱数表の何行目の右から何字目の数字というように指定があります。指定される数字は、数カ所以上に亘り、それを金融機関の指示どおりに順番に打ち込んだものがパスワードとなります。これによれば、金融機関が指定する何行目、何字目はその都度変わることになり、文字どおりワンタイムパスワードになります。

しかし、この乱数表方式に対するフィッシングやウイルスによるサイバー攻撃が多発しています。その典型的な手口は、偽の画面からユーザに乱数表の数字を入力させるものです。そして、ユーザによる入力の繰り返しから、

攻撃者はそのユーザに配布されている乱数表の全容を把握することができます。

b　マトリックス認証

乱数表方式は、乱数表自体は固定されていてその乱数表からどの数字を拾うかが毎回変わる方式ですが、「マトリックス認証」は乱数表自体が毎回変わる方式です。

具体的には、ユーザが ID とパスワードを入力すると、金融機関から乱数表が送信されてそれが画面に表示されます。これをマトリックスと呼んでいますが、このマトリックスにある数字はその都度変わります。そのマトリックスをみてユーザはあらかじめ決めておいた行と列で数値をピックアップしてこれを入力します。あらかじめ決めておいた行と列は、毎回変わることはなく、たとえば、3行目の2字目から右へ4つの連続する数字といった具合です。そして、入力された数字が正しければ、認証されます。

c　トークン方式

トークン方式は、パスワードを自動生成する専用のデバイスや、スマホ等にインストールしたアプリを使ってパスワードを生成する方式です。トークン方式は、パスワード生成機方式と呼ばれることもあります。

トークン方式では、金融機関からユーザにトークンと呼ばれるキーホルダー型やカード型のパスワード生成機が配布されるか、ユーザがスマホ等にアプリをインストールします。そして、トークンは、30秒～1分おきに異なるパスワードを生成し、それが液晶画面に表示され、ユーザは取引時点で表示されたパスワードを使います。これによれば、たとえサイバー攻撃によりパスワードが盗取されたとしても、そのパスワードの有効期間は30秒～1分であり、安全性は高くなります。

d　電子メール方式

電子メール方式は、金融機関から e メールでユーザのアドレスにワンタイムパスワードを送信する方式です。

具体的には、ユーザが取引を行うためにログインすると、画面にワンタイ

ムパスワード入力の画面が現れます。そして、金融機関からeメールでワンタイムパスワードが送信され、それをユーザがログイン画面に入力するという方式です。

　この方式では、ユーザがネットバンキングを行う端末と金融機関からワンタイムパスワードを受け取る端末を別にするとか、あらかじめ金融機関に携帯のeメールアドレスを登録しておいてパスワードは携帯で受信してネットバンキングはパソコンで行うことで、より安全性を高めることができます。

　以上、いくつかの方式をみてきましたが、2015年度末における可変パスワード方式を導入ずみの金融機関のうち、乱数表方式導入の金融機関は個人向けが26.2%、法人向けが22.6%、パスワード生成機方式導入の金融機関は同91.3%、77.0%、電子メール方式導入の金融機関は同64.2%、2.1%となっています（図表4－2）[24]。

② 　電子証明書認証

　電子証明書認証は、主として法人のユーザ向けに活用されている方式で、ユーザのパソコンに金融機関が発行する電子証明書をインストールすることにより、ユーザがネットバンキングを利用するパソコンを特定する本人認証方式です。

　具体的には、電子証明書がインストールされているパソコンを使ってネットバンキングを利用する際に、金融機関に対して電子証明書を提示することにより、正当なパソコンであることを確認する方式です。こうした電子証明書による端末認証は、基本的に自動で行われます。

　このように、ID/パスワード認証に加えて電子証明書がインストールされた端末のみアクセスを許可する環境を構築することにより、それ以外のパソコンからはログインできないこととなり、不正使用の防止を図ることができます。

　2015年度末における可変パスワード方式未導入の金融機関のうち、電子証明書導入ずみ（法人向け）の金融機関は3.0%となっています（図表4－2）[25]。

③ スマート認証

スマート認証は、パソコンのほかにスマホを使う多端末認証方式です。具体的には、ユーザがネットバンキングにより取引内容をパソコンに入力すると、その内容がユーザのスマホに送信されます。ユーザはそれがパソコンで入力した内容と一致していることを確認したうえでスマホに出ている承認ボタンを押せば、それで取引が成立する、という仕組みです。

スマート認証の大きな特徴は、パソコンとスマホという2つの経路での認証を行うことにより、パソコンだけでは防ぐことができないサイバー攻撃からの防御が可能となる点です。スマート認証は、住信SBIネット銀行が導入しています。

図表4-2　金融機関の可変パスワード等導入状況

（個人向け）

業　態	個人向けネットバンキング実施金融機関数 ①	うち可変パスワード導入済金融機関数の割合（％）	導入している可変パスワードの種類（複数回答可）（①に対する割合％）		
			乱数表	パスワード生成機	電子メール・アプリ
主要行等	8	100.0	87.5	62.5	25.0
地銀	65	100.0	53.8	63.1	44.6
第二地銀	41	100.0	48.8	63.4	51.2
その他の銀行	21	81.0	52.4	38.1	19.0
信用金庫	262	99.6	93.5	82.1	1.1
信用組合	64	92.2	7.8	84.4	45.3
労働金庫	13	100.0	100.0	100.0	0.0
計	474	97.9	70.9	76.4	18.6
農漁協等	808	100.0	0.0	100.0	91.0
総計	1,282	99.2	26.2	91.3	64.2

(法人向け)

業態	法人向けネットバンキング実施金融機関数①	うち可変パスワード導入済金融機関数の割合(%)	(可変パスワード導入未済の金融機関のうち)電子証明書導入済金融機関数(%)	導入している可変パスワードの種類(複数回答可)(①に対する割合%)		
				乱数表	パスワード生成機	電子メール・アプリ
主要行等	9	75.0	25.0	0.0	75.0	12.5
地銀	65	98.5	1.5	24.6	78.5	16.9
第二地銀	41	85.4	14.6	19.5	65.9	12.2
その他の銀行	16	71.9	18.8	15.6	56.3	3.1
信用金庫	265	95.4	4.6	88.9	20.2	1.1
信用組合	134	75.5	15.1	5.7	67.9	5.7
労働金庫	13	100.0	0.0	0.0	100.0	0.0
計	543	90.9	7.4	55.9	43.0	5.1
農漁協等	810	100.0	0.0	0.0	100.0	0.1
総計	1,353	96.3	3.0	22.6	77.0	2.1

(出所) 金融庁「偽造キャッシュカード問題等に対する対応状況(平成28年3月末)について」2016.8.31

④ トランザクション署名

　トランザクション署名は、ネットバンキングによる取引(トランザクション)の内容をデジタル署名により暗号化して、金融機関のサーバでトランザクションの内容が改ざんされていないか、チェックする仕組みです。

　トランザクション署名は、特にMITB攻撃を防御することに有効です(MITB攻撃は(4)参照)。MITB攻撃では、たとえばユーザが正しい送金先を指定してトランザクションを行っても、攻撃者が仕組んだマルウェア等により攻撃者が指定する口座へ送金されてしまう被害が発生する恐れがあります。こうした被害を防止するために、トランザクション署名が活用できま

す。

　具体的には、ユーザが取引開始時にトークンを使ってログインして、送金額や口座番号等を入力するとトランザクション署名が生成されます。ユーザはトークンにトランザクション署名として示された数値を入力すると、金融機関のサーバが生成した署名とユーザから送信されてきたトークンが生成した署名が照合されて、それが一致すれば取引内容に改ざんがないことを確認できる、という仕組みです。

　これにより、ユーザがログインした後に取引内容が改ざんされるというMITB攻撃を防御することができます。

6　キャッシュカードのセキュリティは？

(1)　キャッシュカード、デビットカード、クレジットカードの違いは？

　「キャッシュカード」は、ATM等を使って金融機関の口座にアクセスして現金の預入れ、引出しができるカードです。

　「デビットカード」は、金融機関が発行する決済カードで、商品やサービスの購入代金が、利用者の預金口座から即時に引き落されて決済されるカードです。デビットカードは海外では幅広い支払決済に用いられる代表的な電子的リテール決済手段となっています[26]。

　これには、海外ではクレジットカードの発行審査が厳しく、したがって与信が発生せず発行審査が厳しくないデビットカードが保有・利用されやすいことや、銀行側が小切手の処理よりもコストがかからないデビットカードへの代替を進めてきた、といった理由によるものです。

　一方、日本にはキャッシュカードをそのままデビットカードとして用いる「J-Debit」とクレジットカード会社のネットワークを用いる「ブランドデビット」の2種類のデビットカードが存在しており、とりわけJ-Debitは、

かなりの枚数が発行されています。しかし、日本では少額決済に現金や電子マネーが広く使われていることや、クレジットカードの発行審査が海外に比べ緩く敢えてデビットカードを利用するニーズが生じにくいこと等からデビットカードの利用水準はなお僅少にとどまっています。

「クレジットカード」は、代金の後払いができるカードです。

(2) キャッシュカードの種類は？

現在、金融機関から発行されているキャッシュカードには、磁気カードとICカード、磁気カードと併用したICカード、それに生体認証機能付きICカードがあります。

① 磁気カード

プラスチックカードに磁気テープを貼り付けたタイプのキャッシュカードです。磁気テープが記憶媒体となり、記憶容量は大きくありません。

② ICカード

プラスチックカードにICチップを埋め込んだタイプのキャッシュカードです。また、磁気カードと併用したICカードも普及しています。

ICカードではICチップが記憶媒体となり、記憶容量は磁気カードに比べて格段に大きくなります。ICカードは、インターフェースにより接触式と非接触式に分類されます。

a 接触式ICカード

カードに設置されている端子とカードリーダーライターの端子が接触してデータの送受信を行う方式です。主として、キャッシュカードやクレジットカードに採用されています。

b 非接触式ICカード

カードの内部に内蔵されているアンテナを使って、カードリーダーライターとの間でデータの送受信を行う方式です。Suica、PASMO、Edy、nanaco等が採用している方式です。

また、1枚のカードでキャッシュカード、クレジットカード、電子マネー

等の機能を具備した接触・非接触一体型ICカードも増加しています。

③ 生体認証機能付きICカード

ICカードに、ユーザ本人の静脈、指紋等の生体情報が入っているタイプのキャッシュカードです。

生体認証機能付きICカードは、ユーザ本人の身体の特徴という固有の情報をもとにして認証することから、ICカードのセキュリティをさらに高度化したタイプです。生体認証機能付きICカードであれば、たとえICカードを盗まれるとともにPIN（個人識別番号、(4)②参照）を知られたとしても、生体認証（バイオメトリックス認証）により、セキュリティを確保することができます。

(3) 偽造キャッシュカード、盗難キャッシュカードによる被害は？

金融庁では、偽造キャッシュカード、盗難キャッシュカード等の被害発生状況について、各金融機関からの報告をもとに取りまとめて、公表しています[27]。それによると、図表4－3のような結果となっています。

図表4－3 偽造キャッシュカード、盗難キャッシュカードによる預金等不正払戻しによる被害状況

（単位：件、百万円）

		偽造キャッシュカード				盗難キャッシュカード			
		2013年	2014年	2015年	2016年(4～9月)	2013年	2014年	2015年	2016年(4～9月)
主要行等（注）	件数	296	262	333	119	2,770	2,363	2,059	1,110
	金額	85	114	133	25	1,187	1,030	1,048	607
地方銀行	件数	12	32	24	14	463	413	471	266
	金額	3	21	24	4	288	220	357	203
第二地方銀行	件数	1	1	13	1	73	77	100	41
	金額	0	0	9	0	35	55	39	26
信金等	件数	3	6	9	1	199	196	199	128

(注)	金額	1	4	6	1	122	153	182	113
計	件数	312	301	379	135	3,505	3,051	2,829	1,545
	金額	90	141	174	32	1,634	1,460	1,628	950
	平均被害額（万円）	28	46	45	23	46	47	57	61

(注)　「主要行等」とは地方銀行（埼玉りそな銀行を含む）および第二地方銀行以外のゆうちょ銀行を含む銀行。「信金等」とは信用金庫、信用組合、労働金庫および信連・信漁連等。
(出所)　金融庁「偽造キャッシュカード等による被害発生等の状況について」2016.12.16

(4) キャッシュカードのセキュリティは？

キャッシュカードにはさまざまなリスクがあり、これに対するセキュリティがきわめて重要となります。しかし、キャッシュカードの種類により、セキュリティの程度も異なってきます。

① 磁気カードのセキュリティ

磁気カードは、カード表面に貼り付けてある磁気ストライプにデータがそのまま記録されていて、カセットテープと同じ原理でつくられています。

したがって、磁気カードには、記録されたデータを保護する能力はなく、磁気テープをコピーすれば偽造カードを作成することができる等、第三者が情報にアクセスすることが容易であり、改ざん、複製等のリスクが大きくなります。

② IC カードのセキュリティ

IC カードは、セキュリティ機能を持つ IC チップに情報を書き込むことから、磁気カードに比べるとセキュリティの程度は高いということができます。具体的には、CPUやメモリを搭載するIC チップは、情報の暗号化、本人確認、保存データの保護等のセキュリティ機能を具備しています。

特に、キャッシュカードやクレジットカードでは、所有者を特定する文字

列によって本人認証が行われており、これを「PIN」(Personal Identification Number、個人を識別する暗証番号)といいます。この PIN はパスワード的な機能を果たし、IC カードの所有者が記憶しておいて IC カードを使用する場合にこの PIN を入力します。

(5) クレジットカードのセキュリティは？

① クレジットカード取引のセキュリティ強化実行計画

　政府は、クレジットカードの IC 化促進について、2016年に80％、2020年に100％を目指すよう業界団体に働きかけを実施、また POS (Point Of Sale、販売時点情報管理)端末の IC 対応については、関係業者等と、IC 対応部分のモジュール化や仕様のガイドライン化の実現可能性、調整の進め方について検討する、との方針を打ち出しました[28]。

　そして、オリンピック・パラリンピック東京大会の開催等を踏まえ、国際水準のクレジット取引のセキュリティ環境を整備するため、2015年にカード会社をはじめクレジット取引に関係する幅広い事業者等から構成されるクレジット取引セキュリティ対策協議会が発足しました。その翌年の2016年に同協議会は、クレジットカード取引におけるセキュリティ対策の強化に向けた「実行計画2016」を取りまとめました[28]。この実行計画では、カード情報の保護、カード偽造防止対策、EC（電子商取引）における不正利用対策の3本柱が掲げられました。そして2017年に、その後の進捗や2016年成立の割賦販売法改正等を踏まえて、実行計画2016年を改訂した「実行計画2017」が策定されました[29]。

　実行計画2017の概要は次のとおりです。

　　a　クレジットカード情報の漏えい対策：クレジットカード情報を盗らせない

　カード情報の非保持化または PCI DSS（カード情報に係るデータセキュリティの国際規格）準拠は、EC（電子商取引）加盟店では2018年3月まで、対面加盟店では最終的には2020年3月までに完了させる。

・加盟店におけるクレジットカード情報の非保持化を推進。また、暗号化したカード情報を自社内で復号化しない仕組みを導入する場合には、非保持同等とする。ここで非保持とは、加盟店における機器・ネットワークにおいて、カード情報を保存、処理、通過しないことをいいます。
・カード情報を保持する事業者のPCIDSS準拠を推進。また、国際規格へ準拠したカード会社や加盟店における先行事例を取りまとめ、関係者へ周知する。

 b 偽造クレジットカードによる不正使用対策：偽造クレジットカードを使わせない

クレジットカードのIC化100％については、改正法施行までに100％に近づけ、2020年3月までに完全実現する。また、POS等の決済システムのIC対応は、最終的に2020年3月までに完了させる。
・クレジットカードおよび対面加盟店の決済端末のIC対応100％を推進。また、POSベンダー向けに策定したIC対応POSの仕様・設計に関するガイドラインの周知等を行う。

 c ECにおける不正使用対策：ネットでなりすましをさせない

2020年に向け、ECにおける不正使用被害を最小化する。加盟店各社の被害状況やリスクに応じ、2018年3月までに多面的・重層的な不正使用対策を導入する。
・多面的・重層的な不正使用対策の導入。EC加盟店等の非対面加盟店については、パスワード入力による本人認証、購買履歴データの分析や配送先情報の蓄積等による不正検知の仕組みの導入等、多面的・重層的な不正利用防止を進める。また、固定パスワードの漏えいリスクを踏まえ、ワンタイムパスワードや生体認証といった新たな認証方法の導入を促進する。

また、消費者等への情報発信については、加盟店におけるセキュリティ対策の取組状況の見える化を推進するとともに、不正使用の早期発見のため、毎月の利用明細のチェックに関する啓発を行う。

② **VISA のグローバル EMV ライアビリティシフトルール**

　VISA では、2015年10月から日本でもグローバル EMV ライアビリティシフトルールを適用しています[30]。これは、磁気ストライプ読取端末で偽造カードによる取引が発生した場合、発生した不正被害損失についてはイシュア（カード発行事業者）がアクワイアラ（決済事業者）に対して責任を問うことが可能ですが、IC 端末を設置している加盟店は、偽造カードによる磁気取引を起因としたライアビリティが発生した場合、アクワイアラによって保護される、とするルールです。なお、EMV とは、EuroPay（ユーロペイ）、MasterCard（マスターカード）、VISA（ビザ）の IC カードの国際標準規格を指します。

(6) 金融機関の IC カードと生体認証機能付き IC カードの導入状況は？[31]

　金融庁の調査によると、2015年度末における IC カード導入ずみの金融機関数は、全体の88.1％、IC キャッシュカード対応 ATM 台数は全体の94.6％、IC キャッシュカード発行枚数は全体の28.7％となっています。また、2015年度末における生体認証キャッシュカード導入済金融機関数は全体の21.4％、生体認証キャッシュカード対応 ATM 台数は全体の49.5％となっています（図表4－4）。

7　モバイルセキュリティとは？

(1) モバイルセキュリティの重要性

　ビジネスの効率化推進を目的に、スマホやタブレット端末、ノート PC 等のモバイル機器が浸透、活用されるに伴って、ユーザの不注意、不正利用等による情報漏えいリスクも高まっています。

　こうした状況にあって、企業はモバイル端末の活用により業務の効率性を

図表4－4　金融機関のICカードと生体認証機能付きICカードの導入状況

業　態	キャッシュカード発行金融機関数	うちICキャッシュカード導入済金融機関数の割合（％）	ATM総台数のうちICキャッシュカード対応台数の割合（％）	生体認証キャッシュカード導入済金融機関数の割合（％）	ATM総台数のうち生体認証キャッシュカード対応台数の割合（％）
主要行等	9	66.7	98.8	55.6	87.1
地銀	65	100.0	96.3	76.9	58.7
第二地銀	41	95.1	79.1	22.0	20.9
その他の銀行	16	43.8	100.0	12.5	49.2
信用金庫	265	78.5	82.0	29.8	31.1
信用組合	134	34.3	43.8	8.2	15.7
労働金庫	13	100.0	100.0	0.0	0.0
計	543	70.7	94.2	28.7	52.2
農漁協等	810	99.8	99.2	16.4	16.0
総計	1,353	88.1	94.6	21.4	49.5

(注)　「主要行等」とは地方銀行（埼玉りそな銀行を含む）および第二地方銀行以外のゆうちょ銀行を含む銀行。「信金等」とは信用金庫、信用組合、労働金庫および信連・信漁連等。
(出所)　金融庁「偽造キャッシュカード問題等に対する対応状況（平成28年3月末）について」2016.8.31

向上させるとともに、セキュリティを確保する、という2つの目的を同時達成することが重要となります。それには、従来のITに適用していた管理手法では、安全で効率的な運用が難しくなって、モバイル機器の管理に重点を置いたモバイルセキュリティのマネジメントが強く求められる状況にあります。

(2) EMM、MDM、MAM、MCMとは？

EMM、MDM、MAM、MCMは、モバイル時代に対応する企業の統括的な対策です。

① **EMM（Enterprise Mobility Management、企業のモバイル管理）**

EMMは、企業によるモバイルデバイスの有効活用、セキュリティ等の総合的な管理を意味し、以下のMDM、MAM、MCMの3つのコンセプトを組み合わせたソリューションです。

② **MDM（Mobile Device Management、モバイルデバイス管理）**

MDMは、次の2つの要素から構成されます。

a モバイルデバイスの管理

モバイルデバイスの遠隔登録やパスコード暗号化、機能制限等。

b モバイルデバイスの制御

モバイルデバイスの紛失、盗難の際のリモートロックや位置の検出、不正操作の検出等。

たとえば、モバイルデバイスの紛失、盗難にあったときには、ユーザからの連絡により管理者が遠隔からの指示で、モバイルデバイスの記憶装置の内容を完全に消去するリモートワイプ（remote wipe）を実施したり、GPS機能によりその端末の所在地を把握します。MDMにより、従業員はモバイルデバイスにより効率的な業務を行うことが可能となる一方、企業のIT部門は従業員によるモバイルデバイスの利用状況をモニターする等のセキュリティ管理を行うことができます。

③ **MAM（Mobile Application Management、モバイルアプリ管理）**

MAMは、業務アプリとそのデータの追加、削除、更新や、アプリの保護、制御等の適切な管理を意味します。

従業員は、顧客訪問に際して、モバイルデバイスにより、CRM/SFAを活用します。ここで、CRM（Customer Relationship Managemant）は、顧客との関係の維持、強化を図るシステムであり、また、SFA（Sales Force

Automation）は、営業の効率化の向上を図るシステムです。また、従業員は外出先から、販売管理、在庫管理等の業務アプリを利用するニーズを持っています。

こうした従業員のアプリ活用に対して、MAMにより、アプリへのアクセス権限の設定やアプリの企業データを従業員の私的なデータから切り離して情報漏えい等の保護を実施します。

④ **MCM（Mobile Contents Management、モバイルコンテンツ管理）**

MCMは、テキストやPDF等のファイルであるコンテンツへのアクセス時のパスワード認証等のコンテンツ管理や、コンテンツの共有、制御といったコンテンツの活用管理です。また、いつ、だれが、どのコンテンツにアクセスしたかを管理者が把握、管理することもMCMの重要な機能です。

従業員は、モバイルデバイスにより外出先から社内マニュアルを閲覧したり、商品のスペック（仕様）をチェックする等のニーズがあります。たとえば、営業担当者が顧客に製品を説明する際に、静的な資料であるハードコピーに加えて動画を活用したリッチなコンテンツをもとに説明することが可能なMCM製品や、営業担当者のプレゼン資料等を顧客のモバイル端末に転送することができるブックドロップ機能を具備したMCM製品もみられます。

このように、モバイルのコンテンツが多様化するに従って、その管理も拡充する必要があり、特に機密情報に属するコンテンツの漏えい対策に万全を期することが重要となります。

以上のように、MDM、MAM、MCMは、EMMソリューションを支える機能を持つ、ということができます。

(3) モバイルデバイスに対する主な脅威と対策

モバイルデバイスに対する主な脅威と対策を整理すると、次のとおりです。このなかで、特に重大な脅威は企業データの漏えいであり、その対策としてはデータの暗号化等が重要なポイントとなります[32]。

① デバイスの盗難、紛失
・リスク:デバイスの盗難、紛失によって、デバイスに保管された情報が漏えいするリスクがあります。
・対策:デバイスのロック設定、データの暗号化、ID/パスワードの非保存設定、等の対策が考えられます。

② SIMカードの盗難
・リスク:SIM（Subscriber Identity Module、加入者識別モジュール）カードは、携帯電話、スマホ、タブレット等のモバイル端末でデータ通信や音声通話を行うために必要なICチップカードで、この盗難によって電話番号や固体識別番号等が悪用されるリスクがあります。
・対策:SIMカードの盗難にあったら直ちに通信事業者へ連絡して回線利用を停止する対応をとることが必要です。

③ 水没や落下による故障
・リスク:水没、落下によるデバイスの故障によって、デバイスに保管された情報が消失するリスクがあります。
・対策:防水、耐衝撃性の高いデバイスの選択、落下防止用ストラップの装着、等の対策が考えられます。

④ 覗き見
・リスク:デバイスが覗き見られることによって、情報が漏えいするリスクがあります。
・対策:覗き見防止シート等を装着する対策が考えられます。

⑤ 脆弱性
・リスク:デバイスに不正アプリが導入されることにより、情報が漏えいするリスクがあります。
・対策:信頼できるアプリの導入、アプリ導入時における不用意なアクセス許可の回避、ウイルス対策ソフトの導入、アプリに関する最新情報のフォロー、等の対策が考えられます。

(4) モバイルセキュリティポリシーとは？

モバイルセキュリティポリシーは、従業員がモバイルデバイスを使用する場合に、その目的が私的と業務との両用となることが多く、その場合に企業として従業員が遵守する必要がある内容を定めた指針です。

特に、BYODやリバースBYODを採用している企業では、こうした指針の策定が必須となります（BYOD、リバースBYODは8参照）。

(5) モバイルセキュリティポリシーのポイントは？

① 従業員への教育

従業員が持つモバイルデバイスを経由して会社のITインフラや企業データに不正アクセスする、といった脅威が存在します。しかし、従業員は、会社内で使用するパソコン等に対するサーバ攻撃の脅威については認識していても、モバイルデバイスを通じたサーバ攻撃が会社のシステム自体の安全性を脅かすとか、会社の機密情報が漏えいする、といった重大なリスクの存在を十分認識していない可能性があります。

また、従業員にとってモバイルデバイスによる機密情報の漏えい対策は、ややもすると会社の情報を保護するというよりも、従業員の固有の情報を守るほうに意識が行くことがあります。こうしたことから、企業としてはまず、従業員に対してモバイルセキュリティの認識を浸透させることが重要となります。

② モバイルデバイスの管理

モバイルデバイスの管理は、次のような施策が重要となります。

a　モバイルデバイスには、セキュリティの高いパスワードが設定される必要がある。モバイルデバイスに設定するパスワードは、企業内のアカウント用のパスワードとは異なるものにすることが求められる。

b　パスワードによるログイン試行が一定回数失敗した場合には、ロックアウトする等の措置を設定する必要がある。

c　企業のIT部門により管理されているモバイルデバイスに限り、企業のネットワークに接続することができるようにアクセス制限をする。
　d　モバイルデバイスにロードするデータは、業務上必要なものに限定する。

(6) モバイルデバイスのユーザが留意すべきポイントは？

モバイルデバイスのユーザは、特に次の点に留意する必要があります。
① モバイルデバイスのユーザは、業務用メールアカウントを個人用メールアカウントから峻別する必要がある。企業データは、企業メールシステムを通じて送信しなければならない。
② モバイルデバイスに不正アクセスの疑いがあるときには、即座に企業の担当部署に連絡する。
③ モバイルデバイスの紛失、盗難の場合には、即座に企業の担当部署に連絡する。
④ モバイルデバイスに正式に認証されていないアプリをインストールしてはならない。
⑤ モバイルデバイスをセキュリティ対策が十分実施されていないパソコンに接続してはならない。

8　BYODとは？

(1) BYODの定義

「BYOD」(Bring Your Own Device) の文字どおりの意味は、自己所有のデバイス（機器）を持ち込むことですが、従業員が個人所有のデバイスを業務で使用することをいいます。この場合のデバイスは、主としてスマホ、タブレット端末等のモバイルデバイスを意味します。

なお、BYODとは逆に、企業が従業員に対して、モバイルデバイスを提

供して、業務上の利用や適度な個人利用を認めるケースがあり、こうした会社支給デバイスのパターンを「インバースBYOD」(inverse BYOD、逆BYOD) と呼んでいます。

(2) BYODのメリットは？

BYODには、次のようなメリットがあり、企業が従業員等にBYODを認めるとか、BYODを推進するケースがみられます。

① 従業員が、外出の移動時間や待ち時間等にタイムリーに他の従業員等とコミュニケートすることが可能である。
② 役職者は、モバイルデバイスを活用して社内ネットワークに接続してタイムリーに決裁することができる。
③ 従業員が、自宅、通勤、外出、出張等の時間を有効に活用して業務を行うことができる。ITの進展等に伴い、従業員の勤務形態は、時間、場所ともに多様化しています。BYODはこうしたワークスタイルの多様化、さらには「働き方改革」に対応する有効な策となります。
④ タブレット端末等を活用することにより、マニュアルやカタログ等を紙で持ち歩く必要がなく、また常にアップデートされたバージョンを参照することができる。
⑤ 従業員にとって、日頃使い慣れたデバイスで業務を行うことができる。
⑥ 企業にとっても、従業員にデバイスを提供する必要がなく、費用の抑制に資する。

(3) BYODのリスクは？

BYODが持つ最大のリスクは、企業の機密情報の漏えいリスクです。こうしたリスクは、BYODをもじって、"Bring Your Own Danger" とか "Bring Your Own Disaster" といわれています。

BYODには、前述のとおり数多くのメリットがありますが、その半面、機密情報の漏えいという重大なリスクがあり、BYODのメリットよりも

BYODに潜在するリスクを回避する必要があるとして、BYODを禁止している企業が少なくありません。

なお、BYODは、企業が私有のデバイスを業務上使用することを認めていることが前提となりますが、一方、企業がBYODを禁止しているにもかかわらず、従業員が勝手に自己所有のデバイスを業務上使用することを「シャドーIT」と呼んでいます。

BYODによる情報漏えいは、次のようなケースが考えられます。
① 従業員が所有するスマホのセキュリティが脆弱なために、サイバー攻撃の標的になり機密情報が盗取された。
② 従業員が所有するタブレット端末が不正プログラムに感染、それをハブとして社内のシステムに被害が及んだ。
③ 営業担当の従業員が、自己所有のスマホを電車のシートに置き忘れた。そのスマホには会社の顧客情報が保存されている。
④ 従業員がスマホによる誤発信をして機密情報が漏えいした。

(4) BYODのリスク対応策は？

BYODが持つ企業の機密情報漏えいリスクを抑止するためには、特に次のような対策が重要となります。
① 従業員がアクセスできる情報を制限する。
② 従業員が情報を参照することはできるが、それをモバイル端末に保存することはできないようにする。
③ 従業員のモバイル端末が接続するネットワークは、ユーザ認証機能（事前に登録されたデバイスのみ接続可能とする機能）や、データの改ざん検知機能、暗号化等を具備した無線LANを利用する。
④ 従業員のモバイル端末をパスワードで保護する。
⑤ 従業員がモバイル端末を紛失したようなケースが発生した場合には、企業が遠隔操作によりモバイル端末に入っている機密情報を削除できるよう、あらかじめモバイル端末に情報漏えい防止のアプリをインストールし

ておく。

(5) 企業がBYODを導入するにあたって必要な事項は？

　企業がBYODを導入するにあたっては、主として次の手当てが必要となります。

① **モバイルデバイス使用に関する社内規定の制定**

　社内規定で、モバイルデバイスの使用目的を明確にするとともに、前述のリスク対策のポイント等、使用にあたっての留意点を記述する必要があります。

② **モバイルデバイスの使用マニュアル**

　社内ルールを徹底するためには、マニュアルの作成が必要です。マニュアルは、実際、モバイルデバイスを使うユーザの立場になって、モバイルデバイスからもマニュアルを参照することができるように、図表等を駆使してごくわかりやすくポイントを解説する必要があります。こうしたマニュアルの活用により、従業員による意図せざる誤用の抑制を期待することができます。

③ **モバイルデバイスのユーザサポート体制の強化**

　大半の企業は、社内で使用するパソコン等のユーザのために、ヘルプデスクと称するサポート部署を設置しています。しかし、BYODを導入すると、従来のヘルプデスクが提供していたサポートが質的に変化し、また、対応するタイミングもより機動的であることが求められます。たとえば、営業時間外に従業員がモバイルデバイスの盗難、紛失事故に遭遇した場合にヘルプデスクが機敏に対応できることがきわめて重要となります。したがって、企業のサポートデスクをこうしたニーズに対応可能なように、拡充・強化する必要があります。

[注]
(1) 情報処理推進機構「オンライン本人認証方式の実態調査報告書」独立行政法

人情報処理推進機構（IPA）、2014.8
(2) 同上
(3) 独立行政法人情報処理推進機構、一般社団法人JPCERTコーディネーションセンター「STOP!! パスワード使い回し!! パスワードリスト攻撃による不正ログイン防止に向けた呼びかけ」プレスリリース2014.9.17
(4) 宇根正志「生体認証システムにおける人工物を用いた攻撃に対するセキュリティ評価手法の確立に向けて」日本銀行 IMES Discussion Paper Series 2016-J-2, 2016.2、p3
(5) 日本銀行金融研究所「第15回情報セキュリティ・シンポジウム：多様化するリテール取引の安全性IIの模様」金融研究2014.10、p40
(6) 新崎卓「モバイル・バイオメトリクスを巡る動き」富士通研究所、2014.3.5
(7) 日本銀行金融研究所「第15回情報セキュリティ・シンポジウム：多様化するリテール取引の安全性IIの模様」の新崎卓氏の講演要旨、金融研究2014.10、p40
(8) 電通国際情報サービス「ISID、生体認証サービスのLiquidへ出資」2015.12.25
(9) 三井住友銀行「複数の生体認証要素を活用した本人認証プラットフォーム提供の本格検討に着手」ニュースリリース2016.9.16
(10) イオンフィナンシャルサービス、イオン銀行「指紋認証システムによる銀行取引の実証実験開始について」NEWS RELEASE、2015.12.30
(11) 宇根正志、前掲(4)、p1
(12) Matsumoto, Tsutomu, Hiroyuki Matsumoto, Koji Yamada and Satoshi Hoshino, "Impact of Artificial "Gummy" Fingers on Fingerprint Systems," Optical Security and Counterfeit Deterrence Techniques IV, Proceeding of SPIE, Vol. 4677, SPIE（The International Society for Optical Engineering）, 2002, pp275-289
(13) NTTドコモ「FIDO Allianceに加入—生体情報を使った新しいオンライン認証を提供開始」プレスリリース2015.5.26
(14) 同上
(15) 井澤秀益、五味秀仁「次世代認証技術を金融機関が導入する際の留意点—FIDOを中心に」日本銀行 IMES Discussion Paper Series 2016-J-3、2016.2
(16) 松本弘之、宇根正志、松本勉、岩下直行、菅原嗣高「人工物メトリクスの評価における現状と課題」日本銀行金融研究所、金融研究2004.6、p62
(17) 松本勉「人工物メトリクス入門」日本印刷学会誌第49巻第3号、2012、p31
(18) 金融情報システムセンター「金融機関におけるサイバー攻撃対応に関する有識者検討会報告書」2014.2.26、p25
(19) 金融庁「偽造キャッシュカード等による被害発生等の状況について」

2016.12.16
⑳　中山靖司「ネットバンキングのセキュリティ」日本銀行金融研究所情報技術研究センター、2014.11.26
㉑　同上
㉒　三井住友銀行、日本総研「スマートフォンを利用した新セキュリティ・サービス提供開始について」2017.2.3
㉓　金融庁、前掲⒆
㉔　同上
㉕　同上
㉖　山口英果、橋本崇ほか「最近のデビットカードの動向について」日本銀行決済機構局決済システムレポート別冊シリーズ2017.5
㉗　金融庁、前掲⒆
㉘　内閣官房、金融庁、消費者庁、経済産業省、国土交通省、観光庁「キャッシュレス化に向けた方策」2014.12.26、p11
㉙　日本クレジット協会「クレジット取引セキュリティ対策協議会 実行計画 2017 の概要について」2017.3.8、経済産業省「クレジットカード取引におけるセキュリティ対策の強化に向けた実行計画2017（「実行計画2017」）を取りまとめました」2017.3.8
㉚　松田典久「Visaの仕組みと役割・セキュリティー戦略」2014.11.27
㉛　金融庁、前掲⒆
㉜　日本スマートフォンセキュリティフォーラム（JSSEC）

金融機関の サイバーセキュリティ・マネジメント

1 金融機関のサイバーセキュリティのポイントは？

　金融ビジネスにITが浸透するにつれて、サイバー攻撃の内容も高度化しており、サイバーセキュリティの重要性が一段と増大しています。

　こうした状況にあって、金融機関のサイバーセキュリティ・マネジメントのポイントは、次のように整理することができます[1]。

(1) リスクの内容と重要度の認識

　まずもって、サイバー攻撃から防御すべき重要情報を洗い出して、その重要度に応じてサイバーセキュリティ対策を講じることがポイントとなります。

(2) 職員の教育、訓練

　サイバーセキュリティのルールは整備されているものの、職員がそれを十分認識していなかったために、被害を受けるケースが少なくありません。職員のサイバーセキュリティ意識の醸成のために、日頃からの教育・訓練が重要となります。

(3) サイバー攻撃対策

　サイバー攻撃には、たとえば次のような対策が重要となります。

① ログの監視

　ログ(log)とは、ソフトウェアやシステムの起動、停止、エラー、障害

の発生、利用者の操作・設定の変更、外部との交信などを時系列に記録したデータをいいます。サーバの管理者がログ監視の役割を担うことになります。

② 特権IDの管理

特権IDとは、システム管理に必要となる特別の権限が割り当てられたユーザアカウントをいいます。特権IDが不正利用された場合には、情報漏えいや機能停止等、重大な被害にあう恐れがあります。また、たとえば特権IDの不正利用によって操作ログを削除した場合には、不正行為の追跡調査ができなくなります。このため、特権IDの管理がきわめて重要となります。

この管理手法には、特権IDといってもすべての特権を付与するのではなく権限を細分化して付与するとか、特権IDによる操作をユーザと紐付けしてログを管理する、といったことが考えられます。

③ パスワードポリシーの運用厳格化

パスワードは、IDとあわせて本人確認に不可欠の方法です。大半の企業では、パスワードポリシーを策定して安全性の確保に努めています。その場合、パスワードの設定自体に数字、大文字小文字、記号、字数等に制限を課してあまりにも厳しくすると、ユーザはそれを記憶するのが大変となり、パソコンのフレームにパスワードをメモした付箋をつける等して、かえってリスクを高めることになります。

企業は、パスワードの長さ、文字の種類、有効期間、過去使用のパスワードを何世代前まで再利用禁止にするか等を内容とする「パスワードポリシー」を策定して、それを社員がしっかりと遵守することを要請する、といったパスワードポリシーの運用の厳格化が重要となります（パスワード認証の詳細は、Ⅲ1参照）。

④ ウイルススキャン

スキャン（scan）の文字どおりの意味は、悉皆的に点検することで、ウイルススキャンは、ハードディスクやUSBメモリのファイル等にウイルスが含まれていないかをくまなく調べることです。ウイルス感染の早期発見に

は、定期的なウイルスのフルスキャンの実施が必要となります。

⑤ **セキュリティパッチの適用**

パッチ（patch）の文字どおりの意味は、継ぎ当てで、セキュリティパッチはプログラムにセキュリティホールと呼ばれる弱点が発見されたときに配布される修正プログラムです。ソフトウェアやOSは、リリースされてから時間が経つにつれて、いくつかのセキュリティホールが見つかることが少なくありません。そうした場合に、セキュリティパッチをインストールすることによりリスクの回避が可能となります。セキュリティパッチは、一般的にインターネットを通じて無償配布されます。

2 インシデントレスポンスとは？

(1) インシデントレスポンスの定義

インシデントは、コンピュータセキュリティを脅かす事象で、意図したものも過失によるものも含む概念です。そして、「インシデントレスポンス」は実際にコンピュータセキュリティに問題を起こす事故が発生したときの対応体制を意味します。

コンピュータセキュリティを維持するためには、コンピュータインシデントの発生を防止することが重要ですが、いかに事前の防衛策を講じても完璧ということはありえず、いずれの時期かにインシデントは必ず発生します。

そうしたインシデントは、外部からのサイバー攻撃によるものだけではなく、たとえば修正プログラムの適用をうっかり忘れるといった内部から発生するケースもあります。

(2) CSIRTとは？

CSIRT（Computer Security Incident Response Team、シーサート）は、インシデントレスポンスに取り組むことを目的として企業内に設置する専門組織

です。コンピュータセキュリティに対する脅威が増加、複雑化するなかで、こうしたCSIRTを組成する企業が増加しています。

　CSIRTを設置する場合、常設機関にするか、または実際にインシデントが発生したときにあらかじめ指名されたメンバーで結成するか、の選択肢があります。

　CSIRTの主要な機能には、対内的には、情報の収集とインシデント発生事実の周知徹底、被害の伝播阻止、さらには再発防止策の検討等があります。特に、インシデント発生の際には情報が錯綜して混乱状態になることが少なくありません。そうした事態を防ぐために、CSIRTはインシデント情報の受け手として、また情報の発信元として一本化して、正確な情報収集と的確なタイミングでの発信の責務を担います。また、対外的には他企業とインシデントの発生原因、防止策等の情報共有を行って、それを組織内にフィードバックして自社のセキュリティ強化策に生かします。

(3)　**インシデントレスポンスの手順は？**

　インシデントレスポンスの大まかな手順は、次のとおりです。

① **インシデントの把握等**

　インシデントの発生を認識します。それには、インシデントはどのような内容か、被害状況はどうか、他のシステムへの伝染の可能性はあるか、顧客への影響はどうか等、事実を冷静に把握します。また、顧客への影響が考えられる場合には、タイミングを逸することなく広報部署を通じて迅速に情報公開を行います。

② **インシデントレスポンスの優先度**

　インシデントの把握ができたら、次にどのような対策が考えられるか、さまざまな角度から検討します。そして、いくつかの対策を組み合わせて実施する必要がある場合には、どの対策を、どの順序で行うかの優先度を決定します。これを「トリアージ」（triage）といいます。トリアージは、救急事故が発生した場合の救急の優先順位を決定することを意味しますが、コン

ピュータセキュリティインシデントの場合には、インシデントレスポンスの優先順位の決定を指します。

③ インシデントレスポンスの実行

トリアージで、対策の順位づけが決定されたら、それに従って整斉とインシデントレスポンスを実行に移します。

この①～③の手順は、時間との勝負といった側面がきわめて強く、いかに短時間で効率的に対応するかの勝負となります。それには、実際にサイバー攻撃が発生した場合の初動動作が重要であり、それに備えてコンティンジェンシー・プラン（緊急時対応計画）をあらかじめ策定する必要があります。そして、それをベースとして状況を的確に把握して、原因を特定したうえで被害の拡大を抑制する等、迅速な対応を適切に行うことができるよう、定期的に実戦訓練をすることが重要となります。

④ デジタル・フォレンジックとインシデントレスポンスの拡充

③のインシデントレスポンスの実行で、すべてが終わったというわけではありません。物事が収まった後には、インシデントの内容の精査を行います。それには、インシデントに関連するデータの抽出、サーバや各種デバイスに蓄積された通信記録からの違法行為の証拠割出し、データの改ざん検証等があります。こうしたインシデントの収集作業を「デジタル・フォレンジック」（digital forensics）といいます。なお、フォレンジックは、犯罪捜査における鑑識を意味します。

また、システムの脆弱性に対する再点検とリスクアセスメントの継続的実施の再確認、それにインシデントレスポンスが実際に行われた際の反省点、それを生かしたマニュアルの改善、整備等を行い、将来のインシデントの再来に備える必要があります。

3 金融機関の情報セキュリティの目標と情報セキュリティ技術は？

　金融機関の情報セキュリティの目標と情報セキュリティ技術をみると、次のとおりです[2]。

(1) 情報セキュリティの目標

① 　カードの偽造防止
② 　データの盗聴・改ざん防止
③ 　不正な処理の防止・検知・追跡
④ 　機器や処理データの改ざん防止
⑤ 　パスワードの漏えい防止

(2) 情報セキュリティ技術

① 基盤技術

　暗号アルゴリズム：暗号アルゴリズムは、暗号化する方法をいいます。暗号アルゴリズムには、次の2種類があります。

　　a　ブロック暗号

　平文を一定サイズのブロックに分割し、それぞれのブロックを暗号化する方式。

　　b　ストリーム暗号

　平文を1バイトとか1ビット等、細かい単位にして、それに次々と発生させる乱数を乗じることにより暗号化する方式。ブロック暗号に比べると、処理速度が速いという特徴があります。

② 物理媒体のセキュリティ技術

　耐タンパー技術：タンパー（tamper）は、改ざんするという意味です。そして、耐タンパー技術は、回路のアルゴリズムを複雑にしたりプログラムを

暗号化することにより、ソフトウェア等のプログラムを外部から容易に解析できないよう防護策を講じる技術です。

③ 認証技術

パスワード認証、生体認証（静脈認証等）、電子認証、人工物メトリクス。

生体認証には、オンライン決済等のための本人確認をスマホに搭載された生体認証システムで行うモバイル・バイオメトリクス認証があります（モバイル・バイオメトリクス認証はⅢ3(4)参照）。

④ ネットワーク・セキュリティ技術

暗号通信（SSL通信）、IPv6、フィッシング対策。

IPv6（Internet Protocol Version 6）は、ネットワーク通信におけるプロトコルの一種です。インターネットの普及による利用者の増加から、以前のバージョンのIPv4ではアドレスが不足する、という問題が発生する恐れが出てきました。こうしたアドレス空間の枯渇問題に対応するために32ビットのIPv4に対して、128ビットのIPv6が開発されました。このIPv6では、IPsecの標準化により、セキュリティ機能が格段に向上しています。

⑤ ログ管理技術

デジタル・フォレンジック。インシデントに関連するデータ等の証拠収集作業に活用される技術です。

4 金融庁のサイバーセキュリティ強化の取組方針は？

(1) サイバーセキュリティ強化の必要性

金融庁では、現状、日本の金融システムは総体として健全で安定しているものの、次の3点からサイバー空間からの攻撃が金融システムの安定に影響を及ぼしかねないものとなってきており、それへの備えを強化する必要がある、としています。

① **イノベーションの進展**
a　金融機関のコンピュータシステムは、インターネット等のオープンな情報通信ネットワークとのつながりを強めており、外部からの悪意ある接続等によるサイバー攻撃に対する堅牢性の確保が重要である。
b　顧客とのチャネルも、インターネットバンキング等、インターネットを介して取引サービスの普及が進展している。

② **サイバー攻撃の高度化**
a　サイバー攻撃の手口の巧妙化により、防御が困難化している。
b　攻撃者自身が技術を有していなくとも、攻撃手段へのアクセスが容易化している。

③ **サイバーテロの脅威の高まり**
a　経済目的ではなく社会秩序を混乱させる目的でのサイバー攻撃が増加している。
b　金融を含む重要インフラでは、政府と事業者が一丸となった取組み強化が必要である。

(2)　**金融庁のサイバーセキュリティ強化に向けた取組方針**

　金融庁では、金融分野へのサイバー攻撃の脅威に対抗するために2015年7月に「金融分野におけるサイバーセキュリティ強化に向けた取組方針について」を策定しました。この方針では、金融分野のサイバーセキュリティ強化に向けた5つの方針が掲げられています[3]。

① **サイバーセキュリティに係る金融機関との建設的な対話と一斉把握**
a　金融機関等との間で最近の攻撃の動向や取組みについて日常的に情報交換を実施。
b　各金融機関等のサイバーセキュリティ管理態勢の取組状況やその実効性について実態把握を実施、その結果をフィードバックする。

② **金融機関同士の情報共有の枠組みの実効性向上**
a　金融機関同士の情報提供・活用により、ある金融機関が攻撃を受けた

際、他の金融機関が同種の攻撃手法への備えをあらかじめ講じられるようになるほか、先進的な金融機関のスキルやノウハウの共有が期待できる。
b　金融機関に対して金融ISACをはじめとする情報共有機関等を活用した情報収集・提供およびこれを踏まえた脆弱性情報の迅速な把握・防御技術の導入等の意義について周知。

　　なお、金融ISAC（Information Sharing and Analysis Center）は、金融機関によるサイバーセキュリティに関する情報の共有および分析を行い、金融システムの安全性の向上を推進することを目的に2014年に発足した一般社団法人で、約290の金融機関が会員となっています。
c　業界団体等（CEPTOAR、セプター）を通じた情報提供についても、金融庁から積極的に情報発信。

　　なお、CEPTOARは、重要インフラ事業者等の情報共有・分析機能、および当該機能を担う組織の英語名称（Capability for Engineering of Protection, Technical Operation, Analysis and Response）の略称です。
d　金融情報システムセンター公表の「FISCサイバーセキュリティ参考情報」の活用。

　　なお、FISCは、金融情報システムセンター（The Center for Financial Industry Information Systems）の英語名称です。

③　業界横断的演習の継続的な実施

a　演習の実施を通じて、経営層から担当者に至る関係者の実戦能力を向上させるとともに、対応体制・手順の有効性を確認し、PDCAサイクルを回していくことが有用。
b　規模が大きくない金融機関等では、国・関係機関等の関係者が連携し、実戦的な演習の実施等を通じた取組み強化の支援が有用。また、先進的金融機関でも関係機関（金融庁・情報共有機関・他の金融機関等）との連携のあり方について、あらかじめ確認をしておくことが必要。
c　そこで、関係者を含めた初の金融業界横断的なサイバーセキュリティ演習を実施[4]。

この演習は、金融業界全体のサイバーセキュリティの底上げを図ることを目的に、2016年10月末に実施されています。サイバーセキュリティ対策の「自助」「共助」「公助」の３つの視点（Delta）と防御（Wall）を組み合わせたDelta Wallと呼称されるこの演習には、約80の金融機関（銀行、信金・信組、証券会社および保険会社）が参加しました[5]。

　Delta Wallでは、多くの関係部署（経営層、システム部門、広報、企画部門等）が参加できるよう、会場集合方式ではなく自職場参加方式で実施されたことや、参加金融機関がつつがなく演習をクリアしたことで良しとしないよう、とりえた他の選択肢等を提示するなど事後評価に力点が置かれていること等が特徴となっています。また、金融庁では、Delta Wallの結果を参加金融機関以外にも業界全体に幅広くフィードバックしています。

④　**金融分野のサイバーセキュリティ強化に向けた人材育成**

　サイバーセキュリティ関係者の質の向上を目指して、以下の取組みを行う。

a　金融機関等の経営層の意識向上を目的としたセミナー等の開催
b　金融機関等でサイバーセキュリティに関与する職員として求められる人材およびその育成方法等について関係者との議論・検討
c　金融庁担当者のさまざまな専門性確保（外部登用・内部育成）

⑤　**金融庁としての態勢構築**

a　サイバーセキュリティ向上に強力に取り組むため、金融庁内部において情報・知見を一元的に集約し、組織横断的に企画・調整を行う部署を、総括審議官のもと、総務企画局政策課に設置。
b　金融機関等に対するサイバー攻撃事案が発生した際の金融庁の対応手順の整理を実施。
c　金融庁の立場から、金融システム全体での強靭性を高めるべく金融機関等のサイバーセキュリティ強化を支援していく方策がないか、不断に検討する方針。

　また、平成28事務年度金融行政方針では、この取組方針に沿って、引き続

き実態把握を通じた金融機関のサイバーセキュリティ管理態勢の向上、金融ISAC等を通じた情報共有の推進等に取り組むとともに、G7各国の金融監督当局・財務省・中央銀行の間で設置されている「G7サイバーエキスパートグループ」の金融分野におけるサイバーセキュリティの促進やG7各国間での連携強化等に向けた議論に貢献していく、と述べています[6]。

5 サイバーセキュリティ基本法とは？

2015年1月にサイバーセキュリティ基本法が施行されました。この法律は、サイバーセキュリティに関する施策の総合的、効果的な推進を目的として、サイバーセキュリティの基本理念等を定めて、国の責務を明確にしています。

この法律によって、内閣にサイバーセキュリティ戦略本部が設置され、また、内閣官房情報セキュリティセンターは内閣サイバーセキュリティセンターに改組されました。

このうち、サイバーセキュリティ戦略本部は、セキュリティ戦略案の作成、行政機関のセキュリティ基準の策定、行政機関で発生したセキュリティインシデントの調査等を行います。

また、内閣サイバーセキュリティセンター（National center of Incident readiness and Strategy for Cybersecurity、NISC）は、省庁横断的にサイバー攻撃に対処する司令塔の役割を担うことになります。

[注]
(1) 鈴木博「サイバーセキュリティを中心とした管理態勢について―投資信託協会講座」証券取引等監視委員会、金融庁、2015.12.3、p38
(2) 中山靖司「第16回情報セキュリティ・シンポジウム：金融サービスにおける技術進歩と課題：CITECS設立10周年記念講演」日本銀行金融研究所 情報技術研究センター、2015.3.11、p3
(3) 金融庁「金融分野におけるサイバーセキュリティ強化に向けた取組方針につ

いて」2015.7
(4)　大野博堂『金融機関のためのサイバーセキュリティと BCP の実務』金融財政事情研究会、2016.8
(5)　金融庁「金融業界横断的なサイバーセキュリティ演習（Delta Wall）について」2016.10.20
(6)　金融庁「平成28 事務年度金融行政方針」2016.10

第5章

金融機関はいかに
FinTech に向き合うべきか？

FinTech は破壊者か？

1　伝統的な金融機関と FinTech の関係は？

(1)　金融機関と IT

　FinTech ベンチャーは、IT を武器として伝統的な金融のフレームワークを変革するという意味で、破壊的イノベーターと呼ばれるのにふさわしいポテンシャルを持っています。こうした FinTech ベンチャーの台頭を、金融機関はどのように受け止めるべきでしょうか。

　FinTech が発展している背景には、ICT の発展がありますが、情報、データをもとにしてビジネスを展開している金融機関は、いわば ICT のメインユーザであり、また、ICT をベースにした金融商品、サービスの供給主体です。したがって、FinTech と金融機関は密接不可分の関係にある、ということができます。

(2)　JP モルガン・チェース、ダイモン社長のメッセージ

①　2014年

　JP モルガン・チェースのジェイミー・ダイモン（James "Jamie" Dimon）社長は、2014年の年報で次のように述べています[1]。

　「シリコンバレーがやってくる。優れた頭脳と豊富な資金を持った何百という FinTech ベンチャーが伝統的な銀行業務に取って代わるさまざまな手段を考えている。

　……われわれは、彼らに負けないように努力をしなければならない。また、

FinTech ベンチャーと提携することも十分考えられる」

また、同氏は、記者のインタビューで次のように述べています。

「FinTech ベンチャーは、われわれのメシの種を奪おうとしている」[2]

② 2015年

さて、2015年の年報のなかで、ダイモン社長は FinTech について前年に比べると大幅な紙幅を割いて、次のように述べています[3]。

「多くの FinTech ベンチャーは、テクノロジーの活用に長けているが、ここでわれわれが認識しなければならないことは、彼らはビジネスが抱えている問題を分析、解決して、顧客の不満を解消する等、顧客のニーズに応えることにきわめて優れていることだ。そして、彼らは金融サービスをより効率的に、より低コストで提供する手法を開発している。その典型例がクラウドサービスである。こうしたサービスは、低コストであるが、より速く、より利用しやすい形で提供され、顧客は進んで料金を支払ってクラウドサービスを利用している。

…… FinTech が、金融機関に対して、より機動的に対応しなければならない、とプレシャーをかけ、また、銀行、規制当局、政府の政策に対して、FinTech の動きに後れをとってはならない、とプレシャーをかけていることは疑う余地のないところである。

……われわれは、銀行のテクノロジーを強化することによってこうした FinTech ベンチャーと競争する一方、FinTech ベンチャーとの提携も進めていく方針である。事実、われわれはシリコンバレーと十分競争できるテクノロジーを具備する一方、すでに100を超える FinTech ベンチャーと提携している。

このように、FinTech ベンチャーと競争するにせよ提携するにせよ、われわれの基本方針は、顧客の利益を最大限に高めることにある」

こうしたダイモン社長のコメントは、金融機関が FinTech ないし FinTech ベンチャーにいかに対応すべきか、を端的に表している、ということができます。

2 金融機関のとるべきスタンスは？

　ICTの進展によって、顧客にはさまざまなツールが低コストで提供され、また顧客が金融に要求する内容は、質、スピード、コストの各側面において急速な高度化がみられます。伝統的な金融機関はこうした顧客のニーズに的確に応えなければなりません。その解答が、FinTechです。

　たしかにFinTechは、破壊者という名前にふさわしいほど、既存の金融インフラを破壊するインパクトを持っています。しかし、FinTechは、その変革により新たな金融サービスを提供するという意味で創造者です。このように、FinTechは、「創造的破壊者」である、ということができます。そして、金融機関は、創造的破壊者であるFinTechが持つポテンシャルをテコにして、まさに新たな金融のフレームワークを創造しなければなりません。

　伝統的な金融機関がFinTechを的確に活用すれば、破壊の被害者ではなく、逆に大きなベネフィットを享受することが期待できます。すなわち、FinTechの活用により、金融機関は顧客の潜在ニーズを掘り起こしてそれをビジネスに結びつけることができ、また、より高品質の金融商品やサービスをスピーディーにかつ低コストで顧客に提供できるマーケットを拡充、開拓することができます。

　このように、金融機関は、FinTechを単に技術の吸収を図るという側面のみでとらえることなく、ビジネスモデルの戦略的変革といった視点で機動的に活用することが重要となります。

　この点は、麻生副総理・財務大臣・金融担当大臣が、次のようにきわめて端的に述べています。

　「……背広、ネクタイの銀行のおじさんが、Tシャツ、ジーパンのお兄さんと一緒に仕事ができる。その2つが組み合わさって新しいものができるのだと思います。

……（FinTech は）極めて異端なものにみられる可能性もありますが、その中から新しいものが生まれます。そういったものがどんどん出てくる場に日本は必ずなっていく。アイディアだけではなく、それを作れるものづくりの技術の両方があって（FinTech は）初めて普及していくものだと思っています。……」(4)。

3　FinTech ベンチャーとの「競争と協調」とは？

　いうまでもなく、金融は経済にとって必要不可欠なインフラです。問題は、既存の金融機関が金融商品・サービスや金融取引を、いかに顧客ニーズにマッチした内容で、顧客が選択するチャネルで、スピーディーにかつ低コストで顧客に提供できるか、にあります。

　ダイモン社長のコメントは、伝統的な金融機関に対して、新しい金融インフラ、金融商品、金融サービスを切り拓く必要があることを示すとともに、FinTech ベンチャーとの提携でこうしたベンチャーが持つ IT の力を取り込むことの重要性を強力にアピールしています。

　そして、多くの金融機関は、このメッセージを等閑視すれば、自己のビジネスが金融機関以外の業界に浸食されてしまう（メシの種を奪われてしまう）との危機感を持って、さまざまな形で FinTech を活用して顧客に対する金融サービスの向上を図る方針で臨んでいます。

　その基本方針のキーワードとなるのは「競争と協調」です。

4　金融機関の IT 投資の特徴は？

まず、これまでの金融機関の IT 投資の特徴をみましょう。

　金融業は情報産業であるといわれるように、金融機関の業務にとって IT による多種多様かつ大量のデータ処理は不可欠です。したがって、金融機関と IT とは従来から密接不可分の関係にあった、といっても過言でありませ

ん。現に、金融機関は例外なく IT に対して巨額の投資を行っています。

2014年中に世界の銀行、証券会社が IT に投資した額は、4,860億ドルと他の業種との比較でみても抜きん出た金額となっています[5]。

しかし、金融機関のこれまでの IT 投資の中心は、顧客のニーズに対応しながら、セキュリティを万全なものにするという「守りの投資」が中心でした。

実際のところ、日本の金融機関の IT 投資をみると、システムのリプレースや障害回避等を目的とする投資が主な内容となっています。こうした維持管理のための IT 投資は、金融機関の業務の安定的な遂行のために必要不可欠なものであるとしても、モバイル端末の浸透等による顧客ニーズの高度化、多様化と、AI、ビッグデータ、クラウド等の IT の進展といった環境変化に対応するためには、これまでのような守りの投資戦略では必ずしも十分とはいえません。

5 金融機関と FinTech ベンチャーの特性は？

ここで、金融機関と FinTech ベンチャーの特性を対比してみましょう。

(1) 金融機関の特性

金融機関は、ビジネスを展開するにあたって、
① リスクの的確な把握と評価、
② リスクへの適切な対応策を要素とする安全性の確保、向上、
③ 機能性、迅速性を要素とする効率性の向上
が求められます。特に「安全性」という要素を欠いた場合には、たちまち顧客の信頼を失い、ビジネスに大きな支障が生じることは必至です。すなわち、金融機関にとっては、安全性の礎の上にある顧客の信頼が最も重要となります。

金融機関は、この安全性という要素を維持、拡充するために多大なコスト

とエネルギー、時間を要して、堅牢なシステムを構築してきました。

(2) FinTechベンチャーの特性

一方、FinTechベンチャーは、その持てるITのエキスパータイズをフルに活用して、イノベーティブな金融サービスを低コストでかつスピーディーに提供することを実現しています。

このようにFinTechベンチャーの特徴は、ITを活用したイノベーティブな金融商品、サービスの提供にありますが、そのベースにあるコンセプトは、ユーザのニーズがどこにあるかを鋭く嗅ぎ分けて把握する受容力と、それを迅速にビジネス化する機動力です。

すなわち、FinTechベンチャーがビジネスを展開するにあたって基本とする共通の要素は、次のように整理することができます。

① 多種多様に亘る金融ニーズのなかで、多くのユーザが強く求めていることは何かを嗅ぎ分ける、そして、
② そのユーザニーズのなかで、FinTechベンチャー各々が得意とするITの活用にマッチするニーズをピックアップして具体的な金融商品、サービスの具現化に結びつける、といった

a 徹底したユーザオリエンティドな視点をベースとするニーズの把握と、
b FinTechベンチャーによる、ある特定分野に絞った金融商品、サービスの開発、活用

6 FinTechは金融機関が抱える課題のソリューションとなるか？

金融機関は、特にグローバル金融危機以降、自己資本を拡充して体力を強化することが求められています。そのためには、確かな成長戦略を構築して、持続的、安定的な収益拡大を指向することが重要となります。そして、こうした目標を達成するためには、コスト抑制による効率経営と同時に、顧

客のニーズを的確に汲み取った金融商品・サービスの提供を両立させることが大前提です。

それには、デジタル革命をバックとした FinTech を積極的に取り込んでいくことが必要となります。

7 FinTech に対して、金融機関はどのように対応すべきか？

それでは、金融機関が押し寄せるデジタル革命のなかでうまく立ち回って、FinTech の勝者になるためにはどのように対応すべきでしょうか。

多くの金融機関は、FinTech ベンチャーの台頭を脅威ととらえると同時に、その背景にあるデジタル革命と金融の融合を、収益基盤を拡充するチャンスである、ととらえています。そうしたチャンスを現実のビジネスの展開へと生かすためには、金融機関と FinTech ベンチャーとの間に、「競争と協調」の関係を構築することがベストソリューションである、ということができます。

(1) 自前主義とインバウンド型

FinTech への金融機関の対応には、2つのアプローチが考えられます。

第1は、金融機関自身が FinTech を開発、導入する「自前主義」のアプローチです。金融機関の IT 投資は、既存のシステムの維持、更新が中心となっていますが、デジタル革命と表現される IT の新たなトレンドに乗り遅れないように、金融ビジネスの改革を目的とした「攻めの投資」を行う、といったアプローチです。

第2は、FinTech ベンチャーとの提携や、それを買収して FinTech ベンチャーの持つ革新的な技術、ノウハウを社内に取り込む「インバウンド型」のアプローチです。

この第2のアプローチでは、ビジネスの展開面や、金融機関と FinTech

ベンチャーとの提携、資本関係の面で、次のようにさまざまな選択肢を考えることができます。

① **ビジネスの展開面**
a　FinTech ベンチャーと金融機関がビジネスをともに推進
b　FinTech ベンチャーの商品、サービスを、金融機関の顧客基盤を活用して拡販
c　FinTech ベンチャーが前面に出ることなく金融機関の商品、サービス開発をサポート、等

② **金融機関と FinTech ベンチャーとの提携、資本関係面**
a　FinTech ベンチャーと金融機関が提携（アライアンス）関係を締結
b　金融機関が FinTech ベンチャーに出資
c　金融機関が FinTech ベンチャーを買収
d　金融機関と FinTech ベンチャーが共同出資して新会社を設立
e　金融機関がさまざまな FinTech ベンチャーとの関係強化を指向するファンドに出資、等

(2) インバウンド型アプローチ＝オープンイノベーション

　前述の2つのアプローチのうち、第1の自前主義のアプローチで行くと、金融機関の安全を重視した堅牢なフレームワークのレガシーのなかで新たな金融サービスを立ち上げるために、人的な負担、物的なコスト増、さらには多大な時間を要するといった問題があります。

　そこで、金融機関が FinTech に対応するアプローチの主流は、第2の FinTech ベンチャーとの提携や買収等となっています。数年前までは、世界の大手金融機関は、中小規模の IT ベンチャーと手を組むことに消極的でした。しかし、現在はこうしたスタンスが劇的に変化しています。アクセンチュアが行ったアンケート調査では、銀行の半数以上の役員が、過去2年間で最も成功したイノベーションは、IT ベンチャーとの提携か IT ベンチャーの買収によってもたらされたものである、と回答しています[6]。

そして、オープンイノベーションの活用によって、金融機関はスピード感を持ってユーザビリティを追求することが可能となります（オープンイノベーションについてはⅢ1参照）。

　また、FinTechベンチャーサイドからみた場合には、許認可や資本規制等の対象となる金融サービスについては、すでにそうした要件を具備している金融機関と業務提携等を行うことによってカバーすることが期待できます。

　しかし、第2のアプローチにおいても、前述のようにさまざまなオプションがあり、金融機関とFinTechベンチャーが各々の持ち味を遺憾なく発揮できるような形で各々が果たすことが期待される役割を明確にしたうえで、ベストソリューションを選択することが重要となります。

8　金融機関とFinTechベンチャーとの協調関係の構築の例は？

(1)　FinTechベンチャー等との資本提携

　SBIホールディングス、静岡銀行、山口フィナンシャルグループ、東邦銀行、三菱UFJ信託銀行等は、FinTechベンチャーで「お金のプラットフォーム」を提供するマネーフォワードに出資して提携関係を構築しています。

　また、三井住友フィナンシャルグループは、EC（電子商取引）市場における決済ニーズの向上等を指向して、GMOインターネット・GMOペイメントゲートウェイと資本・業務提携を行っています。

(2)　FinTechベンチャーとの合併会社設立

　新生銀行の子会社の新生フィナンシャルは、ビッグデータの収集、分析等に実績を持つグリフィン・ストラテジック・パートナーズと人工知能活用のためのFinTech合弁会社を設立しました（人工知能については第3章Ⅲ参

照)。そして、従来の口座情報等に依存した事前与信モデルではなく、新たな見込み客の発掘と一段のリスク低減が可能となる事前審査モデルを開発して、個人向けローン申込み前の事前与信モデルを構築することにより審査制度の向上につなげたい、としています。

(3) FinTechベンチャーとの業務提携

みずほフィナンシャルグループとみずほ銀行は、FinTechベンチャーのメタップスおよびWiLと、FinTechを活用した新たな決済サービスの提供を目的とする業務提携に向けて協議を開始したことを公表しました[7]。

具体的には、この提携によりスマホに最適化したシームレスな決済サービスの提供、入出金明細等の決済データ分析による個人顧客に対する資産運用アドバイスや法人顧客に対するビジネス拡大の支援、ブロックチェーンの活用等による新たな決済サービスの創出、今後の決済市場の拡大が予測されるアジア市場への展開等を指向する、としています(ブロックチェーンについては第3章I参照)。

(4) ファンドによるFinTechベンチャーへの出資

SBIホールディングスの子会社でベンチャーキャピタルファンドの運用・管理を行うSBIインベストメントは、2015年にFinTech事業領域の有望なベンチャー企業への投資を目的とした「FinTechファンド」を設立して、翌2016年に目標とする300億円の出資を達成しています[8]。

一方、三菱東京UFJ銀行は、グローバル展開を目指す米国先進ベンチャー企業に投資を行うSozo Ventures社が運営するファンドに出資しています[9]。

また、みずほ銀行は、みずほキャピタル㈱が優れたFinTechベンチャーへの投資を目的として組成するファンドに出資しています[10]。

9　金融機関がFinTechベンチャーと協業する際に留意すべき点は？

　金融機関がFinTechベンチャーと協業する際には、次の諸点に留意する必要があると考えられます。

(1)　ビジネスモデル面

　金融機関は、各々が持つ特徴を発揮させる土台として、独自のビジネスモデルを構築して、それを具現化させる形でビジネスを展開しています。
　したがって、FinTechベンチャーと協業するにあたっては、それが自己のビジネスモデルに沿ったものであるか、さらには自己のビジネスモデルを深化させるものであるか等、FinTechベンチャーが得意とする分野と自己のビジネスモデルとの親和性等を総合勘案して、FinTechベンチャーとの協業の是非を検討することが重要となります。

(2)　セキュリティ面

　金融機関は、金融サービスの安定供給や個人情報保護等の観点から、ITセキュリティ面で多大なコストとエネルギーを費やして、外部からのサイバー攻撃に対する強固な防御体制を構築しています。
　これに対して、FinTechベンチャーでは、ユーザの利便性、効率性、機動性等に力点を置いたシステム構築を行っていることから、金融機関に較べるとセキュリティ面で外部からの攻撃に対する防御が強固ではないことが少なくありません。
　したがって、金融機関がFinTechベンチャーと協業するに際しては、どこまでデータを共有するか、システムのインターフェースをどうするか、FinTechベンチャーにどこまでセキュリティの拡充を求めるか等を、FinTechベンチャーとともに慎重に検討する必要があります。

なお、金融情報システムセンター（FISC）では、2016年10月に立ち上げた「金融機関におけるFinTechに関する有識者検討会」によるFinTechベンチャーが金融分野に関わるビジネスを手掛けるにあたってのシステムの安全対策に関する検討結果を、「FinTech業務全般における安全対策に関する意見表明」という形で公表する予定です[11]。

　その意見表明案の主要な内容は、次のとおりです。
① 金融関連サービスに携わる金融機関やITベンダーのほか、FinTechベンチャー等の事業者も、自らが管理責任を負う情報システムに対して適切な安全対策を実施する。FinTechベンチャー等の事業者は、企業価値の最大化のためにも、金融関連サービスにおいては、何よりも利用者が安心して利用できることが重要であり、そのためには、サービスの提供に必要となる情報システムに対してなんら安全対策を実施しない、ということは適切ではない。
② FinTechにみられるとおり、金融関連サービスにおけるイノベーションには目覚ましいものがあり、特に革新的なユーザ体験の提供などを通じて利用者の利便性向上に資することから、その利用が進んでいる状況にある。したがって、安全対策の実施にあたっては、利用者の利便性向上に資するイノベーションを阻害することがないよう留意されるべきである。また、金融関連サービスの提供に従来以上に複数の事業者が多段階に亘り重層的に携わることが予想され、安全対策においても、互いに協調して取り組むべきである。
③ 金融情報システムの安全対策については、金融情報システムセンター安対基準を含め、社会的に合意されたルールが形成されるよう努める。

(3) スピード面

　金融機関の意思決定のプロセスは、担当者から課長、部長等という形で重層的に行われ、そのなかでも重要な案件は、役員会議、さらには取締役会での決議が必要となります。特に、金融業務におけるITの重要性が一段と増

している状況にあっては、IT ガバナンスの観点から、IT に関する案件の決定は慎重を要し、そのため正式決定までに時間がかかることも少なくありません。

これに対して、FinTech ベンチャーは、機動的な商品、サービスの開発を大きな特徴であり強みとしており、この結果、FinTech ベンチャーが金融機関と協業する際には、スピード面で違和感が生じることが十分考えられます。

したがって、金融機関が FinTech ベンチャーと協業するにあたっては、金融機関にとっての IT に関わる意思決定過程の重要性を FinTech ベンチャーが認識できるよう両者間で十分話し合うとともに、金融機関の意思決定プロセスをできる限り迅速化して、FinTech ベンチャーの持ち味である機動性を生かすようにマネジメント層が心掛けることが重要となります。

[注]
(1) JP Morgan Chase "Chairman & CEO Jamie Dimon's Letter to Shareholders" Annual Report 2014、2015.4.8の該当箇所を筆者が要訳した。
(2) Sarah Krouse "Dimon Sees Threat From Silicon Valley" The Wall Street Journal, 2014.2.25
(3) JP Morgan Chase, op.cit.
(4) 日本経済新聞「異端から革新生まれる―金融庁と日本経済新聞社主催による「FinSum：フィンテック・サミット」における麻生大臣挨拶」2016.9.21等から
(5) Gartner "Forecast: Enterprise IT Spending for the Banking and Securities Market, Worldwide, 2012-2018, 1Q14 Update" 2014.4
(6) Julian Skan,Richard Lumb,and Samad Masood"The Boom in Global Fintech Investment" Accenture, 2014, p8
(7) みずほフィナンシャルグループ、みずほ銀行、メタップス、WiL LLC.「新たな決済サービスの提供を目的とする業務提携に向けた基本合意について」2016.10.13
(8) SBI ホールディングス、SBI インベストメント「FinTech 関連企業を対象としたベンチャーキャピタルファンド『FinTech ファンド』の設立について」プレスリリース2015.12.22
(9) 三菱東京 UFJ 銀行「Sozo Ventures ― TrueBridge Fund II, L. P. 出資につい

て」プレスリリース2016.2.19
(10) みずほ銀行「みずほFinTechファンドへの出資について」プレスリリース2016.3.16
(11) 公益財団法人金融情報システムセンター企画部「FinTechに関するFISCの取組みについて」金融庁第2回決済高度化官民推進会議資料2017.1

FinTech と規制

1 FinTech ベンチャーに対する規制は？

　FinTechによる革新的な金融サービスの多くは、伝統的な金融機関とは異なるFinTechベンチャーにより手掛けられています。そして、金融ビジネスのさまざまな分野に多くのFinTechベンチャーが参入することにより、金融サービスの効率化、高度化という形でユーザにとって大きなメリットがもたらされることが期待されます。

　しかし、FinTechベンチャーは、一般的に伝統的な金融機関と異なり自己資本規制や流動性規制等の対象となっていません。したがって、仮にこうしたFinTechベンチャーが金融ビジネスに本格的に進出する場合には、金融規制との兼ね合いをどのように考えるか、が重要な課題となります。

　この点について、日本銀行の黒田総裁は、次のように述べています[1]。

　「これまで金融当局は、銀行などのバランスシートから多くの情報を入手するとともに、自己資本規制や流動性規制など、バランスシートに制約を課す手段を用いることで、金融安定の実現を図ってきました。しかし、このような方策は、決済ビジネスに特化していたり、自らのバランスシートを使わずに個人間（P2P）融資などを行うフィンテック企業に対しては、必ずしも有効とは言いにくくなっています。その意味で、金融当局は、いかなる手段を通じて必要な情報を入手し、金融安定を実現していくのか、という新しい課題にも直面しています」。

　また、FinTechベンチャーは、消費者目線に立ったイノベーティブな金融商品、サービスを提供するものとして、そのベネフィットが強調されてい

ますが、一方において、そうした金融商品、サービスが持つ潜在的なリスクに十分対応することが消費者保護の観点から強く求められます。

2 FinTechに対する規制の基本的な考え方は？

(1) 金融規制の目的

金融は、経済活動を支えるきわめて重要なインフラです。金融は経済のあらゆる分野にネットワークを張りめぐらしていて、どこかにトラブルが発生すると、それがドミノ的に伝播して、ひいては金融システム全体がマヒに陥るシステミックリスクを招来して経済活動に甚大な被害をもたらす恐れがあります。

こうしたことから、金融機関に対して基本的に厳しい規制を課する背景には、十分の理由があります。

(2) ITの本質

一方、ITの本質はイノベーションです。ITの歴史を紐解くまでもなく、ITはベンチャー企業が生むさまざまなアイディアが具現化するなかで発展過程をたどってきました。

こうしたアイディアが、既存のビジネスを効率化するばかりか、既存のビジネスの枠組みを変革するゲームチェンジャーの役割を発揮するポテンシャルを持つに至っている背景には、近時の劇的なITの発展が大きく寄与していることは自明です。

そして、このようなITの目覚ましい発展には、もちろん記憶容量の拡充とかwebの発展といった技術的側面がありますが、その源泉は、何といっても自由奔放なアイディアからほとばしり出るイノベーションそのものです。

こうしたITの本質を考えると、ITに対してその自由度を大きく制約する

ような厳しい規制をかけることは必ずしもなじまない、ということができます。

3 FinTechに対する規制は、現行の金融規制を前提とすべきか？

(1) 金融規制の見直し

　その本質的な機能から厳格な規制下に置かれることが当然とみられる金融に関わる規制と、逆にその本質的な機能から厳格な規制になじまないITとの融合であるFinTechに対する規制をどのように調和させるかは、既存の金融サービスを変革したり、新たな金融サービスを創出する、といったFinTechが持つ重要な機能を存分に発揮させることができる環境を整備する観点から、きわめて重要なポイントとなります。それでは、既存の金融規制を見直すにあたってはどのようなスタンスをとるべきでしょうか。これには、2つの論点があります。

　第1に、金融機関がFinTechベンチャーの金融分野への侵入を防ぐために、安全性の維持という大義名分を盾にして、既存の規制内容をFinTechベンチャーにも幅広く適用すべきである、といった主張をすることは意味を成しません。

　第2に、金融分野は、他のさまざまな分野に比較すると、きわめて強固なセキュリティを堅持する必要があります。一方、FinTechベンチャーが金融分野を手掛ける基本的な視点は、消費者の利便性を高めるところにあります。それには、コスト削減もあれば、金融サービスの拡充、新金融サービスの提供もあります。これ自体、消費者からすると歓迎すべきことですが、単にサービスのコストが安くなるとか、スピードが速くなる等で消費者の満足度が高まるわけではなく、新たな商品、サービスの透明性やセキュリティの拡充も満足度を測る重要なファクターとなります。

(2) イノベーションと金融システムの安定の両立

FinTech が台頭した状況下での金融規制の検討は、FinTech ベンチャーのイノベーションを、金融商品・サービスの透明性やセキュリティを損なうことなく金融ビジネスに取り込み、消費者の満足度を高める形で、既存の金融規制を見直すことが必要であると考えられます。

4　銀行法等の改正内容は？

日本では、FinTech の台頭を背景として、金融機関が IT 分野のイノベーションを戦略的に取り込み、グループ全体での柔軟な業務展開を可能とすることを目的に、法改正を含めて金融規制の見直しが行われています。この点について、麻生副総理・財務大臣・金融担当大臣は次のように述べています。

「…… FinTech に合わせて、システムが変わる、時代が変わる、たぶん人も変わらざるを得ない。金融庁としてもそういったものに合わせて対応を考えていかなければならない。今年（2016年）、銀行法を改正しました。銀行も改正によって、いろいろなテクノロジーと一緒に仕事ができるようになる。……」[(2)]。

(1) 銀行持株会社や銀行の金融関連 IT 企業等への出資の容易化

従来の銀行法では、銀行持ち株会社が金融以外の事業会社を傘下に抱える場合には、出資比率は5％までという「銀行法の5％ルール」と呼ばれる制限がありました。

これは、銀行の本業以外の事業に対する出資を無制限に認めると、本体の銀行経営に悪影響が及ぶことにより業務・財務の健全性が損なわれる恐れや、優越的地位の濫用、利益相反の恐れがあり、そうした事態を回避する趣旨で設けられた規制でした。

また、金融関連業務への出資であれば従来の銀行法で認められていますが、FinTechベンチャーへの出資は金融関連業務への出資であるといっても、出資の段階では先行きそれが果たして金融関連業務として成功するか否かが不透明であることが少なくありません。

　しかし、FinTechベンチャーが金融業界に大きなメリットをもたらす展開となっている状況下、金融機関によるFinTechベンチャーへの戦略的出資が重要視されています。

　そこで、こうした規制を見直す必要性が強まり、金融審議会の金融グループ制度ワーキング・グループは、金融グループにおけるIT・決済関連業務の取扱いに関し、「銀行が提供するサービスの向上に資する業務又はその可能性のある業務」を行うための子会社等への出資を可能とすることを提言しました(3)。

　そしてこれを受けて、2016年5月に「情報通信技術の進展等の環境変化に対応するための銀行法等の一部を改正する法律」が成立し、2017年4月に施行されました。これにより、銀行業の高度化・利用者利便の向上に資すると見込まれる業務を営む会社に対して、当局の認可を得て5％を超える出資をすることが可能となり、FinTechベンチャー等への出資が容易となりました。

　この当局の認可に際しては、金融グループの財務健全性に問題がないこと、銀行本体へのリスク波及が大きくないこと、当該出資がグループの金融サービスの拡大に寄与すると見込まれること等が勘案されることになります。

(2)　決済関連のシステム事務などの業務受託の容易化

　従来の銀行法では、決済関連のシステム事務などの業務を営む銀行の子会社・兄弟会社は、親銀行グループからの収入が総収入の50％以上である等の収入依存度規制がかけられていました。

　これは、決済関連のシステム事務などの業務は、銀行業の本業ではないと

され、これを銀行グループ内で無制限に営むことは、銀行の健全性確保の観点から適正でないとみられる一方、銀行業務に必要となる業務であることから、銀行業務との一体性確保が可能な範囲に限定して許容する、という趣旨で設けられた規制でした。しかし、金融グループでは、決済事務の合理化や、戦略的IT投資の必要性の高まりから、銀行グループ内外の決済関連事務等の受託の容易化を求める声が高まっています。

そこで、金融審議会の金融グループ制度ワーキング・グループは、銀行グループ内外の決済関連事務等の受託の容易化を提言しました[4]。

そしてこれを受けて、「情報通信技術の進展等の環境変化に対応するための銀行法等の一部を改正する法律」により、銀行の子会社である従属業務を営む会社（主として銀行業務のために業務を営む会社）に求められる当該銀行に対する収入依存の要件を一部緩和することに改正されました。

[注]
(1) 黒田東彦「フィンテックと金融イノベーション（パリ・ユーロプラス主催フィナンシャル・フォーラムにおける挨拶の邦訳）」日本銀行、2016.12.5
(2) 日本経済新聞「異端から革新生まれる─金融庁と日本経済新聞社主催による「FinSum：フィンテック・サミット」における麻生大臣挨拶」2016.9.21等から
(3) 金融審議会「金融グループを巡る制度のあり方に関するワーキング・グループによる報告書」2015.12.22
(4) 同上

「競争と協調」の実現に向けて

　金融機関が FinTech に向き合う基本的なスタンスは、「競争と協調」であり、それを具体的に実現させることを目的として、さまざまなアプローチが進行中です。

1　オープンイノベーションとは？

(1) オープンイノベーションの定義

　「オープンイノベーション」は、企業が外部のアイディアや技術、開発力を活用することによって、革新的な価値を創造する、というコンセプトです。オープンイノベーションによる外部のアイディアや技術、開発力の活用は、ライセンスや共同研究といったバイラテラルベースでの外部との連携だけではなく、それ以上にクラウドソーシング（クラウドとアウトソーシングの合成語）等、不特定多数の相手との連携もさかんに行われています。

　こうしたオープンイノベーションは、自社にない技術を取得、補完するといったインバウンド志向に加えて、企業同士の協働によるシナジー効果から新たな価値を創造するアウトバウンド志向のオープンイノベーションも活発化しています[1]。

　オープンイノベーションは、政府の「イノベーション総合戦略2014」や「日本再興計画」で国策として推進する方向が示されています。また、2015年に民間企業を中心としたオープンイノベーション推進協議会が発足して、具体的な推進策が検討されています。

(2) オープンイノベーションが注目されている背景は？

　企業が提供する商品、サービスに対する顧客のニーズは、多様化、複雑化の一途をたどり、またその変化のスピードも一段と加速しています。企業がこうした顧客のニーズに的確に応えるためには、商品、サービスの研究開発を、迅速に、かつ効率的に実施する必要があります。

　しかし、企業が研究開発に投入することができる人的、物的資源にはおのずから制約があります。そこで、企業が高い技術を活用して新規事業のプロジェクトを効率よく推進するために、企業間のアライアンスが重要となります。こうした背景から、企業が自前主義で研究開発事業を完結させるのではなく、外部の力を取り込むオープンイノベーションのコンセプトが重視されています。

(3) オープンイノベーションのメリットは？

① ソリューションの発見

　オープンイノベーションのメリットは、何といっても外部のアイディアを活用して、自己では対応できない研究開発上のさまざまな課題のソリューションを見出すことができる点にあります。

② 研究開発の効率化

　また、従来は自前で実施していた研究開発を、外部の力を借りることにより効率的に進めることができる点も大きなメリットです。具体的には、開発、設計からその商品・サービス化のリードタイムの短縮を実現することができます。

③ リスクマネジメントの向上

　さらに、オープンイノベーションは、自前でリスクが高い革新的なプロジェクトを行うのではなく、他社との協業によって行うことにより、プロジェクト推進にあたってのリスクマネジメントに資するということができます[2]。

(4) オープンイノベーションとFinTechの関係は？

FinTechは、金融と技術の融合です。すなわち、FinTechは、金融業が外部のITのノウハウを積極的に取り込むことにより、新たな金融の姿を作りだすことを意味します。ここから、オープンイノベーションは、FinTechの中核に位置づけられるコンセプトである、ということができます。

特に、デジタル革命の進展により、顧客が金融機関に求める商品、サービスの内容が高度化、複雑化しており、また、そのアクセスチャネルも多様化している状況にあって、金融機関が自社開発でそうしたニーズに対応するためには時間もコストもかかることから、外部からITの力を導入することが、厳しい競争に生き残るためにはどうしても必要となります。

また、日本の金融システムの大きな特徴は、ネットワークが高度に発達を遂げている点にあり、ITを活用した各種の新しい決済サービスも最終的な決済には金融機関の預金口座を使用するケースが一般的です[3]。こうしたことを勘案すると、日本では、金融機関とFinTechベンチャーの連携、協働をコンセプトとするオープンイノベーションを軸として、金融機関がFinTechベンチャーのITのノウハウと革新的なアイディアを取り込んでいくことが、戦略的に有効で効率的なアプローチである、とみることができます。

●事例：SBIグループと日本IBMの地域金融機関向けFinTechサービス導入支援の共同事業

SBIホールディングスと日本IBMは、地域金融機関向けに各種FinTechサービスの導入を支援することを目的に「FinTechプラットフォーム」構築などの共同事業の展開と合弁会社の設立を予定しています[4]。

このFinTechプラットフォームにはSBIグループの投資先を含む国内外のFinTechベンチャーの各種FinTechサービスおよびシステムを接続して、地域金融機関向けに各種のFinTechサービスを提供する計画です。これにより、地域金融機関は幅広いFinTechサービスのなかから各々のニー

ズにマッチしたFinTech機能が選択できるようになり、地域金融機関による FinTechサービスのスムーズな導入、サービスの多様化、低コスト化を期待することができます。

　SBIグループと日本IBMはこうした共同事業を通じてFinTechのオープンイノベーションの促進、FinTechを活用した金融ビジネスの高度化を促進したい、としています。

(5) オープンソース、オープンソース・ソフトウェアとは？

① オープンソース

　オープンイノベーションは、デジタル革命の核心となるコンセプトであり、新たなテクノロジーの普及に貢献しているオープンソースがオープンイノベーションを推進する役割を担っています。

　ここで、「オープンソース」（open source）は、ソースコードが公開されて再配布等が許可されていることをいいます。また、ソースコードは、ソフトウェアの設計図を意味し、ソースコードの著作権自体は製作者が保持します。

② オープンソース・ソフトウェア

　オープンソースとして公開されたソフトウェアを「オープンソース・ソフトウェア」（OSS）と呼んでいます。オープンソース・ソフトウェアは、だれでもインターネット等を通じてソースコード全体を無償で入手することができる、という形で公開されます。そして、ユーザはそれをオープンソース・ライセンスと呼ばれる利用許諾契約に基づいて、自由に使用できることはもちろん、複製や改良、再配布・再頒布、自己開発プログラムへの組込み等を行うことが可能です。

　このように、オープンソースとして公開して、だれでもそれを無料で活用できるようにする狙いは、多くの人がソースコードを使用、改良することによって、ソースソフトウェアの機能のさらなる向上が期待できることにあります。

なお、オープンソース・ソフトウェアに対して、公開されない私有のソフトウェアは「プロプライエタリ・ソフトウェア」(proprietary software) といいます。

また、オープンソース・ソフトウェアに似たソフトウェアに「フリーウェア」とか「フリーソフト」と呼ばれているソフトウェアがあります。フリーウェアないしフリーソフトは、その名のとおり無料での使用が可能ですが、その多くはソースコードが公開されていません。

オープンソース・ソフトウェアは、企業によって利用されることを前提としていて、したがって、その利用環境に耐える品質や機能を具備しています。企業は、オープンソース・ソフトウェアの活用によりコストの削減ができるほか、ソースコードが公開されていることから不正プログラムや脆弱性等を監査することが可能であり、それによりソフトウェアの信頼性を判断することができる等のメリットがあります。

また、オープンソース・ソフトウェアは、国際標準規格のプロトコル（手順）やAPIを具備しており、企業はその活用により既存システムを有効に活用するエコシステムの実現が可能となり、また、スマートデバイスやIoT等への対応等、目まぐるしく変化するビジネスの内容に柔軟に対応することができます（APIは2、IoTは第3章Ⅶ参照）。

(6) 国内のオープンイノベーションとFinTechの取組みは？

金融機関では、オープンイノベーションの取組みとして、FinTechベンチャー支援プログラムを展開しています。

① 三菱東京UFJ銀行

三菱東京UFJ銀行は、新モバイルサービス・webプロモーション手法と、個人顧客向けの決済サービスをテーマに公募を行って、協働事業化の可能性を検討するプログラムを実施しました（「4　ハッカソンとアクセラレータープログラムとは？」の項参照）。そして、これに続いて、FinTechベンチャーとのオープンイノベーションによる取組みを進めています。このプロ

グラムでは、応募のなかから選定したFinTechベンチャーに対して、ビジネスプランのブラッシュアップ、プロトタイプ（ユーザの動作確認用の試作品）の構築支援、パートナーの選定、提携等の支援を行うほか、銀行内のスタッフからのアドバイスや、ビジネスマッチング、三菱UFJキャピタルからの出資の検討等も組み込まれています。

② **三井住友銀行と日本総合研究所**

三井住友銀行と日本総合研究所は、2017年2月に企業のニーズと世界中の技術やアイディアをつなぐ紹介事業を展開する㈱ナインシグマ・ジャパンと、オープンイノベーションに向けた取組支援を目的とする業務連携を締結しました[5]。この業務提携により、イノベーション創出に向けて取り組む大企業・中堅企業の顧客に対して、3者が連携することにより、オープンイノベーションに関して経営課題整理を通じた注力分野の特定から、グローバルネットワークを活用した技術探索、パートナーとの協業体制構築まで、一気通貫したコンサルティング支援を行う、としています。

③ **野村総合研究所と住信SBIネット銀行**

大手証券会社では、FinTechベンチャーと共同で証券業務への先進テクノロジー適用の実用可能性や課題を明らかにする実証研究を開始しています。たとえば、野村総合研究所と住信SBIネット銀行は、オープンイノベーションプロジェクトを通じてブロックチェーン技術を実際の業務活用を行う実証実験を実施しています[6]。

④ **オリックスグループ**

2016年、オリックスグループ4社とFinTechベンチャーCrewwは、Crewwのオープンイノベーションプラットフォームであるcrewwコラボを活用することにより、オリックスグループ4社とFinTechベンチャーによる新規事業の創出を目指すことを発表しました[7]。

これにより、自動車事業（自動車リース等）、不動産事業（ホテル・旅館運営等）、個人向けローン、レンタル事業（IT関連機器等）を手掛けるオリックスグループが持つ経営資源をもとに、FinTechベンチャーの技術やアイ

ディアを活用することによって、革新的な事業、サービスの創造を図る、としています。

(7) オープンイノベーションの推進のためには何が必要か？

① 自社技術の絶対優位のカルチャーからの脱皮

オープンイノベーションの本質は、企業が積極的に外部の力を組織内に吹き込むことによりビジネスに新たな価値を見出し、また既存のビジネスに付加価値を生み出すことにあります。

そのためには、まずもって、企業が自前で開発から商品・サービス化を完結させる、といったカルチャーから脱皮することが必要です。

多くの企業は自社内に技術陣を抱えて、その部署が自社に特化した商品、サービスを開発しています。そこに、他社が開発した技術を持ち込むことは、現場から少なからず抵抗が生じることは想像に難くありません。しかし、前述のようにオープンイノベーションは、それを活用することによって企業にとり大きなメリットをもたらすことが期待できます。

企業の経営陣は、オープンイノベーションの推進にあたって積極的に外部の技術、開発力を活用するカルチャーを企業内に培うよう、強力なリーダーシップを発揮することが重要となります。

② イノベーションに対する目利き力

FinTechベンチャーは、ITを駆使して次々と新たなアイディアを提供してきます。したがって、金融機関はそのなかでどれが自身の持ち味、経営戦略を発揮させるためにマッチしたものであるかを見極めることが重要です。

オープンイノベーションを有効に生かすためには、この導入を総花的に目指すのではなく、金融機関の独自性を発揮して厳しい競争を生き抜くためにオープンイノベーションによりどのような技術を取り込んでいくか、目利き力を働かせた的確な経営判断が求められます。

2　APIとは？

(1)　APIの定義

　API（Application Programming Interface）は、企業が保有するプログラムのデータやアプリ等のソフトウェアの一部を、FinTechベンチャーに提供するための接続仕様です。こうしたAPIはインターネットを通じて行われることが多く、これを「webAPI」といいます。

　欧米では多くの企業がAPIを導入しており、2015年の時点でFortune1000社のうち75％の大手企業がAPIを導入しています[8]。

(2)　APIの目的は？

　顧客の間にパソコンやスマホ等のモバイル端末が普及するにつれて、企業が持つデータを活用して顧客のニーズを汲み取ることが、企業のビジネスを伸ばすために重要な要素となっています。

　そのためには、多種多様な顧客ニーズにマッチするアプリを低コストでスピーディーに開発する必要があり、それに応えるツールとして企業の自社開発ではなく、FinTechベンチャーに自社のデータ、IT機能のコンポーネントの一部を提供するAPIが活用されています。

(3)　APIエコノミーとは？

　APIは、企業のデータやソフトウェアの一部をFinTechベンチャーが使用できるように接続するテクノロジーです。これによりFinTechベンチャーは、APIで供給されたデータ等を活用してイノベーティブなアプリ等を効率的に開発することができます。このように、APIの活用により、企業とFinTechベンチャーが協業して、新たなビジネスの創出、ビジネスの規模拡大、収益の向上につなげるという形で、APIが事業価値の創造に寄与す

る展開を「APIエコノミー」と呼んでいます。

　APIの活用によりAPIエコノミーを実現させるためには、金融機関とFinTechベンチャーとのインターフェースを円滑に行い、FinTechベンチャーがそれによって得たデータ等を個人情報の保護を確保しながら、最大限、有効に活用できるよう金融機関がサポートしていくことが重要となります。そして、こうしたAPIの管理を「APIマネジメント」といいます（APIマネジメントについては(5)②c参照）。

(4)　APIのメリットとAPI導入の留意点は？

①　API導入のメリット

　APIにより、金融機関はデータやソフトウェア等のIT機能の一部をFinTechベンチャーに提供して、新たなアプリを効率的に開発することができます。

　すなわちFinTechベンチャーがアプリを個々に白紙から開発、作成することは時間も労力も要することから、金融機関がすでに持っているデータや機能の一部をAPIによりFinTechベンチャーが呼び出して、これをベースにしてFinTechベンチャーが新たなアプリを効率的に制作することが可能となります。

　具体的には、開発者としてのFinTechベンチャーは、APIが規定する手続に沿ってプログラムを記述すれば、一からプログラミングをすることなくその機能を利用したアプリを作成することができます。

　なお、企業がAPIを使用するFinTechベンチャーに課金することもありますが、多くのケースでは無料で提供されています。

②　API導入の留意点

　金融機関がAPIを導入するにあたっては、そのためのシステムの開発コスト、サポートコスト、情報管理のコスト等を要することになります。したがって、API導入の目的、そのコスト・ベネフィットの分析を行う必要があります。

(5) プライベート API とオープン API とは[9]？

　API には、プライベート API とオープン API があります。プライベート API とオープン API は、API のインターフェースの対象となるアプリの開発者（FinTech ベンチャー）をどうするかによる区別です。

　すなわち、プライベート API はインターフェースの対象を限定された FinTech ベンチャーとするのに対して、オープン API は幅広く外部の FinTech ベンチャーを対象とするものです。

① プライベート API

a　プライベート API のメリットは？

　プライベート API は、ある金融機関が保有するデータやアプリの機能の一部を、その金融機関の一部となっている FinTech ベンチャーか、金融機関と契約を交わしている FinTech ベンチャーに限定して提供するものです。

　そして、こうした FinTech ベンチャーがプライベート API を使って新たに開発したアプリは、一般に公開することができますが、金融機関とのインターフェイスはあくまでも当該 FinTech ベンチャーに限定されます。

　したがって、金融機関がプライベート API を導入するにあたっては、自社のデータや IT 機能の一部を最大限活用して新たな価値を創造する FinTech ベンチャーを見出すことが重要であり、金融機関が優秀な FinTech ベンチャーを選出するために、ハッカソンと称するイベントを主催することも行われています（ハッカソンは、4 参照）。

　プライベート API は、保有するデータやアプリの機能の一部を提供する金融機関にとって、新たなアプリの開発にかかるコストや時間を節約することができ、また新たなアプリで顧客のニーズを汲み取ることにより顧客層を拡大する等、金融機関に大きな付加価値をもたらすことが期待できます。

　一方、FinTech ベンチャーはプライベート API の活用により、アプリを白紙から制作するのではなく、金融機関が持つ IT 資産の一部であるデータやアプリを活用して、それから新たな価値を創造するアプリを機動的に制作

することができます。

　したがって、FinTech ベンチャーがプライベート API により新しくアプリを制作するにあたっては、保有するデータやアプリの機能の一部を提供する金融機関との緊密な協働により、顧客のニーズを的確に把握する必要があります。特に、顧客にさまざまなニーズがあるときにどのニーズを優先的に吸い上げてそれをアプリに取り込んでいくかについては、データやアプリの機能の一部を提供する金融機関と FinTech ベンチャーとが十分検討を尽くして優先順位づけを決定することが重要となります。

　b　プライベート API が持つリスクは？

　プライベート API は、金融機関のシステムとのインターフェースを限られた FinTech ベンチャーに対してのみ認めることから、安全面でのリスクはオープン API に比べると少ない、ということができます。しかしながら、金融機関としては、およそ自己のソフトウェアのインターフェースが外部にさらされる以上、セキュリティ上、問題が発生するリスクがあることに十分留意する必要があります。

　すなわち、顧客が使用するアプリは、一般的にインターネットを通じて API と交信することになることから、サイバー攻撃を受けるリスクがあります。

② オープン API

　a　オープン API とは？

　オープン API は、FinTech ベンチャー等が望めば、FinTech ベンチャーの適格性やデータ管理の面で特に問題がある場合を除いて、金融機関が保有するデータやアプリの機能の一部を提供するというものです。

　オープン API は、登録した FinTech ベンチャー等であればだれでもアクセスができる「パブリック API」と、一定の資格要件等が定められたグループに所属する会員だけがアクセスできる「メンバー API」に分類されます。

　b　オープン API のメリットは？

　金融機関がオープン API を採用する背景には、さまざまな FinTech ベン

チャーが出現している状況下、そうしたFinTechベンチャーがオープンAPIから刺激を受けてイノベーティブなアイディアをベースにしたアプリを制作、顧客に提供することにより、金融機関のコアビジネスの発展に結びつける、という目的があります。

こうしたオープンAPIの活用により、金融機関は自己でアプリを開発するよりも短時間、低コストで、目まぐるしく変化する顧客ニーズにマッチした商品、サービスを機動的に提供することができます。

これを換言すれば、金融機関がオープンAPIを導入するにあたっては、金融機関がオープンにするデータ等がFinTechベンチャーにとって魅力的なものであり、それによりFinTechベンチャーに対して、金融機関の潜在的な顧客を吸引するアプリの制作を刺激するようなものである必要があります。

すなわち、オープンAPIの究極の目的は、それがFinTechベンチャーによりおおいに活用されて、多くの顧客のニーズを満たす、といった顧客の利便性向上にあります。

c　オープンAPIが持つリスクは？　APIマネジメントとは？

オープンAPIの導入は、特にセキュリティの面で十二分の注意を払う必要があります。たとえば、多数の顧客がアプリを使用することにより、金融機関のITの機能に悪影響を及ぼすようなことがあってはなりません。また、プライベートAPIと異なり、金融機関のソフトウエアを不特定のFinTechベンチャーにさらすことになり、ハッカーの格好の攻撃対象になる恐れがあります。

さらに、オープンAPIの導入にあたっては、金融機関の経営面においても配慮すべき点があります。すなわち、オープンAPIを活用してFinTechベンチャーが制作したアプリを使う顧客が、金融機関の情報資産をどのように使うかを金融機関はコントロールすることができません。また、そのアプリを使った顧客が金融機関に対して良いイメージを持つかどうかも保証の限りではありません。

このように、オープン API は、セキュリティ面、経営面の双方でその管理を厳格に実施する必要があります。そして、こうした API の総合的管理を「API マネジメント」と呼んでいます。

特に、オープン API マネジメントについては、自社のデータや IT 機能の一部を不特定多数の外部の FinTech ベンチャーに提供することになることから、オープン API を導入する目的がどこにあるかを明確にしたうえで、オープン API 導入によるメリットとリスクを慎重に比較検討する必要があります。

(6) 銀行 API

① 銀行 API とは？

API の活用は、さまざまな業種に亘っていますが、そのなかで金融機関が提供するサービスに関わる API を、銀行 API（banking API、API banking）と呼んでいます。なお、ここでいう銀行は、広く金融機関を包含する広義の銀行です（以下、同じ）。

銀行がこれまで蓄積してきた膨大なデータを持つこと自体、銀行は大きな強みを持っている、といえます。しかし、そのデータをイノベーティブな形で活用して革新的な金融商品やサービスを顧客に対して提供するとなると、時間もコストもかかります。

現状、顧客のニーズは多種多様となっており、またそれが目まぐるしく変化します。さらに、インターネット、モバイル端末等の普及で、顧客はいつでもどこでも必要な情報を得て取引をしたい、といったユビキタスの環境を金融サービスに貪欲に求めてきます。

さて、銀行がこうした顧客ニーズにマッチしたサービスを適時適切に提供するには、どうしたらよいでしょうか。そのソリューションを提供するのが、銀行 API であり、オープンバンクプロジェクトです。すなわち、銀行 API は、銀行がデータやアプリの機能の一部を FinTech ベンチャー等に提供する接続仕様です。

② 銀行 API とスクレイピングの違いは？

　顧客と銀行との間を FinTech ベンチャー等が仲介して、銀行の入出金等の明細を銀行から顧客に伝達する手法としては、これまで主としてスクレイピングが使われてきました。スクレイピング（scraping）の文字どおりの意味は、削ったり引っ掻いたりすることですが、IT では、データのなかから不要部分を除く等、形を整えて顧客の目的にマッチするようなデータにすることを意味し、金融以外の業界でも幅広く活用されている技術です。そして、FinTech におけるスクレイピングは、利用者から ID、PW（パスワード）を預かって銀行のネットバンキングにアクセスすることにより、ネットバンキング画面上のデータを抽出する技術をいいます。

　スクレイピングと銀行 API を比較すると、主として次のような違いがあります[10]。

a　ID・PW の扱い

　スクレイピングでは、顧客の ID、PW を FinTech ベンチャー等に登録、預け入れて、それを FinTech ベンチャー等が使ってインターネットバンキング等にログインすることになります。

　これに対して、API では ID・PW は使われず、銀行が発行したアクセストークンと FinTech ベンチャー等に対する権限管理に基づいてアクセスすることになります。

b　セキュリティ

　スクレイピングでは、基本的にセキュリティの水準は、FinTech ベンチャー等の判断に依存します。

　これに対して、銀行 API では銀行が FinTech ベンチャー等のセキュリティの水準を評価して、アクセスを認めることとなります。

c　メンテナンス

　スクレイピングでは、銀行のインターネット・バンキング画面が更改されると、FinTech ベンチャー等は、その都度、プログラムの変更が必要となります。

図表5−1　スクレイピングとAPIの基本的なフレームワーク

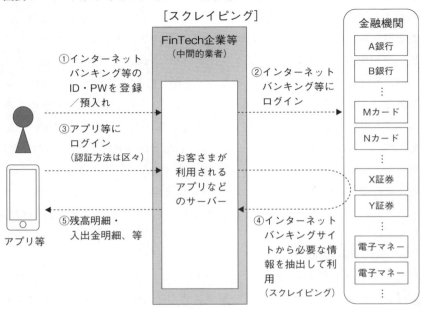

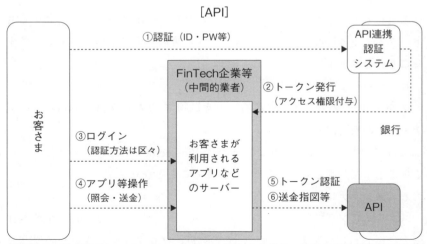

(出所)　田村直樹「オープンAPIのあり方に関する全銀協の検討状況」全国銀行協会、第3回金融審議会・金融制度ワーキンググループ資料2016.10.28、pp2、4

これに対して、銀行 API では FinTech ベンチャー等とのデータ連携は、インターネット・バンキング画面が更改されてもその影響を受けることはありません。

③ 銀行 API によるサービスの種類は？

銀行 API は、銀行が FinTech ベンチャー等に提供する業務の範囲により、参照・照会系 API と更新・実行系 API に分類されます[11]。

a 参照・照会系 API で提供される業務

金利・手数料照会、口座情報照会、入出金明細照会、カード請求額照会、株価・為替相場情報照会、店舗・ATM 所在地等

b 更新・実行系 API で提供される業務

口座開設、資金移動、振込み・振替指図、口座振替え（引落し）、投信・株式・保険商品購入指図、諸届（住所変更等）、ローンシミュレーション等

④ 銀行 API のメリットは？

銀行 API により、銀行が持つ膨大なデータが活用され、それが銀行にとって大きな利益をもたらすことが期待されます[12]。金融イノベーションは、数多くの FinTech ベンチャーにより、伝統的な銀行業とは大きく異なる革新的な手法により推進されています。こうした FinTech ベンチャーは、銀行に比べるとより低廉なコストで金融サービスを提供しています。

銀行が API でデータ等を公開した場合には、FinTech ベンチャーがスマートアプリの開発によって顧客との間で金融面でより密接な関係を構築してビジネスを展開することになり、この結果、「銀行は単に情報の提供者となるのではないか」という疑問が起こるかもしれません。しかし、安全性に裏付けされた銀行 API の導入により、厳格なルールのもとで選定された FinTech ベンチャーに対して銀行のプラットフォームやデータを提供することにより、イノベーションの面で銀行が FinTech ベンチャーと同じ土俵にあがることとなり、この結果、銀行 API の導入が銀行にとって協働と競争力の強化につながる、といった効果を期待することができます。

そして、銀行 API により銀行と FinTech ベンチャーが相互に緊密化した

金融エコシステムを形成して、より効率的な金融システムを構築することができます。

以上の点を整理すれば、次のようになります[13]。

a　イノベーションの促進と具体化

銀行APIは、FinTechエコシステムを具現化させる典型であるということができます。ここで「FinTechエコシステム」とは、銀行、FinTechベンチャー、ユーザとの間の絆を強固なものとして、共存共栄の関係を構築する仕組みをいいます。

すなわち、銀行は銀行APIの活用によりFinTechベンチャーとの関係を深化させることができ、この結果、大規模なイノベーションを効率的、かつスピーディーに、開発することができます。

具体的には、銀行は、銀行APIによりFinTechベンチャーに対して銀行が持つ一部の機能と情報を提供することにより、従来、銀行が保有していたITシステムでは不可能、または可能であるとしても多大なコストと時間を要するようなイノベーションをスピーディーに、かつ低コストで実現することができます。しかし、こうした展開は万全なセキュリティの確保と個人情報の管理の厳格化が前提となります。

銀行がFinTechの大きな流れにどのように対応するかについては、FinTechベンチャーの買収が考えられますが、銀行APIは、買収によることなくFinTechベンチャーが持つイノベーティブなアイディアとその製品化を銀行に取り込むことができる有力なツールになる、ということができます。

b　データの活用による銀行収益の向上

銀行APIにより、銀行が保有している膨大なデータがより有効に活用されて、この結果、銀行の収益に大きく貢献することが期待できます。また、顧客が、FinTechベンチャーにより開発されたアプリを活用することにより、銀行は豊富な顧客情報を収集することができ、これをマーケティングに活用することができます。

銀行がこのように収集したデータは、銀行業のみならず証券市場、保険業、消費者金融等、幅広い分野で活用されることが期待されます。

c 銀行業が提供するサービスの高度化、ユビキタス化

銀行APIにより、FinTechベンチャーが開発したアプリを通して顧客に高度のサービスを提供することが可能となり、このことがより多くの顧客を吸引するドライバーになることが期待できます。

また、銀行APIにより開発されたアプリにより、顧客がいる場所に、顧客が望む時間に、顧客が必要とする金融サービスを提供することができます。特に、インターネットとモバイル端末が普及し、さらにIoTが各分野に浸透するにつれて、こうした金融サービスのユビキタス化が一段と促進されることになります（IoTについては第3章Ⅶ参照）。

⑤ 銀行API導入にあたって考慮すべき点は？

前述のとおり、銀行APIにはいくつかのメリットがありますが、一方、その導入にはいくつかの留意すべき点があります。

特に、銀行がAPIを導入する目的は何か、それが銀行のビジネス戦略にどのようなインパクトを与えるかが、重要なポイントとなります。

具体的には、次のような諸点が検討の対象となります。

a 銀行APIにより、FinTechベンチャーは顧客にいかなる新たな商品・サービスを提供できるポテンシャルがあるか。

b FinTechベンチャーが展開する新商品・サービスは、自行のコアビジネスを発展させる戦略にマッチしたものか、さらには新たなビジネスモデルの構築に資するものか。

c FinTechベンチャーは、これまで銀行が手掛けることができなかったような新たなマーケットを開拓するアイディアを持っているか。

d 自行での開発に比較すると、銀行APIによるFinTechベンチャーの開発は、時間の短縮、コスト削減等にどこまで資するか、コストとベネフィットの比較で十分なメリットがあるか。

なお、金融審議会金融制度ワーキンググループ報告書は、金融機関と電

子決済等代行業者がオープンAPIを活用して接続を行う際の利用料の有無・水準については、オープン・イノベーションを着実に進めていく観点を踏まえ、金融機関や業者、ベンダーら関係者において情報の内容等に応じ適切に設定されることが重要である、としています[14]。

e　銀行APIにより、銀行が顧客情報の漏えい等、セキュリティの脅威にさらされることはないか、FinTechベンチャーのセキュリティ対策は十分か、セキュリティ面での銀行とFinTechベンチャーとの間の責任分担は明確化しているか。

　この点について、金融審議会金融制度ワーキンググループ報告書は、金融機関と電子決済等代行業者においては、電子決済等代行サービスの提供に関連して個人情報保護法等の関連法令も踏まえ、顧客情報の適切な取扱いが図られる必要がある、としています。

　また、同報告書は、情報セキュリティについて金融機関によって区々の基準が設けられるような場合は、却って業者における情報セキュリティの確保のための措置が十分に図られない恐れもあることから、リスク・ベースの適切な情報セキュリティに係る基準を業界団体等の関係者がFISC（金融情報システムセンター）を中心として自主的に形成していくことが期待される、としています[15]。そして、FISCでは、全銀協「オープンAPIのあり方に関する検討会」で議論がされている「API接続先チェックリスト」（仮称）（API接続先が確保すべき安全管理措置の目安水準を含む）について、FISCが制定のための事務局となる方向で検討中である、としています[16]。

f　FinTechベンチャーが銀行APIに興味を持ち、新たな価値を創造するためには、銀行が保有するデータやIT機能のうちの、どれをどこまでAPIの対象範囲とするのが適当か。また、APIの設計は、FinTechベンチャーが開発作業を進めるにあたって利用しやすいものとなっているか。

⑥　**日本におけるAPI導入の具体例は？**

日本の金融機関の間に、FinTechベンチャーとの間でAPI提携を行う動

きが広がりつつあります。なお、これらはいずれも金融機関等が限られたFinTechベンチャーとの間で提携するプライベートAPIです。

●事例：住信SBIネット銀行、静岡銀行とマネーフォワードのAPI提携

　住信SBIネット銀行とマネーフォワードは、2015年に業務提携を行って住信SBIネット銀行のAPIをマネーフォワードに公開し、同行の顧客向けに自動家計簿サービスを開始しました[17]。また、2016年、静岡銀行もマネーフォワードと提携して、銀行APIの公開を行っています。

●事例：みずほ銀行のAPI提携

　みずほ銀行は、2015年より、LINE上で顧客が銀行口座の残高、入出金明細を確認できるサービスの提供を開始しました[18]。これは、LINEが提供するAPI「LINEビジネスコネクト」をみずほ銀行が活用することにより実現したサービスで、その後、宝くじ番号照会、ATM・店舗検索機能も追加されています。

　また、同行は、個人、法人顧客向けのすべてのネットバンキングについてAPIの提供を実現して、アイ・ティ・リアライズ、マネーフォワード、マネーツリー、freeeとの間で具体的なサービス連携を実施しています。

●事例：日本IBMとマネーツリーのAPI提携等

　日本IBMとマネーツリーは、2015年、APIを活用した協業を発表しました[19]。マネーツリーは、PFM（Personal Financial Management、個人財務管理）事業を手掛けるFinTechベンチャーです（PFMについては第2章Ｖ2参照）。また、日本IBMは、2016年、銀行とFinTechベンチャーとの連携を支援するFinTech共通APIの接続検証をFinTechベンチャー5社との間で実施しました。

●事例：スクウェア（Square）、コレック（COREC）、フリー（freee）のAPI提携

　クレジットカードリーダーの開発や、その他決済サービス分野を手掛ける米国のFinTechベンチャーSquareは、日本のFinTechベンチャーのfreee、ラクーン（COREC）、Super Deliveryとの間でAPI連携を行ってい

第5章　金融機関はいかにFinTechに向き合うべきか？　439

ます。

●事例：日本IBMによる信用金庫業界のオープンAPI共通基盤の構築支援

　日本IBMは、しんきん情報システムセンターによるオープンAPI共通基盤の構築を支援しています[20]。このオープンAPI共通基盤は、全国の信用金庫が同一環境で任意のFinTechベンチャーと接続ができるマルチテナント型の共通API基盤です。日本IBMでは、オープンAPI共通基盤は日本IBMのFinTech共通APIを利用しており、口座情報照会、残高照会、入出金明細照会といったインタフェースをはじめとし、FinTechサービスと既存インターネットバンキングや勘定系システムをアプリ間で接続することを可能にして、信金業界エコシステムの実現に大きく資する、としています。このオープンAPI共通基盤は、2017年12月に稼働開始の予定です。

⑦　英国財務省のオープンAPI標準とは？

　オープンAPI標準（Open API Standard）の導入に意欲的な代表例として、英国政府の取組みをあげることができます[21]。

　英国財務省は、銀行業界やFinTechベンチャー業界と緊密に協議のうえ、オープンAPI標準のデザインについての骨格を固めるとしています。そして、これにより次の効果が期待できる、とみています[22]。

a　銀行の顧客は、どの銀行がより有利な預金を提供するかを比較、判断することができる。

b　銀行は、顧客をつなぎとめるために、より良い商品、サービスを提供することに注力することが期待できる。

c　中小企業は、財務会計を効率的に処理することができる。

d　金融詐欺等の不正行為を効率的にモニターすることができる。

e　英国経済全体の観点からは、APIによりイノベーティブな商品、サービスの開発に向けての競争が一段と強まり、これが顧客にとって銀行取引の利便性向上につながることが期待できる。

・オープンバンキング・ワーキンググループの報告書

　政府の要請により、2015年にオープンバンキング・ワーキンググループ

(the Open Bank Working Group、OBWG）が組成され、オープンAPIによって銀行がこれまで蓄積してきたデータをいかに有効に活用して、国民の取引、貯蓄、借入れ、投資活動に資することができるか、また、銀行は新たな金融商品、サービスを求める顧客を吸引できるか、を中心に検討されました。

　そして、翌2016年に、オープンバンキング・ワーキンググループの検討結果が報告書として公表されました[23]。この報告書では、まずオープンバンキング・スタンダード（Open Banking Standard）がいうオープンAPIの定義が明確にされています。それによれば、オープンAPIは、
a　オープンデータ（たとえば、銀行が提供する商品のメニュー）、
b　限定されたメンバーだけでシェアされるデータ（たとえば、個人が銀行と取引した内容のリスト）
へのアクセスを支援するテクノロジーである、とされています。

　そして、オープンAPIで入手したデータを、オープンにしないか、シェアするか、オープンにするかは自由であり、またオープンAPIのアプリは、厳格な個人情報の保護と安全性、それに法律やガバナンスの枠組みが確保されることが重要である、としています。

　この報告書は、銀行が保有するデータをいかに活用して競争と効率性を高め、銀行セクターのイノベーションを促進するか、についての指針を内容としています。そして、5年間をかけてこれを実行に持っていくことが提言されました。報告書で提言されている主要内容は、次のとおりです。
i　オープンAPIの構築は、集中したシステムによるのではなく、webによるシステム構築により、できる限り広範に亘るイノベーションを生むことを目指すべきである。そして、自己のためのアプリを制作する個人、FinTechベンチャーから、銀行の委託によりソリューションを開発する業者、大手金融機関、さらには、APIのプロバイダーと提携して自己のソリューションの開発を指向する他業種のグループに至るまで、幅広い主体がオープンAPIを活用することが期待される。

ii　オープンAPIへの参加者が責任を持ってこれを活用することを確実にするために、第三者の独立した機関を設置すべきである。この機関は、データをシェアする場合の個人情報保護とデータの活用、信頼性の監督のほか、各参加者がルールを遵守しているかのモニター、苦情処理の枠組みの構築と苦情処理に対する是正策の実施等を行う役割を担うものとする。

iii　顧客データがシェアされる場合には、顧客からその都度、明確な同意を得なければならない。オープンAPIのプラットフォームは、高い透明性を持ち、またデータは必要とする期間を超えて保持しないようにすることが必要である。

　一方、顧客に対しては、オープンAPIに対する理解の深耕と顧客データは安全に保護されていることを十分情宣していく必要がある。

iv　顧客データの保護については、すでに「データ保護法」(the Data Protection regime) が存在し、オープンバンキング・スタンダードは、これを変更するものではない。しかし、顧客の同意は一定のフォームによりなされ、いかなるデータが提供され、いかなる目的でそれが使用されるか、を明確にする必要がある。

　また、顧客データの保護については、特にサイバー犯罪による攻撃に対して万全の対策を講じることが重要である。

⑧　電子決済等代行業者

FinTechの進展に伴い、金融機関と利用者の間に立って、顧客からの委託を受けて、決済指図の伝達や金融機関における口座情報の取得・顧客への提供といったサービスを提供するFinTechベンチャー等の電子決済等代行業者が登場しています。こうした業者は、顧客の潜在的なニーズをきめ細かく汲み取り、ITの活用により金融サービスを提供する、といった形で顧客の利便性向上に大きな役割を果たしています。

　金融審議会金融制度ワーキンググループでは、次のような問題意識でこうした電子決済等代行業者の取扱いについて討議が行われています[24]。

a 現状の認識
i 日本におけるオープン API の状況をみると、オープン API を実施している金融機関は少数にとどまっており、また、オープン API を実施している金融機関においても、必ずしも API を電子決済等代行業者に対し広く開放するには至っていないのではないか。
ii 多くの電子決済等代行業者が、金融機関の連携・協働先として認知されていない状況にあるのではないか。また、金融機関において認知されている業者であっても、オープン API により接続できる金融機関は限られているのではないか。
iii このため、多くの電子決済等代行業者が、顧客から預かったパスワード等を使って、金融機関との間で契約締結等の明確な法的関係を構築することなく、銀行システムにアクセスするスクレイピングで、サービスを提供する状態となっているのではないか。

b 現状の問題点
i 利用者が銀行口座のパスワードという重要情報を業者に取得・保有させる点について、セキュリティ上の問題が発生しないか、との不安が生じていることはないか。
ii 電子決済等代行業者による決済指図の誤伝達・不正伝達による決済リスクや、電子決済等代行業者からのアクセス増大に伴う銀行システムへの過剰な負担の可能性など、決済・銀行システムの安定性に影響を与えていることはないか。
iii スクレイピングにより、API に比して業者のコストが増大する場合もあり、結果として社会全体のコストを増大させていることはないか。

なお、金融庁が設置している FinTech サポートデスクには、「API を公開した金融機関と連携したサービスの提供等を検討しているが、現行の法制度に必ずしも適合する枠組みがないことが、銀行との連携・協働等の妨げとなり、円滑なサービス展開等の障害となっている」との指摘も寄せられました[25]。

c 対応策

現状の規制の枠組みとしては、銀行代理業、または銀行の外部委託先管理があります。このうち、「銀行代理業」は、銀行の委託を受けて預金、融資、為替の契約締結の代理、媒介を行う者をいい、「銀行の外部委託先管理」は、銀行の委託を受けてその他の行為を行う者をいいます。

そして、銀行代理業は、許可制で、営業所ごとの実務経験者等の配置義務や兼業について承認制となっているほか、所属銀行に対して指導義務や損害賠償義務等が課せられています。

しかし、銀行からの委託ではなく顧客からの委託に基づいて主導的な立場から多様なサービスを展開する電子決済等代行業者については、そうした制度的な枠組みは存在しません[26]。

そこで、日本において、オープン・イノベーションを健全、適切に進めていくようにするための制度整備として、欧州のケースも参考にして、金融審議会金融制度ワーキンググループで検討が進められ、その検討結果が報告書として公表されました[27]。

同報告書では、電子決済等代行業者が、顧客のためにビジネスを行うと同時に銀行のためにもビジネスを行うことがありうるため、各電子決済等代行業者の行為が銀行代理業規制の対象になるか判断する必要があるが、ITを活用したさまざまなサービスが登場していることにより、従来の基準によると適用関係が必ずしも明確でなくなっている恐れがあり、銀行代理業該当性について明確化を図る必要がある、としています（報告書の内容は⑨参照）[28]。

d 欧米のケース

欧米における電子決済等代行業者に対する制度の内容をみると、次のとおりです[29]。

ⅰ 欧　州

EUでは、決済サービス指令を改正して、電子決済等代行業者に対する規制の枠組みを整備しています。すなわち、EUは、決済の安全性・安定性の向上、利用者保護、決済サービス市場の効率化、FinTechベンチャーも含

めたレベル・プレイング・フィールドの確保等の観点から、決済サービス指令（Payment Services Directive、PSD）を改正（Revised Payment Services Directive、PSD2）（採択2015.11、国内法化期限2018.1）しました。

それによると、従来のPSDでは、銀行、電子マネー事業者、決済サービス事業者といった決済サービス提供者（Payment Service Provider）を免許制とするとともに、財務要件は自己資本規制を課し、また、資産保全については銀行は預金保険で対応する一方、電子マネー事業者や決済サービス事業者は、他の財産から隔離、優先弁済することが義務づけられていました。

これに対して、改正されたPSD2では、決済指図伝達サービス提供者（Payment Initiation Service Provider、PISP）と口座情報サービス提供者（Account Information Service Provider、AISP）に分類して、PISPは、利用者の依頼により、他の決済サービス提供者（銀行、電子マネー事業者、決済サービス事業者）に開設されている利用者の決済口座に係る決済指図を伝達するサービスを提供し、またAISPは、利用者が、他の決済サービス提供者に開設されている1つまたは複数の決済口座の情報を統合して提供するオンラインサービスを提供する業務を行う、としています。

そして、PISPは免許制、AISPは登録制とし、財務要件については、PISPは資本金5万ユーロ以上、AISPはなし、としています。また、資産保全については双方ともなし、としています。

ⅱ　米　　国

米国では、連邦レベルでも州レベルでも決済に関する電子決済等代行業者を直接の規制対象とした法制は存在しません。

もっとも、個別の契約形態や業務特性に応じ、規制対象に該当すれば、銀行の健全性確保の観点から、銀行とパートナーシップ契約等を締結した業者に対して規制が適用される可能性があり、また業者の業務特性に応じた送金業者規制、マネーロンダリング規制、消費者保護に係る規制等が適用される可能性があります。

⑨　金融審議会金融制度ワーキンググループの報告書

　金融審議会金融制度ワーキンググループでは、オープンイノベーションに向けた制度的枠組みとして、概略、以下のような方向で法制整備の審議を行っています[30]。

a　電子決済等代行業者に登録制を導入する。電子決済等代行業者が顧客から資金を預かることがないことに留意して、たとえば以下の要件を求める。
・適正な人員構成
・必要に応じた財務要件
・情報の適正な管理
・業務管理体制の整備等

図表5-2　金融審議会金融制度ワーキンググループによるオープンイノベーションの制度的枠組み

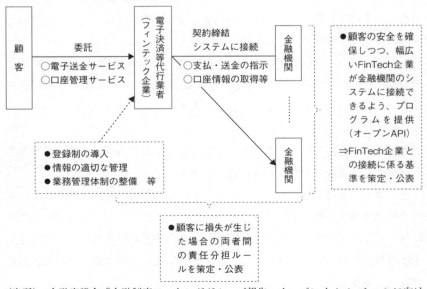

（出所）　金融審議会「金融制度ワーキンググループ報告―オープンイノベーションに向けた制度整備について―の概要」2016.12.27

b 電子決済等代行業者が、金融機関と接続して顧客に対して電子決済等代行業サービスを提供する場合には、金融機関との契約締結を求める。なお、たとえば決済指図の伝達は行わず、口座情報取得・顧客へ提供のみを行う者については、金融機関がオープンAPIを導入するために必要な期間を勘案し、一定期間契約締結を猶予する。

c こうしたオープン・イノベーションの取組みに参加しようとする金融機関においては、一定期間内にオープンAPIに対応できる体制の整備に努めることとする。

d 金融機関は、小規模業者等の接続を合理的理由なく拒否しないよう、契約締結の可否に係る判断の基準を策定・公表し、当該基準を満たす業者とは原則として契約を締結することとする。

e 金融機関は、オープン・イノベーションの観点を踏まえたオープンAPIの導入に関する方針および（オープンAPIを導入した場合には）契約締結業者との間で顧客に生じた損失の分担を定め、公表することとする。

f 猶予期間経過後であっても、金融機関との契約に基づくものであれば、業者がスクレイピングによるサービスを提供すことも可能とするが、金融機関は、情報管理体制の整備等が十分である業者に対してのみ、これを認めることができるものとする。

g なお、制度の実施にあたっては電子決済等代行業者に係る登録制の導入等が業者の機動的な事業展開等、イノベーションをいたずらに阻害することのないよう、登録者等の事務における迅速な対応等を含め、運用面においても本制度趣旨を踏まえた適切な対応が図られることが重要であると考えられる。

⑩ 銀行法等の一部を改正する法律

2017年3月、金融庁は、銀行法等の一部を改正する法律案を国会に提出し、5月に成立しました。この改正法は、FinTechの動きが世界的規模で加速する状況下、利用者保護を確保しつつ、金融機関とFinTechベンチャーとのオープン・イノベーションを進めていくための制度的枠組みを整備する

ことを目的としています（図表5－3）。

改正法は、電子決済等代行業者に対し登録制を導入して、次のルールを整備する内容となっています[31]。

図表5－3　オープンイノベーションを進めるための制度的枠組みの整備

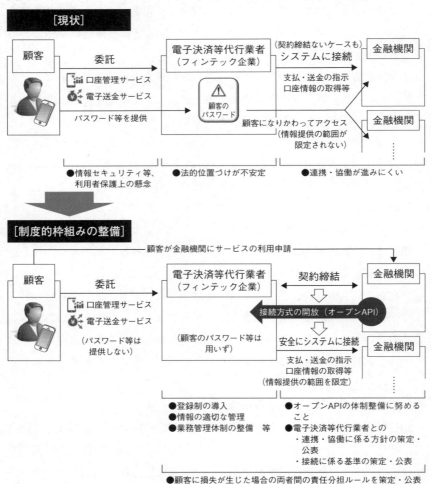

（出所）　金融庁「銀行法等の一部を改正する法律案の概要」2017.3

a 電子決済等代行業者の体制整備・安全管理に係る措置
・利用者保護のための体制整備
・情報の安全管理義務等
・財産的基礎の確保

b 電子決済等代行業者の金融機関との契約締結等
・サービス提供にあたり、利用者の損害に係る賠償責任の分担と利用者に関する情報の安全管理の事項を含む契約を締結

c 金融機関におけるオープン・イノベーションの推進に係る措置
・電子決済等代行業者との連携・協働に係る方針の策定・公表
・電子決済等代行業者との接続に係る基準の策定・公表
・オープン API 導入に係る努力義務

⑪ オープン API のあり方に関する検討会

2017年3月、オープン API のあり方に関する検討会(事務局:全銀協)は、「オープン API のあり方に関する検討会報告書—オープン・イノベーションの活性化に向けて—中間的な整理案」を公表しました[32]。

この検討会は、2015年の金融審議会・決済業務等の高度化に関するワーキング・グループ報告で、金融・IT イノベーションに向けた新たな取組みとして、セキュリティ等の観点からオープン API のあり方を検討することが提言されたことを踏まえて、2016年に設置されました。銀行、IT ベンダー、FinTech ベンチャー、法律家、学界、金融庁、金融情報システムセンター等のメンバーから構成されています。

この中間的な整理案は、日本におけるオープン・イノベーションの活性化を目指し、イノベーションの促進と利用者保護のバランスのとれた内容とすることを追求・意識して作成されています。そして、ユーザ、FinTech ベンチャー、金融機関の win-win-win の関係のもとで、日本の金融サービス高度化、利用者利便性の向上を実現するためのオープン API の活用促進に向けた官民連携のイニシアティブを取りまとめた、としています。このように、検討会の内容は、整理案の副題が端的に示しているように、オープン・

イノベーションの活性化を指向する内容で貫かれていることが大きな特徴となっています。

オープンAPIのあり方に関する検討会の中間的な整理案は、次のような内容となっています。

i API仕様の標準化について

　APIの仕様は、セキュリティ水準の確保および利用者保護を図るうえでも、金融機関とFinTechベンチャー等の協働・連携を通じたオープン・イノベーションの促進を図るうえでも、重要な論点である。

・APIの仕様は、本来、APIでの連携を目指す銀行とFinTechベンチャー等とが互いに協議して定められるものであるが、標準や目安のない状況下においては、銀行間で仕様が細分化していく可能性がある。したがって、仕様に関して一定の標準や目安を定め、できるだけ共通の仕様のもとで接続できる環境を整備することが望ましい。

・一方、APIを構成するプログラムを標準化した場合には、プログラムに脆弱性が発見されると、その影響が数多くの金融機関に及ぶ可能性があること、完全・詳細なAPIの標準を定めることとした場合には、標準が定められるまでの間、APIの開発が中断される可能性があり、またFinTechサービスの範囲が標準仕様の制約を受け、かえってオープン・イノベーションの推進を妨げるおそれがあること、等に留意する必要がある。

・こうしたことを踏まえて、検討会では、当面のAPI開発上の指針として、関係者がAPIを開発するにあたって留意すべき「開発原則」、推奨されるAPIの基本的な仕様を定める「開発標準」、電文メッセージの標準的な項目やその定義等の目安を定める「電文仕様標準」の3点を指針として取りまとめた。

・指針の取りまとめにあたっては、イノベーションの進展や関係者における先行的な取組みを阻害しないよう留意するとともに、関係者の判断による個別のカスタマイズや技術進歩への対応、新たな技術の採用にもできる限

り柔軟に対応可能なものとすることを意識した。
- また、この指針は、API連携を目指す銀行とFinTechベンチャー等が個別に協議して仕様を検討することや各銀行におけるオープンAPIに係る戦略等を踏まえた仕様の汎用性や拡張性を確保する取組みを妨げるものではなく、むしろこれらの取組みは積極的に推奨される。

ii　セキュリティ対策および利用者保護について

　オープンAPIの活用にあたっては、「利用者利便」と「利用者保護」のバランスを踏まえたセキュリティ対策および利用者保護を基本的な考えとすべきである。

- オープンAPIでは、利用者からの申請・同意に基づいて行われるとはいえ、銀行が保有する秘匿性の高い顧客情報がFinTechベンチャー等のAPI接続先に提供され当該API接続先において蓄積・保存されるほか、銀行が決済指図等を利用者ではなくAPI接続先を経由して受け取ることになる。したがって、オープンAPIへの取組みでは、十分なセキュリティ対策、利用者保護が図られることが必要となる。
- 他方、API接続先に対して、銀行と同水準のセキュリティ対策、利用者保護策を徒に求めれば、API接続先と銀行の協働・連携による利便性の高い革新的なサービスの提供や金融サービスの高度化、イノベーションに向けた取組みが阻害され、利用者がテクノロジーの進展の恩恵を受ける機会を失う恐れがある。
- こうした認識のもと、検討会では、APIの機能や連携するデータの種類・秘匿性等に応じたリスクベース・アプローチに基づいて、利用者利便と利用者保護のバランスを踏まえた銀行APIにおけるセキュリティ対策および利用者保護に関する基本的な考え方を取りまとめた。
- 具体的なセキュリティ対策および利用者保護策については、各銀行のポリシーや、個別のビジネス、各サービスのリスク、API接続先の態様等に応じて個々に判断されるものであり、利用者保護の観点から検討されることを期待する。

3 エコシステムとは?

(1) エコシステムの定義

「エコシステム」(ecosystem) は、元来、自然界の生物とその環境が連関しながら存続する生態系を意味しますが、FinTech では、複数の企業が連関しながらイノベーションを生み出し、共存共栄を指向するビジネスモデルや IT 戦略を意味します。

これを、既存の金融機関と FinTech ベンチャーとの関係でみると、金融機関が FinTech ベンチャーを発掘して、その育成をサポートして最終的には FinTech ベンチャーが開発した金融サービスを事業化する、といった一連のサイクルで構築されたシステムをエコシステムと呼んでいます。

(2) エコシステム発展の条件は?

FinTech におけるエコシステムは、主として金融機関と新進気鋭の FinTech ベンチャーとの協調という形で進展しています。

しかし、エスタブリッシュされた金融機関と誕生して間もない FinTech ベンチャーとでは、企業文化の違いがあり、またエコシステムにより各々が重点を置く目的の違いもあり、当初期待していたような協調関係を推進できない恐れがあります。

特に FinTech ベンチャーからみれば、金融機関の敷居の高さ、意思決定過程の複雑さとそのスピード感の違い、IT 分野への不適切または過剰な介入、ビジネスの横展開に対する制約等、エコシステムにより FinTech ベンチャーが持つイノベーションのポテンシャルを存分に発揮できる条件が必ずしも充足されない、という不満が募ることがあります。

金融機関が、エコシステムにより FinTech ベンチャーとの間で win-win の関係を構築するためには、こうした問題を十分認識して、金融機関と

FinTechベンチャーとの間で率直な意見交換を繰り返し行い、相互理解を深めるとともに、既成概念を打ち破る思い切った改善策を講じる等により、両者の間に存在する壁を取り除いていく努力をする必要があります。

(3) エコシステム発展に向けての試みは？

現在、エコシステムの発展に向けて、金融機関やITベンダー等がさまざまな施策を講じています。そうした施策には、ハッカソンやアクセラレータプログラムと呼ばれる「イベント型」から、物理的な拠点を設置する「拠点型」があります。

ハッカソン等のイベント型は、次の4で述べることとして、ここでは拠点型をみましょう。

① FINOLAB

2016年、電通国際情報サービス（ISID）は、三菱地所、電通と協業して、FinTechベンチャーを支援する産業拠点として、The FinTech Center of Tokyo Fino Lab（FINOLAB、フィノラボ）を開設しました[33]。

FINOLABは、企業、業界を超えたオープンなコラボレーションの場を開設して、エコシステムの創出を加速することを目的にしています。その具体的な内容は、次のとおりです。

a　有望なFinTechベンチャーの発掘
b　FinTechベンチャーがサービスの開発に集中できるような環境やリソースの提供
c　専門家によるメンタリング
d　オープンコミュニティ形成を促す各種イベントの開催
e　国内外の投資家や需要家とのマッチング機会創出、等

また、FINOLABの運営はISIDが担い、FinTechに関連する各領域のプロである有志個人（弁護士、投資家、起業家、金融従事者等）や一般社団法人金融革新同友会「Finovators（フィノベーターズ）」と緊密に連携していく、としています。

なお、みずほフィナンシャルグループは、2016年10月にFINOLAB内にラボ施設を設置することを公表しました。そして、第1弾として、みずほが今後提供する予定のOpen Bank API開発環境をベースに、FINOLAB内で多様な企業とオープンにコラボレーションを行うことで、新たなサービスの技術的検証をスピーディーに実施したい、としています。

② **兜町の再開発**

　平和不動産は、兜町のビルを利用してFinTechベンチャーの誘致活動を進める、と報じられています[34]。

　それによると、平和不動産は、ビルの一部を利用してFinTechベンチャーがイベントスペースとして利用できるようにするほか、インターネット接続やプロジェクター等、FinTechベンチャーに役立つ環境を整備したカフェを開設して時間単位で利用できるコワーキングスペースを運営したり、FinTechベンチャーからのニーズがあればオフィス用途として貸し出す、としています。

4　ハッカソンとアクセラレータープログラムとは？

(1)　ハッカソンとは？

① **ハッカソン**

　「ハッカソン」(hackathon)は、ハック(hack、プログラミングを行う)とマラソン(marathon)の合成語で、プログラマーやデザイナー、プロジェクトマネージャー等が、与えられた時間内でプログラミングを行い、その成果を競い合うイベントです。与えられる時間は、1日であることもあれば1週間に亘ることもあり、一般的に企業や団体、公的機関、教育機関が主催しています。

　なお、ハッカソンは、ビジネスコンテスト等の名称で開催されることもあります。

② アイディアソン

ハッカソンに似たイベントとして「アイディアソン」(ideathon) があります。これは、アイディアとマラソンの合成語で、さまざまなメンバーが与えられた時間内でアイディアを出し合い、それをビジネスモデル等の形にして、その成果を競い合うイベントです。

アイディアソンは、ハッカソンを行う準備段階として行われることが一般的ですが、このところ、アイディアソンとして単独で行われるケースもみられます。

(2) ハッカソンの意義は？

先進のITを活用することにより、ユーザの多様化、複雑化するニーズをプロアクティブかつ的確に把握して、それをスピーディーに商品、サービスの開発、提供という形に持ち込むためには、企業とFinTechベンチャーやFinTechで優れたノウハウを持つ個人との間でのコミュニケーションを深化させることがきわめて重要となります。

・共創とオープンイノベーション

こうした観点から、ハッカソンは企業が自社内で各種の複雑な課題を解決するために多大のエネルギーを使うというより、積極的に外部の知恵を活用してソフトウェア技術のスピーディーな開発や技術革新等により、顧客、企業、サプライヤーのために新たな価値を創造するという「共創」(co-creation)を実現する「オープンイノベーション」の1つの手段として注目されています。

また、後述するアクセラレータープログラムも、こうした共創の実現を目指すもの、ということができます。

(3) ハッカソンの参加者の顔ぶれは？

ハッカソン開催の領域は、当初のプログラミングの開発から、その後は、幅広いベンチャービジネスの掘り起こし、環境問題等の社会的課題、人材育

成、まちづくりによる地域活性化等、多種多様化しています。

特に、アイディアソンとして単独に開催されるケースでは、社会的課題や地域活性化等、ITに直接関係ないテーマで行われることが少なくありません。

そして、これにつれて参加者の顔ぶれも、プログラマーやプロジェクトマネージャー等といったシステムエンジニアから、デザイナー、プロデューサー、デベロッパー、アナリスト、コンサルタント、学生、一般社会人等へと幅広い層に広がりをみせています。

(4) ハッカソンの手順は？

以下では、ハッカソン実施の一般的な手順をみましょう。

① 参加者の募集

まず、主催者が主要なテーマを発表して参加者を募ります。テーマは単一のこともあれば2、3の複数のテーマであることもあり、また、参加者は個人であることもあればグループであることもあります。

② オリエンテーション

主催者が参加者に対して、開催目的、スケジュール、ハッカソンで使用可能な技術・API、審査基準、入賞者に対する受賞内容・フォローアップ等を説明します（APIについては2参照）。

③ 参加者による作業

参加者は、主催者が提示した主題に沿って時間内でプログラミングやハードウェアの開発作業を行います。

④ デモンストレーションと審査

参加者が、その成果を発表するデモンストレーションを実施します。これに対して、主催者によりあらかじめ指定された審査員が審査して、入賞者を決定、総評、表彰を行います。

⑤ フォローアップ

入賞者に対しては、賞金等が授与されるほか、アイディアをビジネスに結

びつけるために、主催者がサポートしていくケースが少なくありません。

これは、ハッカソンが単なるイベントで終わることなく、共創によるイノベーションの芽を実際のビジネスに生かすための重要なポイントとなります。

フォローアップの具体策としては、社内のIT等の部署との共同作業を行う、主催者が中心となって事業化を進める、成果物を主催者のビジネスに活用する、成果物を主催者のネットワークを活用して幅広く販売する、等が考えられます。

(5) FinTechハッカソンの開催は？

ハッカソンには、自動車ハッカソンからバイオハッカソン、ヘルスケアハッカソン等、さまざまな種類がみられますが、このところFinTechハッカソンの開催が増加しています。

以下では、日本におけるFinTechハッカソン開催のケースをいくつかみましょう。

① 三菱東京UFJ銀行開催のFinTechハッカソン

a 2015年

三菱東京UFJ銀行では、2015年にFINTECH CHALLENGEを開催しました。テーマは「新モバイルサービス・Webプロモーション手法」と「個人のお客さま向けの新しい決済サービス」の2つで、ベンチャー企業や個人から、技術・ビジネスモデル・サービスに関するアイディアを募集しました。そして、優れたアイディアに対しては、事業奨励金（2テーマ合計600万円）が授与されたほか、事業化に向けて参加者との協働を検討することもある、としています。このハッカソンでは、新たなモバイル決済プラットフォームや子ども名義の預金口座向けアプリが大賞を獲得しています。

b 2016年

また、同行ではFinTechハッカソン第2弾として、オープンイノベーションによる革新的な金融サービスの創造を目的に、「より身近で便利なIT×

金融のサービスづくり」をテーマとして、銀行 API の可能性とさまざまな活用アイディアを探る Fintech Challenge 2016 "Bring Your Own Bank!" ハッカソンを開催しています。事業報奨金は、優勝（1チーム）100万円、優秀賞（2チーム）10万円で、利便性（世の中を便利にするサービス）、先進性（これまでになかった発想と技術）、完成度（プロトタイプの質）を考慮して審査が行われ、大賞・優秀賞のうち優れたアイディアについては、協働で実用化を検討する可能性がある、としています。

このハッカソンでは、会社の業務で発生する小口現金の取扱いをキャッシュレス化するアプリが大賞を、また、残高の端数を任意の団体に募金できるアプリと、割り勘等に使うことができる個人間決済サービスのアプリが優秀賞を獲得しています。

② みずほフィナンシャルグループとみずほ銀行開催のハッカソン

みずほフィナンシャルグループとみずほ銀行は、2016年に「Mizuho.hack」を開催しています。テーマは、「Pepper と一緒に全く新しい『銀行』というサービスを創る」で、すでにみずほ銀行の店舗に配置されているソフトバンクの人型ロボット Pepper を活用するアイディアやアプリを募集して、新たな銀行サービスの創出を目指す、というものです。これには、日本 IBM やサイボウズ社などによる複数の API が提供されています。

みずほでは、顧客の多様なニーズに応えるために、今後、国内外の FinTech ベンチャーと新技術の動向、情報の収集、外部の知見を活用した目利きや早期のシステム連携・導入等を通じて、新しい金融サービスの創出に向けて積極的に取り組んでいく、としています。

③ 三井住友銀行と日本総合研究所開催のハッカソン

三井住友銀行では、新たなリテール金融ビジネスの創出をテーマとするイベントとして、第1回SMBCオープンイノベーションミートアップを開催、FinTech ベンチャー等からのショートプレゼンテーションのほか、三井住友銀行の取組みも説明されました[35]。

また、三井住友銀行と日本総合研究所は、国内のオープンイノベーション

の推進を目的とする事業コンソーシアムである Incubation & Innovation Initiative を2016年に設立、その活動の一環としてピッチコンテスト「未来2016」を開催しています。

このピッチコンテストは、ビジネスアイディアや技術シーズを事業化する仕組みの構築や、産官学から創発される新たな技術シーズ・事業アイディアの事業化を支援し、投資家や事業会社とマッチングを行うもので、テーマは、メディカル・ヘルスケア、FinTech、ロボット・AI、IoT・IoE、クールジャパン等です。

④ りそなグループ開催のアイディアソン、ハッカソン

りそなグループのりそな銀行と近畿大阪銀行は、2017年1月に、若者が発想を駆使して自由に新しいビジネスを創造できる仕組みを関西で実現することを目的としたプログラム「MEET UP KANSAI」の第1回を開催しました[36]。

この第1回目では「世の中のみんなが使いたくなる金融サービス」をテーマに、関西の大学生・大学院生が参加者となって、FinTech に関する最新知識の習得、ビジネスをリアルに体感できるフィールドワーク、アイディアを出し合うアイディアソン、アイディアを形にするハッカソンを通じて新しいサービスを創造・発信する、というコンセプトをベースに実施されています。

⑤ ふくおかフィナンシャルグループ開催のビジネスコンテスト

ふくおかフィナンシャルグループでは、

a ICT を活用したビジネスアイディアの発掘、事業化支援、
b 九州/福岡の主要産業を支えるビジネスパートナーと新しい技術・ビジネスアイディアを持つスタートアップ企業とのマッチング機会の提供、
c 上記 a、b を通じた地域経済の活性化・発展への貢献、

を目的にビジネスコンテスト「X-Tech Innovation 2015」を開催しました。

テーマは、決済部門で日常のあらゆる消費を簡単、便利にする新しい決済サービスと、シェア部門でさまざまなシェアの実現により日常生活を快適、

便利にするサービスの2つとなっています。

(6) FinTechハッカソン開催の金融機関に対するベンダーのサポートは？

　金融機関がハッカソンを行う際、ITベンダーがそれをサポートするケースがみられます。たとえば、日本IBMではグローバルでのハッカソン・サポートの経験を活用し、アイディアの募集からそれを実現するアプリの試作・評価までのプロセスを支援するサービスを金融機関に提供しています[37]。具体的には、ハッカソンを実施するためのアプリ開発とテスト環境をIBMのPaaSであるBluemix上に構築し、サンプルAPIも金融機関と連携して提供する、としています（PaaSは第3章Ⅳ2(2)参照）。

(7) イングランド銀行によるイベントは？

　イングランド銀行は、学生を対象にしてブロックチェーン技術の応用に関するアイディアを募集するイベントを開催しています。イングランド銀行は、イベントに参加する学生を募集するにあたって、次のようなメッセージを発しています。
　「テクノロジーにリスクは付き物ではあるが、しかし、テクノロジーには、既成概念を一転させるような途方もないアイディアや、人生を充実させるようなアイディアがあり、参加者から社会に利益をもたらすアイディアを期待している。
　……中央銀行としてのイングランド銀行の役割は、金融の安定性を維持して英国国民の公共利益の向上を図ることにあり、延いては社会に貢献してすべての国民の社会生活をより良くすることにある。
　……ブロックチェーンの分散元帳の技術に関わるアイディアを出して、英国国民のために社会を良くしよう。
　……その場合、創造的な、どでかいことを考え、それを技術に仕立てあげて、イングランド銀行のプロジェクト・データ・テクノロジーチームにプレ

ゼンしてほしい」。

そして、ブロックチェーンは、金融サービスに限定されず、多くの分野で活用できる可能性を持っている、としたうえで、
① その活用をいかに行うか、
② いかなる分野に活用するか、
③ それによりいかなる新製品を開発するか、
といった課題を学生に投げかけています。

イングランド銀行は、優秀な学生（チーム）に対して、イングランド銀行における有給のインターンシップや、大学最終年であればリクルートの受験資格を授与する、としています。なお、このイベントに受賞したチームは、血液供給システムにブロックチェーン技術を活用することを考案したエディンバラ大学のチーム等、3チームでした。

(8) アクセラレータプログラムとは？

アクセラレータプログラムは、ベンチャー企業に対して数カ月間程度の短期集中の育成プログラムを実施したうえで、ベンチャーキャピタルやエンジェル投資家に対するデモンストレーションを実施して、さらなる開発のためのファイナンスを募る、といったプログラムです。

アクセラレータプログラムの1つの特徴は、ベンチャー企業に対する短期育成プログラムにおいて、メンターと呼ばれる指導者が専門的なアドバイスを行うことにあります。

(9) シードアクセラレータとは？

アクセラレータプログラムにおけるアクセラレータは、ベンチャー企業に対する投資家をいいます。ベンチャー企業に対する投資家には、伝統的にベンチャーキャピタルがありますが、アクセラレータの投資額は、ベンチャーキャピタルに比べるとはるかに少額であり、資金提供よりもむしろ指導やシェアオフィスの提供等によりスタートアップをさまざまな側面からサポー

トすることを特徴としています。このことは、アクセラレータプログラムが、資金面からのサポートよりも、メンターからの特訓的なアドバイスによるサポートのほうに重点を置いていることを示しています。

　ベンチャー企業は、一般的にシード、アーリー、ミドル、レイターの発展過程をたどりますが、アクセラレータは、このうちシード段階のベンチャー企業へ投資することが多く、これを「シードアクセラレータ」とか、「スタートアップアクセラレータ」と呼んでいます。しかし、アクセラレータプログラムが数多く開催されるに従って、アーリー段階やミドル段階、レイター段階の企業に対するアクセラレータもみられます。

　なお、アクセラレータに似たものに、「インキュベーター」がありますが、インキュベーターはアイディアを培養（インキュベート）してイノベーションを生み出す一方、アクセラレータはすでに具体的なイノベーションが存在していて、それをビジネスとして独り立ちできるまでに育成することを加速（アクセラレート）する、との違いがあります。

(10)　メンターの役割と顔ぶれは？

　ベンチャー企業に対して指導を行うメンターは、ベンチャー企業との対話によるサポートや、メンターの母体である企業からの技術、プラットフォーム、デリバリーチャネル、人的ネットワーク、資金等のリソースの提供によってベンチャー企業をサポートするガイド役を担います。

　メンターには、アクセラレータプログラムを組成した企業により選定された当該ビジネスの領域に関わるIT開発、ITユーザー両面からの企業や、先輩格に当たるベンチャー企業、コンサルタント、学界、法曹界等の専門家があたります。

　メンターの役割を具体的にみると、ベンチャー企業として成功を遂げた先輩格のメンターは、自己が直面した課題とその解決等の体験を通じて、後輩のベンチャー企業に対して、きめ細かなアドバイスを行うことができます。また、コンサルタントは、ベンチャー企業のビジネスを成功に導く戦略面か

らのアドバイスを、そして法曹界からは、ベンチャー企業が金融サービスに関わる法規制を遵守しながら事業を展開していくための法務面からのアドバイスを行います。

(11) アクセラレータプログラムの手順は？

アクセラレータプログラムの一般的な手順は、次のとおりです。
① まず、ベンチャー企業からイノベーティブな新サービス、新商品のビジネスプランを募集します。
② そして、審査員により募集プランのコンテストが実施され、アクセラレータプログラムの適用にフィットしたベンチャー企業が選定されます。
③ その後は、あらかじめ主催者が策定したアクセラレータプログラムに従って、メンターから短期集中の育成ガイダンスが実施されます。
④ アクセラレータプログラムの最終ステージでは、ベンチャー企業がベンチャーキャピタルやエンジェル投資家に対して、アクセラレータプログラムの成果を発表するデモンストレーションを実施して、イノベーションを本格的にビジネス化するための資金を募ります。

(12) FinTech アクセラレータプログラムの具体例は？

アクセラレータプログラムも、ハッカソンと同様、各産業分野で行われています。以下では、FinTech アクセラレータプログラムの具体例をみましょう。

① 三菱東京 UFJ 銀行のアクセラレータプログラム

三菱東京 UFJ 銀行は、邦銀として初めてのアクセラレータプログラム「MUFG Fintech アクセラレータ」を開設しました。

このプログラムは、米国シリコンバレーの Plug and Play 社と提携して実施するもので、4 カ月の期間中、ビジネスを立ち上げる専門家や金融の専門家等のメンター陣が、参加者のビジネスモデルの構築や事業立ち上げ等に対して支援を行い、また、提携や出資を検討する、というものです[38]。

対象領域は、決済、P2Pレンディング、資産管理、デジタルバンキング、リスク管理、情報セキュリティ、デジタルマーケティング等、さまざまな事業領域です（P2Pレンディングについては第2章Ⅲ2参照）。

　同行では、このアクセラレータプログラムへの参加メリットは、

a　充実のメンター陣
b　ビジネスマッチング
c　出資の検討
d　専用のワーキングスペース
e　MUFGグループ社員メンター

にあると説明しています。

　プログラムの手順は、

a　募集の開始
b　応募者に対する2回のプログラム説明会
c　書類による一次選考
d　面接による二次選考を経て5組の参加者が選ばれて、
e　4カ月のプログラムが実施されます。
f　そして、DEMO DAYとしてプログラムの成果を発表するデモンストレーションが実施されます。

② **みずほ銀行のアクセラレータプログラム**

　みずほ銀行は、NTTデータと連携してアクセラレータプログラムを実施しています[39]。具体的には、NTTデータのDigital Corporate Accelerate Programを活用して、NTTデータによる新技術等の評価・目利き、および新技術の情報収集ネットワーク等により、グローバルベースにおけるベンチャー企業とみずほ銀行の連携を検討するとともに、みずほ銀行、NTTデータ、ベンチャー企業が連携した新規ビジネスモデルの構築を目指す、としています。

③ **三井住友銀行のアクセラレータプログラム**

　三井住友銀行は、Plug and Play社と、金融サービスにおける新技術の活

用を目的としたパートナーシップ契約を締結しました[40]。

同行では、このパートナーシップで、Plug and Play 社主催のアクセラレータプログラムを通して、同プログラムに参加する有望なベンチャー企業と新技術に関する情報連携やネットワークの構築を行う、としています。

[注]
(1) 経済産業省「オープンイノベーションを促進するための総合的な制度整備の方向性について」2008.12、p3
(2) 元橋一之ほか「日本型オープンイノベーションの研究」21世紀政策研究所、イノベーション総合戦略2014 2015.4、p5
(3) 金融審議会「金融制度ワーキンググループ報告―オープンイノベーションに向けた制度整備について」2016.12.27、p3
(4) SBIホールディングス、日本アイ・ビー・エム「SBIグループと日本IBM、地域金融機関向けにFinTechサービスの導入支援に向けた共同事業を展開」2016.12.28
(5) 三井住友銀行、日本総合研究所「グローバルネットワークを活用した最先端技術に関するオープンイノベーション支援における業務連携について」2017.2.27
(6) 野村総合研究所「ニュースリリース」2015.12.16
(7) Creww(株)「オリックス・クレジット 新規事業創出を目的としたスタートアップとのオープンイノベーションプログラムを開始」プレスリリース 2016.2.29
(8) Rasmus Ekman "IBMが目指す基盤作りとFinTechの未来" IBM FinTech Meetupレポート(1)CHANGE-MAKERS2015.11.11
(9) The API Management Playbook "API Strategy 201: Private APIs vs. Open APIs"
(10) 田村直樹「オープンAPIのあり方に関する全銀協の検討状況」全国銀行協会 第3回金融審議会・金融制度WG資料2016.10.28、p4
(11) 同上、p3
(12) Paddy Ramanathan "The API Opportunity in Banking" 2014.12.8
(13) Ibid.
(14) 金融審議会「金融制度ワーキンググループ報告―オープンイノベーションに向けた制度整備について」2016.12.27、p9
(15) 同上、pp9-10
(16) 金融情報システムセンター企画部「FinTechに関するFISCの取組みについ

⒄　住信 SBI ネット銀行「マネーフォワード for 住信 SBI ネット銀行の提供開始について」2015.11.27
⒅　みずほ銀行「LINE でかんたん残高照会サービスの提供開始について」2015.10.15
⒆　日本 IBM「日本 IBM とマネーツリー、フィンテックにおける API 技術の活用で協業」2015.10.21
⒇　日本 IBM「信用金庫業界の「オープン API 共通基盤」の構築を支援」ニュースリリース2017.4.10
(21)　HMTreasury"Banking for the 21stCentury" 2015.3
(22)　Open Banking Working Group "The Open Banking Standard" 2016.2.8
(23)　Ibid.
(24)　金融庁総務企画局「第 4 回金融審議会・金融制度ワーキンググループ事務局説明資料」2016.12.8
(25)　金融庁総務企画局「第 2 回金融審議会・金融制度ワーキンググループ事務局説明資料（決済をめぐる法制面の論点）」2016.10.18
(26)　金融審議会「金融制度ワーキンググループ報告—オープンイノベーションに向けた制度整備について」2016.12.27、p4
(27)　同上
(28)　同上、pp10-11
(29)　金融庁総務企画局「第 3 回金融審議会・金融制度ワーキンググループ事務局説明資料」2016.10.28
(30)　金融審議会、前掲(23)、pp7-9
(31)　金融庁「銀行法等の一部を改正する法律案に関する説明資料」2017.3
(32)　オープン API のあり方に関する検討会「オープン API のあり方に関する検討会報告書—オープン・イノベーションの活性化に向けて—【中間的な整理（案）】2017.3.16
(33)　電通国際情報サービス「ISID、日本初の FinTech 産業拠点「Fino Lab」を三菱地所・電通と協業し大手町エリアに開設」プレスリリース2016.1.15
(34)　原隆「FinTech 企業で兜町を再興へ、平和不動産が誘致活動を活発化」日経 FinTech ITpro2016.1.13
(35)　三井住友フィナンシャルグループ資料2015.11.13
(36)　りそな銀行、近畿大阪銀行「若い世代のアイデアで未来を創る「MEET UP KANSAI」の開催について」2016.12.9
(37)　日本 IBM「ビジネスモデルの革新を支援する IBM FinTech プログラム」2015.9.14
(38)　三菱東京 UFJ 銀行「MUFG Fintech アクセラレータにおける Plug and Play

社との提携について」プレスリリース2016.2.22
⑶⑼　みずほ銀行「アクセラレートプログラムの開始、およびオープンイノベーションフォーラムの共催について」プレスリリース2015.7.24
⑷⓪　三井住友フィナンシャルグループ、三井住友銀行「米国・Plug and Play とのパートナーシップ契約の締結について」プレスリリース2015.8.3

FinTech に対する各国当局の対応

　FinTech は、金融システムを大きく改革するポテンシャルを持つものとして、各国当局も、さまざまな形で FinTech のサポートに注力しています。
　以下では、英国、シンガポール、それに日本の当局の対応をみることにします。

1　FinTech に対する英国当局の対応は？

(1) Global FinTech Capital

　政府が FinTech を積極的に支援している代表的な例が英国です。2014年8月、ジョージ・オズボーン財務大臣は、FinTech の業界団体である Innovate Finance が開催した大会におけるスピーチで、英国を"Global FinTech Capital"にする、と宣言しました[1]。
　このスピーチのなかで、オズボーン財務大臣は、要旨、次のように述べています。
・英国は、世界をリードする金融業界を持ち、金融技術の集積地であり、最も FinTech ベンチャーが密集した国である等、金融イノベーションが成長する条件が整っている。
・しかし、慢心は禁物である。この成長著しい FinTech 産業では、すさまじい国際競争が展開されている。
・したがって、こうした英国の持つ好条件に加えて、政府がさらに金融イノベーションを促進する諸施策を実行すれば、英国が国際競争に打ち勝ち、ロンドンを世界の FinTech の首都（the FinTech capital of the world）にす

ることができる、と確信する。

諸施策は、次の内容から構成される。

・税制の整備
・投資環境の整備
・適切な規制
・最適なインフラ

具体的な内容は、次のとおりである。

① **優遇税制**

a　FinTech 企業の投資促進のための優遇税制の適用

b　一定の知的財産への投資から得た利益に対する軽減税率（いわゆるパテントボックス）10％の適用

c　P2P レンディングに対する ISAs（Individual Savings Accounts、一定額までの個人預金の金利に対する非課税措置）の適用（P2P レンディングについては第 2 章Ⅲ 2 参照）

② **投融資促進**

a　政府が全額出資している British Business Bank による FinTech ベンチャーへの投資。これまで 1 億ポンドの実績があるが、今後、さらに 1 億ポンドを追加の予定。

b　業界団体の Innovate Finance と政府系金融機関の British Business Bank が提携して、FinTech ベンチャーのファイナンスを容易にする。

c　政府の科学関係首席顧問に対して、政府が支援できる対策の検討を要請する。

③ **規制環境の整備**

a　規制の基本とするコンセプトは、イノベーションを促進するものでなければならない。

b　FinTech ベンチャーが、中小企業の信用データを入手できるようにすること、決済システムを利用できるようにすること、また、企業向け貸出をより効率的にするため競争条件を整備すること、に関する法整備はすで

に終えている。
c　しかし、貸出の対象として適切な中小企業でも、70％の企業が１つの銀行だけに借入れの打診をして、40％の企業が１回打診しただけであきらめている。

　こうした実情から、現在、議会で審議されている中小企業法で、英国の大手銀行に対して、融資を拒否した中小企業の情報を流すよう要請して、FinTechベンチャー等が、銀行に代わって融資の提供を申し出ることができるようにする予定である。
d　スマホによる決済を可能とする法律を制定、施行する。
e　政府として、仮想通貨、デジタル通貨が、英国経済、英国民にとってさらに有益なものとなるか、その使用にどのようなリスクが潜在するか、仮想通貨、デジタル通貨に対してどのような規制が妥当か、を検討する必要がある。

④　デジタル・インフラの整備
・４Ｇ（第４世代通信方式）と超速ブロードバンドの運用開始
・IoTの促進のため、周波数等の規制を緩和（IoTについては第３章Ⅶ参照）
・５Ｇ（第５世代通信方式）とファイバーネットワークに関する検討開始

(2) Project Innovate

　こうした方針を受けて、英国では、Global Fintech Capitalの座を確実にするためのプロジェクトとして、「Project Innovate」がスタートしています。これは、金融監督当局であるFCA（Financial Conduct Authority、金融行為規制機構）によって策定されたプロジェクトで、イノベーションによる競争促進の支援が目的となっています[2]。

　具体的には、FinTechベンチャーとのコミュニケーションを通じて、イノベーションの推進を妨げるような規制があると認められる場合の調整や、FinTechベンチャーが生み出す新商品やサービスに対する法律の適用に関わる事前確認等のサポートを目的としています。

(3) FinTech Futures

英国科学庁は、2015年に「FinTech Futures」と題する報告書を公表しました[3]。この報告書では、英国は、有能な人材面、投資インフラ面、さらには世界への接続面、リスクとイノベーションとのバランスのとれた規制面のすべてに亘って、FinTech ベンチャーがビジネスを立ち上げて成長するための最高の環境を提供することができる、としています。

そして、報告書は、英国が FinTech で世界のリーダーとなるためには、政府が統率力を発揮して、企業や学界が新たなビジネスモデルを構築する触媒となり、また、規制当局は、FinTech により生まれるリスクの把握とリスク管理に万全を期すよう提言しています。

(4) Regulatory sandbox

英国の金融監督当局である FCA は、2016年から Regulatory sandbox を導入しています。この Regulatory sandbox は、FinTech ベンチャーの新規参入、イノベーションの促進や金融サービスの競争促進に資する先進的な取組みとして注目されています。

Regulatory sandbox の文字どおりの意味は、規制の砂場ですが、ここでは、イノベーティブな金融商品や金融サービスを生み出した FinTech ベンチャーが、それを消費者に提供するに際して、現行法をそのまま適用せず、制度面での実験環境を提供する仕組みを意味します。

このように、Regulatory sandbox は FinTech ベンチャーの金融ビジネスを支援するとともに、それが実際に消費者に提供された場合に、どのような結果となるかを見極めて、必要とあれば、現行法の手直しをする、というものです。したがって、Regulatory sandbox は、FinTech ベンチャーに対する支援と規制の両面の要素を併せ持ち、FinTech ベンチャーにも金融当局にも大きなメリットがある win-win の効果をもたらす優れた試みである、ということができます。

なお、前述の科学庁の報告書、FinTech Futures では、英国が FinTech のグローバルセンターとなるためには、規制とイノベーションとの間で適切なバランスをとることに留意しながら、有効かつイノベーティブな「RegTech」を構築することが重要であると提言しています（RegTech については第1章Ⅰ1参照）[4]。

(5) イングランド銀行のスタンス

イングランド銀行は、FinTech がその目的を達成するために最適のインフラを構築することを支援する、としています[5]。

すなわち、イングランド銀行は、厳格さに欠けた規制や時代遅れの市場ルール、それに不適切な決済インフラというハード、ソフト両面に亘る欠陥がグローバル金融危機を深刻化させた要因であることに鑑みて、ハード、ソフトのインフラを整備することにより、金融システムの安全性を維持するとともに、イノベーションが自由闊達に進展することに注力する、としています。

① ソフトのインフラ：イングランド銀行は、金融サービスのバリューチェーンのなかで、FinTech がリスクとオポチュニティの姿をどのように変革するかの評価を行う。そして、その結果、必要とあれば現行の金融の枠組みをそれに対応させることにする。
② ハードのインフラ：英国は、広範に亘る決済分野におけるエコシステムで世界をリードしてきた。イングランド銀行は、消費者が求めるいつでも利用できる低コストで信頼性のある決済システムを、安全性を確保しながら構築して、イノベーションの発展を支援する。
③ ハードとソフトのインフラ双方の展開：イングランド銀行は、ハードとソフトのインフラの双方が足並みを揃えて発展するよう、業界とともに協調して FinTech の目的が実現するよう注力する。

そして、イングランド銀行は、このような諸施策を通じて、FinTech が成長の促進、金融システムの安定性向上に資することにつなげていきたいと

しています。

2　FinTechに対するシンガポール当局の対応は？

2015年、シンガポールの中央銀行であるMAS（the Monetary Authority of Singapore、シンガポール金融管理庁）は、FinTechをテコとしてシンガポールを「スマート金融センター」（Smart Financial Centre）にすることを目指す、としてさまざまな施策を講じています。

(1) FSTI

MASは、FinTechベンチャーを支援することを目的にFSTI（Financial Sector Technology & Innovation）を設立して、5年間で2億2,500万シンガポールドルを拠出することを決定しました。

具体的には、FSTIは、金融イノベーションの研究開発支援、金融ソリューションの成長力、効率性、競争力の強化支援、革新的な金融サービス提供のためのインフラ整備支援を行うことを任務とする、としています。

(2) FTIG

また、MASはその一環としてFinTechの規制や新興戦略を担当する専門組織としてFTIG（FinTech & Innovation Group）を設立しています[6]。

FTIGは、FinTechがリスク管理や効率性の向上により金融部門の競争力の強化に資するような形で活用されることを指向して、規制政策や新興戦略の企画、策定を行うことを任務としています。FTIGは、支払・技術ソリューション局、技術インフラ局、技術イノベーション研究室から構成されています。なお、MASは、元シティバンクの消費者イノベーションネットワークのグローバル責任者をFTIGのFinTech担当最高責任者に据えています。

(3) FinTechオフィス

2016年、MASと国立研究機構（National Research Foundation、NRF）は共同で、FinTechに関わるさまざまな事項を一括して扱うone-stop組織としてのFinTechオフィスを設立しました[7]。

FinTechオフィスの主要な任務は、次のとおりです。

① シンガポールで設立を目指す企業に対して、FinTechのビジネスや技術に関する政府の認可や制度面のアドバイスを提供します。
② さまざまな政府関係機関が行っているFinTech関連投融資制度を洗い直して、改善を図ります。
③ FinTechのインフラ整備や人材育成、競争力強化、マーケティング等についての検討、提言を行います。

(4) sandbox

シンガポールでも、英国と同様、sandboxを設けて、FinTechベンチャーが既存の規制にとらわれることなく、新たに開発した商品、サービスを実験する場を設けています。

(5) FinTechフェスティバル

2016年に、MASの主催、シンガポール銀行協会（Association of Banks in Singapore、ABS）の支援で、FinTechフェスティバルが開催されました[8]。このフェスティバルは、

① MASが提示した課題にFinTechベンチャーが応える形でのプレゼンテーション、
② 優れたソリューションを開発したFinTechベンチャーや金融機関に対するMASからの表彰、
③ FinTechに関する講演会、

から構成されています。

3 FinTechに対する日本当局の対応は？

(1) 政府、自民党

① 政　府

　2016年に公表された「日本再興戦略2016」では、第4次産業革命の実現のために新たに講ずべき具体的施策の1つとしてFinTechが掲げられています[9]。そして、FinTechをめぐる戦略的対応として、FinTechによる金融革新の推進と、FinTechの動きへの制度的な対応があげられています。

　具体的には、FinTechについて、利用者保護や不正の防止等の観点を踏まえつつ、ITの進展を金融分野に取り込むことにより、金融サービスの高度化を図り、利用者利便の向上や日本経済の成長強化につなげるため、制度面の課題について検討するほか、FinTechベンチャーが成長していくための環境（FinTechエコシステム）の形成を進める、そして世界をリードする海外展開も視野に入れた日本発のFinTechベンチャーを創出し、利用者目線に立った金融サービスの革新を目指す、としています。

② 自　民　党

　自民党では、2015年に自民党FinTech（フィンテック）推進議員連盟を立ち上げ、FinTechによる新しい金融サービスの推進による日本の持続的な成長に向けた政策対応を中心にさまざまな角度から検討を実施して、2016年に同党政務調査会から「FinTechを巡る戦略的対応（第1弾）」とのタイトルで提言が行われています[10]。

　それによると、FinTechの動きには次の3点の視点に立脚して取組みを推進することが重要である、としています。

a　日本の強みを生かしたFinTech分野の国際標準の主導
b　経済の成長力強化や地方創生に資する金融イノベーションの促進
c　利用者目線に立った金融サービスの革新

そして、FinTechイノベーションの促進のために、日本発FinTechの創出・成長、金融機関等の戦略的対応、金融インフラの改革が重要であり、また、利用者保護およびシステムの安全性等への対応として、利用者保護や金融システムの安定性等の観点や、犯罪利用の防止、マネロン・テロ資金対策、グローバルな議論におけるイニシアティブの発揮が重要である、としています。

(2) 金融庁

① 金融行政方針

a 基本方針

　金融庁は、平成28事務年度金融行政方針のなかで、IT技術の進展により、金融業・市場の変革への戦略的対応が一段と重要となったとして、次のように述べています[11]。

i　金融サービスのイノベーションによりユーザーにとってよりよいサービスを提供することが重要であり、金融機関において機動的な対応が図られなければ金融ビジネスにおける競争力の低下を招く恐れがある。

ii　したがって、組織・人材・システム等の見直しも含め、変革に向けた果断な意思決定を行うことにより、ITの進展を戦略的に取り込んでいくことが重要である。

iii　また、サイバー攻撃が金融システム全体に対する脅威となっている。

　金融庁としては、IT技術の進展が将来の金融業に与える影響やその対応について、引き続き国内外の有識者や関係者の知見を取り入れつつ検討を進めるとともに、具体的な取組みを進めていく。

b 具体的重点施策（FinTech対応）

　金融庁では、FinTechへの対応について、次のように述べています。

・FinTechは、単なる金融サービスのIT化にとどまらず、ブロックチェーン技術の活用等による金融取引の仕組みの変革や、AI・ビッグデータ等、従来みられなかったIT関連技術の取込みを通じて金融の将来的な姿を大

きく変えていく可能性が高い（ブロックチェーン、AI、ビッグデータについては第3章参照）。
・そうしたなかにあって、FinTechを利用者利便や生産性の向上、コスト削減等、金融・経済の発展につなげていくことが求められる。その際、利用者保護や不正の防止、システムの安定性等の観点から必要な対応を図っていくことも必要である。

そして、具体的な重点施策として次の5点をあげています。

i　FinTechの進展に応じた法制面の対応

　FinTechの進展等が規制領域をまたがるサービスや、現在の法制度が想定していない新しい金融サービスを出現させていく可能性が高いことから、必要な制度面の対応について、機動的に検討する。

ii　金融機関による機動的な対応の促進

　FinTechの進展に伴い、アンバンドリング化等、金融サービス分野における構造的な変化が進展しつつある。こうした状況下、金融サービスを金融機関の比較的クローズドな枠組みで提供する構造から転換し、オープン・イノベーションを推進する等の対応をしていく必要がある。金融庁は、セクターごとおよび時間軸の分析を踏まえて金融機関等において、組織・人材・システム等の基本的な部分を含めて変革に向けた果断な意思決定が遅滞なく行われるよう、金融機関等との間で深度ある対話を行っていく。

iii　IT分野の技術革新の取込み

　金融審議会・決済業務等の高度化に関するワーキング・グループ報告や、決済高度化官民推進会議において、アクション・プランに掲げられた企業間送金のXML電文への移行による金融EDI実現、ロー・バリュー国際送金の提供、ブロックチェーン技術の活用、オープンAPIに関する検討、電子記録債権の利便性向上等の諸事項を官民連携してフォローし、着実に実行する（金融EDI、ローバリュー送金については第2章I、II参照）。

iv　FinTechに係る国際的ネットワーク・エコシステムの形成

　フィンテック・ベンチャーに関する有識者会議を通じて得られた知見を活

用するとともに、FinTech に係る国際的ネットワークや、多様な分野の専門家等と連携・協働するなかで、FinTech ベンチャーの登場・成長が進んでいくエコシステムの形成に向けた取組みを継続する。

ⅴ　FinTech サポートデスクの活用・対外的な情報発信の実施

FinTech サポートデスクを通じて FinTech ベンチャー等の取組みを支援するとともに、金融イノベーションの動向を先取的に把握し、制度面の対応の検討等にも活用していく（FinTech サポートデスクについては③参照）。さらに、事業者に共通する課題を整理して対外的な情報発信等に取り組むことにより、こうした課題に関連する金融規制への理解を促し、金融イノベーションに向けたチャレンジを促進する。

　ｃ　具体的重点施策（市場監視機能の強化）

また、金融庁は、平成28事務年度金融行政方針の「金融取引のグローバル化、複雑化、高度化に対応した市場監視機能の強化」のなかで、次のように IT 技術を活用した監視システムの強化を目指す、と述べています。

ⅰ　証券市場における IT や AI 技術の進展を含めた市場の構造的変化に対応するため、取引監視システム等、現行の市場監視システムにおける IT 技術のさらなる活用（RegTech）に関する検討を行う。

ⅱ　IT の高度化およびデータの大容量化に対応するため、調査・検査におけるデジタルフォレンジック技術（デジタルデータの証拠保全、解析手法技術）の一層の向上およびシステム環境の高度化を推進する。

②　**金融審議会等**

　ａ　**金融審議会**

金融庁は、金融審議会のもとに2014年に「決済業務等の高度化に関するスタディ・グループ」を設置、また2015年に「金融グループを巡る制度のあり方に関するワーキング・グループ」を設置、さらに2016年に「金融制度ワーキング・グループ」を設置して検討、審議を重ね、その結果を各々報告書として公表しています。なお、同報告書の主要な内容については本書の該当箇所で述べています。

####　b　決済高度化官民推進会議

　また、金融庁では、2015年末に金融審議会「決済業務等の高度化に関するワーキング・グループ」で、決済業務等の高度化に向けた取組みを官民あげて実行に移していくための体制の整備が課題とされたことを受けて、2016年6月に「決済高度化官民推進会議」を設置しています。そして、この会議を通じて、同ワーキング・グループ報告書で示された課題（アクションプラン）の実施状況をフォローアップし、FinTech の動きが進展するなかで決済業務等の高度化に向けた取組みを継続的に進めるため、金融界、産業界、個人利用者、行政等、決済に関する幅広いメンバーが官民連携して意見交換をすることとしています[12]。

####　c　フィンテック・ベンチャーに関する有識者会議

　さらに金融庁では、2016年4月に「フィンテック・ベンチャーに関する有識者会議」を設置しています[13]。この会議は、日本の強みを生かしつつ海外展開を視野に入れた FinTech ベンチャーの創出を図っていくためには、技術の担い手（研究者、技術者等）とビジネスの担い手（企業、資金供給者、法律・会計実務家等）等、幅広い分野の人材が集積し、これらの連携のなかで、FinTech ベンチャーの登場、成長が進んでいくエコシステムを整備していくことが重要である、との認識のもとに、有識者による検討の場を設けて FinTech エコシステムの実現に向けた方策を検討するとともに、こうした動きが金融業に与える影響等について議論することを目的としたものです。

③　FinTech サポートデスク

　金融庁では、2015年12月、平成27事務年度金融行政方針を踏まえて、FinTech に関する一元的な相談・情報交換窓口となる「FinTech サポートデスク」を設置しました[14]。

　この FinTech サポートデスクは、FinTech をはじめとするさまざまなイノベーションを伴う事業を営む主体、または新しく事業を立ち上げることを検討中の主体から、具体的な事業・事業計画等につき、金融面等に関する相談を受け付けることを主な目的として設置されたものです。

また、FinTechをはじめとしたイノベーションを伴う事業に関連する一般的な意見、要望、提案等も受けて、積極的な情報交換、意見交換等を行うこととしています。

　FinTechサポートデスクの設置以後、7カ月で計91件、月平均で13件の問合せが寄せられています[15]。問合せ内容をみると、8割弱は事業計画に基づいた法令解釈に係る具体的な相談で、そのうち3割弱は銀行代理・金融商品仲介・保険販売等、既存金融機関の顧客接点を担うサービスに関する相談が占めていて、このほか、仮想通貨に関する相談が2割、クラウドファンディングに関する相談が1割強、との割合となっています。

④　金融庁と海外金融当局のFinTech協力の枠組み

　2017年3月、金融庁は、英国の金融規制当局である金融行為規制機構（the Financial Conduct Authority、FCA）と革新的なFinTech企業を支援するための協力枠組みに関する書簡を交換しました[16]。これは、日本にとって他国とFinTech推進のための協力枠組みを構築した初めてのケースです。

　この枠組みは、相手国の市場への進出を希望する日本と英国の革新的企業を紹介するもので、紹介を受けた当局は、規制の不確実性と市場への参入に要する時間を減少させることにより、紹介を受けた革新的企業を支援することを内容としています。したがって、これにより、日本にとっては日本のスタートアップ企業の革新的なビジネスのグローバルな展開を後押しし、また、英国企業を日本の市場に惹きつけ、日本経済の活性化に貢献することが見込まれます。

　さらに、本書簡交換により、両当局がそれぞれの市場における金融サービスのイノベーションに関する情報共有を促進し、新たな市場への参入障壁を緩和し、両国におけるイノベーションをさらに促進することも期待されます。

　また、2017年3月、金融庁は、シンガポール金融管理庁（the Monetary Authority of Singapore、MAS）との間で両国のFinTechに関する関係を強化する協力枠組みの構築を発表しました[17]。

この枠組みにより、金融庁とMASが自国のFinTech企業を相手国市場に紹介することができることとなります。また、枠組みでは、紹介されたFinTech企業が相手国の規制当局と話し合い、必要な許認可等の規制の枠組みについて助言を受ける手順を定めていることから、規制の不確実性の軽減や市場への参入障壁の緩和に資することが期待できます。さらに、この枠組みは、両当局が互いの市場における金融サービスのイノベーションに関する情報をどのように共有し利用するかについても定めています。

(3) 日本銀行

① ITを活用した金融の高度化に関するワークショップ

日本銀行金融機構局金融高度化センターは、2014年に「ITを活用した金融の高度化に関するワークショップ」を設置、検討を重ねた結果、翌2015年に報告書を公表しています。なお、同報告書の主要な内容については本書の該当箇所で述べています。

② FinTechセンター

日本銀行では、FinTechの動きが金融サービスの向上や金融業の持続的成長に資するものとなるよう、日本銀行としての取組みを一段と強化していくため、決済機構局内に「FinTechセンター」を設立しました。黒田総裁は、「FinTechを発展させ、経済全般に最大限寄与するものとしていくうえでは、伝統的な金融業にとどまらない幅広い企業や、さらには学会などとの間での、建設的かつインタラクティブなコミュニケーションが求められ、こうした問題意識を踏まえて、FinTechセンターを設立した」と述べています[18]。

③ FinTechフォーラム

日本銀行FinTechセンターでは、FinTechフォーラムを開催しています。これまでFinTechフォーラムで取り上げられたテーマは次のとおりで、日本銀行のスタッフや、FinTechベンチャー、ITベンダー、金融機関、日本取引所グループ、FinTech協会等の代表者によるプレゼンの後、パネル

ディスカションが行われています。

第1回（2016年8月23日）：FinTechと情報セキュリティ
  ・FinTechにおける生体認証技術の可能性と留意点
  ・金融分野におけるブロックチェーン技術の実装事例とその安全対策

第2回（2016年11月8日）：オープン・イノベーションによる付加価値の創造
  ・オープン・イノベーションを活用したサービス
  ・オープン・イノベーションをめぐる論点

第3回（2017年2月27日）：金融分野における分散型台帳技術の活用に向けて
  ・セキュリティの観点からみた分散型台帳技術
  ・ビットコイン・ブロックチェーンの資金貸借市場への応用可能性
  ・証券ポストトレードへのブロックチェーン技術検証と今後の課題等

(4) 経済産業省

　経済産業省では、2015年から「産業・金融・IT融合に関する研究会（FinTech研究会）」を開催して、さまざまな分野、立場の実務家を中心に、FinTechに関する論点等を幅広く議論してきました。そして、2016年から2017年にかけてこうした議論を踏まえて、「FinTechの課題と今後の方向性に関する検討会合（FinTech検討会合）」を開催、そのなかで主として次の論点をたたき台として検討されてきました[19]。

① 第4次産業革命を支える新たな金融サービスのあり方
 a 　FinTechの検討では、金融機能の担い手やサービスのあり方といった発想を超えて、第4次産業革命を支える社会インフラとして求められる金融機能が、FinTechによりいかに効率的となるか、がポイントである。
 b 　したがって、FinTechによる金融サービスの革新は、金融機能のユーザからの視点で、特に中小企業等の生産性向上や資金調達の円滑化にどのように寄与するか、家計・個人の資産形成や消費活動をどのように変えていくか、を検討することが重要となる。
 c 　このため、まずもって中小企業等や家計・個人の資金の流れを変える

FinTechの未来像を共有したうえで、それを実現する道筋を示すことが必要である。

② **FinTech ビジョンの方向性**

以下の3点を軸として、FinTech時代における経済・社会の具体的な未来像を国民にわかりやすく示すとともに、その未来像を実現するための課題や必要な対応・施策を提示することを検討する。

a　FinTechのとらえ方、FinTechがもたらす将来社会像
b　FinTechの経済的・社会的効果、FinTech社会の実現に向けた道筋
c　FinTechが経済・産業の発展につながるための課題・必要な取組み・政策的対応

そして、FinTech検討会合では、2017年5月に「FinTechビジョン（FinTechの課題と今後の方向性に関する検討会合報告）」と題した総合的な報告書を作成、公表しています[20]。この報告書では、目指すべきFinTech社会の姿として、FinTechが消費生活の高度化、活性化や将来に向けた資産形成の充実（ストック面）から個人の生活（家計）を劇的に変え、また、FinTechが生産性向上とイノベーションを支えることにより企業の収益力が劇的に上昇する生産性革命をもたらすといった効果が期待される、としています。

そして、こうしたFinTech社会を実現するための課題と政策対応として、次の諸点を提言しています。

・FinTechの前提条件の整備：データ融通の環境を整える、キャッシュレス社会に向けて決済をデジタルで完結させる、電子決済の（データ）セキュリティが守られる、等。
・「お金」の流れが円滑に行われる社会に向けた課題と対応：本人確認がデジタルで完結するために行政データを開放し、手続をデジタルで完結することや金融サービスがデジタルで完結することが必要。
・FinTechによるベンチャー・中小企業の経営力・生産性改革に向けた課題と対応：バックオフィス改革で経営力と生産性を向上することや資金調

達力・キャッシュ・マネジメントを強化することが必要。
・FinTech イノベーションを次々に生み出す環境づくり：FinTech イノベーションを促進する規制・制度改革、グローバル競争力のある拠点作り、人材育成、転職・再就職、兼業副業等を通じた FinTech 人材の確保が必要。

［注］
⑴　George Osborne "Chancellor on developing FinTech" Innovate Finance, GOV.UK2014.8.6
⑵　小鈴裕之「FinTech 時代の本格的到来とわが国金融業界をめぐる規制環境」証券アナリストジャーナル2016.6、pp45-46
⑶　UK Government Office for Science "FinTech Futures—A report by the UK Government Chief Scientific Adviser" 2015.3
⑷　Ibid. p12
⑸　Mark Carney "Building the Infrastructure to Realise FinTech's Promise" Speech given by Governor of the Bank of England, International FinTech Conference2017.4.12

⑹　The Monetary Authority of Singapore "MAS sets up new FinTech & Innovation Group" 2015.7.27
⑺　The Monetary Authority of Singapore "New FinTech Office: A One-Stop Platform to Promote Singapore as a FinTech Hub" 1 April 2016.4.1
⑻　The Monetary Authority of Singapore "Inaugural Singapore FinTech Festival to be held in November 2016" 2016.4.12
⑼　首相官邸「日本再興戦略2016—第4次産業革命に向けて」2016.6.2
⑽　自由民主党政務調査会「FinTech を巡る戦略的対応（第1弾）」2016.4.19
⑾　金融庁「平成28事務年度金融行政方針」2016.10
⑿　金融庁「決済高度化官民推進会議の設置について」2016.6.3
⒀　金融庁「フィンテック・ベンチャーに関する有識者会議の設置について」2016.4.27
⒁　金融庁「FinTech サポートデスクの設置について」金融庁報道発表資料2015.12.14
⒂　金融庁「金融庁の1年（平成27事務年度版）」2016.11
⒃　金融庁「日本と英国の金融規制当局が、革新的な FinTech 企業を支援するための協力枠組みに関する書簡交換を発表」金融庁・英国 FCA 共同プレスリリース2017.3.9、金融庁・英国 FCA「金融庁と金融行為規制機構間の協力枠組みに

関する交換書簡」

(17) 金融庁「日本・シンガポール、FinTech協力枠組みを構築」金融庁・シンガポールMAS共同プレスリリース2017.3.13、金融庁・シンガポールMAS「金融庁とシンガポール金融管理局間の協力枠組みに関する交換書簡」

(18) 黒田東彦「FinTechセンターの設立に寄せて」日本銀行2016.4.1

(19) 経済産業省「FinTechの課題と今後の方向性に関する検討会合（FinTech検討会合）第5回事務局説明資料、2016.12

(20) FinTechの課題と今後の方向性に関する検討会合（FinTech検討会合）「FinTechビジョン（FinTechの課題と今後の方向性に関する検討会合報告書）」経済産業省2017.5.8

【参考文献】

Accenture "The Rise of Fintech" 2014
Accenture "The future of FinTech and banking" 2015
Arnaud Ventura, Michael Koenitzer, Peer Stein, Peter Tufano, and Daniel Drummer "The Future of FinTech" WORLD ECONOMIC FORUM 2015.10
Benoît Cœuré "From challenges to opportunities: rebooting the European financial sector" ECB 2016.3.2
Boston Consulting Group "Digital Disruption Will Force Retail Banks to Radically Simplify" Press Release 2016.5.10
Carolyn Wilkins "Fintech and the financial ecosystem - evolution or revolution?" the Bank of Canada 2016.6.17
Ilya Grigorik "Minimum Viable Block Chain" 2014.5.5
Kevin Stiroh "The Theory and Practice of Supervision" the Federal Reserve Bank of New York 2016.4.11
Lael Brainard "The Use of Distributed Ledger Technologies in Payment, Clearing, and Settlement" FRB 2016.4.14
Marc Niederkorn, Phil Bruno, Grace Hou, Florent Istace, and Sukriti Bansal "Global Payments 2015 : A Healthy Industry Confronts Disruption" McKinsey & Company 2015.10
Mark Carney "Enabling the FinTech transformation - revolution, restoration, or reformation?" the Bank of England 2016.6.16
Mark Walport Government "FinTech Futures The UK as a World Leader in Financial Technologies" UK Government Office for Science 2015.3
Miklos Dietz, Somesh Khanna,Tunde Olanrewaju and Kausik Rajgopal "Cutting Through the FinTech Noise:Markers of Success, Imperatives For Banks" McKinsey & Company 2016.2
Morgan Stanley Research "Can P2P Lending Reinvent Banking?" Morgan Stanley 2015.7.17
Ravi Menon "FinTech - harnessing its power, managing its risks." the Monetary Authority of Singapore 2016.4.2
Sam Friedman , Michelle Canaan , Nikhil Gokhale , Jaykumar Shah "2014 Life Insurance and Annuity Industry Outlook" Deloitte Center for Financial Services 2014.1.9
Thomas Philippon "The FinTech Opportunity" New York University, NBER, CEPR BIS Conference 2016.6
Victoria Cleland "Fintech: Opportunities for all?" Bank of England 2016.9.8

Vítor Constâncio "Challenges for the European banking industry" ECB 2016.7.7
Victoria Espinel "Deep Shift Technology Tipping Points and Societal Impact" WORLD ECONOMIC FORUM 2015.9
Yves Mersch "Means of payments and SMEs: where are we heading?" ECB 2015.9.29
World Economic Forum "The Future of Financial Services" 2015.6

アクセンチュア株式会社『フィンテック 金融維新へ』日本経済新聞出版社、2016.6
渥美坂井法律事務所・外国法共同事業 Fintech チーム、松田克信、新倉理人、髙橋淳編著『Fintech のビジネス戦略と法務』金融財政事情研究会、2017.5
石田隆「検索頻度データによる株式市場リターンの予測可能性―ビッグデータによる経済分析のサーベイとその実証応用例」証券アナリストジャーナル、2014.6
岩下直行「IT を活用した金融の高度化に関するワークショップ第5回：金融機関のビッグデータ活用とプライバシー保護について」日本銀行金融機構局金融高度化センター、2015.5.28
宇根正志、田村裕子、松本勉「偽造防止技術のなかの人工物メトリクス」日本銀行金融研究所、金融研究2009.7
大野博堂『サイバーセキュリティとBCPの実務』金融財政事情研究会、2016.8
お金のデザイン編著『ロボアドバイザーの資産運用革命』金融財政事情研究会、2016.11
翁百合「銀行の決済ビジネスを取り巻く環境変化と業務範囲規制」金融審議会決済業務等の高度化に関するSG資料、2015.2.5
柏木亮二『フィンテック』日経文庫、日本経済新聞出版社、2016.8
加藤毅「データ活用の高度化と地銀連携のためのマネジメントシステム」横浜銀行、2015.3.13
加藤洋輝、桜井駿『決定版 FinTech』東洋経済新報社、2016.5
加納裕三「ビットコインを含む仮想通貨の仕組みや概要」日本価値記録事業者協会、金融審議会・決済業務等の高度化に関するWG、2015.11.16
北澤直「わが国における FinTech の状況」経済産業省 FinTech 研究会、2015.10.16
金融審議会「金融グループを巡る制度のあり方に関するワーキンググループ報告―金融グループを巡る制度のあり方について」金融庁、2015.12.22
金融審議会「決済業務等の高度化に関するスタディ・グループ中間整理」金融庁、2015.4.28
金融審議会「決済業務等の高度化に関するワーキング・グループ報告―決済高度化に向けた戦略的取組み」金融庁、2015.12.22

金融情報システムセンター「金融機関におけるサイバー攻撃対応に関する有識者検討会報告書」2004.2

楠真『FinTech 2.0―金融とITの関係がビジネスを変える』中央経済社、2016.3

隈本正寛、松原義明『Fintechとは何か―金融サービスの民主化をもたらすイノベーション』金融財政事情研究会、2016.5

クラウドコンピューティング時代のデータセンター活性化策に関する検討会ワーキンググループ「クラウドコンピューティング時代のデータセンター活性化策に関する検討会ワーキンググループ第一次報告」総務省、2009.7.28

クラウドコンピューティング時代のデータセンター活性化策に関する検討会「クラウドコンピューティング時代のデータセンター活性化策に関する検討会報告書」総務省、2010.5

黒田東彦「決済イノベーションとFinTech―中央銀行の視点」第17回決済システムフォーラムにおける挨拶、日本銀行、2016.3.17

経済産業省「産業・金融・IT融合に関する研究会（FinTech研究会）」第1～11回資料、2015.10.6～2016.4.27

自動車関連情報の利活用に関する将来ビジョン検討会「自動車関連情報の利活用に関する将来ビジョン」国土交通省、2015.1

情報処理推進機構「オンライン本人認証方式の実態調査報告書」独立行政法人情報処理推進機構（IPA）、2014.8

情報通信審議会ICT基本戦略ボード、ビッグデータの活用に関するアドホックグループ「ビッグデータの活用の在り方について」2012.5.17

諏訪部貴嗣「データ革命と株式運用戦略」証券アナリストジャーナル、2015.4

総務省「ICTの進化がもたらす社会へのインパクトに関する調査研究」2014

総務省「平成28年版情報通信白書」2016.7

瀧俊雄「Fintechの現状」経済産業省FinTech研究会、2015.10.6

辻庸介、瀧俊雄『FinTech入門』日経BP社、2016.4

鳥谷部昭寛、加世田敏宏、林田駿弥『スマートコントラクト本格入門』技術評論社、2017.2

日経コンピュータ編『FinTech革命 増補改訂版』日経BPムック、2016.9

日本銀行金融機構局「ITの進歩がもたらす金融サービスの新たな可能性とサイバーセキュリティ」金融システムレポート別冊シリーズ、2016.3

日本銀行金融機構局金融高度化センター「ITを活用した金融の高度化に関するワークショップ報告書」2015.10

日本銀行金融研究所「第15回情報セキュリティ・シンポジウム：多様化するリテール取引の安全性IIの模様」金融研究、2014.10

野口悠紀雄『仮想通貨革命―ビットコインは始まりにすぎない』ダイヤモンド社、2014.6

野口悠紀雄『ブロックチェーン革命　分散自律型社会の出現』日本経済新聞出版社 2017.1

野村敦子「進展するオープン・イノベーション」金融財政ビジネス、2015.8.20

ビットバンク株式会社、ブロックチェーンの衝撃編集委員会著、馬渕邦美監修『ブロックチェーンの衝撃』日経BP社、2016.6

廣末紀之「ビットコインに代表される仮想通貨について」BTCボックス、テックビューロ、ビットバンク　金融審議会・決済業務等の高度化に関するWG、2015.11.16

松本勉、岩下直行「金融業務と人工物メトリクス」IMES Discussion Paper Series 日本銀行金融研究所2004.1.12

松本弘之、宇根正志、松本勉、岩下直行、菅原嗣高「人工物メトリクスの評価における現状と課題」日本銀行金融研究所、金融研究2004.6

みずほ情報総研、みずほ銀行「IoTの現状と展望」みずほ銀行産業調査部　みずほ産業調査、2015 No.3

元橋一之ほか「日本型オープンイノベーションの研究」21世紀政策研究所、イノベーション総合戦略2014 2015.4

FinTechベンチャー各社のホームページ

主要事項索引
(FinTech をより深く理解するために)

[数字]
2要素認証 ……………………… 363
24時間365日送金プロジェクト …… 73

[英字]
ACH ……………………………… 68
AES ……………………………… 213
API ………………………… 145, 427
API エコノミー ………………… 427
APN 構想 ………………………… 70
APT 攻撃 ………………………… 315
ASP ……………………………… 259

BYOD …………………………… 381

CLO サービス …………………… 39
CSIRT …………………………… 389

DDoS 攻撃 ……………………… 318
DES ……………………………… 213
DoS 攻撃 ………………………… 318

EBM ……………………………… 105
EdoS ……………………………… 255
EMM ……………………………… 377

Facebook …………………… 77, 116
FIDO …………………………… 350
FinTech サポートデスク ………… 479
FinTech センター ………………… 481
FinTech ベンチャー ……………… 11
FinTech ベンチャーのランキング
　　　　………………………… 14

GPS 機能 ………………………… 116

Hyperledger プロジェクト ……… 196

IaaS ……………………… 246, 264
ICT ……………………………… 4
IC カード ………………………… 370
IC 型電子マネー ……………… 28, 33
IoT ……………………………… 288

JOBS 法 ………………………… 89

LEI ……………………………… 124
Linux …………………………… 299

MAM …………………………… 377
MCM …………………………… 378
MDM …………………………… 377
MITB 攻撃 ……………………… 360

NFC …………………………… 115

O2O …………………………… 115

P2P ……………………… 165, 205
P2P 保険 ………………………… 157
P2P レンディング …………… 81, 99
PaaS ……………………… 246, 264
PAYD 保険 ……………………… 152
PCI DSS ………………………… 42
PFM …………………………… 141
PHYD 保険 ……………………… 152
proof of work …………………… 179

R3コンソーシアム ·················· 196
Regulatory sandbox ··············· 471

SaaS ························· 246,260
SIM カード ······················· 379
SMS 送金 ·························· 73
SNS ····························· 118
SSL ····························· 221

XaaS ···························· 265
X-Tech ····························· 2

[あ行]
アイディアソン ··················· 455
アクセラレータプログラム ········ 461
暗号アルゴリズム ················· 392
暗号化 ··························· 210

インシデントレスポンス ··········· 389
インストアペイメント、リモー
　トペイメント ··················· 34
インターネットバンキング・
　ネットバンキング ··············· 356
インターネット保険 ··············· 151
インバウンド型 ··················· 406

ウイルス ························· 321
ウイルススキャン ················· 388
ウェアラブルデバイス ············· 305

エコシステム ····················· 452

オープン API ····················· 430
オープン API 標準 ················ 440
オープンイノベーション ··········· 420
オープンソース ··················· 423
オムニチャネル ··················· 111

オンデマンド保険 ················· 158
オンライン本人認証 ··············· 333

[か行]
改正金融商品取引法 ················ 91
家計簿サービス ··················· 142
仮想通貨交換業者 ················ 45,48
画像・動画共有サイト ············· 119

キーロガー ······················· 328
技術的特異点 ····················· 228
共通鍵暗号方式 ··················· 175
銀行 API ························· 432
銀行法の５％ルール ··············· 417

クラウド型決済 ···················· 38
クラウドコンピューティング
　·························· 122,244
クラウドファンディング ············ 79
クラスタコンピューティング ······ 267
クリック＆モルタル ··············· 115
グリッドコンピューティング ······ 265
グループ保険 ····················· 160

公開鍵暗号方式 ··················· 175
個人情報保護法 ··················· 280
コンセプトウイルス ··············· 323

[さ行]
サーバ型電子マネー ················ 30
サーバ型プリペイドサービス ········ 30

資金移動業者 ······················ 76
資金決済法 ····················· 45,75
自己伝染機能 ····················· 321
辞書攻撃 ························· 338
事前計算攻撃 ····················· 338

主要事項索引　491

自前主義 …………………… 406
純粋ロボ・アドバイザー ………… 133
シンギュラリティ ………………… 228
人工知能 …………………… 225
人工物メトリクス ……………… 352

スケアウェア ……………………… 328
スタートアップ ………………… 11
スパイウェア ……………………… 330
スピアフィッシング ……………… 360
スマートコントラクト …………… 187
スマート認証 …………………… 367

生体認証機能付きICカード …… 371
セキュリティパッチ ……………… 389
接触型電子マネー、非接触型電子マネー ……………………… 28, 29
ゼロデイ攻撃 …………………… 316
全銀ネット ……………… 56, 58, 61
潜伏機能 ………………………… 322

創造的破壊者 …………………… 402
ソーシャルエンジニアリング …… 315
ソーシャルメディア ……………… 117
ソーシャルレンディング ………… 81

[た行]
耐クローン性 …………………… 353
タンパー ………………………… 392

中央管理機関 …………………… 170
中央銀行 ………………………… 201
中間者攻撃、MITM …………… 331

ディープラーニング ……………… 225
データセンター ………………… 247
デジタル署名 …………………… 342

デジタル・フォレンジック ……… 391
テレマティクス …………………… 294
テレマティクス保険 ……………… 152
テレメータ ……………………… 294
電子掲示板 ……………………… 118
電子証明書認証 ………………… 343
電子署名 ………………………… 342

投資型クラウドファンディング
 ……………………………… 80
トランザクション署名 …………… 368
トロイの木馬 …………………… 324

[な行]
内閣サイバーセキュリティセンター ……………………… 397

認定資金決済事業者協会 ………… 49

ネオバンク ……………………… 146
ネットワーク型電子マネー、ネットマネー ………………… 30

[は行]
バイオメトリクス認証 …………… 345
ハイブリッドカード、デュアルインターフェイスカード ……… 29
ハイブリッドロボ・アドバイザー ……………………… 133
パスワードクラッカー …………… 210
パスワードクラッキング ………… 335
パスワード認証 ………………… 334
パスワードリスト攻撃 …… 256, 336
ハッカソン ……………………… 454
バックドア ………………… 317, 325
ハッシュ関数 ……………… 178, 215
パッチ …………………………… 355

発病機能 …………………… 322
バランスシート貸出 ……………… 81

ビッグデータ …………………… 272
ビットコイン …………………… 166
標的型攻撃 ……………………… 314
標的型メール攻撃 ……………… 317

ファイアウォール ……………… 355
フィッシング …………………… 359
ブートセクター感染型 ………… 322
複合感染型 ……………………… 322
プライベートAPI ……………… 429
ブルートフォース攻撃 ………… 336
ふるさと投資 …………………… 96
ブログ …………………………… 118
プログラムファイル感染型 …… 322
ブロックチェーン ……………… 164
プロビジョニング ……………… 268
分散型 …………………………… 164
分散型台帳 ……………………… 171

法人番号 ………………………… 124
ポストペイ方式 ………………… 27
ボット ………………… 315,319,329
ボットネット …………………… 319

[ま行]
マーケットプレイス貸出 ……… 81
マクロ感染型 …………………… 322
マネロン・テロ資金供与対策 …… 48
マルウェア ……………………… 319

マルチチャネル ………………… 111
無差別型攻撃 …………………… 314
メッセージ認証コード ………… 219
モバイル決済 …………………… 34
モバイルセキュリティ ………… 375
モバイル・バイオメトリクス認証 ……………………………… 347

[や行]
ユーティリティコンピューティング ……………………………… 268
ユビキタス ……………………… 6

[ら行]
ランサムウェア ………………… 326

リバースブルートフォース攻撃 ……………………………… 327

類推攻撃 ………………………… 339

ログ ……………………………… 387
ロジックボム …………………… 323
ロボ・アドバイザー …………… 129

[わ行]
ワーム …………………………… 325
ワンタイムパスワード認証 … 335,364

主要事項索引 493

文系のためのフィンテック大全

2017年7月18日	第1刷発行
2018年6月20日	第2刷発行

著者　可　児　　　滋
発行者　小　田　　　徹
印刷所　株式会社日本制作センター

〒160-8520　東京都新宿区南元町19
発　行　所　一般社団法人 金融財政事情研究会
企画・制作・販売　株式会社きんざい
　　　　出版部　TEL 03(3355)2251　FAX 03(3357)7416
　　　　販売受付　TEL 03(3358)2891　FAX 03(3358)0037
　　　　URL http://www.kinzai.jp/

・本書の内容の一部あるいは全部を無断で複写・複製・転訳載すること、および磁気または光記録媒体、コンピュータネットワーク上等へ入力することは、法律で認められた場合を除き、著作者および出版社の権利の侵害となります。
・落丁・乱丁本はお取替えいたします。定価はカバーに表示してあります。

ISBN978-4-322-13077-5